HERBERT LOUIS

LANDESKUNDE DER TÜRKEI

ERDKUNDLICHES WISSEN

SCHRIFTENREIHE FÜR FORSCHUNG UND PRAXIS
HERAUSGEGEBEN VON GERD KOHLHEPP,
ADOLF LEIDLMAIR UND EMIL MEYNEN

HEFT 73

GEOGRAPHISCHE ZEITSCHRIFT · BEIHEFTE

FRANZ STEINER VERLAG WIESBADEN GMBH
STUTTGART 1985

HERBERT LOUIS

LANDESKUNDE DER TÜRKEI

VORNEHMLICH AUFGRUND EIGENER REISEN

Mit vier am Schluß beigefügten Farbkarten und einem
Übersichtskärtchen der Reiserouten des Verfassers

FRANZ STEINER VERLAG WIESBADEN GMBH
STUTTGART 1985

Zuschriften, die die Schriftenreihe „Erdkundliches Wissen" betreffen, erbeten an:
Prof. Dr. E. Meynen, Langenbergweg 82, D-5300 Bonn 2
oder
Prof. Dr. G. Kohlhepp, Im Kleeacker 12, D-7400 Tübingen-Kreßbach
oder
Prof. Dr. A. Leidlmair, Kaponsweg 17, A-6065 Thaur/Tirol

CIP-Kurztitelaufnahme der Deutschen Bibliothek

Louis, Herbert:
Landeskunde der Türkei : vornehml. aufgrund
eigener Reisen ; mit 4 am Schluß beigefügten
Farbk. u. e. Übersichtskt. d. Reiserouten d.
Verf. / Herbert Louis. – Stuttgart :
Steiner-Verlag-Wiesbaden-GmbH, 1985.
    (Erdkundliches Wissen ; H. 73)
    ISBN 3-515-04312-8
NE: GT

Alle Rechte vorbehalten

Ohne ausdrückliche Genehmigung des Verlages ist es auch nicht gestattet, das Werk oder einzelne
Teile daraus nachzudrucken oder auf photomechanischem Wege (Photokopie, Mikrokopie usw.)
zu vervielfältigen. © 1985 by Franz Steiner Verlag Wiesbaden GmbH, Stuttgart. Gedruckt mit
Unterstützung der Deutschen Forschungsgemeinschaft.

Printed in Germany

INHALTSÜBERSICHT

Vorwort XI

Übersichtskärtchen der Reiserouten des Verfassers XIII

Zur Schreibweise türkischer Namen und Bezeichnungen XIV

A. Übersichtsbild des Landes 1

  I. Einführung 1

    1. Vorbemerkung über geographische Länderkunde 1
    2. Die Türkei und das geographische Anatolien 4
    3. Orientierungsdaten: Gradnetzlage, Flächenzahlen,
       der Name Anatolien 4

  II. Orographische Großgliederung der Türkei 6

    1. Überblick, das geographische Anatolien und seine
       naturgegebenen Grenzen 6
    2. Zentralanatolien 10
    3. Mittel-Nordanatolien 10
    4. Nordwesten der Türkei, Ostthrakien-Marmara-Bereich 11
    5. Nordostanatolien 11
    6. Westanatolien 11
    7. Südwestanatolien 12
    8. Mittel-Südanatolien 12
    9. Inner-Ostanatolien 13
    10. Der Äußere Osttaurus und die ergänzenden Glieder des südlichen
        Gebirgsrahmens von Anatolien 14
    11. Das Osttaurus-Vorland 14

  III. Über die landschaftliche Mannigfaltigkeit der Türkei 15

  IV. Allgemeine Unterschiede besonders des geographischen Anatoliens
     gegenüber den Nachbarländern 18

  V. Das geographische Anatolien und die klimatisch-vegetationsgeo-
    graphische Großgliederung im weiteren Umkreis 20

  VI. Das geographische Anatolien als Lebensbereich des Menschen im
     Rahmen der Nachbargebiete 23

B. Ergänzungen zu allgemeinen Zügen im Übersichtsbild der Türkei ... 27

I. Zur Reliefgestaltung der Türkei ... 27

II. Zum Klima der Türkei ... 34
1. Einführung ... 34
2. Luftströmungen und Witterung im Sommer ... 36
3. Luftströmungen und Witterung im Winter ... 37
4. Übergangsjahreszeiten ... 41

III. Zur geographischen Vegetationsgliederung der Türkei ... 42
1. Einführung ... 42
2. Temperaturgliederung der Vegetation ... 43
3. Feuchtigkeitsgliederung der Vegetation ... 44
4. Kälteempfindliche Feucht- und Trockenwälder ... 44
5. Mäßig winterharte Feucht- und Trockenwälder ... 45
6. Winterharte Feucht- und Trockenwälder ... 46
7. Steppen des winterkalten Bereiches ... 48
8. Feuchte und trockene Alpine Region ... 49

IV. Über Grundzüge der alten kulturgeographischen Verhältnisse der Türkei ... 50
1. Zur Vor- und frühgeschichtlichen Entwicklung in der Türkei ... 50
2. Zur geschichtlichen Entwicklung der kulturgeographischen Verhältnisse in der Türkei ... 54
   a) Zur römischen und byzantinischen Kulturlandschaft ... 54
   b) Zur Entwicklung nach der türkischen Besitzergreifung ... 55
   c) Über die älteren türkischen Städte ... 56
   d) Zur Frage der Türkisierung und Islamisierung ... 58

V. Über Grundzüge der gegenwärtigen kulturgeographischen Verhältnisse in der Türkei ... 59

V.a) Über Grundlagen der Kenntnis und über die Bevölkerungsverteilung um 1980 ... 59
1. Grundlagen der Kenntnis ... 59
2. Übersicht der Bevölkerungsverteilung um 1980 ... 60

V.b) Zum Bild der ländlichen Siedlungen ... 62
1. Wohnplätze und Hausformen ... 62
2. Zum Bodenbesitz in der Türkei ... 65
3. Landlose und überzählige Arbeitskräfte auf dem Lande ... 66
4. Besitzgrößen und Ausmärkerbesitz ... 66

Inhaltsverzeichnis VII

    5. Allgemeine Anbauverhältnisse und künstliche Bewässerung 68
    6. Gebrauch von Dünger 72
    7. Ausstattung mit landwirtschaftlichen Geräten 73
    8. Tierhaltung 74
    9. Gesamtbild der Landbewirtschaftung 76
   10. Die Dorfgemeinschaft 77
   11. Staatsbürger nicht-türkischer Muttersprache 78
   12. Marktbeziehungen der ländlichen Bevölkerung und Binnenverkehr . 80

V.c) Neuere Stadtentwicklung, Gewerbe, Industrie und Handel 82
    1. Neuere städtische Entwicklungen 82
    2. Gewerbliche Arbeitskräfte und Arbeitslosigkeit 84
    3. Zur Entwicklung von Bergbau und Verhüttungsindustrie 85
    4. Zur Energieversorgung der Türkei 87
    5. Zur Konsumgüterindustrie 89
    6. Von den Standorten der Industrie 91
    7. Zum Außenhandel der Türkei 91

V.d) Zum Verkehrswesen der Türkei 92
    1. Zum Eisenbahnwesen 92
    2. Zum Straßennetz 94
    3. Zum Seeverkehr 95
    4. Zum Luftverkehr 95

C. Die Großregionen und die Einzellandschaften der Türkei 97

  I. Zentralanatolien 97

    1. Übersicht 97
    2. Das Ober-Sakarya- und Porsuk-Becken 98
    3. Die Gebirgszüge des Ankara-Gebietes und Ankara 99
    4. Das Haymana-Hochland 104
    5. Das Hochland von Yozgat und Kırşehir 104
    6. Das Becken von Bayat (Alagöz) 106
    7. Der Ostwinkel von Zentralanatolien 107
    8. Das Tuff-Hochland von Nevşehir-Ürgüp 108
    9. Die Erciyas-Karacadağ Vulkanberg-Zone und Kayseri 109
   10. Das Tuz-Gölü-Becken 110
   11. Die Obruk-Platte 111
   12. Das Becken von Konya und Konya 111
   13. Das Vortaurus-Gebiet von Konya und Yunak 113
   14. Die Platte von Cihanbeyli 113
   15. Allgemeine Züge der Kulturlandschaft in Zentralanatolien 114

16. Zur Verwaltungsgliederung von Zentralanatolien 114

II. Der Nordwesten der Türkei, das Ostthrakien-Marmara-Gebiet
und Istanbul 117
1. Übersicht 117
2. Das Sakar-Istranca-Gebirge 119
3. Das Ergene-Hayrabolu-Riedelland 120
4. Die Halbinsel von Istanbul, der Bosporus und Istanbul 122
5. Die Landschwelle von Kocaeli 126
6. Die Ebene von Adapazarı und die Furche des Sapanca-Sees 127
7. Das Südmarmara-Gebiet und Bursa 127
8. Zur Verwaltungsgliederung im Nordwesten der Türkei 129

III. Mittel-Nordanatolien 130
1. Übersicht 130
2. Die Reihe der Küstengebirge in der Westhälfte von Mittel-
Nordanatolien 133
3. Die inneren Stränge der nördlichen Randgebirgszone in der West-
hälfte von Mittel-Nordanatolien 135
4. Die Zwischengebirgszone in der Westhälfte von Mittel-Nord-
anatolien 136
5. Die Tiefenfurche von Bolu-Kargı 138
6. Das Köroğlu-Gebirge 139
7. Die Küstengebirgszone in der Osthälfte von Mittel-Nordanatolien . . 140
8. Die innere Gebirgszone in der Osthälfte von Mittel-Nordanatolien . . 142
9. Zur Verwaltungsgliederung in Mittel-Nordanatolien 143

IV. Nordostanatolien 145
1. Übersicht 145
2. Das Giresun-Gebirge 145
3. Das Harşit-Tal 146
4. Das Trabzon-Rize-Gebirge 146
5. Das Durchbruchstal des unteren Çoruh 148
6. Das Karçal-Gebirge 148
7. Zur Verwaltungsgliederung in Nordostanatolien 149

V. Inner-Ostanatolien 149
1. Übersicht 149
2. Die Kelkit-Oltu-Gebirgszone 150
3. Die Karasu-Aras-Zone 151
4. Das Hochland von Kars 153
5. Die Zone des Inneren Osttaurus 154
6. Die Osttaurus-Zwischenzone 155

Inhaltsverzeichnis

    7. Das Hochland von Özalp 160
    8. Zur Verwaltungsgliederung von Inner-Ostanatolien 160

VI. Westanatolien 162
    1. Übersicht 162
    2. Das Ege-Gebiet im ganzen 165
    3. Das nördliche Ege-Gebiet 167
    4. Das mittlere Ege-Gebiet 168
    5. Der Küstensaum des mittleren Ege-Gebietes und Izmir 170
    6. Das südliche Ege-Gebiet 172
    7. Die Westanatolische Gebirgsschwelle im ganzen 173
    8. Die Dorsal-Zone der Westanatolischen Gebirgsschwelle ... 174
    9. Die ägäische Abdachung der Westanatolischen Gebirgsschwelle 175
    10. Die zentralanatolische Seite der Westanatolischen Gebirgsschwelle 176
    11. Das Karası-Gebirgsland 176
    12. Zur Verwaltungsgliederung in Westanatolien 178

VII. Südwestanatolien, das Westtaurus-Gebiet 179
    1. Übersicht 179
    2. Der Dalaman-Taurus 180
    3. Der Elmalı-Taurus 181
    4. Der Isparta-Taurus 183
    5. Der Küstensaum des Westtaurus 184
    6. Zur Verwaltungsgliederung in Südwestanatolien 185

VIII. Mittel-Südanatolien, der Mitteltaurus und sein Küstensaum 186
    1. Übersicht 186
    2. Der Westflügel des Mitteltaurus 187
    3. Der Plateau-Taurus 188
    4. Der Ostflügel des Mitteltaurus 190
    5. Der Küstensaum des Mitteltaurus 192
    6. Zur Verwaltungsgliederung in Mittel-Südanatolien 195

IX. Der Äußere Osttaurus, die Hoch-Zap-Gebirge und der Zagros-Bereich Anatoliens 196
    1. Übersicht 196
    2. Das Amanos-Gebirge und das Hatay 197
    3. Der Maraş-Taurus 199
    4. Der Malatya-Taurus 200
    5. Der Ergani-Taurus 201
    6. Der Bitlis-Taurus und die Hoch-Zap-Gebirge 201
    7. Der Zagros-Bereich Anatoliens 203

8. Zur Verwaltungsgliederung im Äußeren Osttaurus, in den
   Hoch-Zap-Gebirgen und im Zagros-Bereich Anatoliens 205

X. Das Osttaurus-Vorland, der Südostsaum der Türkei 206
   1. Übersicht 206
   2. Die Platte von Gaziantep und das Becken von Adıyaman 207
   3. Die Platte von Urfa 208
   4. Die Basaltkuppel des Karaca-Dağ 209
   5. Das Becken von Diyarbakır 210
   6. Die Mardin-Schwelle 211
   7. Zur Verwaltungsgliederung im Osttaurus-Vorland 211

D. Ausblick auf Möglichkeiten künftiger Entwicklung 213
   1. Über gesellschaftliche und wirtschaftliche Zukunftsaufgaben 213
   2. Über Zukunftsaufgaben der Verwaltungsgliederung 214
   3. Zur Minoritätenfrage in der Türkei 216
   4. Zur Weltlage der Türkei und der Meerengen 217

Literaturauswahl 221

Statistiken 230

Kartenwerke 230

Register 231

Am Schluß beigefügte Karten:
Karte 1: Landschaftsgliederung der Türkei, 1 : 4 Mio.
Karte 2: Bevölkerungsverteilung in der Türkei um 1980, 1 : 4 Mio.
Karte 3: Die wichtigsten Marktzentren der ländlichen Bevölkerung in der Türkei nach der Dorfbefragung von 1962/63. 1 : 4 Mio, angedeutet durch Verbindungslinien zu den Nebenzentren der zugehörigen Bereiche.
Karte 4: Orographische Übersicht der Türkei, 1 : 4 Mio. zur Verdeutlichung des Reliefs.

VORWORT

Der Verfasser hatte die Ehre, vom Spätherbst 1935 bis zum Hochsommer 1943 als Professor für Geographie der Dil-Tarih ve Coğrafya Fakültesi (Fakultät für Sprachen, Geschichte und Geographie) der späteren Universität Ankara anzugehören und als Leiter des Instituts für Geographie, unter Mithilfe seiner Mitarbeiter und späteren Kollegen Prof. Dr. Danyal Bediz, Dr. Niyazi Çıtakoğlu und Prof. Cemal Alagöz dieses Institut zu gründen und den akademischen Unterricht für Geographie in dieser Fakultät einzurichten. Er hatte dabei die Möglichkeit, das Land auf kleinen und größeren Exkursionen mit den Ankaraner Studierenden und Mitarbeitern wie auch durch private Reisen während der Universitätsferien sehr weitgehend kennen zu lernen. Erst während des 2. Weltkrieges war die Bewegungsfreiheit für die ausländischen Professoren in der Türkei stark eingeschränkt. Das Ende der Professur in Ankara wurde durch die Berufung des Verfassers an die Universität Köln 1943 herbeigeführt. Nach dem Kriege im Sommer 1953 konnte er aber mit Kölner Studierenden und Kollegen und mit einstigen Ankaraner Studierenden und Kollegen eine große Exkursion in der Türkei unternehmen. Im Winter 1965/66 war er Gastprofessor an der Universität Ankara und konnte wiederum große Exkursionen mit den dortigen Studierenden und mit seinem ehemaligen Mitarbeiter und Freund Prof. Dr. Cevat Gürsoy privat unternehmen. Ebenso fühlt er sich Herrn Prof. Dr. Oğuz Erol, Ankara für anregenden Gedankenaustausch bei gemeinsamen Geländestudien und bei anderen Gelegenheiten sowie für Hilfen bei der Literaturbeschaffung zu Dank verpflichtet. Seit 1966 bis 1970 war er zusammen mit seiner Frau Susanne Louis alljährlich während der sommerlichen Semesterferien mit seinem PKW von München aus in der Türkei und hat weitere große Reisen im Lande unternehmen können, vielfach zusammen mit Prof. Dr. Gürsoy (vgl. das Übersichtskärtchen, S. XIII).

Der Wiederaufbau des durch den Krieg sehr schwer geschädigten Kölner Geographischen Instituts und des dortigen geographischen Unterrichts und das Entsprechende nach der Berufung des Verfassers an die Ludwig-Maximilians Universität in München 1952, deren damals noch überaus beengtes Geographisches Institut in den Neubau in der Luisenstraße umziehen und neu aufgebaut werden mußte, zusammen mit den sonstigen vermehrten Aufgaben, haben die vom Verfasser geplante Landeskunde der Türkei leider in Anfängen stecken bleiben lassen.

Erst lange nach der Emeritierung war es möglich, die Arbeit an diesem Vorhaben mit der nötigen Intensität und Beharrlichkeit fortzusetzen. Dabei war es ihm aber als jetzt mehr als 80jährigem nicht mehr möglich, die ins Ungemessene angeschwollene Spezialliteratur über die Türkei noch einigermaßen vollständig zu verarbeiten. Um dennoch meine umfangreiche persönliche Kenntnis des Landes und die mir erwachsenen Vorstellungen allgemein zugänglich zu machen und zur Diskussion zu stellen, habe ich die Arbeit hauptsächlich aufgrund der eigenen Reisen verfaßt.

Wesentliche Hilfen waren mir hierbei: Geology of Turkey von R. Brinkmann, Stuttgart 1976, das Werk von Reşat Izbırak, Türkiye 1 u. 2, Istanbul 1972 u. 1973 und die ausgezeichnete Gesamtdarstellung der Türkei von W.-D. Hütteroth, Darmstadt 1982, welche aber keine besondere Behandlung der Teilregionen des Landes bietet.

Das Ziel der vorliegenden Arbeit ist es aber, das geographische Gefüge der Türkei, und zwar sowohl im Verhältnis zu den Nachbarländern wie auch innerhalb ihrer selbst, möglichst zu verdeutlichen. D.h. meines Erachtens, es soll einerseits die Bedeutung von Anatolien im Gesamtrahmen der Türkei und ihrer Umgebung, sowie andererseits die Gliederung des Landes in seine größeren und kleineren Einzelregionen im Vordergrund der Darstellung stehen. Deswegen stellt die vorliegende Arbeit wohl eine Ergänzung, nicht aber einen Parallelentwurf zu Hütteroths Buch dar.

Sehr hilfreich waren mir ferner die Karten 1:200 000 der Türkei des Harita Umum Müdürlüğü in Ankara, die mir beim Abschied von der Gastprofessur 1966 freundlichst geschenkt wurden, die Karte 1:800 000 des gleichen Instituts und die vortreffliche geologische Karte 1:500 000 der Türkei des Maden Tetkik ve Arama Enstitüsü (MTA) in Ankara, sowie der Yeni Türkiye Atlası des Harita Genel Müdürlüğü, Ankara 1977, ebenso die inhaltsreichen Statistischen Jahrbücher der Türkei (Istatistik Yıllığı des Devlet Istatistik Enstitüsü, Ankara. Für dies alles bin ich sehr dankbar.

Auf die Beigabe von Bildern und von Textfiguren wurde aus Kostengründen verzichtet. Denn es gibt bereits brauchbare, wenn auch hinsichtlich der Auswahl und der Erläuterung der an sich guten Fotos nicht in allem befriedigende Bildbände, wie z.B. jene von E. C. Imhof und R. Leuthhold, Kümmerly und Frey, Bern 1970; oder den von W. Weiss, Bruckmann Verlag, München 1980. Eine große Zahl aufschlußreicher Textfiguren findet sich in W.-D. Hütteroth, Türkei, Darmstadt 1982. Es wäre unnütz gewesen, für entsprechende Sachverhalte fast die gleichen Figuren neu zu entwerfen. Auf eine Reihe von ihnen wird vor allem in dem bewußt knapp gehaltenen allgemeinen Teil meiner Arbeit hingewiesen.

Das Schreibmaschinen-Manuskript erstellte zum größten Teil freundlichst Frl. stud. Mechthild Stieglitz. Für die Ermöglichung der Reinzeichnungen der beigegenen Karten bin ich meinem Amtsnachfolger und Freund Herrn Prof. Dr. Friedrich Wilhelm, sowie für die Ausführung Herrn Kartographen W. Pons überaus dankbar. Ich widme die Arbeit allen meinen Freunden in der Türkei und meiner lieben Frau, die mich auf den meisten der größeren Reisen begleitet hat, und die die Arbeit durch fachkundige Ratschläge, Maschinenschreiben und Korrekturlesen auf das Nachhaltigste unterstützt hat.

Im April 1984   Herbert Louis

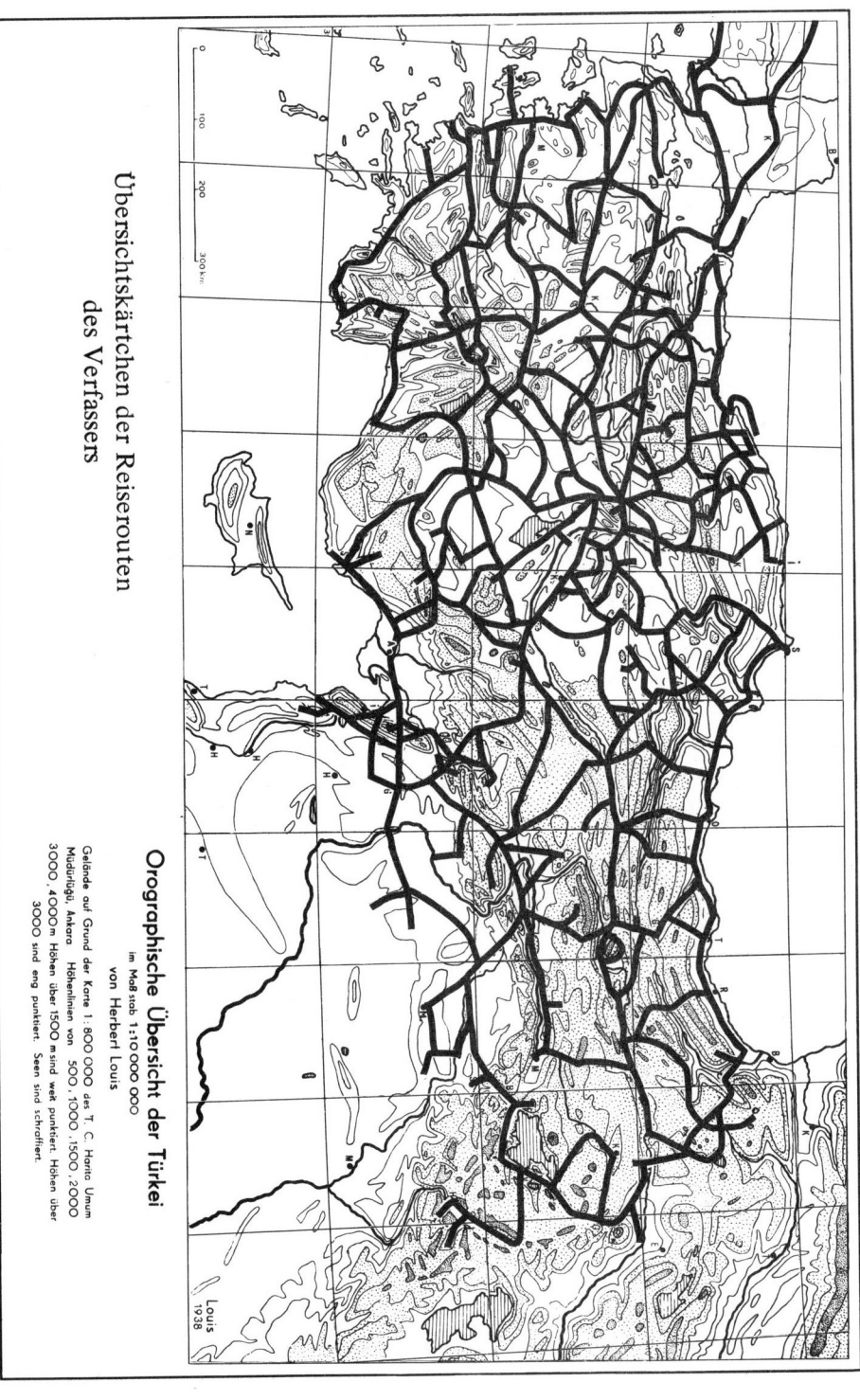

Zur Schreibweise türkischer Namen und Bezeichnungen

Türkische Namen und Bezeichnungen sind in der neuen türkischen Orthographie geschrieben. Diese auf das lateinische Alphabet gegründete Schreibweise hat folgende vom Deutschen abweichende Lautwerte:

â = a mit leichtem j Vorlaut
c = dsch stimmhaft
ç = tsch
ğ = kaum hörbares aspiriertes G
h = h, doch vor Konsonanten und am Wortende meist = ch
ı = i ohne Punkt = mit breiter Mundstellung in der Kehle gesprochener
    tiefer Selbstlaut zwischen ö und i
j = stimmhaftes sch = französisches j in jour
s = ß (immer stimmlos)
ş = sch
v = w
y = deutsches j
z = stimmhaftes s

Die türkischen Possesivsuffixe werden hier nicht mitgeschrieben außer dann, wenn sie wesentlicher Bestandteil eines Eigennamens sind, wie z.B. in Tuzgölü. Wenn nötig, werden türkische Wörter in der im Deutschen bei Fremdwörtern gebräuchlichen Weise flektiert, z.B. yayla, Plural yaylas.

A. ÜBERSICHTSBILD DES LANDES
DIE TÜRKEI UND DAS GEOGRAPHISCHE ANATOLIEN

I. EINFÜHRUNG

1. Vorbemerkung über geographische Länderkunde

Geographische Länderkunde hat nach unserer Meinung die Aufgabe, das Bestehen, aber auch das Undeutlichsein oder Nichtbestehen großer, kleinerer, auch sehr kleiner geographischer Landgestalten auf der Erde zu untersuchen. Für die Türkei besteht hierbei eine besondere Schwierigkeit darin, daß das Land zwar reich ist an Benennungen kleiner orographischer Einzelheiten z.B. von Bergen, Pässen, Bächen, Flüssen, usw., aber arm an zusammenfassenden Bezeichnungen für größere und große orographische Einheiten. Deswegen habe ich von Beginn meiner Tätigkeit in Ankara an versucht, derartige größere und große orographische Einheiten, soweit sie geographisch einleuchtend zu begründen sind, mit Namen zu versehen, welche von der türkischen Bevölkerung angenommen werden können. Das bedeutet im wesentlichen den Verzicht auf etwa vorhandenes vortürkisches Namensgut, sofern dieses als fremd empfunden wird. Aber es erlaubt gelegentlich die Ausnutzung von Namensgut aus der älteren türkischen Geschichte.[1] Eine ganze Reihe der so vorgeschlagenen Benennungen hat sich seither eingebürgert. Die regionale Einzeldarstellung des Landes wird dazu nötigen, viele solcher zusammenfassenden Geländebezeichnungen neu anzugeben, bzw. im Lande häufig sich wiederholende Bezeichnungen durch eindeutige Neubenennungen zu ersetzen.

Kennzeichen und Maß für die Deutlichkeit oder Undeutlichkeit geographischer Landgestalten ist u.E. das Vorhandensein oder Nicht-Vorhandensein eines weitgehend einheitlichen und zugleich für den Charakter des betreffenden Gebiets bedeutsamen Gefüges von naturgeographischen sowie fast immer auch von dauerhaften bzw. von dauerhaft wirkenden kulturgeographischen Gegebenheiten. Hieraus folgt zugleich, daß in benachbarten, nicht zugehörigen Landkomplexen abweichende Gefüge bzw. Gefügemuster der geographischen Gegebenheiten erwartet werden müssen (hierzu auch O. Erol (1983) zit. S. 229).

Daß als Bausteine der besagten einheitlichen Gefüge unter den kulturgeographischen Gegebenheiten nur langfristig bestehende eine Rolle spielen, hängt mit dem tatsächlichen Schicksal der Eingriffe bzw. der Gestaltungsversuche zusammen, die der Mensch auf das in seiner Verfügungsgewalt stehende Land ausübt. Ein nicht abzuschätzender, aber sicherlich sehr großer Teil aller menschlichen Gestaltungsver-

---

1 Hierzu: *W.-D. Hütteroth*, 1982, Fig. 62, S. 196.

suche wird stets, ohne nennenswerte Spuren zu hinterlassen, alsbald wieder ausgelöscht. Solche Gestaltungsansätze verschwinden sogar größtenteils verhältnismäßig rasch selbst aus der Erinnerung der Bevölkerung.

Leider gibt es, abgesehen von der Wüstungsforschung, die ehemals bestehenden Siedlungen nachgeht, viel zu wenig Untersuchungen über versuchte, aber mißglückte Gründungen gewerblicher, verkehrsbezogener o.a. Anlagen und über die Ursache ihres Mißlingens.

Jedenfalls erweisen sich unter allen vom Menschen getroffenen Maßnahmen zur Gestaltung seines Siedlungs-, Wirtschafts- und Herrschaftsgebietes nur diejenigen im guten wie im unguten Sinne als geographisch wichtig, welche Dauerwirkungen ausüben. Dies gilt übrigens auch dann, wenn der Charakter dieser Dauerwirkungen sich im Laufe der Zeit gegenüber der ursprünglich maßgebenden Wirkungsart stark ändert.

Dauerhafte bzw. dauerhaft wirkende kulturgeographische Gegebenheiten können einerseits unmittelbar durch naturgeographische Sachverhalte vorgezeichnet bzw. begünstigt sein. Dies ist u.U. für Siedlungslagen oder Verkehrslagen durch das Relief, durch die Nähe zum Meer oder zu einem Fluß, durch klimatische Exposition u.a. gegeben, oder für die Anbaumöglichkeiten durch Klima, Böden und Relief, oder für Siedlungsschranken bzw. Siedlungsöden durch Relief oder klimatische Ungunst.

Dauerhafte bzw. dauerhaft wirkende kulturgeographische Gegebenheiten werden aber selbstverständlich auch ohne, oder zum mindesten ohne erkennbaren engeren Zusammenhang mit Naturgegebenheiten geschaffen. Wenn aber solche Schöpfungen oder Gestaltungen einen guten Anfang genommen haben, dann erlangen sie bald ein beträchtliches Beharrungsvermögen. Denn der Mensch pflegt größere Investitionen an Arbeit und Werten nicht ohne Not aufzugeben. Doch sollte der Geograph sich dessen bewußt bleiben, daß auch solche, ohne besondere Rücksicht auf Naturgegebenheiten erstellte kulturgeographische Schöpfungen gerade durch ihre Dauerhaftigkeit ein Zusammenstimmen oder wenigstens eine Verträglichkeit auch mit den vorhandenen Naturverhältnissen zum Ausdruck bringen. Denn es gibt genug Beispiele menschlicher Unternehmungen, die nachweislich wegen zu großer Unverträglichkeit mit naturgegebenen Voraussetzungen nach kurzem Bestand wieder erloschen sind.

Dauerhafte kulturgeographische Erscheinungen lassen daher wohl in jedem Falle darauf schließen, daß sie, indem sie die in der Kulturlandschaft ständig erfolgende Ausmerzung naturgeographisch oder kulturgeographisch ungünstiger menschlicher Gestaltungsversuche durch lange Zeit überstanden haben, in offenbar erträglichem Zusammenklang mit den allgemeinen natur- und kulturgeographischen Gegebenheiten stehen. Eben dadurch tragen die dauerhaften kulturgeographischen Erscheinungen zur Kennzeichnung der betreffenden geographischen Landgestalten wesentlich mit bei. Die Landgestalten selbst aber werden mit durch diesen Sachverhalt zu einem besonders lohnenden Gegenstand wissenschaftlicher Untersuchung. Denn in diesem Sachverhalt zeigt sich, daß geographische Landgestalten auch auf kulturgeographischem Gebiet eine über den Tag hinausreichende Wirklichkeit darstellen. Es können in ihnen hier mehr, dort weniger Anzeichen einer gewissen Konstanz u.U. auch der Konstanz labiler Verhältnisse, im kulturgeographischen Bereich festgestellt werden. Eigenheiten dieser Art gehören zu den auch praktisch besonders wichtigen Kennzeichen von Landgestalten.

Den mehr oder weniger dauerhaften kulturgeographischen Sachverhalten stehen die erst kurzfristig wirksam gewordenen Setzungen oder Gründungen der Menschen auf ihrem Boden oder in ihrem Land gegenüber. Mag es sich bei diesen politischen, verwaltungsmäßigen, wirtschaftlichen, sozialen, kulturellen Beeinflussungen oder Gestaltungen von Landgebieten bzw. bei Schöpfungen, die das Land formen, um Hoheitsakte von Regierungsgewalt oder um Maßnahmen privater Gewalt handeln, gewöhnlich sind sie aus mehr oder weniger einseitig zeitgebundenen Erwägungen hervorgegangen. Meist sind sie in erster Linie für die Bedürfnisse einer näheren Zukunft gedacht. Oft nehmen sie auf die Beschaffenheit des Landes wenig Rücksicht. Ungewiß ist, welche solcher Maßnahmen sich einst als dauerhaft erweisen und welche nach kurzer Zeit wieder ausgelöscht sein werden.

Daraus erwächst eine zweite Aufgabe der geographischen Länderkunde. Sie hat, soweit möglich, die Bedeutung, insbesondere die Förderlichkeit, Verträglichkeit und Unverträglichkeit herauszuarbeiten, die den neueren oder gegenwärtigen Setzungen und Gestaltungen des Menschen im betreffenden Landbereich gegenüber den als weitgehend dauerhaft erkennbaren Zügen des Landes anhaftet. Mit dieser zweiten Aufgabe leistet die geographische Länderkunde zugleich einen Beitrag zur sogenannten angewandten Geographie.

Dies gilt in besonderem Maße, wenn sie drittens in der Lage ist, auf erkennbare, aber nicht verwirklichte Möglichkeiten einer verbesserten Gestaltung, Gliederung oder Nutzung des Landes hinzuweisen.

Im Gegensatz zu gewissen methodischen Äußerungen der vergangenen Jahre, nach denen länderkundliche Arbeiten als unwissenschaftlich und problemlos abgewertet wurden, halten wir geographische Länderkunde für eine echt wissenschaftliche Aufgabe. Eine der grundlegenden Aufgaben jeder Wissenschaft besteht doch darin, innerhalb ihres Gegenstandsbereiches rational begründete Unterscheidungen zu treffen.

Wenn Länderkunde die Aufgabe verfolgt, innerhalb der schwer überschaubaren Fülle der geosphärischen Erscheinungen einsehbar begründete Landeinheiten von anders gearteten Nachbargebieten zu unterscheiden, so fördert sie wesentlich den kritischen Einblick in den betreffenden Teil der Wirklichkeit und leistet damit ohne Zweifel wissenschaftliche Arbeit. Zwar ist richtig, daß unterschiedliche Sachverhalte im Bereich der Geosphäre gewöhnlich nur näherungsweise gegeneinander abgrenzbar sind. Doch damit steht die Geographie keineswegs allein da. Das Gleiche gilt auch für andere Wissenschaften, genau genommen wohl für fast alle. Es ist gewiß zu begrüßen, wenn der kritische Einblick in das geographische Gefüge eines Landes sich für die Bewohner auch als praktisch nutzbringend erweisen kann. Aber das Hauptziel geographischer Landeskunde wird stets die Verdeutlichung des geographischer Gefüges des betreffenden Landes selbst sein müssen.

2. Die Türkei und das geographische Anatolien[2]

Die Türkei ist nicht nur durch die Mannigfaltigkeit ihrer Natur, die eindrucksvollen Zeugnisse ihrer gegenwärtigen Lebensgestaltung und den Reichtum der in ihr überkommenen geschichtlichen Hinterlassenschaften ein überaus interessantes Land. Sie ist zugleich auch im Sinne unserer Vorbemerkung ein sehr lohnender Untersuchungsgegenstand. Denn der von Atatürk und seinen Mitstreitern geschaffene Staat umfaßt mit weitgehender Annäherung eine ausgeprägte geographische Landgestalt, nämlich ein mannigfaltiges und dennoch in mehr als nur *einer* geographischen Blickrichtung einsichtig abgrenzbares größeres Landgebiet. Wir möchten sie als das *geographische Anatolien* bezeichnen. Nur im Nordwesten und im Südosten reicht der türkische Staat merklich über diese Landgestalt hinaus.

Wir meinen, eine Vorstellung und ein Verständnis der Türkei am besten dadurch vermitteln zu können, daß wir einerseits versuchen, das Wesen dieses geographischen Anatolien, seiner Teilbereiche, der über Anatolien hinausgehenden Teile der Türkei und der gegenüber den Nachbarländern bestehenden Unterschiede deutlich zu machen. Außerdem soll durch Hinweis auf die Beziehungen zwischen dem Land und seinen Bewohnern, die teilweise bis weit in die geschichtliche und vorgeschichtliche Vergangenheit zurück verfolgbar sind, die Bedeutung dargelegt werden, die das Verhältnis der heutigen Türkei zum geographischen Anatolien, zu dessen Teilbereichen, zu den übrigen Teilen des türkischen Staatsgebietes und zu den umgebenden Ländern für das Land und sein politisches, wirtschaftliches und kulturelles Gefüge besitzt. Dabei werden viele förderliche Auswirkungen dieses Verhältnisses hervorzuheben sein. An gewissen Stellen bzw. auf bestimmten Sachgebieten werden freilich auch Unvollkommenheiten des Bestehenden berührt werden müssen.

3. Orientierungsdaten: Gradnetzlage, Flächengrößen, der Name Anatolien

Vor den Beginn der eigentlichen Darstellung sind einige Orientierungsangaben über die Gradnetze und die Größe der Türkei und Anatoliens sowie über den Namen Anatolien angebracht.

Das türkische Staatsgebiet hat annähernd die Umrisse eines von West nach Ost langgestreckten Rechtecks. Es breitet sich in der Nordsüdrichtung ungefähr vom 36. bis etwas über den 42. Parallelkreis hinaus aus, d.h. über maximal 6 Breitengrade, die etwa dem Bereich des äußeren Subtropengürtels angehören. Seine Nordsüdausdehnung beträgt im Maximum rund 650 km, im Mittel gut 500 km.

In der Westost-Richtung erstreckt sich die Türkei nahezu vom 26. bis zum 45. Meridian östlich von Greenwich, d.h. durch fast 19 Längengrade. Daher haben der westlichste und der östlichste Punkt der Türkei einen Unterschied der astronomischen Ortszeit von rund 1 1/4 Stunden. Als bürgerliche Zeit der Türkei ist die sogenannte osteuropäische festgesetzt worden, d.h. die des 30. Meridians östlich von

---

2 Hierzu und zum folgenden: Karten 1 und 4 am Schluß.

Greenwich, welcher in der Nähe von Izmit, Bilecik und Kütahya vorbeigeht. Die wahre Ortszeit des Ararat ist um fast eine Stunde vor dieser bürgerlichen Zeit voraus. Wenn also am Morgen des 21. März die Sonne in Izmit richtig um 6 Uhr aufgeht, so steht sie zur gleichen Zeit am Ararat schon fast eine Stunde lang am Himmel. Diese gewaltige Ausdehnung in der Richtung der geographischen Länge kommt in der Größe des West-Ost-Durchmessers der Türkei zum Ausdruck. Dieser ist maximal etwa 1600 km, im Mittel gut 1500 km lang, also etwa dreimal so groß wie der mittlere Nordsüd-Durchmesser.

Infolge des ungefähr rechteckigen Umrisses der Türkei ist ihre Flächengröße ziemlich genau gleich dem Produkt aus dem mittleren Nordsüd-Durchmesser und dem mittleren Westost-Durchmesser, nämlich rund 0,8 Mio. km^2. Davon sind 8 000 bis 10 000 km^2 Flächen von Seen und Talsperren. Wie früher erwähnt, ist das geographische Anatolien etwas kleiner als die Fläche des türkischen Staatsgebietes. Es nimmt etwa 4/5 von dessen Größe ein.

Viele Türken bezeichnen als Anadolu, Anatolien, wenn nicht genauer überlegt wird, einfach nur den östlich der Meerengen gelegenen Hauptteil des heutigen Staatsgebietes. Die Türken haben diesen Namen Anatolien, wie bereits E. Banse (1916, S. 40f.) ausgeführt hat, von den Byzantinern übernommen, welche im Mittelalter die östlich der Meerengen gelegenen Teile ihres Reiches als Ανατολη = Land des Sonnenaufgangs zu bezeichnen pflegten. Aber die Türken haben den Geltungsbereich dieses Namens naturgemäß ihren eigenen praktischen Bedürfnissen angepaßt.

In Europa war für das Land östlich der Ägäis bislang die Bezeichnung Kleinasien gebräuchlicher. Sie soll auf das altsemitische Wort Assu, welches gleichfalls Aufgang bedeutet, zurückgehen und ist in der Antike und den ersten nachchristlichen Jahrhunderten nach und nach in den Formen Ἀσια, Ἀσια η μικρα, Asia minor verwendet worden. Aber unter dieser Bezeichnung versteht man nach der Gewohnheit nicht ganz das gleiche, was die Türken mit Anadolu meinen. Kleinasien ist herkömmlich nur die große Halbinsel, die der asiatische Kontinent zwischen dem Schwarzen Meer, der Ägäis und dem östlichen Mittelmeer nach Westen vorstreckt.[3] Dieser Raum mag auf einer Übersichtskarte kleinen Maßstabs den Anschein einer glücklich umrissenen Landgestalt erwecken. Er ist es aber in Wirklichkeit nicht. Denn die in seinen östlichen Teilen auftretenden Landschaftseinheiten setzen sich nach Osten ununterbrochen noch merklich über den eigentlichen Halbinselraum hinaus fort.[4] Da gleiches vom türkischen Staatsgebiet gilt, ist der Name Anatolien zur Benennung des Landes besser geeignet.

---

3 So bei *Philippson*, Kleinasien, Handbuch d. Reg. Geol. und bei *Banse*, Türkei a.a.O.
4 Das geographische Anatolien ist größer als die „Halbinsel Kleinasien" im herkömmlichen Sinne. Daher kann man beim heutigen Stand unserer Kenntnis die Bezeichnung Kleinasien nicht einfach, wie noch Banse, als gleichbedeutend mit Anatolien verwenden. Vielmehr sollte der Name Kleinasien wegen der vorher angedeuteten nicht sehr glücklichen Begrenzung seines Bereichs im Osten als geographischer Ländername besser in den Hintergrund treten. Das haben auch andere Autoren mehr und mehr empfunden, wie die Titel der Arbeiten von P. Arni, G. Bartsch, U. Frey, K. Leuchs, W. Salomon-Calvi, H. Wenzel u.a. bezeugen.

Außerdem ist der Bereich, für den der türkische Sprachgebrauch ohne Zögern den Namen Anatolien verwendet, kleiner als der durch die gegenwärtigen politischen Grenzen der Türkei östlich der Meerengen mehr oder weniger willkürlich umrissene Länderausschnitt.[5] In Wahrheit kommt der Volksmund dabei dem Umfang jener sehr bedeutungsvollen geographischen Landgestalt verhältnismäßig nahe, die wir, wie näher ausgeführt wird, mit dem geographischen Anatolien meinen. Das türkische Staatsgebiet reicht, wie schon angedeutet, nur im NW und SE merklich über dieses geographische Anatolien hinaus (vgl. S. 7 ff.).

Diese Tatsache beruht nicht auf einem Zufall, sondern sie ist das Ergebnis der politischen Zielsetzung *Mustafa Kemal Atatürks,* des Begründers der neuen Türkei. Sein Staatsneubau auf der Grundlage Anatoliens bedeutet gegenüber der türkischen Vergangenheit gewiß eine sehr starke Beschränkung. Er wird gleichwohl auch in der Zukunft als glückliche Wendung der türkischen Geschichte und als Großtat ihres Urhebers beurteilt werden. Denn auf dem beschränkten Raum Anatoliens wurde es möglich, die politisch so wichtige völkische Einheit des neuen Staates im großen und ganzen zu verwirklichen, ein Ziel, das in den riesigen Länderbereichen des alten osmanischen Reiches niemals erreichbar gewesen wäre. Darüber hinaus aber bietet die weitgehende Anpassung des neuen türkischen Staates an einen mannigfaltig ausgestatteten und gut umrissenen Landraum räumlich günstige Daseinsbedingungen.[6]

II. OROGRAPHISCHE GROSSGLIEDERUNG DER TÜRKEI

1. Überblick: Das geographische Anatolien und seine naturgegebenen Grenzen[7]

Die Türkei erstreckt sich über ein ansehnliches Stück des Eurasiatischen Kettengebirgsgürtels. Dessen einzelne Teilabschnitte werden in mehr oder weniger mannigfacher Abwandlung jeweils durch den regionalen Wechsel von Verengungen und Erweiterungen des Kettengebirgsgürtels hervorgerufen. In den Verengungsabschnitten überwiegen gedrängt nebeneinander herlaufende und dabei oft besonders hohe Gebirgsstränge. In den Verbreiterungsabschnitten wird in der Regel ein geräumiger Zentralbereich von größerer oder geringerer mittlerer Höhe, der im ganzen nur mäßiges und dabei weitständiges Relief aufweist, beiderseits von eng gebündelten

---

5 Hierfür ist im Volk ein Gefühl vorhanden, denn im Osten des Landes in Kars oder in Van und im Südosten etwa in Diyarbakır oder in Gaziantep hörte ich im Gespräch mit Bewohnern dieser Städte Fragen wie die, ob wohl ihre Stadt noch zu Anatolien zu rechnen sei.

6 Atatürk hat deutlich beide Gesichtspunkte im Auge gehabt. Neben den volksmäßigen Fundamenten seines Staatsneubaus hat er auch dessen räumliche Ausdehnung gründlich erwogen und planvoll verwirklicht. So ist auch zu verstehen, daß er nach der äußeren Vollendung seines Werkes in Ankara eine Fakultät mit dem ungewöhnlichen Namen „Dil-Tarih-Coğrafya Fakültesi" d.h. Fakultät für Sprache, Geschichte und Geographie gründete. Sie hat zur Hauptaufgabe, die Grundlagen des Türkentums und der neuen Türkei nicht nur nach der menschlichen, sondern auch nach der räumlichen Seite hin zu erforschen.

7 Vgl. Karten 1 und 4.

Randgebirgszügen begleitet, und diese erstrecken sich jeweils in der örtlichen Längsrichtung des Kettengebirgsgürtels.

Die Türkei umfaßt etwas mehr als drei solcher Abschnitte des Kettengebirgsgürtels, den hochgelegenen, anatolischen Verbreiterungsabschnitt im mittleren Teil des von West nach Ost langgestreckten Landes und je einen Verengungsabschnitt im Westen und im Osten, dazu den Ostsaum des größtenteils unter den Meeresspiegel getauchten ägäischen Verbreiterungsbereichs des Kettengebirgsgürtels zwischen der Balkan-Halbinsel und Anatolien, welche beide aber nördlich des Marmara Meeres durch die Balkanisch-Anatolische Landbrücke verbunden sind. Der mittlere Teil der Türkei stellt sich als ein gewaltiges Hochland dar. Es ist Zentralanatolien, welches im Norden von West-Ost gestreckten Nördlichen Randgebirgen umgeben wird, im Süden von Südlichen Randgebirgen, nämlich dem *Taurussystem*. Ostanatolien entsteht dadurch, daß die nördlichen und südlichen Randgebirge Zentralanatoliens seitlich aneinander rücken und ein gedrängtes Gebirgsland schaffen, dessen innere Teile *Inner-Ostanatolien* bilden. Dieser östliche Verengungsabschnitt des Kettengebirgsgürtels reicht ostwärts bis zum *Randabfall* von Leninakan-Urumiye (Urmia), der jenseits der türkischen Ostgrenze in das Mittelaras-Becken und damit zum Azerbaycanischen Verbreiterungsbereich des Kettengebirgsgürtels hinabführt. An diesem Abfall setzen die großen Senkungsfelder ein, die zu dem nächst östlichen, nicht ganz regelmäßig gestalteten Azerbaycanischen Verbreiterungsabschnitt des Kettengebirgsgürtels gehören.

Westanatolien ist dadurch gegenüber Zentralanatolien nach Osten abgegrenzt, daß eine breite, hohe Landschwelle, die *Westanatolische Gebirgsschwelle* die Umrahmung von Zentralanatolien zwischen den Westausläufern der Nordanatolischen Randgebirge und dem Westabschnitt des Taurus-Gebirgssystems vervollständigt.

In diesem großzügigen Gesamtbild von Anatolien besteht folgende Besonderheit: Die hohen Nordanatolischen Randgebirge, die als Nordbegrenzung des geographischen Anatoliens genannt wurden, schwenken mit ihren Westausläufern nach Südwesten und begleiten die Südküste des Marmarameeres. Sie werden so zu Südmarmaraketten. Sie werden an ihrem Nordfuß vom unteren Sakarya an bis zum Bosporus, das heißt vom Aufschüttungstiefland von Adapazarı am unteren Sakarya und von niedrigem Hügel- und Rumpfplattenland in der Provinz Kocaeli, der Bithynischen Halbinsel der Antike begleitet.

Diese Landschaften gehören daher nicht mehr zu dem geschilderten orographischen Gesamtbild des gebirgsumgürteten Anatolien, obwohl sie vom türkischen Volksmund, weil östlich des Bosporus gelegen, zu Anatolien gerechnet werden. Um einerseits diesem orographisch-geographischen Gesamtbild von Anatolien gerecht zu werden, welches, wie sich zeigen wird, eine sehr vielseitig zum Ausdruck kommende Wirklichkeit darstellt, und um dennoch auf den Volksmund Rücksicht zu nehmen, bezeichnen wir das Vorland der Nordanatolischen Randgebirge nördlich des Golfes von Izmit zusammen mit der Untersakaryaebene als *Voranatolien*. Die Balkanisch-Anatolische Landbrücke kann also auch genauer als *Ostthrakisch-Voranatolische Landbrücke* bezeichnet werden.

Zwischen ihr und dem geographischen Anatolien besteht hier außer der geomorphologischen Grenze zwischen dem Kettengebirgsland Anatoliens und dem sehr gemäßigten Relief der Landbrücke noch eine besondere tektonische Grenze.

Die Prinzeninseln südlich von Istanbul und Kartal erheben sich wie Inselberge aus dem weniger als 200 m tiefen Flachmeerbereich, der den *Marmaragraben* im Norden begleitet, d.h. aus einem abgesunkenen Teil des tertiären Rumpfflächenreliefs der Landbrücke, der diese Grabensenke im Norden begleitet. Entsprechend ragen die südlichen Marmara-Inseln und Halbinseln, also die Insel Marmara selbst und die Halbinsel- und Inselkette von Kap Bozburun westlich von Yalova über Imralı und die Halbinsel von Erdek samt deren westlichen Vorinseln aus dem Flachmeer auf, das über dem Südrande des Marmaragrabens gelegen ist. Diese Inselketten sind als Fortsetzung der zu den Nordanatolischen Randgebirgen gehörenden Südmarmaraketten aufzufassen. Der Marmaragraben und seine Fortsetzung im Golf von Saros und bis zu den Sporaden betonen hier noch besonders die Grenze zwischen dem eigentlich Anatolischen und dem Voranatolische-Ostthrakischen Länderbereich.

Unbestreitbar ist, daß die talartig schmale Meeresstaße des Bosporus keine solche Grenze bildet. Denn sowohl die Oberflächenformen wie die geologischen Strukturen des Landes sind auf beiden Seiten des Bosporus im wesentlichen die gleichen. Dennoch, wie gesagt, ist eine bedeutende tektonisch-geomorphologische Grenze in diesem Gebiet wirklich vorhanden. Sie liegt aber größtenteils unter dem Meeresspiegel verborgen und besteht in dem bis über 1000 m tiefen, mehr als 150 km langen und bis um 30 km breiten Marmaragraben. Dieser setzt sich außerdem über den Golf von Saros bis zum Nordsaum der Sporaden mit entsprechenden Tiefen, mit z.T. etwas größeren Breiten fort, so daß im ganzen eine Längserstreckung in SW–NE- bis W–E-Richtung von etwa 600 km vorhanden ist. Man kann hiernach zusammenfassend vom Sporaden-Saros-Marmara oder kürzer vom Sporaden-Marmaragraben sprechen.

Nördlich vom Sporaden-Marmaragraben liegt der Ostteil der Balkanhalbinsel. In ihm wird, wie seit langem bekannt, das Großrelief vor allem durch eine sehr junge, nämlich erst im jüngsten Tertiär erfolgte Zerlegung in langgestreckte Gebirgs- und Beckenzonen von NW–SE- bis W–E-Verlauf bestimmt. Diese Reliefgestaltung ist z.T. ohne nähere Anlehnung an ältere geologische Strukturen erfolgt. Die gegen die Balkanisch-Anatolische Landbrücke hin gerichteten Glieder des so entstandenen Großreliefs sind die Balkan-Gebirgszone, die Beckenzone der oberen Tunca, die Sredna Gora-Srnena Gora Gebirgszone, die Beckenzone von Sofia, Plovdiv, Starazagora und die Gebirgszone der Rhodopen.

In dieser Weise entspricht der Stil der größeren Formgebung und der Baueigentümlichkeiten im Bereich nördlich des Sporaden-Marmaragrabens auch auf der Balkanisch-Anatolischen Landbrücke bis zum unteren Sakarya, wie sich zeigen wird, durchaus jenem, der für die östliche Balkanhalbinseln kennzeichnend ist. Erst südlich des Grabens, im Dardanellegebiet, allerdings auch schon an dessen Nordsaum, stellen sich Formen- und Bauelemente ein, die als dem Geographischen Anatolien zugehörig aufgefaßt werden können. Dies wird nun genauer darzulegen sein.

Der Marmaragraben beginnt im Osten im Untergrund der Ebene von Adapazarı, ist aber dort durch den Sakarya und die kleineren Nachbarflüsse bis zur Höhe von 20 bis 30 m über dem Meeresspiegel mit jungen Flußablagerungen aufgefüllt. Weniger einheitlich setzt sich die große Störung in etwa parallel laufenden, erdbebenreichen Bruchlinien noch erheblich weiter nach Osten fort. Gegen Westen zieht der Graben über die noch nicht aufgefüllte Wanne des Sapanca-Sees zum Golf vom Izmit. Mehr als 200 m Meerestiefe werden aber erst am Westausgang des Golfes von Izmit erreicht. Sie sind einem bis etwa 30 km breiten Becken eigen, das sich vom Westausgang des Izmit-Golfes mehr als 150 km weit nach Westen erstreckt bis nahe an die Küste südlich von Tekirdağ. Innerhalb dieses langen, durchweg auf unter 200 m Tiefe herabgehenden Beckens werden sowohl südlich von Istanbul, wie südlich von Marmara Ereğlisi, wie südlich von Tekirdağ in drei jeweils etwa 10 km breiten und ebenfalls von West nach Ost langgestreckten besonders tiefen Senken Meerestiefen von mehr als 1000 m erreicht und damit die Grabennatur des Marmaragrabens besonders verdeutlicht.

Es wurde gezeigt, daß die Türkei mit ihren ostthrakischen[8] Provinzen beträchtlichen Gebietsanteil westlich der kleinasiatischen Halbinsel, d.h. jenseits des konventionell gefaßten Anatoliens, hat. Aber die Meerengen stellen eben nur schmale Unterbrechungen zwischen beiderseits jeweils im wesentlichen gleichartigen Landgebieten dar. Als solche grenzen diese Meerengen durchaus nicht größere geographische bzw. landeskundliche Einheiten von verschiedener Prägung gegeneinander ab. Wie das geographische Anatolien, das wir in der vorher angedeuteten Weise als Landgestalt auffassen, in diesem Bereich zu dem außerhalb gelegenen Raum steht, wird weiter unten näher zu erörtern sein. Sicher ist, daß die Türkei hier im Nordwesten über das geographische Anatolien merklich hinausreicht.

Außerdem ist unschwer erkennbar, daß die Staatsgrenze der Türkei auch im Südosten weithin erheblich jenseits des Südsaumes des Kettengebirgsgürtels, also außerhalb des geographischen Anatoliens verläuft. Die betreffenden Sachverhalte und ihre Auswirkungen werden bei der Darstellung dieses Gebietes später besonders zu berücksichtigen sein.

Die Ostgrenze des geographischen Anatoliens gegen die Azerbaycanischen Beckenräume des Kettengebirgsgürtels ist in Gestalt des schon erwähnten Abfalls von Leninakan-Urumiye (Urmia) deutlich ausgeprägt. Sie verläuft, abgesehen von geringen Abweichungen, nahe der Ostgrenze des Türkischen Staates.

Eine gute Übersichtskarte ermöglicht es, die vorgetragenen Grundzüge der Gestaltung der Türkei bzw. des geographischen Anatoliens genauer zu lokalisieren und auch größere, zunächst im wesentlichen orographisch begründete Teilbereiche des Landes zu unterscheiden (vgl. Karten 1 und 4 am Schluß).

---

8 In dieser Arbeit wird für geographische Namen innerhalb der Türkei die türkische Schreibweise verwendet. Um der Einheitlichkeit willen wird dies auch für Namen außerhalb der Türkei beibehalten. Wo aber dadurch Mißverständnisse entstehen können, oder wo eingebürgerte deutsche Schreibungen vorhanden sind, werden diese oder phonetische Umschreibungen benutzt.

2. Zentralanatolien

Im Inneren der zwischen dem Schwarzen Meer im Norden und dem Ostteil des Mittelmeeres breit ausladenden kleinasiatischen Halbinsel[9] im Süden dehnt sich ein weites gebirgiges Hochland, das im Norden und Süden von höher aufragenden Randgebirgen umrahmt wird. Diese Formengemeinschaft repräsentiert den vorher erwähnten Verbreiterungsabschnitt des Kettengebirgsgürtels, der das Mittelstück des geographischen Anatoliens bildet. Das von den Randgebirgen umrahmte Binnenhochland stellt einen ersten großen Teilbereich des Landes dar, der seiner Lage wegen mit Recht als Zentralanatolien oder Inneranatolien bezeichnet wird. Dieser Bereich umfaßt Beckenlandschaften, die z.T. Flußniederungen enthalten, z.T. aber auch abflußlos sind, ferner zertalte Schichttafeln, welliges Schollenland und hoch aufragende vulkanische Einzelberge und ist im wesentlichen Steppenland. Gegen die umrahmenden Randgebirge grenzt er sich in der Nähe etwa folgender Orte ab: Im Nordwesten westlich von Eskişehir, im Südwesten westlich von Akşehir und Konya, im Süden südlich von Karaman, Ereğli, Niğde und Develi, im Osten östlich von Kayseri, Pınarbaşı und Sıvas, im Norden nördlich von Sıvas, Akdağmadeni, Sungurlu, Çankırı, Çubuk, Beypazarı und wieder nördlich von Eskişehir.

Im Norden von Zentralanatolien schmiegt sich das Randgebirge, in mehrere nebeneinander laufende Züge gegliedert, mit nach Norden schwach konvexem Bogen im wesentlichen längsstreichend an das Binnenhochland an. Man kann also von Nordanatolischen Randgebirgen sprechen. Im Süden steht dem der stark nach Süden konvexe Gebirgsbogen des Taurus gegenüber. Aber beide Randgebirge setzen sich auch über den Bereich, in dem sie das Zentralanatolische Hochland auf beiden Seiten begleiten, noch weit nach Westen wie nach Osten fort. Daher ist es zweckmäßig, jenen mittleren Teil der Nordanatolischen Randgebirge, in welchem diese wirklich Zentralanatolien benachbart sind, als die Mittelnordanatolischen Randgebirge oder vereinfachend als Mittelnordanatolische Gebirge zu bezeichnen. Entsprechend hat der Taurusbogen, soweit er Zentralanatolien im Süden umrahmt, die Bezeichnung Mitteltaurus[10] zu erhalten. Denn er ist nur Teilausschnitt des großen Taurus-Gebirgssystems, welches ganz Anatolien an seiner Südseite begleitet.

3. Mittel-Nordanatolien

Der von den Mittelnordanatolischen Gebirgen erfüllte Raum ist von West nach Ost rund 600 km lang und mehr als 100 bis fast 200 km breit. D.h. er ist sehr groß und außerdem an Relief und sonstiger Beschaffenheit von Zentralanatolien sehr verschieden. Er würde nämlich von Natur aus größtenteils ein Waldland sein. Er bildet daher einen besonderen, großen Teilbereich von Anatolien und kann als Mittel-Nordanatolien bezeichnet werden.

9 Die „Halbinsel Kleinasien" ist im Osten geographisch nicht überzeugend abgrenzbar (vgl. S. 5). Im vorstehenden Zusammenhang ist dies auch nicht erforderlich. In der weiteren Darstellung wird der Begriff deshalb tunlichst vermieden.
10 Näheres s. S. 12–14.

4. Der Nordwesten der Türkei, der Ostthrakien-Marmara-Bereich

Die Westfortsetzungen der Mittelnordanatolischen Randgebirge treten am unteren Sakarya von der Schwarzmeerküste zum Südrand des Golfes von Izmit und zur Südküste des Marmara-Meeres zurück. Nur innere Stränge der Gesamtflucht der Nordanatolischen Randgebirge erreichen und begleiten daher den Südsaum des Marmara-Meeres. Sie bilden als Südmarmara-Ketten den stark verschmälerten und außerdem z.T. durch Lücken unterbrochenen Westabschnitt der Nordanatolischen Randgebirge.

Landeskundlich stellt der nur noch schmale und lückenhaft gewordene Westabschnitt der Nordanatolischen Randgebirge keinen eigenständigen größeren Teilbereich Anatoliens dar. Er fügt sich vielmehr mitsamt der nördlich vorgelagerten Furche des Sapanca-Sees und der, mäßig hohen Landschwelle von Kocaeli (der Bithynischen Halbinsel der Antike), mit den Saumgebieten des Marmara-Meeres und mit dem Flachland und mäßigem Gebirgsland von Ostthrakien zu einem größeren Ostthrakien-Marmara-Bereich zusammen. Dieser Nordwestbereich der Türkei umfaßt also abgesehen von den Südmarmara-Ketten Landschaften, die nicht mehr dem geographischen Anatolien zuzurechnen sind. Das wird an späterer Stelle noch genauer darzulegen sein.

5. Nordostanatolien

Der Ostabschnitt der Nordanatolischen Randgebirge entwickelt in Gestalt des Nordostanatolischen Küstenhochgebirges nördlich des oberen Kelkit und Çoruh einen weiteren sehr eigenartigen Landschaftsraum. Auch dieser rund 400 km lange und 50 bis 100 km breite Landesteil stellt einen der größeren, nicht nur orographisch besonderen Teilbereiche Anatoliens dar, Nordostanatolien.

6. Westanatolien

Bei der Verfolgung der nördlichen Randgebirge von Anatolien hat sich die Unterscheidung von drei größeren Teilbereichen der Türkei ergeben, nämlich des Ostthrakien-Marmara-Bereiches (Nordwesttürkei), von Mittelnordanatolien und des Nordostanatolischen Küstenhochgebirges. Entsprechend führt die Betrachtung des Taurus-Gebirgssystems zu einer Aufgliederung in den Westtaurus westlich vom Golf von Antalya, den Mitteltaurus zwischen dem Golf von Antalya und dem Golf von Iskenderun und in den Osttaurus östlich vom Golf von Iskenderun, welcher als Innerer Osttaurus den Mitteltaurus nach Osten fortsetzt, als Äußerer Osttaurus aber am Golf von Iskenderun mit dem Amanos neu beginnt.

Im Westen von Anatolien, zwischen den Südmarmara-Ketten und dem Westtaurus, d.h. im Raum um Kütahya und Afyon Karahisar, erhebt sich nun eine sehr breite, stellenweise über 2000 m hohe, Nordwest-Südost gestreckte Landschwelle, die ihrerseits von gleich streichenden, z.T. über 1000 m hohen breiten Furchen aufgegliedert wird. Das ist die *Westanatolische Gebirgsschwelle.* Sie wäre von Natur aus wiederum bewaldet, trägt aber gegenwärtig nur noch Waldreste.

Der Gebirgsschwelle ist im Nordwesten gegen die Dardanellen hin im Raume von Balıkesir und Edremit ein Gebirgsland vorgelagert, das vorwiegend durch Nordost-Südwest verlaufende Höhenzüge ausgezeichnet ist, das Karası-Gebirgsland.[11] Nach Westen gegen die Ägäis etwa längs einer Linie von Akhisar nach Denizli schließt sich an die Westanatolische Gebirgsschwelle das Ege-Gebiet an. Dies ist ein weiträumiges Schollengebirgsland, in welchem in einer Art rhombischer Vergitterung hochragende (bis 2000 m), schmale Gebirgskörper und breite Senken miteinander verzahnt sind. Das Ege-Gebiet reicht bis an die Küste der Ägäis. Es ist ein landwirtschaftlich besonders vielseitiges Gebiet der Türkei.

Ege-Gebiet, Karası-Gebirgsland und Westanatolische Gebirgsschwelle zusammen bilden, wie später genauer erläutert werden wird, wiederum einen der großen Teilbereiche von Anatolien. Er kann als Westanatolien bezeichnet werden.

7. Südwestanatolien

Der westlich vom Golf von Antalya und von der Furche des Eğridir-Sees gelegene Teil des Taurussystems ist der Westtaurus. Er reicht im Westen bis zum Kerme-Golf und weist überwiegend südwestlich bis südsüdwestlich streichende Gebirgskörper von meist über 2000, ja bis 3000 m Höhe auf. Sie bilden bis zu einem halben Dutzend parallel liegende Züge. Diesen sind teils tiefe, teils hoch gelegene Längsfurchen und Becken zwischengeschaltet. Die stark zergliederte, großartige Gebirgswelt des Westtaurus ist ein zwar nicht großer, aber sehr besonderer Teilbereich des Landes. Zusammen mit seinem zum Mittelmeer gewandten Küstensaum und der Reşadiye-Halbinsel bildet er den Bereich Südwestanatolien.

8. Mittelsüdanatolien

Die südlichen Randgebirge Anatoliens werden als Taurus-Gebirgssystem[12] zusammengefaßt. Durch die beiden Golfe von Antalya und von Adana und Iskenderun

---

[11] Benennung nach einem dort befindlichen türkischen Lokalfürstentum des frühen 14. Jahrhunderts.

[12] Die in dieser Arbeit verwendeten, z.T. neu eingeführten topographischen, orographischen, geographischen Benennungen betreffen, wie eingangs angedeutet wurde, vorzugsweise größere und sehr große länderkundliche Ganzheiten, für die keine oder nicht gut geeignete türkische Bezeichnungen vorhanden, oder wo solche nicht geläufig sind. Diese Benennungen sollten die Erfassung größerer geographischer Zusammenhänge erleichtern. Sie benutzen hierbei, soweit sie geographische Zusammenhänge erhellen, die Ergebnisse der weit fortgeschrittenen geologischen Erforschung der Türkei. Doch wird bei bestimmten Anlässen, wie z.B. bei der Verallgemeinerung des Begriffs Taurus oder in vergleichbaren Fällen von einer Anlehnung an die Strukturbegriffe Pontiden, Anatoliden, Tauriden, Iraniden usw. bewußt

wird das rund 1300 km lange Taurussystem in drei Unterteile gegliedert, die allerdings sehr verschieden lang und in verschieden großer Breitenentfaltung ausgebildet sind. Es erscheint sachgemäß, den mittleren Teil des Systems, den großen, nach Norden konkaven Gebirgsbogen, der zwischen den beiden Golfen liegt und Zentralanatolien an seiner Südseite umrahmt, wie schon ausgeführt wurde (S. 10) als Mitteltaurus zu bezeichnen. Dieser Mitteltaurus zusammen mit seinen südlichen Vorländern von Antalya-Manavgat, von Silifke und von Adana-Ceyhan bildet dann den größeren landeskundlichen Teilbereich Mittelsüdanatolien.

9. Inner-Ostanatolien

Östlich von Sinop nehmen die Nordanatolischen Randgebirge ostsüdöstliches Streichen an. Auf der anderen Seite laufen, wie angedeutet wurde, die Stränge des Inneren Osttaurus nach Nordosten. Auf diese Weise ergibt sich östlich von Sıvas und von Kangal das Ostende von Zentralanatolien durch Ausdünnen des Binnenhochlandes zwischen den von beiden Seiten ostwärts konvergierenden Strängen der Randgebirge.

Östlich von Ordu wird außerdem, wie gezeigt wurde, das Nordostanatolische Küstenhochgebirge durch seinen Höhenzuwachs zu dem besonderen, vom Hinterlande stark unterschiedenen Teilbereich des Landes, den wir als Nordostanatolien bezeichnet haben. Die weiter landeinwärts verlaufenden Fortsetzungen der Nordanatolischen Randgebirge werden hier zu landschaftlich recht besonderen inneren Strängen des Nordanatolischen Gebirgssystems. Im Gebiet des oberen Euphrat und oberen Aras tritt außerdem seitliche Berührung der innersten Glieder des Nordanatolischen Gebirgssystems mit jenen des Inneren Osttaurus ein. Die inneren nordanatolischen Gebirgsglieder und der Innere Osttaurus erfüllen hiernach in landschaftlich verwandter Ausprägung im östlichen Anatolien den Gesamtraum zwischen dem Nordostanatolischen Küstenhochgebirge und dem Äußeren Osttaurus. Es erscheint sinnvoll, diesen großen Bereich als Inner-Ostanatolien zu bezeichnen.

Inner-Ostanatolien, d.h. der im östlichen Anatolien liegende Bereich der inneren Nordanatolischen Gebirgsglieder und des Inneren Osttaurus, besteht aber nicht nur aus Kettengebirgen und Längstalfluchten. Weniger regelmäßig gestaltete Gebirgskörper und geräumige Beckenlandschaften, große Kuppelbauten oder Einzelberge aus vulkanischen Gesteinen und weite Hochland-Gebiete aus Ergußgesteinen wie das Hochland von Kars und das des oberen Murat oder mäßige Rückengebirgslandschaften wie das Hochland von Van und Özalp sind gleichfalls vertreten. Das wird weiter unten genauer auszuführen sein. An dem früher genannten Randabfall von Leninakan-Urumye (Urmia) erreicht Inner-Ostanatolien und mit ihm das geographische Anatolien im ganzen seine Grenze gegen die Senkungsfelder von Azerbaycan.

abgesehen, weil die orographischen Zusammenhänge nicht selten stärker von sehr jungen, den Schichtenfeinbau nur mäßig deformierenden Krustenbewegungen bestimmt werden als von den vorausgehenden Faltungsbewegungen, die die Schichten intensiv deformiert haben.

10. Der Äußere Osttaurus und die ergänzenden Glieder des südlichen Gebirgsrahmens von Anatolien

Mit dem Amanos-Gebirge erhebt sich am Ostsaum des Golfes von Iskenderun das erste Glied einer langen Gebirgsflucht, welche als Teil des südlichen Gebirgsrahmens von Anatolien dem Taurussystem zuzurechnen ist. Dieser Amanos ist das westlichste Teilglied des Äußeren Osttaurus, welcher durch eine Reihe von Quereinschnitten in Teilglieder aufgeteilt wird. Der südliche Gebirgsrahmen von Anatolien erlangt aber am Bohtan-Fluß unterhalb von Siirt und am obersten Großen Zap eine starke Verbreiterung, mit der sich bis hinüber auf irakisches Staatsgebiet auch Bereiche der Zagros-Ketten außen vorlagern. Dies wird später genauer zu erläutern sein.

Nach unseren früheren Ausführungen erreicht die Landgestalt von Anatolien mit ihrem südlichen Gebirgsrahmen, d.h. mit dem Äußeren Osttaurus und dessen hier ergänzenden Gebirgsgliedern ihre geographische Südgrenze. Die türkische Staatsgrenze verläuft aber großenteils erst in einem Abstand von etwa 100 bis stellenweise über 150 km südlich dieser geographischen Grenze. Sie umfaßt noch ein Gebiet, das man sinngemäß als das Osttaurus-Vorland bezeichnen kann.

11. Das Osttaurus-Vorland

Es besteht aus einer Reihe von Landschwellen, Schichttafeln und Beckenlandschaften, die dem Äußeren Osttaurus südlich vorgelagert sind, und die infolge der Nähe des Gebirges und der größeren Meereshöhe merklich feuchter und damit siedlungsgünstiger sind als die vom Gebirge weiter entfernt gelegenen Gebiete von Mesopotamien.

Die im Vorstehenden zunächst vor allem orographisch skizzierte Gestaltung der Türkei und ihrer größeren Teilbereiche weist auf die sehr große Mannigfaltigkeit des Landes hin und macht zugleich die weitgehende, wenn auch nicht vollständige Übereinstimmung mit dem geographischen Anatolien deutlich. Zwar beruht diese Kennzeichnung des Landes vorerst im wesentlichen nur auf einer Würdigung der Oberflächenformen. Aber das Relief beeinflußt hier, wie es in Gebirgsländern die Regel ist, in entscheidender Weise auch so gut wie alle anderen allgemeinen Eigenschaften des Raumes, die naturgeographischen ebenso sehr wie die kulturgeographischen. Das rechtfertigt, wie sich weiterhin deutlicher zeigen wird, die Voranstellung der orographischen Gliederung des Landes. Bevor nun die systematische Betrachtung weiter ins einzelne geht, sollen zunächst einige allgemeine Vorstellungen von der landschaftlichen Mannigfaltigkeit der Türkei erweckt und außerdem auffallende Unterschiede gegenüber den Nachbarländern hervorgehoben werden.

III. ÜBER DIE LANDSCHAFTLICHE MANNIGFALTIGKEIT DER TÜRKEI

Zahlreiche und unter sich recht verschiedenartige Bilder müssen nebeneinander im Geiste erzeugt werden, um eine Vorstellung von den Landschaften der Türkei und insbesondere von der Mannigfaltigkeit Anatoliens zu gewinnen. Wir versetzen uns nach Zentralanatolien. Da erstehen vor dem inneren Auge weite, wellige Steppenlandflächen mit hartem, rissigem Boden und dürrem Gras- oder Krautwuchs, über denen die Hitze des Spätsommers flimmert. Man übersieht in ihnen leicht eine schwache eckige Flächenmusterung, und doch deutet diese an, daß hier weithin im letzten oder vorletzten Herbst oder Frühjahr der Bauer, sei es mit Traktor und Mehrscharpflug oder in entlegenen Gegenden mit magerem Ochsengespann und hölzernem Hakenpflug, Furchen durch einen wunderbar garen Boden zog, und daß er später im Sommer eine Weizen- oder Gerstenernte einbrachte. Das Gelbgrau der flachdachigen quaderförmigen Lehmhäuser eines nahen Dorfes hebt sich kaum von der Umgebung ab. Vielleicht liegt es auf oder neben einem Hüyük (Tel), einem Kulturhügel, der durch die Überreste der immer wieder erneuerten Lehmhäuser und den sonstigen Kulturabfall einer Besiedlung von bis mehr als 5 Jahrtausenden Dauer allmählich emporgewachsen ist.

In der Ferne leuchten die Fließe einer Herde von Angoraziegen wie weiße Pünktchen und lenken den Blick auf unscheinbarere gelbliche und dunkle Pünktchen, die sich gleichfalls bewegen, und die in Wirklichkeit Fettschwanzschafe vorstellen, welche gemeinsam mit den Angoraziegen weiden. Ganz am Horizonte zeichnet sich in duftigen Farben die Silhouette eines Gebirges ab und davor kreisen vielleicht ein paar Geier am milchig blauen Himmel. Hin und wieder tanzt irgendwo in der Weite eine Windhose für einige Augenblicke empor, während an anderer Stelle möglicherweise eine kilometerlange Staubfahne, deren Spitze merklich am Boden vorwärtskriecht, einen Lastkraftwagen verrät, der mit Menschen und Gütern schwer beladen, in rascher Fahrt über die breiten, von modernen Maschinen geschaffenen und durch sie unterhaltenen Kiesstraßen dahineilt. Selten nur ertönt noch das Geläut einer Karawane von Kamelen, Pferden oder Eseln, die mit ihren Lasten durch die Einsamkeit ziehen. Nähern wir uns dem Gebirge, so werden die Anbauflächen häufiger und wir bemerken oftmals an seinem Fuße einen großen dunkelgrünen Fleck. Er liegt vor einem größeren Talausgang und breitet sich über den Schwemmkegel, der hier ins Vorland hinauswächst. Er bildet das bewässerte Gartengelände einer größeren Siedlung, nicht selten einer Stadt. Beim Näherkommen lugen Häuser aus dem Grün der Baumgärten hervor und schließen sich endlich zu dem Kerne eines Marktortes zusammen, welcher manchmal von den Ruinen einer massigen alten Burg überragt wird. Derartige Bilder kehren im Innern des Landes in vielfacher Abwandlung immer wieder.

Aber man muß beim Klange des Namens Anatolien auch an ganz andere Eindrücke denken. Wir begeben uns in die mächtigen Gebirge seiner Randsäume, besonders im Süden und Norden, und wandern in deren tiefen Talschlünden aufwärts, in denen je nach der Jahreszeit starke Wildwasser dahinrauschen oder auch nur dünne

Wasserfäden, welche streckenweise vielleicht ganz im Schutte versiegend, ihren Weg nach abwärts suchen. Die Talflanken können namentlich in entlegeneren und steileren Gebirgswinkeln mit einem dunklen Waldkleide bedeckt sein. Aber von der flacheren Hochregion her haben sich Kahlflächen, Weidegründe der Almenregion, tief eingefressen. Auch nach abwärts geht der Waldgürtel in eine Locker- und Kümmerzone über, und diese trägt alle Kennzeichen ungeregelter Holznutzung. Auf den flacheren Hangteilen breiten sich Felder, oft mit einzelnen Wildobstbäumen überstreut, den Hinterbliebenen früherer Waldrodung, aus. Hier und da, wo Quellaustritte in Sonnseitlagen sich zeigen, sitzen die freundlichen Fachwerkbauten der kleinen Dörfer, manchmal mit Holz verschalt und mit Schindeln gedeckt, anderenortes auch mit Stein- oder Lehmfüllung und mit Hohlziegeldächern. Dazu grüßen aus der Talaue und von den größeren Schwemmkegeln sorgsam gepflegte Bewässerungsgärten, oft mit riesigen Maulbeer- und Walnußbäumen herauf, manchmal auch die Wasserspiegel kunstvoll angelegter Reisfelder.

Ganz anders wieder bieten sich die ägäischen Gestade Anatoliens dar. Hier schweift der Blick oft über weitläufige, graugrüne Olivenhaine, deren halbschattiges Innere im Sommer erfüllt ist vom Zirpen der Zikaden. Sie wechseln mit schönen Tabak-, Rosinen-, Feigenkulturen, in denen geschickt geführte Bewässerungsgräben dahinziehen. Aus dem grünen Gartenland leuchten hier und dort mit weißem Mauerwerk und matt-roten Hohlziegeldächern ansehnliche, geschlossene Dörfer hervor, von den dunklen Säulen der Zypressen überragt. Dazwischen, besonders auf armen Böden, dehnen sich Flächen von Phrygana und seltener Macchien oder lichte Kiefernwälder der lang- und zartnadligen Pinus brutia. Das reiche Gartenland bildet die Fußregion von Gebirgen, die steil und fast kahl in den blauen Himmel emporragen. Sie sind nur sehr dünn besiedelt, aber im Sommer von vielen Ziegenherden belebt. Die eigentliche Talaue andererseits ist nur randlich von Getreide-, Sesam- oder Baumwollfeldern gesäumt. In ihrer Mitte aber, zu beiden Seiten des lebhaft dem nahen Meere zuströmenden Flusses grasen zwischen Spireengebüsch und Oleander auf noch unkultivierter Überschwemmungsaue Rinder, Büffel und Pferde. Einsam erheben sich hier oder da ein paar Säulen, ein Mauerrest als Zeugen der großartigen antiken Vergangenheit.

Ähnlich, in vieler Hinsicht aber mit schmaleren Kulturflächen und einsamer, daher auch reicher an Macchien und Pinus brutia-Wäldern, zeigt sich die Landschaft, wenn wir uns von der Ägäisküste zur gebirgigen Südküste Anatoliens wenden. Die große Adana-Ebene freilich ist von schier unübersehbaren Baumwollfeldern erfüllt.

Abgeschwächt mediterran und durch die Auswirkungen der Millionenstadt Istanbul merklich beeinflußt, stellen sich auf längeren Strecken die Küsten des Marmara-Meeres dar. Dort gibt es durch Steilgelände oder Baumbestände abgeschirmte vornehme Wohnsitze in ausgedehnten Gärten mit alten Exemplaren mediterraner Koniferen und anderen kälteempfindlichen Bäumen und mit vielen prachtvollen Blütengewächsen. Anderswo ist das Ufer meist ziemlich kahl mit bescheidenen Wochenendhäusern und Badehütten besetzt oder mit Badeanlagen für Massenbesuch samt den zugehörigen Gast- und Vergnügungsstätten, die aber werktags und im Winter recht verlassen daliegen. Ziemlich lang sind weiter die Strecken, an denen sich unmittelbar an der Küste oder in geringem Abstand von ihr kleinere oder größere Fabrikanlagen und zugehörige Arbeiterwohnstätten eingerichtet haben. Seltener zeigen sich in diesen Gebieten noch Siedlungen und Einrichtungen von Fischern. Sie treten am Rande kleinerer Küstenorte abseits der Industrie und der Großstadtausläufer stärker hervor. Dort auch gibt es Nutzgärten, Obst- und Rebkulturen an zum Meere geneigten Hängen, nur an geschützten Stellen einige Oliven. Denn das Marmara-Gebiet erleidet ziemlich oft winterliche Kaltlufteinbrüche aus dem südrussischen Raum.

An der Nordostküste des Marmara-Meeres ändert sich das Landschaftsbild fast unmittelbar, sobald man dem Meer den Rücken gekehrt hat. Auf den mäßig zertalten Riedeln des ostthrakischen Plattenlandes dehnen sich weite Weizen- und Sonnenblumenfelder. In einer sanften Quellmulde liegt vielleicht ein größeres Dorf mit stattlichen Fachwerkhäusern und braunroten Hohlziegeldächern und mit Gemüse- und Obstgärten in der Nachbarschaft. Dürftige Böden und die Talhänge tragen lokkeres Buschwerk, die Reste eines degradierten Eichenmischwaldes und dienen Ziegen und Schafen als Weide. In der Talniederung weiden Rinder und einige Wasserbüffel. Wo die Niederung breit wird und Altwasser aufweist, gehören auch Störche zum Landschaftsbild.

Wesentlich anders werden die Bilder an der Schwarzmeerküste Anatoliens etwa östlich der Sakarya-Mündung. Dort kann auch im Sommer der Himmel tief mit Wolken verhangen sein und mächtige Güsse herabsenden. Nach einem solchen dampft das Land. Es trieft der Busch, der die dem Meere entsteigenden Kliffe überkleidet und Tropfen blitzen auf den Feldern, welche die Küstenterrassen einnehmen, an allen Maisstauden. Dunstschwaden hängen in den endlosen Haselkulturen, die als ein künstlicher Busch die mäßig geneigten Hänge bekleiden oder über den Teepflanzungen, die mit langen, hangparallelen Heckenstreifen die Hänge überdecken. Und wer in die Reste des üppigen Erlen-Buchen-Mischwaldes eintritt, die innerhalb des Kulturlandes stehen geblieben sind, der wird bis zum Gürtel naß von dem hohen Unterwuchs an Farnkräutern, Baumerika oder Rhododendron. Die Siedlungen verstecken sich oft in dem üppigen Pflanzenbewuchs. Sie sind in dem zerschnittenen Gelände vielfach weilerartig klein, die Häuser ganz aus Holz gebaut mit steilen Dächern; die kleinen Scheunen stehen auf Stelzen gegen Nässe und tierische Schädlinge.

Wieder mehr an Zentralanatolien erinnern die Bilder, wenn wir den Wall der Schwarzmeer-Küstengebirge östlich von Ordu, etwa bei Trabzon oder Rize in südlicher Richtung überschritten haben, durch die Kahlheit des Landes. Aber die Landschaftsformen sind anders. Überwiegend werden sie einerseits von deutlich in der West-Ost-Richtung langgestreckten, schmaleren oder breiteren Talzügen oder Bekkenfluchten von oft mehr als 1000 m, ja über 1500 m und an 2000 m Talgrundhöhe bestimmt und von gewaltigen, meist über 2000 m, ja bis weit über 3000 m aufsteigenden Gebirgen, die die Längsfurchen um mehr als 1000 m, ja 2000 m überragen. Nicht wenige der Gebirge haben durch eiszeitliche Gletscherwirkung zugeschärfte Gipfelformen und tragen bis in den Sommer Schneeflecken. An den Gebirgen gibt es auch noch Waldreste. Die Talungen sind nur dünn besiedelt, die Anbauflächen nicht groß, die Gärten klein und in den hohen Bergen wegen des rauhen Klimas ärmlich. Weite Flächen dienen der Heugewinnung. Die niedrigen, flachdachigen Häuser der Dörfer haben sehr dicke Mauern aus Stein oder Lehm und winzige Fenster. Auf dem Dach tragen sie riesige Türme aus Heu als Futtervorrat für den überlangen schneereichen Winter. Große Teile der Gebirge sind nur im Sommer von Herden belebt und hier und da durch Bienenkästen der Imker genützt. Nur kleinere Gebiete, wie die tiefer und weiter südlich gelegenen Becken um Malatya und Elazığ sowie die Gestade des Van-Sees genießen die Vorzüge einer länger anhaltenden und höheren Sommerwärme mit allen ihren Folgen für die Besiedlung und Landeskultur.

Eindrücke, die in den weiter nördlich gelegenen Bereichen ungewohnt sind, bieten sich demjenigen dar, der den Äußeren Osttaurus und damit den südöstlichen Rand des geographischen Anatoliens überschritten hat. Er kann etwa zwischen Gaziantep und Nizip am Euphrat hügelauf und hügelab durch Pflanzungen von Pistazienbäumen oder durch weitläufiges Rebgelände reisen. In der Harran-Ebene südlich von Urfa wird er die weißgetünchten bienenkorbförmigen Lehmhäuser der dortigen Dörfer erblicken, wie sie in Nordsyrien verbreitet sind. Kommt er im Sommer in ein Städtchen wie Midyat östlich von Mardin in einem ackerwirtschaftlich ziemlich ergiebigen und ansehnlich besiedelten Karstgebiet, so wird er fast nirgends Trinkwasser und noch weniger sonstiges Nutzwasser erhalten können. Solche Besonderheiten der Kulturlandschaft und so große Schwierigkeit der Wasserversorgung und Ausnahmestellung ergiebiger Wasservorkommen werden ihm deutlich machen, daß er das geographische Anatolien hinter sich gelassen hat.

Die wenigen hier skizzierten Bilder mögen zum Ausdruck bringen, daß die Türkei sehr verschiedenartige Landschaften umfaßt, daß insbesondere die Landgestalt Anatolien äußerst mannigfaltige Teilgebiete aufweist. Da der Name Anatolien vom Volke mindestens angenähert für eben diesen Landkomplex verwendet wird, so erscheint es lohnend, bei der geographischen Darstellung der Türkei stets besonders zu beachten, wie die Teile des geographischen Anatoliens trotz ihrer Verschiedenheit zusammenhängen oder sich zueinander verhalten und wie sie zu jenen Gebieten der Türkei stehen, die dem geographisch gefaßten Anatolien nicht zuzurechnen sind.

IV. ALLGEMEINE UNTERSCHIEDE BESONDERS DES GEOGRAPHISCHEN ANATOLIENS GEGENÜBER DEN NACHBARLÄNDERN

Das große Hoch- und Gebirgsland Anatolien, d.h. der Großteil der Türkei, erhebt sich zwischen den nördlich und südlich benachbarten Naturgebieten als ein durchaus besonderer und von jenen sehr verschiedener Landraum. Das Schwarze Meer setzt ihm im Norden nicht nur eine deutliche Grenze, auch die jenseits des Meeres sich dehnenden Flachländer Südrußlands bilden mit ihren sommerheißen und winterkalten Schwarzerdesteppen eine ganz andere Welt. Nur der schmale Südsaum des Yayla Dağ auf der Krim und die Kaukasusgestade weisen hier gewisse Anklänge an den Charakter der anatolischen Küste auf. Wer aber von Odessa oder Rostow über das Meer nach der waldigen Gebirgsküste Anatoliens übersetzt, der erlebt, sei es nun im Sommer oder Winter, einen überaus tiefgreifenden Wechsel der gesamten Szenerie und des Klimas.

Ähnlich ist es im Süden. Hier ist eine Meeresbegrenzung zwar nur teilweise vorhanden, da ja das Mittelmeer am Golfe von Iskenderun sein Ostende erreicht. Aber die Länder Syrien und Mesopotamien mit ihren vorwiegend flachen, höchstens mäßig bewegten Oberflächenformen setzen sich klar von dem kräftigen Aufschwung des Äußeren Osttaurus ab. Während im Süden ein überaus heißer und trockener Sommer lastet, werden die Gebirge Anatoliens von merklich frischerer Luft umspült. Während dort die spärlichen Winterniederschläge schon in mäßigem Küstenabstande nur dürftigen Steppenwuchs und südlich des 35. Breitengrades nicht einmal diesen mehr erlauben, liegen die Randberge Anatoliens im Winter tief verschneit da. Ihre ausreichend befeuchteten Flanken tragen vielfach Wald oder doch wenigstens Buschwerk.

Selbstverständlich haben die angedeuteten Unterschiede der Oberflächenformen, des Klimas und der Pflanzendecke auch tiefgreifende Verschiedenheiten der Lebensverhältnisse zwischen Anatolien einerseits und Syrien sowie Mesopotamien andererseits im Gefolge. So erweist sich die geographische Besonderheit Anatoliens auch an seinem Südrande als augenfällig, und nur darüber können Fragen entstehen, an welcher Linie innerhalb der Fußregion des Äußeren Osttaurus hier die am meisten sinngemäße Begrenzung des geographischen Anatoliens anzunehmen sei.

Etwas anderer Art als gegenüber den Nachbarländern im Norden und Süden, aber ebenfalls tiefgreifend sind die geographischen Grundunterschiede der Türkei und besonders des geographischen Anatoliens gegenüber den benachbarten Landgebieten im Westen und Osten. Die Balkanhalbinsel im Westen, teilweise schon im Nordwesten, und Azerbaycan und Iran im Osten und Südosten gehören zwar wie das geographische Anatolien zu den Ländern des Eurasiatischen Kettengebirgsgürtels. Sie sind daher gleichfalls Gebirgsländer, in denen langestreckte, meist viel gegliederte Gebirgsfluchten in Verengungsbereichen seitlich nahe aneinander rücken, in Verbreiterungsgebieten aber sich voneinander entfernen und Räume, die weniger gebirgiges Relief besitzen, umschließen. Sie weisen also in ihrer Großformung mit dem Anatolischen Länderkomplex gewisse Verwandtschaften auf. Freilich bringen die recht unterschiedliche Höhe der Gebirge und insbesondere die Höhenlage der von Randgebirgen umsäumten Innenräume in der Längserstreckung des Gebirgsgürtels sehr große Verschiedenheiten gegenüber dem Bereich der Türkei zum Ausdruck. Die schwerstwiegenden geographischen Unterschiede sind aber klimatischer und dadurch bedingt siedlungsgeographischer Art. Die Länder der Balkanhalbinsel und der nordwestlich benachbarten Gebiete erhalten für kräftigen Pflanzenwuchs ausreichende Niederschläge und sind in den tieferen Lagen genügend warm für das Gedeihen von Hauptnahrungsgewächsen des Menschen. Gegen die Höhen aber wird die Wärmeausstattung zunehmend ungünstiger. Daher liegen die Siedlungsschwerpunkte in diesen Ländern überall in den Tieflandgebieten, den Becken und Talniederungen.

Zwar gilt Entsprechendes auch noch für die Türkei bzw. für Anatolien, doch zeigen sich folgende Unterschiede. Wegen der subtropischen Breitenlage erfreuen sich die tief gelegenen Landschaften einer sehr hohen Sommerwärme und statt des Winters einer nur kühlen Jahreszeit. Daher gedeihen in ihnen anspruchsvolle und empfindlichere Gewächse als in den weiter polwärts gelegenen Breiten, sofern genügend Wasser zur Verfügung steht. Dieses aber ist abgesehen vom Nordsaum Anatoliens im Sommer knapp. Das führt hinsichtlich der Kulturfähigkeit des Landes zu Einschränkungen und zu einer Bedeutung der künstlichen Bewässerung, die weit über das in den Balkanländern Gewohnte hinausgeht. Andererseits sind in Anatolien die Höhen wärmer als in den Balkanländern und dabei weniger sommertrocken als die Tiefenlagen. Daher spielen sie für die Besiedlung eine größere Rolle als in den Balkanländern. Das Zentralanatolische Hochland sowie alle Hochbecken mit geräumigen Hochtälern des Landes besitzen ein im Hinblick auf die zugehörigen Kulturflächen zusammenhängendes, nur durch eigentliche Hochgebirge unterbrochenes Geflecht von Dauersiedlungen.

Ganz anders sind als Siedlungsgebiete die im Osten und Südosten anschließenden Räume von Azerbaycan und Iran beschaffen. In ihnen sind die Sommerhitze und die allgemeine Niederschlagsarmut so groß, daß ihre Beckengebiete schon siedlungsfeindliche Trockenheit erreichen. In ihnen wird die Besiedlung, wenn man von den kleinen Flächen der Bewässerungsoasen absieht, äußerst dünn und setzt z.T. ganz aus. Günstigere Bedingungen bieten dagegen die Höhen wegen ihrer geringeren sommerlichen Hitze und Trockenheit. Daher kehrt sich in Azerbaycan und Iran die für die Mittelbreiten und die ausreichend beregneten Subtropen geltende Höhenregel der Besiedlung um. Es sind, wenn man von den geringen künstlich bewässerbaren Flächenanteilen und den allergrößten Höhen absieht, die Höhen dichter besiedelt als die Tieflagen, und diese sind umso siedlungsfeindlicher, je geringere Meereshöhe sie haben.

V. DAS GEOGRAPHISCHE ANATOLIEN UND DIE KLIMATISCH-VEGETATIONSGEOGRAPHISCHE GROSSGLIEDERUNG IM WEITEREN UMKREIS

Es wurde versucht, die größeren geographischen Teilbereiche des türkischen Staatsgebietes und die geographische Gestalt Anatoliens zunächst vornehmlich aufgrund der Reliefverhältnisse herauszuarbeiten. Gleichzeitig erleiden aber auch alle anderen Erscheinungen innerhalb der gewaltigen Längsausdehnung der eurasiatischen Kettengebirgszone tiefgehende Veränderungen. Das gilt u.a. für die klimabedingenden und die klimabedingten Faktoren. Die wichtigsten von ihnen lassen in ihrer regionalen Verteilung eine gewisse Regelmäßigkeit erkennen.

Von Nordwesten nach Südosten verlagert sich das Kettengebirgssystem aus vorwiegend mittleren über mehr oder weniger subtropische bis in tropische Breitenlagen. Außerdem gibt es bedeutende Verschiedenheiten der allgemeinen Höhe und diese gehen mit solchen einer größeren oder geringeren Geschlossenheit des Reliefs und mit stark unterschiedlichen Beziehungen zu den Meeresflächen einher.

In den mittleren Abschnitten des Kettengebirgsgürtels, in Zentralasien und Westasien ist die allgemeine Höhenlage und besonders die Höhe der von den Gebirgsbündeln umschlossenen Becken sehr beträchtlich. Das verleiht ihnen starke Abgeschlossenheit. Zudem halten sich die Meere fern oder bespülen doch nur randlich diese großen Gebirgsländer.

Anders im Westen und im Südosten. In Süd-Europa ebenso wie in Südost-Asien liegen die von den Gebirgen umschlossenen Binnenräume tief, z.T. unter dem Meeresspiegel. Infolgedessen sind diese Teile des Eurasiatischen Kettengebirgsgürtels viel weniger abgeschlossen als die hoch heraus gehobenen mittleren Abschnitte und sie haben eine innigere Berührung mit dem Meere.

Innerhalb dieser Gesamtordnung besitzt Anatolien eine deutlich umrissene Eigenstellung. Es gehört klar zu den durch große allgemeine Höhe und Geschlossenheit ausgezeichneten mittleren Abschnitten. Aber es ist von diesen das am weitesten gegen Westen, gegen die Einbruchsregion des Mittelmeergebietes vorgeschobene Glied. Es wird im Norden, Westen und Süden vom Meere bespült. Das hat bedeutsame klimatische Folgen.

Der Außensaum der Gebirgsumrahmung von Anatolien gehört trotz der im Norden ziemlich hohen Breitenlage auch gerade noch zur subtropischen Klimaregion. Unter dieser Bezeichnung werden hier diejenigen Klimagebiete zusammengefaßt, welche in tiefen Lagen durch einen sehr warmen Sommer und durch eine kühle Jahreszeit während der Monate des tiefsten Sonnenstandes ausgezeichnet sind, denen jedoch dort ein eigentlicher Winter fehlt. Die Befeuchtung reicht in dieser Saumzone Anatoliens im allgemeinen für mediterrane Trockengehölze, am Nordsaume sogar weithin für feuchtere Waldtypen aus. Derart milde Klimaverhältnisse sind dem Nordsaum der westlich benachbarten Balkanhalbinsel fremd. Aber auch auf der Landbrücke von Ostthrakien und Kocaeli gibt es im Winter nicht selten Kaltlufteinbrüche aus Norden. Und selbst am Nordrande des Anatolien östlich benachbarten großen iranischen Raumes beschränken sich die milden Winter trotz der weit niedrigeren Breitenlage auf die Gestade des Kaspisees, während die Randgebiete gegen Turkestan auch in tiefen Lagen einen kräftigen Winter haben.

Steigt man an den Randgebirgen Anatoliens empor, so gelangt man naturgemäß in Bereiche, die zwar noch recht warme Sommer, aber auch schon kalte Winter aufweisen. Die Niederschläge sind hier selbstverständlich höher als in der Fußregion. Infolgedessen gehören die mittleren Höhenlagen der Randgebirge allenthalben zur natürlichen Waldregion. Allerdings handelt es sich dabei außer am Nordrande von Anatolien fast überall nur um Trockenwaldgebiete. Durch die Tätigkeit des Menschen sind sie weitgehend zerstört oder herabgewirtschaftet worden. Eine für ziemlich mannigfaltigen Regenfeldbau ausreichende Benetzung ist diesen Gebieten trotzdem geblieben. Die genannte, so gut wie vollständige Umgürtung durch Gebiete möglichen Waldwuchses besitzt unter den großen Hochlandräumen des Eurasiatischen Kettengebirgsgürtels nur Anatolien. In der Umrahmung Irans sind nur streckenweise, am meisten noch in dem azerbaycanischen Teilbereich, Ansätze randlicher Waldstreifen vorhanden, aber weithin klaffen breite, auch von Natur waldfreie Lücken. Die noch weiter östlich folgenden Hochländer des Kettengebirgsgürtels weisen stets nur einseitig an ihren Säumen Waldgebiete auf.

Auch für die anatolischen Binnenräume macht sich die weit in das Mittelmeergebiet vorgeschobene Stellung des Landes in den Niederschlagsverhältnissen noch geltend. Wohl ist die Befeuchtung in dem allseits von höheren Gebirgen umschlossenen Zentralanatolischen Beckenhochlande nur bescheiden. Aber sie ermöglicht in dem sommerheißen und durch seine Höhenlage winterkalten Lande selbst noch in dessen trockensten Teilen eine Steppenvegetation. Trockenwüsten fehlen in Anatolien vollkommen.

Darin besteht ein wesentlicher Unterschied zu den übrigen großen Hochbeckengebieten des Eurasiatischen Kettengebirgsgürtels. Denn diese bergen alle in mehr oder weniger großem Umfange Halbwüsten oder Vollwüsten. Dieser Unterschied ist, wie noch näher auszuführen sein wird, vor allem in anthropogeographischer Hinsicht von großer Bedeutung.

Die Steppenhaftigkeit des Zentralanatolischen Binnenlandes kann auch nicht zu einem Vergleich mit dem Karpatenbecken benutzt werden. Denn dieses ist, soweit nicht besondere edaphische Verhältnisse vorliegen, von Natur ein Gebiet lockerer Wälder. Außerdem fügt es sich durch seine Tieflage ganz dem Westen des großen Kettengebirgsgürtels ein.

Im großen gesehen, stellt sich hiernach der zunächst vor allem orographisch gekennzeichnete Begriff des geographischen Anatoliens auch als klimatisch und vegetationsgeographisch einleuchtend von seiner Umgebung abgehobener Raum dar. Er ist nicht nur durch seine Breitenlage, seine Lagebeziehungen zu den benachbarten Meeren und im Windsystem der Erde klimatisch und vegetationsgeographisch allgemein bestimmt. Vielmehr zeigt sich, daß hier die engere regionale Anordnung und die gegenseitige Abhängigkeit der klimatischen Teilräume und der vegetationsgeographischen Untergliederung zu einem den orographischen Grundgegebenheiten des geographischen Anatoliens weitgehend entsprechenden und auf diese Weise gut erfaßbaren Gesamtgefüge gestaltet sind.

Den Kern bildet das weite, sommerwarme und winterkalte Binnenhochland von Zentralanatolien mit vorwiegend steppenhafter Vegetation. Darum lagert sich ein mächtiger Gebirgsrahmen, der das Steppenhochland erst zu einem solchen werden läßt. Seine kräftig temperierten und ausreichend befeuchteten Flanken gehören, abgesehen von den bis in die alpine Region aufragenden Gipfeln, zur natürlichen Waldregion. Seine äußere Fußregion reicht allenthalben bis in wintermilde Klimabereiche hinab. In diesen Verhältnissen kommt außer der Widerspiegelung des Großreliefs von Anatolien die im Vergleich mit den anderen Hochlandräumen des Eurasiatischen Kettengebirgsgürtels wesentlich größere maritime Beeinflussung Anatoliens zum Ausdruck. Aus beidem ergibt sich eine ungewöhnlich große landschaftliche Vielfältigkeit dieses Landes. Alles zusammen trägt dazu bei, dem Begriff des „geographischen Anatoliens" eine weit über die orographische Grundfestsetzung hinausgehende Bedeutung zu verleihen. Im Osttaurus-Vorland, vor dem Südostsaum des geographischen Anatoliens vollzieht sich dann ein sehr allmählicher Übergang zu dem subtropisch kontinentalen Trockenklima Mittel-Mesopotamiens und seinen Halbwüsten.

VI. DAS GEOGRAPHISCHE ANATOLIEN ALS LEBENSBEREICH DES MENSCHEN IM RAHMEN DER NACHBARGEBIETE

Das geographische Anatolien, über welches der heutige Türkische Staat nur im Nordwesten und im Südosten merklich hinausgreift, hat sich als eine sowohl orographisch wie klimatisch und vegetationsgeographisch deutlich von seinen Nachbargebieten abgehobene Landgestalt erwiesen. Es ist aus diesem Grunde zwar wahrscheinlich, aber im einzelnen doch erst klarzustellen, ob und wie diese naturgeographische Landgestalt auch als Lebensbereich des Menschen auf ein inneres Zusammenhängen oder auf Auseinanderstreben hin angelegt ist. Kurz, es ist zu untersuchen, in welchem Umfang das geographische Anatolien auch als Lebensbereich des Menschen einen Gefügezusammenhang offenbart, fraglich erscheinen oder etwa gar verneinen läßt.

Zwei Tatsachen sind in dieser Hinsicht von besonderer Bedeutung. Die erste besteht darin, daß auch in den trockensten Teilen des Zentralanatolischen Steppengebietes noch Feldbau auf Regen möglich ist. Namentlich auf tiefgründigen und dabei nicht versalzten Böden, wie sie am Grunde von Trockentälern, in den Randpartien von Geländemulden und auf flachen Schwemmkegeln weit verbreitet sind, gibt es allenthalben Gerste- und Weizenfelder, und diese dehnen sich beispielsweise bis unmittelbar an den Rand des großen Salzsees Tuz Gölü aus. Gewiß ist der Ernteertrag nicht so sicher wie in feuchteren Gebieten. In besonders trockenen Jahren kommen schwere Mißernten vor. Aber die Grundlage für eine, wenn auch schüttere, so doch im ganzen lückenlose bäuerliche Besiedlung ist gegeben. In normalen Jahren bringen diese Gebiete sogar eine nicht unerhebliche Überschußerzeugung an Getreide hervor, wonach zu erwarten steht, daß die Bevölkerungsdichte sich in Zukunft dort noch etwas vermehren kann.

Die zweite wichtige Gegebenheit besteht in der Verkehrseignung des zentralanatolischen Binnenhochlandes. Das offene, steppenhafte Binnenhochland mit seinem verhältnismäßig geringen Relief und seinen bescheidenen und nicht tief eingeschnittenen Flüssen ist von Natur viel wegsamer als die waldreichen, zerschluchteten und von Wildwassern gefährdeten Randgebiete. Durch seine zwar nicht dichte, aber immerhin zusammenhängende und nicht von wüstenhaften Öden unterbrochene Besiedlung bietet Zentralanatolien dem Verkehr die stets benötigten Versorgungsgrundlagen. Andererseits verleiht diese Besiedlung Zentralanatolien wegen seiner Größe auch ein kräftiges anthropogeographisches Eigengewicht neben den benachbarten, so viel dichter bevölkerten, aber im allgemeinen kleinräumigen Randlandschaften. Auf diese Weise spielt das Binnenhochland seit alter Zeit die Rolle eines zentralen Wegelandes. Es ist in der Lage, die als Siedlungsräume landwirtschaftlich bevorzugten Randgebiete mit sich zu einem innigen anthropogeographischen Gesamtgefüge, zu einem großen Gesamtlebensbereich zusammenzufassen. Auf diese Art vermag das steppenhafte Binnenhochland Anatoliens nicht nur im physisch-geographischen Sinne den Kern Anatoliens zu bilden, und darin besteht auch zum guten Teil die politisch-geographische Grundidee des neuen türkischen Staates.

Freilich, die volle Verwirklichung einer solchen Raumschöpfung ist erst durch die moderne Entwicklung der Verkehrsmittel in den Bereich der Möglichkeit gerückt worden. In den alten Zeiten, das lehren die Befunde der Prähistorie und Archäologie, bildeten die physisch-geographisch so wesensverschiedenen Binnen- und Randgebiete Anatoliens kulturell, wirtschaftlich und auch politisch meist getrennte Welten. Noch zur Zeit des osmanischen Reiches konnte die politische Zusammenfassung des ganzen Landes nicht verhindern, daß beispielsweise in einzelnen seiner Teile, sei es durch Dürre oder Hochwasser, ärgste Not und gleichzeitig in anderen Teilen Überfluß an den benötigten Gütern bestanden.

Noch am Schlusse des Ersten Weltkrieges sind von den Ententemächten politische Schöpfungen versucht worden, die an die vorosmanische Raumgliederung Anatoliens erinnerten. Aber derartige an die Vergangenheit anknüpfende Konstruktionen, wie die eines griechischen Reiches auf beiden Seiten der Ägäis oder die eines selbständigen pontischen Staates haben der heutigen Wirklichkeit nicht stand gehalten. Die von Natur so klar umrissene und innerlich zusammengehörige Landgestalt Anatoliens ist heute verkehrs- und wirtschaftsgeographisch zu einer fest zusammengefügten Ganzheit geworden.

Gerade das Beispiel Anatoliens lehrt jedoch, wie schon angedeutet, daß anthropogeographische Zusammenhänge im Laufe der menschlichen Entwicklung Veränderungen unterworfen sind, und zwar namentlich, weil die Verkehrsverhältnisse, durch welche benachbarte Räume miteinander in Verbindung stehen, sich wandeln. Die Randgebirge Anatoliens haben durch den modernen Straßen- und Bahnbau als Verkehrshindernisse an Wirklichkeit verloren. Die Lebensbedürfnisse und Funktionen etwa der westanatolischen Küstengebiete, die in der Frühantike kulturell inniger mit dem griechischen Lebensraum als mit Inneranatolien zusammengehangen haben, dürften schon seit dem Bau der persischen Königsstraße mehr und mehr an Zentralanatolien gekettet worden sein. Sie sind es heute vollständig, nachdem sogar der einstige griechische Bevölkerungsteil ausgesiedelt worden ist. Doch auch schon in seldschukisch-frühosmanischer Zeit muß die Verbindung Zentralanatoliens mit seinen Randgebieten lebhaft gewesen sein. Denn die damaligen türkischen Einwanderer sind offenbar in alle Winkel Anatoliens gelangt. Sonst wäre nicht in verhältnismäßig kurzer Zeit das ganze Land türkisiert worden. Mag also in der Prähistorie und Frühantike vom Standpunkt der Anthropogeographie aus das geographische Anatolien noch nicht in vollem Umfang ausgebildet gewesen sein, so ist doch nach und nach das physisch-geographische Anatolien auch als Lebensbereich des Menschen zu einer fest zusammenhängenden Ganzheit geworden.

Solche Befähigung eines großen natürlichen Landraumes, sich zugleich auch zu einem gut zusammengefügten Lebensbereich des Menschen zu entwickeln, ist auf der Erde sicherlich nicht sehr häufig. Anatolien nimmt in dieser Hinsicht eine bevorzugte Stellung ein.

Der große westlich von Anatolien gelegene Länderkomplex der Balkanhalbinsel, der physisch-geographisch eine so klar hervortretende Einheit unter den Ländern der Erde bildet, besitzt zwar, wie namentlich Norbert Krebs gezeigt hat, in der Morava-Vardarfurche eine zentrale Verkehrsader, von der aus Zugänge nach den randlichen Teilen der Halbinsel abzweigen. Aber es mangelt, die große beherrschende Zentrallandschaft, von der aus mit Hilfe dieser Verkehrsmöglichkeiten das vielgestaltige Gebirgsland zu einem anthropogeographischen Ganzen zusammengeschlossen worden wäre. Nicht einmal den Fremdherrschaften der Römer und Türken ist dies vollständig gelungen. Hierin besteht zwischen Anatolien und der Balkanhalbinsel ein überaus eindrucksvoller anthropogeographischer Unterschied.

Auch für die Kaukasusländer, deren Name bezeichnenderweise in der pluralischen Form gebraucht wird, kann man von einem Zusammenstimmen der Siedlungsbereiche mit dem physisch-geographischen Naturraum nicht sprechen. Hier herrscht vielmehr eine außerordentliche ethnographische und kulturelle Zersplitterung.

In Iran endlich tritt im Gegensatz zu Anatolien ein deutliches Auseinanderklaffen von Naturgestalt und Lebensraumgliederung in Erscheinung. Der physisch-geographisch so deutlich umrissene Großraum Iran bildet anthropogeographisch kein Ganzes. In ihm setzt die Wüstenhaftigkeit großer Teile des Binnenlandes der Herausbildung eines einheitlichen iranischen Lebensbereichs wohl unüberwindliche Schwierigkeiten entgegen. Im Laufe der Geschichte sehen wir hier bei wechselnder Lage der Schwerpunkte im einzelnen, gewöhnlich zwei selbständige ungefähr gleichwertige Lebensbereiche entwickelt, den eigentlich iranischen in den westlichen Teilen des physisch-geographischen Gesamtraumes und den afghanischen im Osten.

Diese Verhältnisse lassen das Fehlen wirklicher Wüsten im Inneren Anatoliens als ganz besonders bedeutungsvoll erscheinen. Die Befähigung Zentralanatoliens zum Zusammenhalten der Randgebiete und damit zur Rolle der anthropogeographischen Zentrallandschaft ist letzten Endes durch diese natürliche Begünstigung bedingt. Mögen sonst viele Gemeinsamkeiten der Lebensverhältnisse zwischen Iran und Anatolien bestehen, dieser Charakterzug bedeutet eine folgenschwere anthropogeographische Verschiedenheit.

Weit deutlicher noch als gegenüber Iran hebt sich Anatolien als Lebensraum naturgemäß von dem arabischen Länderkomplex ab. Zwar zeigt dieser physisch-geographisch insofern eine entfernte Ähnlichkeit mit Iran und Anatolien als auch in ihm ein großer zentraler Trockenraum besser benetzten Randgebieten gegenübersteht. Aber die Niederschlagsarmut ist hier ins Extrem gesteigert. Daher ist in diesem Trockenraum fast nur noch in Bewässerungsoasen seßhaftes Leben möglich, und selbst die etwas feuchteren Randgebiete nehmen hier mehr oder weniger die Stellung von Oasen am Rande des Nomadenlandes ein. Das sind Lebensverhältnisse, die von denen Anatoliens grundverschieden sind. Sie bedingen auch ein abweichendes Verhältnis der Teilräume untereinander. Nur vorübergehend ist der arabische Länderkomplex von dem zentralen Nomadenlande her zu einer politischen Einheit zusammengeschlossen worden. Meist haben die Einzelräume, insbesondere die dichter besiedelten Randgebiete, unter wechselnden Machtverhältnissen, dabei auch vielfach unter Abhängigkeit von außen her, nur Teile des arabischen Länderkomplexes zu wirksamer Lebensgemeinschaft zusammenzufassen vermocht.

Vergegenwärtigt man sich, daß Anatolien infolge seiner weiter oben ausgeführten Eigenschaften einen an Fläche großen und innerlich gut zusammengefügten Gesamtlebensbereich darstellt, wie ihn die Nachbarländer nicht aufweisen, so versteht man leichter die außerordentlichen Kraftentfaltungen, die dieses Land als Grundlage des osmanischen Reiches hervorzubringen vermocht hat. Man gewinnt dadurch auch Anhaltspunkte für eine Beurteilung seiner künftigen Entwicklungsmöglichkeiten.

B. ERGÄNZUNGEN ZU ALLGEMEINEN ZÜGEN IM ÜBERSICHTSBILD DER TÜRKEI

Es erscheint angebracht, das im Vorstehenden skizzenhaft umrissene Übersichtsbild der Türkei durch weitergehende Angaben über wichtige allgemeine Züge des Landes zu ergänzen, bevor eine Einzeldarstellung der Landesteile gegeben wird. Insbesondere sind zusätzliche Ausführungen über die Reliefgestaltung und deren Werdegang, über die allgemeinen klimatischen und die vegetationsgeographischen Verhältnisse sowie über Grundzüge der kulturgeographischen Gegebenheiten des Landes nützlich, um den Einblick in die Einzeldarstellungen der Landesteile zu fördern.

I. ZUR RELIEFGESTALTUNG DER TÜRKEI[13]

Als Voraussetzung für eine Beurteilung der Entwicklungen, welche für die Oberflächenformen der an Kettengebirgen reichen Türkei maßgebend gewesen sind, ist es wichtig, die bisherige Kenntnis über die alpidischen Tektogenesen, die hier wirksam waren, anzudeuten, das heißt über jene tektonischen Störungsereignisse, welche die Gesteinsfolgen des Landes engräumig und stark deformiert haben.

Diese Analyse hat nach R. Brinkmann (1976, S. 116f.) ergeben, daß im Bereich der Nordanatolischen Randgebirge besonders im Alttertiär Geosynklinalschichten intensiv und zwar mit vorwiegend E–W-Streichrichtung gefaltet worden sind. Diese Strukturen bilden die sogenannten Pontiden von P. Arni (1939).

Südlich anschließend erstreckt sich in einem Zwischengebirgsraum zwischen unregelmäßig verteilten kratonischen, d.h. altgefalteten und relativ starr gewordenen Massen, eine durch das Auftreten von Ophiolithen und von jünger gefalteten Geosynklinalschichten gekennzeichnete Zone, die von Inner-Ostanatolien westwärts durch das nördliche Zentralanatolien bis ins Gebiet von Izmir in Westanatolien verfolgbar ist. Die Geosynklinalschichten dieser Zwischengebirgszone haben eine bis ins Oligozän reichende Tektogenese erfahren. Sie entspricht im wesentlichen der Zone der Anatoliden von P. Arni (1939). Aber im Tuz Gölü-Becken und im Marmarabecken sind bis 3000 m mächtige Schichten noch flachlagernd geblieben. Sie ruhen auf alten Kratonen (R. Brinkmann 1976, S. 117).

Eine dritte Gruppe alpidischer Tektogenesen, die der Tauriden von P. Arni (a.a. O.), sind nach Brinkmann im wesentlichen auf die westliche Hälfte des Westtaurussystems beschränkt geblieben. Dort wurden Geosynklinalschichten und Ophiolithe während aller alpidischen Tektogenesen deformiert. Ausgeprägte alpidische Tekto-

---

13 Vgl. Karten 1 und 4, und O. Erol, Karte 1982.

genese und entsprechende Strukturzusammenhänge des mittleren mit dem östlichen Taurus sind dagegen nach Brinkmann noch umstritten. Vor allem fehlt es bisher in diesen Gebieten am Nachweis stark entwickelter gefalteter Geosynklinalschichten für eine ausreichende Sicherung der tektonischen Strukturzusammenhänge unter den orographisch zusammenhängenden Gebirgsfluchten. Nur eine Zone ophiolithischer Gesteine ist von der Innenseite des Mitteltaurus-Bogens bis ins obere Euphratgebiet längs des Inneren Osttaurus verfolgbar. T. Brinkmann (1976, S. 116, Fig. 59).

Am Südsaum des Äußeren Osttaurus endlich entwickelt sich die Iranidenzone von P. Arni (a.a.O.). Sie besteht aus einer inneren Teilzone mit bedeutenden Überschiebungsstrukturen und einer äußeren Zone einfacher Schichtfalten. Die Tektogenese der Iraniden umfaßt das Jungtertiär und dauert wahrscheinlich bis in die Gegenwart an.

Die genannten alpidischen Tektogenesen der Pontiden, Anatoliden, Tauriden und Iraniden dürfen jedoch überwiegend nicht unmittelbar als Gestalter der heutigen Oberflächenformen in Anatolien angesehen werden. Denn namentlich die jungtertiären Ablagerungen in Anatolien lassen erkennen, daß große Teile des Landes während des Tertiärs, insbesondere des jüngeren Jungtertiärs, Abtragungsräume mit geringem, rumpfflächenartigem Relief gewesen sind, und daß andere sogar unter den Meeresspiegel getaucht waren. Dazu gibt es folgende Fakten:

Nur im Nordostanatolischen Küstenhochgebirge östlich bzw. nordöstlich von Giresun scheinen Spuren von neogener mariner Transgression um Trabzon und Rize nicht über einige hundert Meter Meereshöhe hinauf zu gehen (Brinkmann 1976, S. 71), sodaß das Gebirge seine Emporhebung zum größten Teil unmittelbar der Tektogenese verdanken könnte.

In Inner-Ostanatolien im Gebiet nordwestlich von Erzincan dagegen gehen Spuren der marinen, untermiozänen (Burdigalen) Transgression auf dem Sipikör Dağ bis etwa 2500 m empor (Fossilien gesammelt von H. Louis, bestimmt durch K. Leuchs, 1936). Daraus ist zu entnehmen, daß Inner-Ostanatolien noch in altneogenen Zeiten, d.h. bis nach der dortigen alpidischen Tektogenese weitgehend unter dem Meeresspiegel lag, und daß erst jünger neogene, langgestreckte, etwa W–E streichende Hebungsstreifen und relative Senkungsfluchten das heutige gewaltige Gebirgsrelief geschaffen haben.

Daher hat O. Erol (1982) sicher recht, wenn er auf seiner kürzlich erschienenen, ungemein inhaltsreichen geomorphologischen Karte der Türkei 1 : 2 Mio. für die ältesten der seiner Meinung nach vier in der Türkei nachweisbaren Perioden von Abtragungsverebnungen ein mittelmiozänes Alter annimmt. Dabei ist weniger wichtig, ob wirklich alle der dargestellten Reste von Abtragungsverebnungen genau den angegebenen Perioden zuzurechnen sind.

In Zentralanatolien treten ebenfalls Hebungs- und relative Senkungsgebiete auf, die nach Ausweis der vertikal bewegten Neogenschichten erst während des Neogens ausgebildet worden sind. Aber diese Becken und Aufwölbungen sind nicht wie in Inner-Ostanatolien regelmäßig in langgestreckten Fluchten angeordnet, sondern sie sind ziemlich unregelmäßig und auch im einzelnen mit wechselnd gestalteten Umrissen über Zentralanatolien verbreitet. Wieder andere Beschaffenheit zeigen die zahlreichen jungen Hebungs- und Senkungsbereiche, die für Westanatolien kennzeichnend sind. Sie sind zumeist sehr jungen, erst pliozänen oder noch jüngeren Alters und haben den Charakter von überwiegend etwa W—E gestreckten Horsten und Gräben.

Der zentralanatolische Bereich ist allerdings später im Raum zwischen den Nordanatolischen Randgebirgen und dem Mitteltaurus größtenteils infolge von Senkungsbewegungen zum Aufschüttungsgebiet geworden. Das zeigen die ausgedehnten Neogentafeln Zentralanatoliens, die aus terrestrischen und limnischen Ablagerungen bestehen. Auch über sie ziehen weithin Abtragungsverebnungen hinweg. Andererseits ist insbesondere das sehr große Becken des Tuz Gölü mit seiner nachweislich flachliegenden Sedimentfüllung gesunken (Brinkmann 1976, S. 117). An seinem Nordostrand wird es durch einen langen Bruch begrenzt, an welchem Neogenschichten aufgeschleppt worden sind. Es kommt hinzu, daß auf der Westseite des Tuz Gölü-Beckens, z.B. um Cihanbeyli eine weit verbreitete Grobschotterdecke über feinkörnigem Neogen in mehr als 100 m Höhe über dem Boden des Tuz Gölü-Beckens liegt. Die Höhenlage dieser Decke ist sicher nicht als Rest einer mehr als 100 m betragenden Ausräumung des gesamten Tuz Gölü-Beckens zu erklären, sondern durch eine relative Absenkung eben dieses Beckens. Dafür sprechen die Abtragungsverebnungen auf den Aufragungen alter Gesteine in Zentralanatolien, wo z.B. um Keskin, SE von Ankara, über Plutoniten Reste einer kaolinitischen Verwitterungsdecke auftreten. Das zeigen ebenso die ausgedehnten Einebnungsflächen auf der Höhe der meisten Mittel-Nordanatolischen Gebirge und über den altkristallinen Gesteinen des Istranca-Gebirges in Ostthrakien.

Die Sohle der Neogentafeln von Zentralanatolien greift, soweit erkennbar, überwiegend über ein ziemlich flaches vorneogenes Abtragungsrelief hinweg, d.h. vor den Absenkungen, die in Zentralanatolien im Raum zwischen dem Nordanatolischen Randgebirge und dem Mitteltaurus stattgefunden haben, muß Zentralanatolien durch Abtragung weitgehend eingeebnet worden sein.

Dies alles spricht dagegen, daß die alpidischen Tektogenesen im Raum von Zentralanatolien noch unmittelbar bedeutende Spuren der Reliefgestaltung hinterlassen haben. Selbst noch im Spätneogen greifen, wie vor allem O. Erol (1956 u. 1982), ebenso H. Louis (1970) gezeigt haben, Abtragungsverebnungen über mäßig verstellte Neogenschichten Zentralanatoliens hinweg.

Dies macht es wahrscheinlich, daß ein Teil der Abtragungsverebnungen, die auch auf den Höhen der Gebirge Mittel-Nordanatoliens verbreitet sind, sogar erst im späteren Neogen angelegt wurden. In diesem heute hochliegenden alten Flachrelief muß die Anlage der heutigen Durchbruchstäler von Sakarya, Kızıl Irmak und Yeşil Irmak erfolgt sein. Am Kızıl Irmak wird die Neogenfüllung des Beckens von Alagöz, z.B. S von Çankırı, in mehr als 200 m über dem heutigen Fluß von einer Grobschotterdecke diskordant überlagert. Dies beweist, daß der Fluß hier gegen Ende des Pliozäns oder im Altquartär in einem sehr breiten, heute hochgelegenen Schotterbett floß. Ähnliches geht auch aus den hochgelegenen Grobschotterterrassen hervor, die den Sakarya oberhalb seines Durchbruchs durch die Nordanatolischen Randgebirge begleiten. Durch den hin und her schwingenden Verlauf der Durchbruchstäler von

Kızıl Irmak und Sakarya, auch des Yeşil Irmak und der Gebirgstalstrecken ihrer größeren Nebenflüsse zeigen diese Flüsse außerdem an, daß ihre Gewässersysteme jeweils durch Ausweichen der Flüsse vor langgestreckten schmalen, hauptsächlich spätneogenen Hebungsstreifen entstanden sind, welche sich zusammen mit den fast schnurgerade von W nach E verlaufenden Erdbebenlinien gebildet haben, die die Gebirge Mittel-Nordanatoliens durchziehen. Offenbar sind diese Erdbebenlinien als Zerrüttungszonen bevorzugt ausgearbeitet worden. Die Durchbruchstalstrecken sind aber jeweils an Stellen entstanden, an denen die spätneogenen Hebungsstreifen etwas weniger stark emporgetragen wurden, also in lokalen Einwalmungen der Hebungszonen. Dabei hat es wahrscheinlich auch Verlegungen angefangener Durchbruchsstrecken gegeben. Im Gebiet von Çayağzı, östlich von Sinop z.B., scheint der Karte 1 : 200 000 nach ein älterer Kızıl Irmak-Lauf zu existieren, der heute in hoher Lage von Durağan ostwärts in die Gegend von Köseli (ca. 1150 m) und von dort ungefähr dem Tal des heutigen Flußes von Kırçayı folgend der Schwarzmeerküste bei Çayağzı zustrebte. Dieser Lauf wäre dann später zugunsten des heutigen Durchbruchstales von Durağan nach Bafra vom Kızıl Irmak aufgegeben worden.

Besonders aufschlußreich für die geomorphologische Entwicklung sind namentlich auch die Verhältnisse in Inner-Ostanatolien. Dort hat es, wie erwähnt wurde, im Untermiozän, besonders im Burdigal, eine bedeutende marine Transgression gegeben. Diese ist aber nicht nur in Furchenregionen zwischen Gebirgsketten erfolgt, sondern sie hat das ganze Land überflutet. Denn marines Untermiozän findet sich, wie vorher mitgeteilt wurde (S. 28), nicht nur in den Tiefenfurchen, sondern gerade auch in großen Höhen auf den heutigen Gebirgssträngen, so besonders auf den Gebirgsketten beiderseits des Beckens von Erzincan.

Unbeeinflußt von schichtfaltender alpidischer Tektogenese ist insbesondere auch der Mitteltaurus-Bogen aufgestiegen. Er trägt ja bis in mehr als 2000 m Höhe eine nur sanft aufgewölbte, zusammenhängende Decke von untermiozänen Kalken. Das heutige Gebirge lag also bis ins Frühneogen größtenteils unter dem Meeresspiegel. Der heutige Mitteltaurus ist daher ein Gebirge, das abgesehen von seiner wesentlich über 2000 m aufragenden Gipfelregion als langgestrecktes, großfaltenartiges Hebungsgebiet erst seit dem Obermiozän emporgestiegen ist, ohne daß die Decke der Miozänkalke dabei eine intensivere alpidische tektogene Deformierung erlitten hat. Der Hebungsbereich deckt sich vielmehr weitgehend mit einem langgestreckten Bereich Bouguer'scher erheblicher, negativer Schwereanomalie (Özelçi 1973, Brinkmann 1976, S. 116, Fig. 60), die durch tektogenetische Raumverengung in großer Tiefe veranlaßt sein könnte, aber von intensiver, oberflächennaher Schichtenzusammendrängung offenbar unabhängig war.

Eindrucksvoll ist, wie das Flußnetz auf die streifenförmigen Hebungs- und relativen Senkungsbewegungen in Inner-Ostanatolien reagiert hat. Der oberste Euphrat (Karasu) folgt auf lange Strecken einer Senkungsflucht. Er hat aber am Westende der Munzurkette eine deutliche Einwalmungsstelle des Inneren Ostaurus nutzend, seinen gewaltigen Durchbruch von Kemaliye zum Becken von Malatya hin vollzogen. Dieser Durchbruch ist offensichtlich antezedent angelegt in einer Zeit, in der der Innere Ostaurus als Gebirgsflucht noch nicht existierte, sondern erst begann, sich zu heben. In gleicher Weise ist auch der Durchbruch des Fırat (Euphrat) von Çüngüş durch den Äußeren Osttaurus zu deuten, wie ja überhaupt die meisten antezedenten Flüsse, vor einem sich hebenden Hindernis gestaut, auf eigenen Ablagerungen so lange längs des Hindernisses fließen, bis sie zu einer Stelle geringerer Hebung des Hindernisses kommen, die das Überfließen des Hindernisses begünstigt. Die Folge sind die eigentümlichen seitlich weit ausschwingenden, ja zickzackförmigen Talverläufe in Gebieten, in denen Flüsse im Wechsel von Längstalstrecken und Quertalstrecken, den eigentlichen Durchbruchstalstrecken sich hebende Kettengebirgsbündel antezedent zu queren pflegen. Diese Formengebung ist nicht nur am oberen Fırat (Euphrat), sondern auch am Murat weiter östlich, mit aller Deutlichkeit auch am Sakarya, Kızıl Irmak und Yeşil Irmak im Bereich der Nordanatolischen Randgebirge zu verzeichnen.

Eine besondere Entwicklung hat die Hochlandregion von Kars erfahren. Hier sind im Torton und später nochmals im Spätpliozän riesige Deckenergüsse von Basalt erfolgt und haben flachwellige Hochlandformen geschaffen. An einzelnen Stellen werden diese von gewaltigen Vulkanbergen überragt, wie dem Alagöz, dem Muratbaşı u.a. Auch der im Mittelaras-Becken aufragende Ararat gehört zu diesen Vulkanbergen. Dieses Hochland grenzt am Abfall von Leninakan-Urumiye an das große Senkungsfeld des Mittleren Aras. Damit ist die Ostgrenze des naturgeographischen Anatoliens an dieser Stelle erreicht.

Es gibt noch einen weiteren Sachverhalt, der bezeugt, daß die heutige terrestre geomorphologische Entwicklung in Inner-Ostanatolien erst nach dem Untermiozän begonnen hat. Er wird geliefert durch den Charakter der anatolischen Hauptwasserscheide zwischen Schwarzmeer und Persergolf, d.h. zwischen Fırat (Euphrat) und Kızıl Irmak. Diese Hauptwasserscheide wird zwischen Sivas und Kangal durch den Höhenzug von Deliktaş gebildet, und dieser Höhenzug besteht aus fast flachliegenden miozänen, gipsführenden Schichten, die nur entsprechend der Gestalt des Höhenzuges sanft aufgewölbt sind. Die Flußsysteme von Fırat (Euphrat) und Kızıl Irmak sind also hier erst in nachmiozäner Zeit durch die Aufwölbung des Höhenzuges von Deliktaş von einander getrennt worden. Vorher bildete das Gebiet eine Art von brackischem Flachwasserbereich.

Erst danach hat der Kızıl Irmak in die sich hebenden Neogentafeln des östlichen Zentralanatoliens langsam einschneidend, seinen Weg bis zu seinem antezedenten Zickzackdurchbruch durch die Nordanatolischen Randgebirge genommen, entsprechend der allmählichen Gesamthebung des anatolischen Landblocks. Diese Hebung wird ebenfalls durch die Verteilung der negativen Bouguer-Anomalie (Özelçi, a.a.O.) angedeutet und fällt sicherlich zur Hauptsache erst ins Pliozän. Sie geht vermutlich im Quartär weiter. Wenn hiernach die terrestre geomorphologische Entwicklung Anatoliens zur Hauptsache erst ins jüngere Neogen fällt und von den alpidischen Tektogenesen weitgehend unabhängig sein dürfte, so herrscht doch in den Zagrosketten überwiegend ein einfacher steilflankiger Faltenbau, bei dem die einzelnen Gebirgskörper weitgehend mit ihrer inneren Struktur übereinstimmen. Die Zagrosketten bilden also Beispiele dafür, daß in Kettengebirgen die Oberflächenformen zuweilen unmittelbar durch aktuell erfolgende Tektogenese gebildet sein können. Derartige Gebirge treten aber in Anatolien, wie auch sonst in Kettengebirgsbereichen gewöhnlich erst am Außensaum der betreffenden Kettengebirgsgürtel auf. In der Regel bestimmen in Anatolien die alpidischen Faltungsstrukturen nur die Verteilung widerständiger und weniger resistenter Gesteine. Sie wirken in dem gehobenen Landblock dadurch indirekt auf die Verteilung von Hoch und Tief beim Einschneiden der Flüsse ein. Das gilt vor allem für die Gestaltung der Nordanatolischen Randgebirge.

Im ganzen zeigt sich also, daß höchst verwickelte Folgen von Meerestransgressionen, von mehr oder weniger streifenförmig, aber auch von schollenartig angeordneten Hebungs- und relativen Senkungsbewegungen die Reliefanlagen in Anatolien bestimmt haben. Diese sind aber erst lange nach den Zeiten der intensiv schichtfaltenden eigentlich alpidischen Tektogenesen wirksam geworden. Auf diesen Reliefanlagen sind durch die exogenen Gestaltungsvorgänge frühestens etwa seit dem Mittelmiozän jene rumpfflächenartigen oder pedimentartigen Abtragungsverebnungen in mehreren Etappen, ebenso Aufschüttungsebenen, Zertalung der Hebungsgebiete und das heutige Flußnetz mit seinen großartigen überwiegend antezedenten Durchbruchstälern nach und nach gebildet worden. Eine junge Gesamthebung von Anatolien hat wohl erst im Pliozän und wahrscheinlich bis ins Quartär hinein die heutige Hochlage des gesamten Anatolischen Landblocks herbeigeführt und hat die randliche Zertalung des Landes erneut angeregt.

Endlich ist auf eine schicksalsschwere Besonderheit der Struktur Anatoliens hinzuweisen. Mit leicht nach Norden konvexem Bogen verläuft vom Golf von Saros, dann durch das nördliche Marmara-Meer, den Golf von Izmit und weiter über Bolu, Amasya und Erzincan gegen Erzurum, Horasan und Iğdır im Mittel-Aras-Becken, auf etwa 1500 km Länge eine der bedeutendsten Störungszonen mit Horizontalverschiebungen des an Bruchstörungen der Erdkruste gewiß reichen Eurasiatischen Kettengebirgsgürtels. Sie äußert sich bis in die unmittelbare Gegenwart in einer bald hier, bald dort in ihrem Längsverlauf auftretenden leichten und leider auch oft schweren Erdbebentätigkeit. Ein schweres Beben mit dem Epizentrum ca. 40 km östlich von Erzurum hat ja leider noch in jüngster Zeit schwere Zerstörungen und hohe Verluste an Menschenleben hervorgerufen (vgl. auch Hütteroth 1982, Fig. 10, S. 39 u. Fig. 11, S. 41).

Diese große Störungszone äußert sich auch in den Formen der Erdoberfläche durch lang hinziehende auffällig gerade gestreckte Tiefenfurchen. Zum Teil sind es schmale, bis über 1000 m tiefe, untermeerische Gräben, so der Saros-Graben in der nördlichen Ägäis und der Nord-Marmara-Graben vor der Südküste von Ostthrakien.

Auf dem Festland treten diese Tiefenfurchen manchmal als langgestreckte Seen entgegen, so im Sapanca-See, SW von Adapazarı und im Iznik-See von Iznik (Nicaea). Meist aber sind die flachen Böden der Tiefenfurchen mit jungtertiären und quartären Ablagerungen aufgefüllt. Doch kann die betreffende Zerrüttungslinie streckenweise auch von einem Fluß zu einem auffällig geraden Talabschnitt ausgearbeitet worden sein, wie z.B. vom Kelkit-Fluß zwischen Koyulhisar und oberhalb von Niksar. In der Regel bestehen aber die großen Tiefenfurchen aus wechselnden Teilstücken beider Gestaltungstypen. Die auffälligsten von ihnen sind die Furche von Bolu über Gerede und Tosya nach Kargı, die von Vezirköprü über Erbaa und Niksar zum oberen Yeşil Irmak-Tal und von Suşehri über Refahiye nach Erzincan, ferner die Furche des oberen Karasu (Euphrat) über Erzurum zum oberen Aras und über Horasan zum mittleren Aras-Becken bei Iğdır.

Die große Ströungszone ist jedoch keineswegs nur als eine einfache Linie entwickelt, sondern sie ist weithin in mehrere etwa parallel zueinander verlaufende oder spitzwinklig voneinander abzweigende Teilzweige aufgegliedert, so insbesondere im südlichen Marmara-Bereich mit der südlich der Marmara-Inseln zum Golf von Gemlik und zum Iznik-See verlaufenden Furche und der südlich der Mudanya-Kette gelegenen Furche von Biga und Bursa. Ebenso ist es im Gebiet von Amasya. Dort gibt es die Zweigfurchen von Tokat und Zile, sowie jene längs des oberen Çekerek-Flusses. Eine besonders deutliche Gabelung der großen Störungszone ergibt sich östlich von Erzincan, wo der nördliche Hauptzweig am oberen Karasu aufwärts und als Karasu-Aras-Furche über Erzurum und Tuzluca ins Mittel-Aras-Becken gegen Iğdır verläuft, während der südliche Zweig, anscheinend nochmals in Teilzüge aufgegliedert, in ESE-Richtung gegen den Van-See verläuft. Er trifft sich dort mit Ausstrahlungen, die vom Großen Syrischen Graben über den Hatay-Graben, über Malatya und die Furche des mittleren Murat-Flusses und das Becken von Muş zum Van-See hinführen.

Weitere Gebiete starker Erdbeben sind in Anatolien die Gräben Westanatoliens und Südwest-Anatoliens. Doch auch Zentralanatolien ist keineswegs frei von Erdbebenerschütterungen.

Einen eindrucksvollen Überblick über die seismischen Störungsgebiete der Türkei gibt der Yeni Türkiye Atlası 1977 auf dem Blatt Deprem Bölgeleri Haritası, Nr. 41. Geologische Erläuterungen zu den historischen Überlieferungen von schweren Erdbeben in der Türkei hat anläßlich der katastrophalen Beben von Erzincan von 1939 W. Salomon-Calvi (1940) gegeben.

Eine empfindliche Veränderung der ursprünglichen Beschaffenheit des Reliefs hat der Mensch durch seine Jahrtausende während landwirtschaftliche Nutzung herbeigeführt. Besonders in Zentralanatolien haben die meisten höheren Aufragungen durch die Anlage von Anbauflächen und durch die Beseitigung etwa vorher dort vorhandener Waldbestände, endlich auch durch übermäßige Weidewirtschaft an allen stärker geneigten Hängen ihre ursprüngliche Bodendecke infolge von Bodenabspülung größtenteils verloren. Auf den Beckensohlen zeigen sich dagegen, falls entsprechende natürliche oder künstliche Aufschlüsse vorhanden sind, gewöhnlich recht mächtige Wechselschichten von dunklen, humosen und hellen, steinigen Lagen der in die Becken hinabgespülten einstigen Verwitterungsbestandteile der Hänge.

An den Hängen selbst geht die Neubildung einer Verwitterungsdecke sehr langsam vonstatten. Dort herrschen in Zentralanatolien als Folge der frostkalten Winter, der sehr warmen Sommer und der im ganzen geringen Niederschlagsmenge gewöhnlich nur dünne, skelettreiche Verwitterungsschleier. Doch soweit Feinbestandteile sich bilden, sind sie reich an Tonmineralen mit hoher Ionenaustauschkapazität. Diese stärker geneigten Reliefteile sind deswegen im Steppengebiet oft mit vielerlei Kräutern bewachsen, die eine zwar nicht reichliche, aber hochwertige Schafweide bieten. Doch können diese ganz flachgründigen Verwitterungsschleier einstweilen meist nicht mehr beackert werden. Weithin hat sich in dieser Weise in Zentralanatolien ein Gesamtzustand eingestellt, mit stark durch Abtragung gekappten Verwitterungsdecken an den Hängen und mit Kolluvialdecken auf den Beckenböden.

Ähnliche Vorgänge haben sich auch zwischen den Gebirgen und den Beckenebenen von Westanatolien und ebenso in den trockeneren Teilen der südlichen Randgebirge von Anatolien abgespielt.

Etwas anders liegen die Verhältnisse in den von Natur auch heute noch mehr oder weniger gut bewaldeten Gebieten der nördlichen Rand-Gebirge Anatoliens, besonders in Mittel-Nordanatolien. Dort haben leider in jüngster Zeit noch umfangreiche Waldrodungen zur Erweiterung der Anbauflächen stattgefunden, und sie gehen stellenweise noch weiter. Durch diese Rodungen ist auf allen stärker geneigten Hängen und selbst noch auf ziemlich flachen Flächen in diesen jahreszeitlich stark beregneten Gebieten oftmals eine tiefe Zerfurchung und Zerrachelung der einstigen Bodendecke ausgelöst worden, die vielfach bis auf den felsigen Untergrund durchschneidet. In kurzer Zeit werden solche Flächen für jeglichen Anbau, ja selbst für eine ordentliche Viehwirtschaft unbrauchbar, so daß auf diese Weise beträchtliche Verluste an Nutzland eingetreten sind. Diese Gefahren sind in der Türkei noch keineswegs durch genügende Einsicht der Bevölkerung behoben. Vielmehr besteht diesbezüglich noch eine wichtige Aufgabe weiterer Unterweisung.

II. ZUM KLIMA DER TÜRKEI[14]

1. Einführung

Infolge ihrer im wesentlichen subtropischen Breitenlage zwischen 36° und 42° Nord und ihrer Stellung nahezu in der Mitte der durch das Mittelmeer aufgelockerten Landmasse der Alten Welt befindet sich die Türkei im Grenzbereich zwischen den drei großen Windsystemen, die die Alte Welt beherrschen.

Im Norden liegt das Gebiet der westwärts wandernden Tiefdruckwirbel der Mittelbreiten mit ihren bei drehenden Luftströmungen vorherrschenden Westwinden. Im Süden befindet sich das Gebiet der subtropisch-tropischen Passate, im Osten jenes des sogenannten Monsun-Windwechselsystems von Südasien, das aber, wie sich gezeigt hat, vor allem durch die in diesem Raum meist extrem große, mit dem Sonnenstande erfolgende Verlagerung der Innertropischen Tiefdruckzone (ITC) hervorgerufen wird. Der sommerliche tiefe Luftdruck über Südiran und Nordindien wirkt allerdings auf den türkischen Raum vor allem mit seiner gewöhnlich weniger beachteten binnenländischen Seite ein.

Alle drei großen Windsysteme ändern sowohl ihre Lage als auch ihre nähere Beschaffenheit im Jahreslauf mit dem Sonnenstande. Daher unterliegt ihre Einfluß-

---

[14] Vgl. Karte 1, Kärtchen zum Klima: Bei Hütteroth, 1982, bes. die Fig. 27, S. 79; 30, S. 100; 33, S. 103; 35, S. 109; 42, S. 125.

nahme auf den Bereich der Türkei jahreszeitlichen Veränderungen. Dies macht eine nach Jahreszeiten gesonderte Betrachtung der atmosphärischen Zirkulation und der Witterung im Raum der Türkei erforderlich.

Als Grundlage für eine Kennzeichnung der effektiv wichtigsten Merkmale des Klimas in der Türkei können die Veröffentlichungen des Türkischen Meteorologischen Generaldirektoriums in Ankara (T.C. Devlet Meteoroloji Işleri Genel Müdürlüğü) dienen,

Für die Lufttemperatur- und Niederschlagsverhältnisse, die ja von besonderer Bedeutung sind, weil von ihnen in erster Linie die landwirtschaftliche Nutzungsfähigkeit eines Gebietes abhängt, stehen inzwischen gut 80 Stationen zur Verfügung, von denen etwa die Hälfte mehr als 30jährige Temperaturbeobachtungen aufweisen, dazu eine darüber hinausgehende Reihe an Niederschlagsmessungen. In neuerer Zeit ist die Zahl der Beobachtungsstationen noch weit größer geworden.

Auch Beobachtungen über das natürliche Pflanzenkleid (H. Louis 1939) geben gewisse Aufschlüsse über das, den Tal- oder Flachlandstationen jeweils benachbarte Gebirgsklima, für das es leider noch erst wenige beobachtende Höhenstationen gibt.

Die für eine geographische Kennzeichnung wichtigsten Merkmale sind außer den jeweils herrschenden Luftströmungen der Gang der Lufttemperatur und der Niederschlagsverhältnisse im Jahreslauf, wie sie insbesondere durch den Gang der betreffenden Monatsmittel bzw. der Extremwerte gekennzeichnet werden. Sie werden vom Türkischen Meteorologischen Institut veröffentlicht und wurden von seinem Direktor U. E. Çölaşan in einem eingehenden Werk über das Klima der Türkei „Türkiye iklimi", Ankara 1960, verarbeitet.

Die für den Feuchtigkeits- oder Trockenheitsgrad eines wärmeren oder kälteren Monats kennzeichnende Charakteristik, die für die gesamte Lebewelt besonders wichtig ist, hängt am meisten von dem jeweiligen Verhältnis von Niederschlagsmenge und Lufttemperatur, aber außerdem auch von vielen anderen Faktoren ab. Um eine wenigstens angenäherte Beurteilung des Feuchtigkeitszustandes zu ermöglichen, sind verschiedene Arten von sogenannten Feuchtigkeitsindices erdacht worden, die alle das numerische Verhältnis von Niederschlagshöhe in mm zu den zugehörigen Temperaturwerten in Celsiusgraden zur Grundlage haben. Da aber die wirklichen Temperaturwerte oft Negativgrade erreichen, so führt diese Quotientbildung stets auf Sinnwidrigkeiten, welche durch umständliche Zusatzvorschriften umgangen werden müssen. Deswegen wurde für die Beurteilung des Feuchtigkeitsgrades hier eine stark vereinfachte Faustregel benutzt. Sie berücksichtigt, daß von Temperaturen unter $+10°$ an abwärts der maximale Wasserdampfgehalt der Luft und damit die mögliche Verdunstung so gering werden, daß ihre temperaturbedingten Änderungen näherungsweise als gleich groß mit der Verdunstung bei $+10°$ angenommen werden können. Unsere Faustregel, die weltweit zu recht wirklichkeitsnahen Ergebnissen führt, besagt hiernach: Ein Monatsmittel des Niederschlags steht dann etwa an der Grenze zwischen Trocken und Feucht, wenn die Niederschlagsmenge in mm etwa doppelt so groß ist wie die Mitteltemperatur in Celsiusgraden. Liegt die Niederschlagsmenge darunter, so ist der Monat entsprechend trocken bis sehr trocken. Erreicht die Niederschlagsmenge in mm den dreifachen oder höheren Wert der Maßzahl in Celsiusgraden, dann ist der betreffende Monat feucht bis entsprechend zunehmend sehr feucht. Clesiusgrade von unter $+10^0$ sind hierbei immer mit $+10^0$ im Nenner des Quotienten zu berücksichtigen.

Nach dieser Regel ist die nordöstliche Schwarzmeerküste der Türkei als feucht während aller Monate des Jahres, die übrigen Teile der Schwarzmeerküste aber als von Mai bis etwa August recht trocken zu bezeichnen. Im ganzen übrigen Anatolien beginnt die sommerliche Trockenzeit meist im Mai, in Westanatolien und an der Südküste des Landes stellenweise sogar schon im April und dauert bis zum Oktober, stellenweise bis zum November.

Die Niederschlagsverteilung ist also im ganzen Lande mit Ausnahme des Nordostteils seiner Schwarzmeerküste durchaus der Breitenlage entsprechend typisch mediterran-suptropisch.[15]

2. Luftströmungen und Witterung im Sommer

Im Nordsommer sind an der Westseite der Kontinente zugleich mit den thermischen Gürteln auch die Windsysteme nordwärts verlagert. Der Bereich der Türkei ist um diese Zeit der Einwirkung des europäischen Westwindgürtels fast ganz entrückt. Seine Witterungseigenschaften sind dann ganz überwiegend subtropisch. Die Luftströmungen im östlichen Mittelmeergebiet werden um diese Zeit vorwiegend erstens durch das große, quasi-konstante, zirkulationsdynamisch bedingte Luftdruckmaximum über dem Atlantik in 30^0 bis 40^0 Nord bestimmt, das auch als Azorenhoch bezeichnet wird. Zweitens ist, wie vorher erwähnt, das ebenfalls zirkulationsdynamisch bedingte, aber thermisch verstärkte, quasi-konstante sommerliche Luftdruckminimum über Südiran und dem Persischen Golf maßgebend. Zwischen diesen beiden im Sommer immer wieder sich erneuernden Druckgebilden entwickelt sich ein Luftaustausch, der im Sommer im östlichen Mittelmeerbereich infolge der Westablenkung der Bewegungen auf der Nordhalbkugel vorherrschend nördliche Winde erzeugt. Nach ihrem im alten Griechenland üblichen Namen werden diese sommerlichen Nordwinde des östlichen Mittelmeergebietes, die auch im gesamten Bereich der Türkei entwickelt sind, als Etesien bezeichnet.

Im einzelnen wird die Richtung der sommerlichen Etesien im Umkreis der Türkei durch das Relief und die Verteilung von Land und Meer naturgemäß örtlich abgewandelt. An der türkischen Schwarzmeerküste gibt es vorzugsweise eine nordwestliche Komponente. Sie mildert durch Steigungsregen an der Schwarzmeerküste die sommerliche Trockenheit und macht den Sommer an der Nordostküste der Türkei sogar durchaus feucht. Über dem Inneren von Anatolien kommt der Wind im Sommer mehr aus Nord bis Nordost, am Südrand von Anatolien wieder mehr aus Nordwest.

Im Sommer ist das Schwarze Meer verhältnismäßig kühl. Die Stationen an der türkischen Nordküste weisen dann sehr warme Monatsmitteltemperaturen zwischen

---

15 Eine gute Übersicht der mittleren Jahresniederschläge gibt W.-D. Hütteroth, Türkei, Darmstadt, 1982, Fig. 35, S. 109.

etwa 20° und wenig über 23° auf. Aber das Binnenhochland hat trotz Meereshöhen von 800 bis 1200 m und darüber kaum geringere Sommertemperaturen. Darin dürfte wenigstens für die nördlichen Teile des Binnenhochlandes eine Art Föhnwirkung der sommerlichen Nordwinde nach dem Überqueren der Nordanatolischen Randgebirge zum Ausdruck kommen. An der Ägäis und an der Südküste Anatoliens werden die Monatsmittel der Temperatur im Hochsommer mit zwischen etwa 25° und 29° heiß. Doch sehr heiße Monatsmittel von mehr als 30° werden erst in den küstenfernen Teilen des Osttaurus-Vorlandes erreicht, dort aber sogar in Meereshöhen von mehr als 500, ja mehr als 800 m.

Bei diesen Temperaturverhältnissen und den erwähnten sommerlichen Nordwinden ist fast der ganze Bereich der Türkei im Sommer sehr regenarm. Nur die Nordanatolischen Randgebirge, besonders soweit sie sich mit mehr nordöstlichem Streichen den auflandigen Winden entgegenstellen, erhalten größere oder geringere Niederschläge, ebenso die nördlichen Teile von Inner-Ostanatolien. Das Nordostanatolische Küstenhochgebirge ist sogar auch im Sommer ausgesprochen regenreich. Aber das ganze übrige Land ist im Sommer sehr warm und trocken mit Monatsmitteln der Temperatur zwischen 20° und etwa 23° und mit Monatsmitteln des Niederschlags zwischen 5 und wenige über 10 mm. Diese Sommerwitterung ist ausgesprochen subtropisch.

Die beständige, heitere, sommerliche Witterung ist vor allem in den Nachmittagsstunden nicht selten von der Bildung kräftiger Cumuluswolken als Folge starker örtlicher Erwärmung begleitet. Öfters kommt es auch örtlich zur Entstehung von Regenfahnen, aber fast immer verdunsten die Tropfen, bevor sie den Erdboden erreicht haben. Im Frühsommer allerdings mildern, besonders in den nördlichen Teilen des Landes gelegentliche Gewitterregen die schon beginnende Sommerdürre. Oft sind solche Gewitterregen von großer Heftigkeit. Sie können in kürzester Zeit bis mehr als 50 mm Niederschlag erbringen und von starkem Hagelfall begleitet sein.

Die größten Platzregen, die im Zusammenhang mit Sommergewittern niedergehen und die mehr als 200 mm Niederschlag in 24 Stunden ergeben können, treten allerdings außer an den Gebirgen der Schwarzmeerküste, an der West- und Südküste des Landes auf. Sie sind freilich selten.

3. Luftströmungen und Witterung im Winter

Wesentlich anders als im Sommer sind die Luftdruckverhältnisse und damit auch die Luftströmungen im Mittelmeerbereich während des Winters beschaffen. Auf dem Atlantik hat sich das quasi-konstante Azorenhoch um diese Jahreszeit nach Süden verlagert. Dagegen hat sich die Bildung tiefen Luftdrucks und von Wanderzyklonen über dem Nordatlantik verstärkt. Außerdem ist wegen der im Mittelmeer vergleichsweise hohen Temperatur der Meeresoberflächen die Neigung zur Ausbildung niederen Luftdrucks über dem Mittelmeer um diese Zeit verstärkt. Denn über dem im Vergleich zu den Landflächen Mittel- und Osteuropas besonders warmen Mittelmeer herrscht thermisch bedingt die Neigung zur Ausbildung ausgesprochen tiefen Luftdrucks. Dies ermöglicht es den von West nach Ost wandernden Tiefdruckwirbeln der mittleren Breiten im Winter zeitweise ihren Weg über das Mittelmeer zum Schwarzen Meer und sogar nach Mesopotamien zu nehmen.

Denn noch stärker haben sich um diese Zeit die Luftdruckverhältnisse im Osten des Mittelmeergebietes verändert. Das quasi-konstante südiranische Luftdruckminimum des Sommers existiert um diese Zeit nicht mehr, bzw. es ist stark abgeschwächt nach Ostafrika verlagert. Dagegen hat sich über den eisigkalten Landflächen Innerasiens jenes überaus kräftige, thermisch bedingte Hochdruckgebiet entwickelt, dessen Kern gewöhnlich über Mittelsibirien und der Mongolei gelegen ist. Es entstehen mit zeitlich wechselnder Intensität Ausläufer und besondere Hochdruckinseln über den im Winter gleichfalls recht kalten Gebieten von Osteuropa, Anatolien und Nordwestiran, auch über dem südlichen Mitteleuropa namentlich den Alpen. Das führt im gesamten Bereich zu vorherrschend östlichen bis nordöstlichen Winden, die dem Schwarzen Meer und dem Mittelmeer zuströmen.

Diese verhältnismäßig einfache Anordnung der Druck- und Strömungsverhältnisse ist jedoch während des Winters in Wirklichkeit immer nur vorübergehend. Sie bringt für ganz Anatolien bei nördlichen, nordöstlichen und östlichen Winden heiteres Strahlungswetter mit kräftigem Absinken der Temperatur. In den Küstengebieten kann es dabei Fröste geben, in den Binnenhochländern entwickelt sich strenge Kälte.

Während die Temperaturmittel im Januar und Februar in den Beckengebieten Zentralanatoliens meist nahe über oder nahe unter dem Gefrierpunkt liegen, also winterlich kalt sind mit täglichen Nachtfrösten, werden dort in diesen Kälteperioden Minima von $-20°$, ja von $-25°$ unterschritten. Außerdem nimmt gegen Osten in Inner-Ostanatolien die winterliche Kälte deutlich weiter zu. Erzurum hat ein Januarmittel von unter $-8°$, Kars sogar von etwas unter $-11°$, und die Extremwerte gehen in Erzurum auf unter $-30°$, in Kars auf fast $-40°$ hinunter.

Solche Kälteperioden wechseln aber, wie schon L. Weickmann sen. (1923) dargelegt hat und L. Weickmann jun. (1960) weiter ausgeführt hat, mit gänzlich anders gearteten Witterungszeiten ab. Das im Winter verhältnismäßig warme Mittelmeer begünstigt, wie schon angedeutet, über sich und seinen Küsten die Ausbildung tiefen Luftdrucks und erlaubt damit im Winter immer wieder die Entsendung von ostwärts wandernden Tiefdruckwirbeln aus dem um diese Zeit überaus kräftigen nordatlantischen Tiefdruckgebiet in den Mittelmeerraum. Diese Depressionen ziehen in der Numerierung von W. J. van Bebber (1881) auf den Zugbahnen III a durch das südliche Osteuropa, V d_1 längs der Nordanatolischen Küste und V d_2 längs der Südanatolischen Küste und des Äußeren Osttaurus. Sie erlöschen schließlich durch Okklusion (Abhebung der Luft des Wirbels vom Untergrund durch benachbarte dichtere Luft) oder bleiben sogar bis ins Kaspische Gebiet oder bis zum Perser Golf nachweisbar.

Für die winterliche Witterung in Anatolien sind einmal die auf der Zugstraße V d_1 von van Bebber von der nördlichen Ägäis über den Marmara-Bereich längs der südlichen Schwarzmeerküste wandernden Zyklonen von Bedeutung. Befindet sich der Kern einer solchen Depression noch über der Ägäis, so herrschen an seiner Vorderseite über Thrakien und im Marmara-Bereich nördliche und nordöstliche Winde. Falls das Druckminimum stark ist, können sie Sturmstärke erreichen. Nicht selten bringen sie dem Nordwesten der Türkei Regen oder Schnee. Im eigentlichen Anatolien kann um diese Zeit bei vorwiegend östlichen Winden heiteres kaltes Strahlungswetter herrschen.

Hat eine solche Zyklone die Mittel-Nordanatolische Schwarzmeerküste erreicht, so sind über Anatolien gewöhnlich südöstliche, südliche und südwestliche Winde entwickelt. Sie verursachen eine Überflutung des Landes mit verhältnismäßig warmer Luft aus dem Mittelmeerraum. Allenthalben hat sich Bewölkung eingestellt. Vielenorts gibt es Regen. Am Nordfuß des Taurus zeigt sich Föhn. Falls die Zyklone stark genug ist, um Luft über das nordöstliche Küstenhochgebirge hinwegzusaugen, so entsteht auch dort ein deutlicher Föhn.

Gleichzeitig sind aber Thrakien und das Marmara-Gebiet in den Bereich der Rückseite der Zyklone gelangt. Dort gibt es daher Kaltlufteinbrüche aus NW von den stark abgekühlten Landflächen der östlichen Balkanhalbinsel her. Sie lassen die Lufttemperatur in der Nordwest-Türkei manchmal von einem auf den anderen Tag um $10°$ und mehr sinken. Die kalten Nordwestwinde an der Rückseite der Depression unterschieben oft deren wärmeren Sektor und werden böig. Sie bewirken schauerartige Regen- und Schneefälle.

Etwas anders verläuft die Witterung, wenn eine Zyklone die Bahn V d_2 von van Bebber aus der südlichen Ägäis und weiter längs der Südküste Anatoliens benutzt, was nach L. Weickmann jun. (1960) besonders häufig geschieht. Zu Beginn einer solchen Witterungsfolge kann ganz Anatolien kaltes Strahlungswetter und hohen Luftdruck aufweisen. Bevor die Zyklone die Gegend des Golfes von Iskenderun erreicht hat, herrschen an der Anatolischen Südküste West- und Südwestwinde, welche besonders den gegen Südwesten exponierten Teilen des Taurus starke Niederschläge bringen. Hat die Zyklone den Golf von Iskenderun erreicht oder ostwärts überschritten, so werden an ihrer Vorderseite über dem Osttaurusvorland und Nordsyrien Ost- und Südostwinde angesogen, welche von relativ trocken-warmen Landflächen kommend, vergleichsweise warm sind und bei kräftiger Entwicklung besonders im Frühjahr den sogenannten Scirocco bilden. Auf der Rückseite auch derartiger Zyklonen kann es, wenn sie kräftig sind, anfangs Kaltluftvorstöße aus NW über Thrakien und dem Marmara-Bereich geben, die in diesem Falle sogar auch nach und nach unter empfindlicher Temperaturerniedrigung das gesamte westliche und mittlere Anatolien überfluten. Das Abrücken dieser Zyklonen erfolgt meist entweder nach NE zum Kaspisee oder nach SE zum Persischen Golf. Dann ergibt sich, während die südlichen Winde über dem Osttaurus-Vorland aufhören, nicht selten eine starke Rückseitenwirkung an der Anatolischen Südküste. Dort besteht dann öfters ein stark überadiabatisches Temperaturgefälle zwischen der sehr kalten Luft Zentralanatoliens und dem relativ warmen Mittelmeerbecken. Es erzeugt in den Quertälern und Paßfurchen des Taurus heftige Fallwinde, die wegen des sehr großen Temperaturunterschiedes zwischen Binnenhochland und Mittelmeerküste am Südfuß des Gebirges trotz ihrer dynamischen Erwärmung immer noch mit negativen Temperaturen ankommen können, die also echte Bora-Erscheinungen darstellen.

Aus der Beschreibung der hauptsächlichen Witterungsverläufe im Sommer und Winter Anatoliens geht hervor, daß das ganze Land mit Ausnahme der Schwarzmeerküste, welche während des ganzen Jahres Niederschläge bekommt, seine im ganzen ziemlich geringen Niederschläge überwiegend in der winterlichen Jahreshälfte erhält, also dann, wenn es wegen der jahreszeitlichen Verlagerung der großen Zirkulationssysteme in den Bereich der ostwärts wandernden Zyklonen der mittleren Breiten mit vorherrschend westlichen Winden einbezogen ist.

Eine Besonderheit besteht darin, daß vor allem Zentralanatolien, aber auch das östliche Inner-Ostanatolien außer dem winterlichen Maximum des Niederschlags noch ein geringeres, sekundäres Frühjahrsmaximum aufweisen. In Zentralanatolien fällt es meist auf den Mai, im östlichen Inner-Ostanatolien ergibt es sich im April und Mai. Wahrscheinlich hängt dies Frühjahrsmaximum des Niederschlags damit zusammen, daß letzte Wanderzyklonen vor dem Stabilwerden der sommerlichen Windverhältnisse Zentralanatolien und Inner-Ostanatolien noch mit teilweise schon recht warmer, wasserdampfreicher Luft versorgen, aus der, wenn es zum Regnen kommt, ziemlich viel Niederschlag fällt. Ein Teil dieser Frühjahrsregen fällt auch aus örtlichen Wärmegewittern.

Dem Typus der Temperatur- und Niederschlagseigenschaften wie auch der Windverhältnisse nach ist das Klima der Türkei durchaus subtropisch, allerdings zum größten Teil subtropisches Hochland- und Gebirgsklima. Die hier größere, dort geringere Niederschlagsmenge hängt in dem gebirgigen Lande hauptsächlich von der örtlichen Exposition gegenüber den lokal vorherrschend regenbringenden Winden ab. Eine besonders gute Karte der mittleren Verteilung der Jahresniederschläge gibt W.-D. Hütteroth (1982, Fig. 35, S. 109).

In Ländern mit im ganzen geringen Niederschlägen, wie der Türkei, pflegen die Schwankungen des Niederschlags von Jahr zu Jahr groß zu sein und empfindlich auf die Landwirtschaftserträge einzuwirken. In Zentralanatolien, z.B. bei den Stationen Eskişehir, Ankara, Kırşehir, Konya können die Abweichungen in einzelnen Jahren durchaus 30–40 % nach oben wie nach unten vom langjährigen Mittel betragen. Diese Schwankungen scheinen gegen Inner-Ostanatolien sogar noch zuzunehmen. Erzurum hatte z.B. im Jahre 1936 einen vom langjährigen Mittelwert von 460 mm um rund 80 % nach oben abweichenden Niederschlag, der durch außergewöhnlich starke Regen im April und Mai, wahrscheinlich Gewitterregen, veranlaßt worden ist (Istatistik Yıllığı, Cilt 11, 1938–39, S. 52). Erol Tümertekin (1955) hat für die einzelnen Jahre 1929 bis 1951 die Trockenheitsindices nach de Martonne (1926) aufgrund von 75 Stationen in der Türkei und für die Jahre 1930 bis 1952 einzeln kartographisch dargestellt. Dabei zeigt sich, daß regelmäßig zwei Gebiete erheblicher Trockenheit entwickelt sind, Zentralanatolien und das Osttaurus-Vorland. In feuchten Jahren sind sie deutlich abgeschwächt. In trockenen Jahren dagegen treten sie über das sonst feuchtere Inner-Ostanatolien hinweg miteinander in Verbindung. Gleichzeitig zeigen sich dann in den sonst ziemlich feuchten Randgebieten der Türkei, wie im Ege-Gebiet Westanatoliens, in Thrakien, ja sogar im östlichen Teil von Mittel-Nordanatolien größere ausgesprochen trockene Bereiche. Nach diesen Kriterien scheint es während der 22 Jahre von 1930 bis 1959 etwa 8 trockene Jahre gegeben zu haben, von denen das Jahr 1932 außergewöhnlich trocken gewesen ist. 9 Jahre waren etwa normal, d.h. sie entsprachen ungefähr dem Mittel der gesamten Reihe. 5 Jahre waren feucht, von ihnen das Jahr 1940 außergewöhnlich feucht. Es gab sowohl eine Periode von 4 aufeinanderfolgenden trockenen Jahren 1947 bis 1950, als auch eine Periode von 4 aufeinanderfolgenden ungefähr dem Mittelwert entsprechenden Jahren 1941 bis 1944. Während der übrigen Zeit wechselten trockene, ungefähr normale und feuchte Jahre entweder von Jahr zu Jahr oder nach je 2 etwa gleichartigen miteinander ab. Namentlich die Tatsache, daß innerhalb größerer Zeiträume mehrjährige Perioden sowohl von besonders trockenen wie auch von relativ feuchten Jahren auftreten, macht es naturgemäß besonders schwierig, landwirtschaftliche Maßnahmen in der Türkei langfristig zu planen.

4. Übergangsjahreszeiten

Die türkische Sprache kennt zwei Ausdrücke für Übergangsjahreszeiten, das Ilkbahar (etwa das anfängliche Sprießen bzw. Blühen) für die Zeit des Übergangs von der winterlichen zur sommerlichen Jahreshälfte, die etwa unserem Frühling entspricht, und das Sonbahar (das späte, letzte Sprießen bzw. Blühen) für die herbstliche Übergangszeit.

Diese Ausdrücke geben eine sehr wirklichkeitsnahe Kennzeichnung dessen, was sich in den betreffenden Übergangs-Jahreszeiten tatsächlich ereignet. In den Gebieten geringer Meereshöhe gibt es ja innerhalb der subtropischen Breitenlage der Türkei keinen wirklichen Winter, sondern nur während der Zeit des tiefsten Sonnenstandes eine lange kühle Jahreszeit, wie eben diese gemäß der mitteleuropäischen, im wesentlichen thermischen Jahreszeitengliederung in voller Länge als Übergangsjahreszeit zu bezeichnen wäre. Doch mit dem Übergang der feuchtkühlen Jahreshälfte des tiefen Sonnenstandes, in welcher die Vegetation nicht völlig ruht, zu den hohen Sonnenständen des subtropisch-mediterranen Sommers, in welchem die Vegetation durch eine intensive Dürrezeit zur Ruhe gezwungen wird, gibt es eine kurze, etwa den März und April umfassende Übergangsperiode. Während dieser stellt sich bei schon sommerlich hohen Temperaturen und bei Benetzung durch die letzten der um diese Zeit noch über das Mittelmeergebiet ostwärts wandernden Tiefdruckwirbel eine Zeit der Vegetationsentfaltung und reicher Blütenpracht ein, bevor die Sommerdürre alles verwelken läßt. Dies ist die Zeit des Ilkbahar im Frühjahr. Ihr entspricht in der Zeit der kürzer werdenden Tage, wenn die ersten der über das Mittelmeer ostwärts wandernden und Regen bringenden Zyklonen kommen, die Temperaturen aber noch hoch sind, eine sehr kräftige, in unserem Sinne herbstliche, neuerliche Entfaltung der Vegetation, das Sonbahar. Sie umfaßt an der Schwarzmeerküste etwa die Monate Oktober und November, an der Südküste von Anatolien etwa November und Dezember.

Die Worte Ilkbahar und Sonbahar kennzeichnen aber auch im Hochland von Zentralanatolien den Charakter der dort ebenfalls kurzen Übergangsjahreszeiten. Diese reichen im Frühjahr gewöhnlich etwa von Ende März bis Anfang Juni, also ungefähr 2¹/₂ Monate, gegen das Jahresende gewöhnlich vom späten Oktober bis Ende November, also nur wenig über 1¹/₂ Monate. Das Erwachen und die Entfaltung der Vegetation, d.h. das Ilkbahar im April und Mai im Steppenhochland von Zentralanatolien ist jedenfalls sehr ausgeprägt und hält meist bis in den Juni hinein an, solange wie noch einzelne Wärmegewittergüsse den Eintritt der Sommerdürre aufhalten. Eine entsprechende Vegetationsentfaltung ergibt sich im Herbst, wenn bei noch hohen Temperaturen die ersten Regen nach der Sommerdürre fallen.

In Inner-Ostanatolien verkürzen sich die Übergangsjahreszeiten sogar noch, weil dort gewöhnlich ab Mitte November bis Ende März wirkliche Winterkälte herrscht. Im Hochland von Kars beginnt ein ausgesprochener Winter sogar bereits Anfang November und dauert bis Anfang April. Für die Übergangsjahreszeiten bleiben dort nur die kurzen Fristen etwa von Mitte April bis Ende Mai und gegen das Jahresende nur der Oktober. Es wirkt sich jedoch aus, daß infolge des relativ hohen Sonnenstandes der subtropischen Breiten die Sonne, wenn sie in den kurzen Übergangsjahreszeiten zwischen Niederschlag bringenden Wolken hervorbricht, der Vegetation kurzzeitig kräftige Bestrahlung und Erwärmung spendet.

III. ZUR GEOGRAPHISCHEN VEGETATIONSGLIEDERUNG DER TÜRKEI[16]

1. Einführung

Unter den verschiedenen Möglichkeiten einer Gliederung der Vegetation kommt für eine geographische Landeskunde in erster Linie eine von den klimatischen Ansprüchen der verschiedenen Großgesellschaften der Vegetation ausgehende Gliederung in Frage, da in erster Linie auf diese Weise Anhaltspunkte für die landwirtschaftliche Nutzung der betreffenden Bereiche gewonnen werden.

In den seit vielen Jahrtausenden vom Menschen besiedelten und bewirtschafteten Landschaften der Türkei ist die natürliche Vegetation, sind namentlich die ursprünglich vorhandenen Wälder in sehr starkem Ausmaß durch den Menschen herabgewirtschaftet und sogar vielenorts ganz vernichtet worden. Und solche Schädigung hält noch gegenwärtig an, wenn auch Gesetze erlassen wurden, die der Zerstörung von Wald Einhalt gebieten sollen, und wenn auch hier und da Wiederaufforstung versucht wird.

Da es naturgemäß Schwierigkeiten macht, einen stark geschädigten Wald einerseits von noch intakten Waldflächen, andererseits von Flächen ehemaligen Waldes im einzelnen zu unterscheiden, so haben die vorliegenden Karten der real vorhandenen Vegetation der Türkei einen ziemlich beschränkten Aussagewert.

Deswegen hat der Verfasser selbst (H. Louis 1939) einen weithin auf der Beobachtung von Überbleibseln der einstigen Vegetation beruhenden Überblick über das daraus zu erschließende einstige Vegetationskleid des Landes, also für das potentiel-

---

16 Vgl. Karte 1, außerdem: Hütteroth, 1982, Fig. 50–55, S. 138, 147, 152, 155, 162, 165.

le natürliche Vegetationskleid gegeben. Seine damals im Widerspruch zu den Ansichten der im Lande arbeitenden Fachbotanikern stehende Auffassung hat sich im wesentlichen als wirklichkeitsnah erwiesen, ist aber seither in Einzelheiten verbessert worden.

Diese Gliederung faßt Vergesellschaftungen zusammen, die nach ihren klimatischen Ansprüchen zusammengehören, auch wenn sie dem Pflanzenbestand nach erheblich verschieden sind. Sie berücksichtigt andererseits, daß manche u.U. örtlich sogar vorherrschende Baum- oder Gehölzarten einen sehr großen Lebensspielraum haben und daher über verschiedene der großen klimatischen Einheiten hinweggreifen. Solche Arten sind deswegen als Leitarten für eine klimageographische Vegetationsgliederung ungeeignet.

Unsere klimageographische Vegetationsgliederung geht außerdem davon aus, daß ein folgerichtiger Gesamtüberblick am ehesten zu gewinnen ist, wenn die Breitenlage des zu behandelnden Landes als Grundlage für die Klimagliederung genommen wird. Denn diese ist für den Jahresgang der Bestrahlung und damit in den Außertropen auch für die Jahreszeiten sowie für alle einzelnen Klimaelemente ebenso wie für die Stellung im Zirkulationssystem der Atmosphäre von ausschlaggebender Bedeutung.

Die Türkei liegt innerhalb des Subtropengürtels, der schon durch seine hohe Strahlungsintensität und seine gegenüber den Tropen ebenso wie gegenüber den Mittelbreiten verschiedenen Tageslängen sowohl für den Charakter der Jahreszeiten wie für die Lichtbedürfnisse der Vegetation wichtige Grundbedingungen schafft.

2. Temperaturgliederung der Vegetation

Darüber hinaus besteht natürlich, wie überall auf der Erde, so auch in den Subtropen eine systematische Abnahme der Temperaturen mit der Höhe. Es gibt einen unteren Höhenbereich der Subtropen ohne eigentlichen Winter, d.h. mit Temperaturmitteln der Wintermonate von mehr als $+5^0$, aber mit sehr warmen bis heißen Sommern, d.h. mit Temperaturmitteln der Sommermonate von 20^0 bis 25^0 und darüber. Dieser untere Höhenbereich birgt kälteempfindliche Vegetationsgesellschaften.

Es folgt darüber ein mittelhoher, subtropischer Bereich, für den eine mäßige Winterkälte mit Temperaturmitteln der Wintermonate von um 0^0 und sehr warme Sommer mit Temperaturmitteln der Sommermonate um 20^0 kennzeichnend sind. In ihm treten mäßig winterharte Vegetationsgesellschaften auf.

Darüber stellt sich drittens ein oberer, subtropischer Höhenbereich ein. Er besitzt kräftige Winter mit Temperaturmitteln der Wintermonate von deutlich unter 0^0 und warme bis sehr warme Sommer mit Temperaturmitteln der Sommermonate von um 15^0 bis zur oberen natürlichen Waldgrenze mit einem Temperaturmittel des wärmsten Monats von etwa $+10^0$. Dieser obere subtropische Höhenbereich wird von winterharten Vegetationsgesellschaften eingenommen.

Endlich gibt es den alpin-subtropischen Höhenbereich oberhalb der natürlichen oberen Waldgrenze mit sehr niedrigen Temperaturmitteln der Wintermonate und mit nur mäßig hohen Temperaturmitteln im Sommer von meist unter +10°. Dieser Höhenbereich beherbergt subtropisch-alpine Vegetationsgesellschaften.

Die genannten Höhenbereiche des Klimas sind in Anatolien sowohl längs der Anatolischen Randgebirge wie auch im Taurus-Gebirgssystem, wie endlich auch an den gegen Einflüsse von der Ägäis her zugänglichen Gebirgen Westanatoliens in der Vegetation deutlich ausgeprägt. In den vom Meer stark abgeschirmten Binnenlandschaften Anatoliens dagegen gibt es keinen winterlosen Höhenbereich und auch der Bereich milder Winter ist im wesentlichen auf tiefe Lagen in den großen Durchbruchstälern der Randgebirge beschränkt.

3. Feuchtigkeitsgliederung der Vegetation

Über das Gesagte hinaus kann natürlich jeder der genannten temperaturmäßigen Höhenbereiche mit sehr verschiedener Niederschlagsausstattung versehen sein. Es gibt in allen Höhenbereichen, vereinfacht gesprochen, feuchte Vegetationsgesellschaften. Sie empfangen gewöhnlich fast während des ganzen Jahres wenigstens mäßige Niederschläge. Es gibt des weiteren minderfeuchte Vegetationsgesellschaften. Sie erhalten geringere, doch wenigstens zu einer Jahreszeit mäßige Niederschläge und bringen minder feuchte Vegetationsgesellschaften hervor. Endlich gibt es trokkene und sehr trockene Klimabereiche mit ausgesprochener Trockenvegetation oder sogar nur vereinzelten Trockengewächsen.

Von diesen Möglichkeiten sind in der Türkei die folgenden tatsächlich vertreten:

4. Kälteempfindliche Feucht- und Trockenwälder

Im unteren subtropisch-feuchten Höhenbereich an der anatolischen Schwarzmeerküste sind kälteempfindliche Feuchtwälder entwickelt. Sie bestehen aus artenreichen Mischlaubwäldern von Erlen, Edelkastanien, Eschen und anderen Laubbäumen, aber auch Pinus silvestris ist vertreten. Oft sind diese Feuchtwälder stark von Lianen durchschlungen, so von Efeu (Hedera helix und colchica), von Waldreben (Clematis), Stechwinde (Smilax) und wilden Weinreben (Vitis vinifera u. silvestris). Aber auch Rhododendron, Stechpalme (Ilex aquifolium), Kirschlorbeer (Prunus laurocerasus) und auch Baumerika und Myrthe treten auf. Als immergrünes Gewächs spielt vor allem der Lorbeer (Laurus nobilis) eine große Rolle. Die kälteempfindlichen Feuchtwälder sind dicht und schattig. Sie stehen bei meist kräftiger Rohhumusbildung auf tiefgründig zersetzten Böden. Sie reichen in den Ostabschnitten der anatolischen Schwarzmeerküste bis etwa 600 m Höhe empor, im Westen um Istanbul kommen sie aber nur noch auf 100 bis 200 m Höhe, weil der Westen der türkischen Schwarzmeerküste im Winter infolge der Einwirkungen von kontinentaler Kaltluft aus der östlichen Balkanhalbinsel deutlich erniedrigte Temperaturen aufweist. Istanbul hat im Januar und Februar ein nur noch wenig über +5° betragendes Temperaturmittel, während diese Temperaturmittel für Rize und Trabzon bei über 6° bis über 7° liegen.

In örtlich trockeneren Abschnitten der Küste, besonders in SE–NW gestreckten Teilstücken wie um Trabzon, wo an der SE-Seite die Exposition gegen die hauptsächlich regenbringenden Winde gemindert ist, gibt es auch echte macchienartige Gesellschaften.

Im unteren subtropisch feuchten Höhenbereich besonders der östlichen Schwarzmeerküste bestehen unbewässerte Agrumengärten, unbewässerte Reisfelder und Teekulturen. Die letztgenannten reichen sogar bis 800 m Höhe. Es gibt ferner sehr ausgedehnte Haselpflanzungen und Mais- sowie Bohnenanbau als hauptsächliche Nahrungsgewächse.

Der minder feuchte untere Höhenbereich in der Türkei, der keinen eigentlichen Winter kennt, der aber bei ausgesprochener Sommertrockenheit in der kühlen Jahreshälfte ausreichende oder reichliche Niederschläge empfängt, hat ursprünglich kälteempfindliche Trockenwälder aus Hartlaubgewächsen, Macchien mit Erdbeerbaum (Arbutus), Wildolive (Olea europaea), Baumerika (Erica aborea), immergrünen Eichen und vielen aromatisch duftenden Kräutern und Stauden getragen. Dazu kommen lichte Kiefernwälder von Pinus brutia, auch von Pinus pinea, aber diese Gesellschaften sind durch den wirtschaftenden Menschen zum größten Teil vernichtet oder stark herabgewirtschaftet worden. An ihrer Stelle finden sich Olivenhaine, Feigenpflanzungen, Rebgärten, außerdem die mannigfachsten Gemüsekulturen und, wo künstliche Bewässerung möglich ist, Agrumengärten.

Der Bereich der kälteempfindlichen minderfeuchten Trockenwälder umfaßt in Westanatolien die Küstengebiete und die Grabenlandschaften bis etwa 500 m Höhe, steigt aber südwärts bis auf etwa 1000 m an der Südküste Anatoliens an. Er erfüllt den Hatay-Graben und reicht am Südsaum des Äußeren Osttaurus, angedeutet durch Kulturen von Oliven und Pistazien bei Höhen bis mehr als 500 m bis etwa zum Euphrat, d.h. bis mehr als 150 km landeinwärts in einen bereits ziemlich kontinentalen Klimaraum.

Bleiben die Niederschlagsmengen zu gering, d.h. wesentlich unter 300 mm im Jahr, so wird die Vegetationsperiode zwischen der feuchtkühlen Jahreszeit und der Sommerdürre für Waldwuchs zu kurz. Es stellen sich Gras- und Krautsteppen ein. Solche Gebiete sind im winterlosen Höhenbereich in der Türkei nicht vorhanden. Sie zeigen sich erst südlich der türkischen Staatsgrenze im mittleren Mesopotamien und gehen dort von Trockensteppen mit noch zusammenhängender Pflanzendecke südwärts allmählich in Wüstensteppen und Halbwüsten über.

5. Mäßig winterharte Feucht- und Trockenwälder

Der mittlere subtropische Höhenbereich mit verhältnismäßig milden Wintern, d.h. mit Mitteltemperaturen der Hochwintermonate zwischen etwa 0° und +5° ist in der Türkei oberhalb der kälteempfindlichen Gesellschaften bis an die Grenze zum

Bereich ausgesprochen kräftiger Winter durch mäßig winterharte Feuchtwälder vertreten. Sie enthalten vor allem einen artenreichen Laubmischwald von Hainbuchen, Edelkastanien, Barterlen, Linden, sommergrünen und immergrünen Eichen dazu auch Buchen (Fagus orientalis), zugleich aber auch Pinus silvestris. Kennzeichnend für den mäßig kalten Feuchtwald sind auch viele Lianen, so Clematis, Stechwinde und Weinreben. In diesem Bereich wird insbesondere Mais angebaut und Haselkultur betrieben.

In dem Höhenbereich verhältnismäßig milder Winter, soweit er minder feucht oder nur jahreszeitlich feucht ist, ist in Anatolien auch ein mäßig winterharter Trockenwald entwickelt. Denn es reichen immergrüne Eichen, insbesondere Quercus cerris und fast immergrüne Pflaumeichen, ebenso Pinus brutia bis in diese Höhen hinauf. Solche Waldtypen sind namentlich in Westanatolien und an den Südhängen des Taurussystems oberhalb der kälteempfindlichen Vegetationsstufe, d.h. hier oberhalb von etwa 1000 m anzutreffen. In den großen Durchbruchstälern von Sakarya, Kızıl Irmak, Yeşil Irmak und Çoruh im Norden und in den großen Tälern des Taurussystems, wie dem des Aksu von Antalya, des Göksu von Silifke, des Seyhan, Ceyhan, Euphrat, des Botan und Großen Zap reichen solche mäßig kälteempfindlichen Trockenwälder auch ziemlich weit landeinwärts.

In ihrem Bereich findet sich, besonders wenn künstliche Bewässerung möglich ist, ein sehr mannigfaltiger Anbau von verschiedensten Gemüsen, Obst- und Nußarten. In der weiteren Umgebung von Bursa stehen in diesem Bereich viele Maulbeerpflanzungen, deren Blätter der Seidenraupenzucht dienen.

6. Winterharte Feucht- und Trockenwälder

Etwa in Höhen von mehr als 1200 bis 1400 m wird in den Nordanatolischen Küstengebirgen der Bereich ausgesprochen kalter Winter mit Temperaturmitteln der kältesten Monate von deutlich unter 0° erreicht. In diesem oberen subtropischen Höhenbereich stellen sich auf den ja mehr oder weniger niederschlagsreichen Nordanatolischen Küstengebirgen winterharte Feuchtwälder mit starker Rohhumusbildung ein. Sie bestehen vor allem aus Buchen (Fagus orientalis), aus Bornmüllertannen und auch Nordmannstannen sowie aus beigemischten Silvestris-Kiefern und haben gewöhnlich viel Rhododendren (Rh. ponticum und flavum) im Unterholz. Oft zeigen sie erheblichen Flechtenbehang. Diese Gesellschaften sind im Höhenbereich zwischen etwa 1500 m und der oberen natürlichen Waldgrenze bei meist 2000 bis 2200 m innerhalb der Nordanatolischen Küstengebirge verbreitet. Sie finden sich aber auch auf dem Ulu Dağ bei Bursa und auf den höchsten Aufragungen der Westanatolischen Gebirgsschwelle.

Pinus silvestris ist wegen des sehr großen Höhenspielraumes und ebenso des großen Feuchtigkeitsspielraumes, dem sie sich anzupassen vermag, als Leitart für eine Vegetationsgliederung sehr ungeeignet. Sie geht ja in Nordostanatolien fast von der oberen Waldgrenze bis zum Meeresspiegel hinab. Ähnliches gilt in abgeschwächtem Maße auch für die Orientfichte (Picea orientalis). Sie findet sich als beigemischte

Art in sehr feuchten winterharten Wäldern des Nordostanatolischen Küstenhochgebirges, aber auch in trockenen, sehr windreichen Abschnitten des unteren und mittleren Çoruhtales.

Weitaus größer sind in Anatolien die Flächenanteile von minderfeuchten, winterharten Wäldern, die wir als winterharte Trockenwälder bezeichnen, im oberen Höhenbereich. Hier gibt es im Taurus noch ausgedehnte lichte Wälder von mächtigen Baumwacholdern (Juniperus excelsa u. foetidissima), mit Zedern, auch mit kilikischen Tannen, die ganz andere Lebensbedingungen verlangen als die Feuchtigkeit liebenden Bornmüllertannen der winterharten Feuchtwälder der Nordanatolischen Randgebirge. Meist sind auch sommergrüne Eichen den winterharten Trockenwäldern des Taurus in größeren oder geringeren Mengen beigemischt. Diese Trockenwälder erzeugen wegen ihrer Sommerwärme und guten Durchlüftung nur einen dünnen Bodenbelag an abgestorbenen Pflanzenteilen. Sie sind daher nach einer Rodung besonders stark durch Bodenabspülung gefährdet.

Auf den binnenländischen Abdachungen der Nordanatolischen Randgebirge, in Zentralanatolien und in Inner-Ostanatolien sind die Winter überall mindestens zeitweise streng. Hier nehmen winterharte Trockenwälder den gesamten Höhenspielraum zwischen der unteren, gegen die Steppengebiete abgrenzenden und der oberen natürlichen Waldgrenze ein. Sie bestehen hauptsächlich aus Schwarzkiefern (Pinus nigra) und sommergrünen Eichen. Aber auch Pinus silvestris ist häufig und Baumwacholder kommen vor. Meist sind auch Wildobstbäume den Beständen beigemischt.

Die untere natürliche Waldgrenze wird dort erreicht, wo zwischen den feuchtkalten Wintermonaten und den trocken-warmen Sommermonaten die dem Waldwuchs zusagende Vegetationsperiode zu kurz wird, die obere natürliche Waldgrenze ist dort gegeben, wo die Wärme des Sommers für das Reifen der Baumsamen zu gering bzw. zu kurz wird. In Zentralanatolien nimmt die Höhe der unteren natürlichen Waldgrenze von den Rändern und zugleich nach Süden und Osten von etwa 1200 m bis auf etwa 1800 m Höhe zu, in Inner-Ostanatolien ebenso von etwa 1600 m bis auf mehr als 2000 m Höhe. Die natürliche obere Waldgrenze steigt in Zentralanatolien ebenfalls von den Rändern zur Mitte und zugleich auch von Nord nach Süd an. Sie hält sich zwischen 2100 und 2200 m an den Rändern und etwa 2500 m in der Mitte. Ebenso steigt die natürliche obere Waldgrenze auch in Inner-Ostanatolien von den Rändern nach der Mitte und nach Osten an, und zwar von etwa 2400 bis 2500 m an den Rändern bis auf mehr als 2700 m über den Hochländern am obersten Murat.

Auf diese Weise nimmt wegen des regional unterschiedlichen Höhenabstandes der beiden natürlichen Waldgrenzen der Lebensspielraum der winterharten Trockenwälder in Zentralanatolien und in Inner-Ostanatolien von den Rändern nach der Mitte und außerdem nach Osten von etwa 1000 m bis auf nur etwa 700 m, ja bis wenig über 500 m Vertikalausdehnung ab.

Die winterharten Trockenwälder sind in Zentralanatolien und in Inner-Ostanatolien hauptsächlich durch das Vorkommen von Schwarzkiefern, Silvestris-Kiefern, Baumwacholdern und von sommergrünen Eichen gekennzeichnet. Der Unterwuchs ist niedrig und schütter; in ihm spielen würzig duftende Kräuter, aber auch Stachelpolster von Astragalus und Acantholimon eine Rolle. Der Bodenbelag von verdorrten Pflanzenteilen ist dünn und schütter, weil die abgestorbenen Pflanzenteile in den sommerwarmen, gut durchlüfteten Wäldern rasch vergehen.

In Inner-Ostanatolien scheinen die Schwarzkiefern zurückzubleiben. Wälder aus sommergrünen Eichen, mit Wildobstbäumen durchsetzt, treten weithin an ihre Stelle, in den oberen Lagen auch Baumwacholder. Auf dem Hochland von Kars endlich gibt es ausgedehnte Wälder von Pinus silvestris, die hier in mehr als 1800 m Höhe, wie der Unterwuchs an Heckenrosen, Nelken und anderen aromatischen Kräutern sowie der spärliche Bodenbelag an abgestorbenen Pflanzenresten bekunden, durchaus den Charakter von winterharten Trockenwäldern besitzen.

Besonders die unteren Partien der einst vorhandenen winterharten Trockenwälder sind in Zentralanatolien im Laufe der Jahrtausende alten Besiedlung und Rodung in sehr großem Umfang vernichtet und durch Anbauflächen ersetzt worden. Das zeigen namentlich die vielen Reste einzelner Wildobstbäume, die als Fruchtträger und wohl auch als, wenngleich unvollkommene, Schattenspender stehen gelassen worden sind.

7. Steppen des winterkalten Bereiches

Unterhalb der unteren natürlichen Waldgrenze treten in Zentralanatolien und zweifellos auch in besonders trockenen Becken- und Tallandschaften von Inner-Ostanatolien Steppen auf, d.h. Vegetationsgesellschaften die mit kürzeren Vegetationszeiten auskommen, als es den winterharten Trockenwäldern möglich ist. Die Steppen Anatoliens sind Bereichen angepaßt, in denen gewöhnlich bis in den April hinein scharfe Nachtfröste die Vegetation behindern, und in denen meist schon im Juni eine sommerliche Dürre einsetzt. Sie erfüllen auf diese Weise die niederschlagsärmsten Gebiete von Anatolien. In diesen Steppen sind Gräser zwar ziemlich verbreitet, doch spielen unter ihnen Stipa-Arten meist keine besonders große Rolle. Einen sehr bedeutenden Anteil haben dagegen gewöhnlich bunt blühende Kräuter und Stauden, unter ihnen viele Zwiebelgewächse wie Krokusarten, Tulpen sowie Disteln, Eryngien, Echinophoren, Wolfsmilcharten, Schmetterlingsblütler, Lippenblütler, Korbblütler, Nelken, Hahnenfußgewächse und viele andere. Dazu kommen Königskerzen und die Harmelstaude (Peganum harmala) besonders auf einstigen Siedlungsplätzen manchmal in großer Zahl. Je nach der Aufeinanderfolge und Ergiebigkeit der einzelnen Frühjahrsregen treten von Jahr zu Jahr verschiedene Arten besonders hervor. Sie variieren auch stark nach der mehr oder weniger tiefgründigen oder steinig-felsigen Beschaffenheit des Untergrundes. Namentlich im Konya-Becken und auf anderen besonders trockenen, etwas salzhaltigen, aber tiefgründigen Böden finden sich ausgedehnte Artemisiensteppen.

Die Steppen dienen in größtem Ausmaß als Weideflächen. Mehr und mehr sind aber in der neueren Zeit die Steppen in Getreidebauflächen umgewandelt worden. Die Bewirtschaftung ist allmählich so umfassend geworden, daß es angezeigt wäre, im natürlichen Steppenbereich ein Naturschutzgebiet einzurichten.

Natürliche Steppengebiete sind vor allem die großen Beckenräume von Zentralanatolien und sicher auch besonders trockene Becken- und Tallandschaften von Inner-Ostanatolien. Sie sind aber, wie neuere Untersuchungen gezeigt haben (z.B. S. Uslu 1960), etwas weniger ausgedehnt als in H. Louis (1939) angegeben. Besonders in Ostthrakien herrschte an Stelle der damals angenommenen Steppe ursprünglich winterharter Eichenmischwald, was ich 1939 mit noch spärlichen eigenen Beobachtungen entgegen der damals herrschenden Meinung der Botaniker nicht lediglich als Hypothese vorbringen wollte.

8. Feuchte und trockene alpine Region

Oberhalb der oberen natürlichen Waldgrenze liegt vegetationsgeographisch der Höhenbereich der alpinen Region. Entsprechend der subtropischen Breitenlage der Türkei hat auch dieser Bereich namentlich durch die in ihm herrschende sehr große Strahlungsintensität ein besonderes Gepräge. Darüber hinaus gibt es in der Türkei auch deutliche Unterschiede zwischen einem feuchten und einem trockenen Typus der alpinen Region.

Der feuchte Typ der alpinen Region findet sich auf den Höhen der Nordostanatolischen Küstenhochgebirge, namentlich an deren Luvseiten. Er beginnt oberhalb der oberen Waldgrenze oft mit einer Knieholzzone aus weiß, rosa, rot und gelb blühenden Rhododendren zwischen etwa 2200 und 2600 m Höhe. Sie befindet sich im Sommer tagsüber oft über einer bei etwa 2000 m Höhe liegenden Wolkendecke, die durch die herrschenden auflandigen Nordwinde erzeugt wird, in strahlendem Sonnenschein. Außerdem gibt es in diesen Höhen auch ziemlich feuchte Matten, die von Zwergsträuchern, besonders von Vaccinienarten durchsetzt sind. Auf den Yalnızçam-Höhen am Westabfall des Basalthochlandes von Kars westlich von Ardahan gibt es bei schlechtem Wasserabfluß in mehr als 2000 m Höhe sogar Moore mit Sphagnen und Torfbildung.

Der trockene Typ der alpinen Region ist in der Türkei hauptsächlich oberhalb der winterharten Trockenwälder, d.h. auf den Höhen des Taurus und den höchsten Gebirgen und Einzelbergen Zentralanatoliens, den höchsten der binnenländischen Stränge der Nordanatolischen Randgebirge und den höchsten Gebirgen von Inner-Ostanatolien verbreitet. Auch hier ist oft ein Knieholzgürtel etwa von niedrigen Wacholdern, von kleinen, z.T. kriechenden Holzgewächsen vorhanden. Außerdem gibt es Krautpflanzen, die durch kleine glänzende oder behaarte Blätter, durch Polster- oder Rosettenwuchs gegen die starke Verdunstung geschützt sind, darunter schön blühende wie Enziane und Streinbrecharten. Dazu kommen meist Dornpolster von Astragalus- und Acantholimonarten, die aus dem Unterwuchs der winterharten Trockenwälder in die alpine Region hinaufreichen.

An der oberen Grenze der winterharten Feuchtwälder ist die alpine Region wahrscheinlich weithin durch Zurückdrängung des Waldes künstlich vergrößert worden, weil dadurch gute Sommerweiden gewonnen werden konnten.

IV. ÜBER GRUNDZÜGE DER ALTEN KULTURGEOGRAPHISCHEN VERHÄLTNISSE DER TÜRKEI

1. Zur vor- und frühgeschichtlichen Entwicklung in der Türkei

Die Anwesenheit des Menschen in Anatolien in den außerordentlich langen Zeiträumen vor Beginn eines regelmäßigen Anbaus und der Anlage fester Wohnstätten ist durch inzwischen schon zahlreiche und über das ganze Land verteilte Funde von altsteinzeitlichen (paläolithischen) Werkzeugen sicher nachgewiesen. Sie muß aufgrund der Grabungen von K. Kökten in der Höhle von Karain (1963/64) durch Funde eines Molaren von Homo neanderthalensis zusammen mit Resten von Ursus spelaeus, Felis spelaeus und Hippopotamus in Köktens von oben nach unten gezählter Schicht III von insgesamt 8 Kulturschichten bis mindestens in das mittlere Paläolithikum, d.h. in das Riß-Würm bzw. das Eem-Interglazial um 50 000 bis 100 000 Jahre b.P. zurückdatiert werden. Sie ist aber nach den vorliegenden Funden von Acheul Faustkeilen zweifellos noch sehr viel älter.

Diese frühe Anwesenheit des Menschen hat aber sicherlich so gut wie keine bleibenden Veränderungen der Naturlandschaft hervorgerufen. Selbst wenn jene alten Sammler und Jäger etwa zu Jagdzwecken oder zur Verbesserung der Wildäsung Flächenbrände gelegt haben, wie es bei fortgeschrittenen Naturvölkern bis heute geschieht, so sind derartige Eingriffe durch die Natur selbst, durch die Siedlungs- und wirtschaftsbedingten Umgestaltungen der Landschaft seitens der später folgenden Bauern- und Viehzüchterbevölkerungen vollständig getilgt oder überdeckt worden. Wahrscheinlich ist nur, daß Teile von uralt begangenen Pfaden, die von der Natur vorgezeichnet sind, sich auf das spätere Wegenetz vererbt haben, u.U. bis in die Gegenwart.

Die Anfänge einer Kulturlandschaft beginnen in der Türkei und ihren Nachbarländern, wie allenthalben auf der Erde, mit dem sicherlich allmählich vollzogenen, aber im ganzen genommen wohl folgenreichsten Entwicklungsschritt, den die Menschheit getan hat. Es ist der Übergang zum Anbau von Nahrungsgewächsen und zu einer hierdurch ermöglichten bzw. herbeigeführten planmäßigen Vorratswirtschaft sowie zu überwiegend seßhafter Lebensweise mit allen ihren weiteren Folgen. In besonders früh entwickelten Gebieten, wie in Anatolien, ist dieser Schritt, wie die Funde z.B. von Çatal Hüyük bei Konya zeigen, um 7000 v.Chr. bereits vollzogen und sicher weit früher begonnen worden. Die Zeit des Übergangs wird als Mesolithikum (mittlere Steinzeit), die Zeit frühesten regelmäßigen Anbaus und entsprechender Seßhaftigkeit wird als frühes Neolithikum (frühe Jungsteinzeit) bezeichnet. Sie ist siedlungs- und wirtschaftsgeographisch besonders bedeutsam.

Es ist sicher, daß seit dem Neolithikum die Bevölkerungsfolgen eine anfangs sicher nur geringe, später aber immer stärker werdende Umwandlung des ursprünglichen Vegetationskleides und selbst der Landschaftsformen durch die Rodung von Wald zur Anlage ihrer Anbauflächen, durch Waldweide und durch die Anlage ihrer Siedlungen hervorgerufen haben.

Das ist besonders aus der Verteilung der bis ins Neolithikum zurückreichenden Siedlungsplätze Zentralanatoliens zu entnehmen. Es sind Wohnhügel, „Hüyük" des türkischen (gleich dem „Tell" des arabischen Sprachgebietes). Sie sind durch die besondere materialbedingte Hausbauweise dieser Gebiete verursacht. Da die Lehme dieser Klimagebiete in feuchtem Zustand hochplastisch, nach Austrocknen aber steinhart, jedenfalls außerordentlich viel fester werden als die Lehme unserer Klimate, so steht in ihnen ein billiges, weit verbreitetes, leicht zugängliches und dauerhaftes Baumaterial zur Verfügung. Mit diesem haben die Siedler seit dem Neolithikum bis heute in der Nähe einer Wasserstelle, oft über einem niedrigen Fundament aus Steinen, anfangs wohl nur aus Stampflehm, später mit geformten und auch mit Häckselbeigabe verbesserten, luftgetrockneten Lehmziegeln ihre dicken Hausmauern aufgeführt. Sie wurden und werden mit Holzbalken, Reisiglage und darüber ausgebreiteter, geglätteter bzw. festgewalzter Lehmdecke flach überdacht. Sie halten in dem nur wenig von langdauernden Nässezeiten betroffenen Zentralanatolien und Inner-Ostanatolien bei entsprechender Ausbesserung von Schäden mehrere Jahrzehnte stand.

Müssen solche Häuser, weil nicht mehr ausbesserungsfähig, aufgegeben werden, so sinken sie zusammen und erhöhen ihren Standort. Da aber in den nicht niederschlagsreichen Gebieten ihres Vorkommens die lebensnotwendigen Wasserstellen spärlich sind, so werden oft durch sehr lange Zeiträume immer wieder an der gleichen Stelle über den zusammengesunkenen Massen einstiger Wohnstätten neue Wohnbauten errichtet. Die Archäologen haben das auf diese Weise erzeugte Höhenwachstum solcher Plätze während der Dauer ihrer Besiedlung auf etwa 1 m im Jahrhundert berechnet. Besonders hohe dieser Hüyüks erreichen 20, auch bis mehr als 30 m Höhe; auf ihnen kann der geschulte Beobachter nicht selten Keramikscherben ganz verschiedener, der seit dem Neolithikum aufeinanderfolgenden Kulturperioden finden. Nicht selten ist ein Einblick in die vertretenen Kulturperioden dadurch erleichtert, daß heutige Bauern aus der Nachbarschaft solche Hüyüks seitlich angegraben haben, weil sie die phosphatreiche Erde des Hüyüks zum Düngen ihrer Felder benutzen.

Die Hüyüks Zentralanatoliens und Inner-Ostanatoliens liegen zum größten Teil in durch Baumreste nachweisbaren Gebieten ehemaligen winterharten Trockenwaldes. Daraus geht nicht nur hervor, daß diese Gebiete als Wohnplätze bevorzugt wurden. In ihnen ist ja infolge der mäßigen Niederschläge einerseits ein verhältnismäßig sicherer Anbau, andererseits infolge geringer Bodenauswaschung verhältnismäßig lange ein düngerloser Anbau möglich. Außerdem gewähren lichte Wälder von Eichen, die mit Wildobstbäumen durchsetzt sind, eine besonders ergiebige Waldweide. Andererseits zeigt die heutige Waldlosigkeit dieser Gebiete, daß hier durch Rodung und Waldweide in größtem Umfang Bestände des einstigen Waldes beseitigt worden sind. Dies wird indirekt auch dadurch bestätigt, daß namentlich bei den Grabungen in besonders fundreichen Hüyüks in den neolithischen, aeneolithischen und frühbronzezeitlichen Schichten Kultgegenstände mit Hirschdarstellungen und Knochen von Hirsch, Reh und Wildschwein u.a. in Çatal Hüyük bei Konya geborgen wurden.

H. H. v. d. Osten (1937) hat auf einer Fläche von etwa 3500 km² rings um den Alişar Hüyük SE von Yozgat etwa 130 heutige türkische Dörfer und etwa 40 Hüyüks festgestellt. Auf 25 von diesen konnten kupferzeitliche Kulturreste (Topfscherben) nachgewiesen werden. Wenn man bedenkt, daß nur ein Teil der kupferzeitlichen Siedlungen so lange besiedelt gewesen sein dürfte, daß sie zu Hüyüks wurden, daß, wie an mehreren Stellen nachgewiesen, kupferzeitliche Dörfer umwallt waren, daß aber eine Rundumverteidigung sicherlich Siedlungen von 100 Bewohnern erfordert, daß andererseits viele, wenn auch nicht alle der Hüyüks mit Kupferzeitspuren durch lange Zeiten besiedelt waren, so wird man mit mindestens etwa 20 mal 100 gleich 2000 gleichzeitigen Bewohnern auf 3500 km² rechnen können. Das würde eine keineswegs unwahrscheinliche kupferzeitliche Bevölkerungsdichte von einer Kleinfamilie auf mehrere km² ergeben.

Im winterlosen Bereich Westanatoliens und der Mittelmeerküste sind die einstigen Wälder seit der prähistorischen Besiedlung offenbar in ähnlicher Weise zurückgedrängt worden wie in Zentralanatolien. Allerdings scheint es bisher, als ob das Neolithikum dort etwas später begonnen hat als in Zentralanatolien. Doch kann dieser Eindruck auch durch den noch nicht genügend fortgeschrittenen Stand der Forschung nur vorgetäuscht sein.

Über die physische Beschaffenheit der frühen Bewohner Anatoliens ist noch wenig Sicheres bekannt. Wenn man von den noch geringeren paläolithischen Skelettfunden absieht, so haben die bei den Grabungen im Alişar Hüyük bei Boğazlıyan, Provinz Yozgat und an anderen Stellen, z.B. im Çatal Hüyük gemachten Funde menschlicher Skelette nach Krogmann (Alişar Hüyük, Chicago, 1937), J. Mellaart (Çatal Hüyük, 2. Aufl., Bergisch Gladbach, 1967) ergeben, daß im Frühneolithikum anscheinend eine langschädelige, protomediterrane Bevölkerung in Anatolien ansässig war, welche mehrere Getreidearten, vor allem zweizeilige Gerste und Emmer (Triticum dicoccum) sowie verschiedene andere Nahrungsgewächse anbaute, und domestizierte Schafe und Ziegen hielt.

Anscheinend erst seit der frühen Bronzezeit, d.h. gegen Ende des 4. Jahrtausends v.Chr. lassen sich bisher kurzschädelige Menschen in Anatolien nachweisen, wie sie heute die Masse der Bevölkerung bilden. Doch scheinen zuerst Typen aufzutreten, die dem Homo alpinus nahestehen, während armenoide Typen mit steil abfallendem Hinterhaupt erst noch merklich später erscheinen.

Aus diesen spärlichen Angaben dürfte immerhin hervorgehen, daß sich Ereignisse des Eindringens verschiedener Bevölkerungsfolgen, wie sie sich während der historisch belegten Zeiträume in Anatolien viele Male wiederholt haben, bereits bis in die Vorgeschichte hinein nachweisen lassen.

W.-D. Hütteroth (1982) hat in einleuchtender Weise die Entwicklung skizziert. Anscheinend haben sich dann, nach der großen Zerstörung der meisten neolithisch-frühbronzezeitlichen Siedlungen Anatoliens und in weiten Teilen des östlichen Mittelmeerraumes und des Orients, gegen Ende des 3. Jahrtausends v.Chr. und nach einer allmählichen Wiedererholung des Landes kleine Herrschaftsgaue mit Lokalfürsten und zentralen Burgorten gebildet, welche in späteren Perioden in ähnlicher Weise immer wieder neu aufgelebt sind. Solche Kleinherrschaften sind dann in den späteren Zeiten in Zentralanatolien wiederholt mehr oder weniger weitgehend für mehr oder weniger lange Dauer zu Großreichen zusammengefaßt worden. Deren erstes war das Hethitische Großreich des 15. bis 13. Jahrhunderts v.Chr. mit der Hauptstadt Hattusa bei Boğazköy NW von Yozgat. Im 8. Jahrhundert v.Chr. entsteht das Phrygerreich, dessen Hauptort anscheinend im Emir-Türkmen-Gebirge zu suchen ist. Es dürfte ungefähr gleich alt sein wie das Reich Urartu im obersten Euphrat- und Murat-Gebiet mit der Hauptstadt Tuspa am Van-See. Im 6. Jahrhundert wurde Zentralanatolien dem Reich der Meder und danach der Perser bis zur Küste der Ägäis von außen her einverleibt.

Die Küstenvorländer Anatoliens scheinen außer am Golf von Antalya und im weiteren Umkreis des Golfes von Iskenderun erst seit der Zeit der Seevölkerwanderungen im 13. und 14. Jahrhundert v.Chr. stärker besiedelt worden zu sein. Um die Jahrtausendwende v.Chr. beginnt die griechische Kolonisation an der Küste von Westanatolien, dem Marmara-Gebiet und den Meerengen. In späteren Wellen erreicht sie im 8. und 7. Jahrhundert v.Chr. auch die Südküsten und die Nordküsten von Anatolien. Die bewaldeten, vor allem die mit dichten Feuchtwäldern bedeckten Gebiete Nordanatoliens scheinen um diese Zeit erst sehr spärlich besiedelt gewesen zu sein. Sonst wäre die griechische Kolonisation wohl weniger erfolgreich gewesen. Es ist allerdings zu bedenken, daß eine auf Holzbauten und Waldrodung beruhende Besiedlung nur wenig dauerhafte Reste hinterläßt.

Einzelne Kupfererzvorkommen der Nordanatolischen Randgebirge müssen wohl schon sehr früh, d.h. seit der Stein-Kupferzeit genutzt worden sein. Jedenfalls zeigen die Funde von Kupfergegenständen, ebenso wie die von Obsidian oder von Meeresmuscheln in Entfernungen von weit über 100 km von entsprechenden Vorkommen bzw. vom Meer, daß Fernhandelswege und Fernhandel seit dem Neolithikum bestanden haben.

Die griechischen Kolonien sind nach E. Kirsten (1956) u.a. so gut wie immer dadurch ausgezeichnet, daß außer einem Landeplatz landeinwärts Berg- oder Hügelland zur Anlage einer schützenden Höhenburg und von Oliven- und Weingärten, ebenso aber auch Flachgelände zum Betreiben von Getreideanbau mindestens für die Bedürfnisse der zu gründenden Polis vorhanden gewesen sind. Es waren daher in erster Linie Siedlungskolonien, nicht Handelskolonien. Da seit dem 3. Jahrhundert v.Chr. die Regionen von Bithynien mit der Hauptstadt Nikomedia (Izmit), d.h. das Gebiet beiderseits des Golfs von Izmit, das nach Osten über den unteren Sakarya hinausreichte, ferner Paphlagonien mit der Hauptstadt Gangra (Çankırı) in der Westhälfte von Mittel-Nordanatolien und außerdem Pontus mit der Hauptstadt Amaseia (Amasya) im Ostteil von Mittel-Nordanatolien und ostwärts darüber hinausreichend als Restgebilde des Alexanderreiches in der Geschichte wenigstens zeitweise als Machtfaktor hervortreten, so müssen die bewaldeten Nordanatolischen Randgebirge wohl mindestens seit dem letzten Jahrtausend v.Chr. allmählich, wenn auch dünn, besiedelt worden sein.

Der im 3. Jahrhundert v.Chr. erfolgte Einfall der Galater hat zwischen Sakarya und Kızıl Irmak in der weiteren Umgebung des alten Phrygischen Zentrums von Ankyra (Ankara) zu einem neuen Machtgebilde in Zentralanatolien geführt, hat aber die kulturgeographische Gesamtentwicklung von Anatolien nicht grundlegend verändert.

2. Zur älteren geschichtlichen Entwicklung der kulturgeographischen Verhältnisse in der Türkei

a) Zur römischen und byzantinischen Kulturlandschaft

Während der römischen Kaiserzeit im 1. und 2. Jahrhundert n.Chr. wurde Anatolien nach und nach bis zum Euphrat dem Römischen Imperium eingegliedert und in römische Provinzen eingeteilt. Damit wurde eine in Zenralanatolien breite, durch das frühzeitige Entstehen von Burgsiedlungen mit ländlicher Umgebung eingeleitete, gauartige Kleingliederung mit einem mehr oder weniger städtischen Zentralort bewirkt. An die Stelle der vorhergehenden Kleinfürsten solcher Gaue traten im Zuge einer Gräzisierung in hellenistischer Zeit zunehmend polisartige Verwaltungsformen. Aus diesen konnten schließlich verhältnismäßig leicht im Sinne der römischen Verwaltungsgliederung Civitates als Zentralorte mit einem ländlichen Umlandbereich entwickelt werden. Diese Vorgänge sind nach 375, nach der Einführung des Christentums als Staatsreligion, wohl auch dadurch gefördert worden, daß im frühchristlichen Verständnis nur eine Stadt Sitz eines Bischofs sein konnte.

Bis zur Spätzeit des Byzantinischen Reiches ist die kulturgeographische Entwicklung Anatoliens nach T. R. S. Broughton (1959) mit einem sehr mannigfaltigen Anbau von Getreiden, Gemüsen, Hülsenfrüchten, Fettpflanzen und Gespinstpflanzen, mit Schaf-, Ziegen- und Rinderzucht sowie Schweinehaltung vor allem in Westanatolien und den Küstenlandschaften von Schwarzmeer und Mittelmeer weitergegangen. Die Häuser waren in Zentralanatolien Lehmziegelbauten, in den vulkanischen Gebieten Steinbauten, in den Randgebieten Anatoliens Fachwerk- und Blockhausbauten. Mit der Christianisierung ist eine sprachliche Gräzisierung stetig weiter gegangen und so gut wie vollendet worden.

Aber im 7. Jahrhundert bereiteten sich, nachdem die byzantinischen Kaiser die südlich vom Äußeren Osttaurus gelegenen Provinzen des Oströmischen Reiches gegenüber dem Ansturm der arabisch-islamischen Glaubensheere nach und nach haben aufgeben müssen, wesentliche Veränderungen vor. Es entstand, wie Hütteroth (1982, S. 187ff. u. Fig. 59, S. 189), wohl mit Recht hervorgehoben hat, im Bereich der verhältnismäßig durchgängigen Abschnitte des Osttaurus etwa zwischen Tarsus und dem oberen Tigris (Dicle) ein gegen NW nicht festliegender, anhaltend umkämpfter Militärgrenzbereich, von dem aus islamische Glaubenskämpfer, die „Gazi", gestützt auf die befestigten Städte am Südsaum des Taurus fast alljährlich rasche Einfälle und Beutezüge mehr oder weniger tief in die offenen Siedlungslandschaften von Zenralanatolien hinein ausführten.

Diese Einfälle, die bis ins 10. Jahrhundert anhielten und mehrfach bis in die Halbinsel Kocaeli gelangten, haben sicherlich zu einer starken Entvölkerung von Zentralanatolien geführt. Denn die wenigen starken byzantinischen Festungen, wie Sebaste (Sıvas), Caesarea (Kayseri), Ankyra (Ankara) und Tyana (südlich von Bor) konnten die Landbevölkerung gegen schnelle Überfälle nicht schützen. Die arabischen Gazi haben aber in dem ihren Heimatländern sehr fremden, winterkalten Hochland von Zentralanatolien keine Ansiedlung versucht.

b) Zur Entwicklung nach der türkischen Besitzergreifung

Als dann 1071 der Turkmenenführer Alp Arslan den Kaiser Romanus Diogenes in der Schlacht von Malazgirt am oberen Murat-Fluß geschlagen hatte, konnten türkische Stämme unter ihren Beys in verhältnismäßig kurzer Zeit die wichtigsten noch widerstehenden Städte des sehr geschwächten Landes erobern. Sie machten aus den Städten örtliche Residenzen von kleineren oder größeren Herrschaftsgebieten örtlicher Fürstengeschlechter, wie der Danişment im östlichen Zentralanatolien, der Isfendiyar in Kastamonu, der Dulkadır in Maraş und andere. Daraus ist zu entnehmen, daß wesentliche Teile der türkischen Einwanderer in herrschaftlicher Organisationsform mit seßhaften bäuerlichen Lebensgewohnheiten in das ihnen neue Land kamen. Dieses mußte ihnen zur Ansiedlung wohl wegen seiner klimatischen Vorzüge gegenüber ihren kontinental-semiariden Herkunftsgebieten sehr zusagen (Hütteroth, 1982, S. 194ff., Fig. 62, S. 196).

Nach vielerlei kriegerischen Auseinandersetzungen haben sich dann die selçukischen Sultane von Konya als die mächtigsten durchgesetzt und haben im 11. und 12. Jahrhundert das Reich der Selçuken von Rum, d.h. von Ostrom, errichtet mit nicht festliegenden Militärgrenzen ringsum. Diese Grenzen wurden im NW gegen die Reste des byzantinischen Staates im Sinne von Glaubenskriegen vorgetrieben. An dieser NW-Grenze ist dann die Macht der Sultane aus dem oğuzischen Hause Osman durch gute Verwaltung, durch den dauernden Zustrom weiterer türkischer Gruppen von Glaubenskämpfern (Gazis) und durch die erfolgreichen Kriege gegen Byzanz, insbesondere die Eroberung Thrakiens ständig gewachsen. In der Mitte des 14. Jahrhunderts schon vor der Eroberung von Konstantinopel (1453), aber nach der Zerstörung des Selçukenstaates durch die Mongolen im 14. Jahrhundert beherrschten die osmanischen Sultane fast ganz Anatolien mit Ausnahme des Kaiserreiches Trapezunt in den Feuchtgebieten von Nordostanatolien und des sogenannten Kleinarmenien, des späteren Gebiets von Ramazanoğlu im Osmanischen Reich im Taurus-Hinterland der Adanaebene. Nach der Erholung vom Einfall Timur Lenks (nach 1405) beherrschten sie Anatolien ganz.

Ein großer Teil der türkischen Einwanderer kam aber ohne Zweifel als Kleinviehzüchter mit nomadischer Lebensweise ins Land. Die Nomaden fanden in Zentralanatolien weit bessere Lebensmöglichkeiten als in ihren zentralasiatischen Herkunftsgebieten, nämlich Steppen, in denen die Tiere meist auch im Winter noch Scharrfutter finden. Sie konnten in dem noch dünn besiedelten Land ohne große Gegenwehr Weideflächen in Besitz nehmen und haben sicher dazu beigetragen, daß viele noch vorhandene bäuerliche Siedlungen damals verschwunden sind. Andererseits hat das Vorhandensein ausgezeichneter sommerlicher Hochweiden besonders im Taurus dazu beigetragen, daß sich allmählich ein Bergnomadismus entwickelte mit festen Winterdörfern in Beckenlandschaften des Binnenhochlandes oder auch an der Mittelmeerküste, den Kışla" und sommerlichen Hochweiden im Gebirge, den „Yayla", zwischen denen die gesamte nomadische Gruppe mit ihren Herden und Zelten jahreszeitlich in Etappen unterwegs war. Reste dieser Lebensweise sind bis heute im Taurus anzutreffen, obwohl die Behörden aus Gründen der Verwaltung und Besteuerung seit langem versucht haben, die Nomaden zur Seßhaftigkeit zu bewegen. Frühzeitig hat sich dabei ein gewisser, nur mäßig gepflegter Anbau in der Nachbarschaft der Kışladörfer entwickelt. Es ist also ein Übergang zum Halbnomadismus vollzogen worden (Hütteroth, 1982, S. 205ff., Fig. 63, S. 206).

Von den in den Gebirgen Anatoliens wahrscheinlich viel älteren Lebensformen der Yaylabauern nach W.-D. Hütteroth (1959), d.h. von Bergbauerndörfern, bei denen nur Hirten mit den Herden zu den Hochweiden hinauf- und zu Winterzeiten wieder hinabziehen, ist der inzwischen fast erloschene Bergnomadimsus des Taurusgebirgssystems recht verschieden. Es gibt aber vor allem in den nördlichen Randgebirgen Anatoliens noch eine etwas andere Art der Almenbewirtschaftung durch Bauerndörfer, die gleichfalls als Lebensform von Yaylabauern anzusehen ist. Diese Yaylabauern haben in der Region der meist wohl künstlich mehr oder weniger herabgedrückten oberen Waldgrenze richtige feste Almendörfer oft in Blockhausbauweise. Zu diesen ziehen oder zogen von den an der Schwarzmeerküste sommerschwül-warmen Dörfern meist die gesamte Bewohnerschaft mit den Herden, zum Teil einschließlich der dörflichen Verwaltung im Sommer hinauf. In der Höhe gab bzw. gibt es regelrechte Terminmärkte zum Warenaustausch mit den binnenwärts gelegenen Dörfern. In der Nachbarschaft solcher Almensiedlungen findet manchenorts sogar ein gewisser Anbau von Gerste und Kartoffeln statt.

Außerdem ist ein alljährlicher Wohnungswechsel zwischen dem eigentlichen Dorf und einer in fast der gleichen Meereshöhe und in meist geringer Entfernung gelegenen Sommersiedlung, die ebenfalls als Yayla bezeichnet wird, in nicht wenigen Dörfern des Zentralanatolischen Hochlandes in Gebrauch. Solche Yaylas sind nicht selten später zu Dauersiedlungen geworden. Sie sind also oft Vorformen eines bäuerlichen Siedlungsausbaus.

c) Über die älteren türkischen Städte

Zum Siedlungsbild der Türkei gehören natürlich auch Städte. Während aber in Mittel- und Westeuropa die wichtigsten Städte aus der Entwicklung eines erstarkenden Bürgertums hervorgegangen sind, das sich besondere Rechte gegenüber den Territorialherren ertrotzte, sind die Städte im türkischen Staatsbereich bis heute vor allem Verwaltungszentren der jeweiligen Territorialherren bzw. von Verwaltungsbehörden. Sie gliedern sich daher im wesentlichen nach ihrer Verwaltungsbedeutung in Provinzhauptstädte und Ilçehauptorte (etwa Kreisstädte). Die meisten der Provinzhauptstädte und einzelne meist der größeren Ilçehauptorte gehen allerdings auf vortürkische Städte, ja selbst auf frühgeschichtliche Städte oder Kultorte zurück. Die Mehrzahl der Ilçehauptorte ist aber erst im 19. oder 20. Jahrhundert, insbesondere seit der Tanzimatzeit (Zeit der Reformen) des Osmanischen Reichs in den ersten Jahrzehnten des 19. Jahrhunderts gegründet worden (Hütteroth, 1982, Fig. 68, S. 240).

Fast alle der in vortürkische Zeiten zurückreichenden Städte werden von einer Höhenburg überragt, an deren Fuß sich die Stadt entwickelt hat. Solche oft an frühgeschichtliche Herrensitze anknüpfende Siedlungen sind von den türkischen Eroberern schon der Selçukenzeit wegen ihrer guten Verteidigungsfähigkeit als Residenzen der Emire und Beys ausgewählt worden. Sie liegen auf steil aufragenden Hügeln oder Bergen wie die von Ankara, Afyon Karahisar, Amasya oder Artvin. Nicht wenige nehmen die Höhe von großen Hüyüks, d.h. von prähistorischen Schutthügeln ein, wie die von Konya, Gaziantep oder Karaman. Jedenfalls mußten die Burgen gut zu verteidigen und ziemlich groß sein, weil sie die Verfügungstruppen des örtlichen Herren beherbergen mußten. Die zugehörige Stadt war in Anlehnung an die Burg gewöhnlich von einer von Wehrtürmen überragten Mauer umschlossen. Doch haben sich von diesen Mauern nur wenige erhalten, z.B. in Diyarbakır, Kayseri und Iznik.

In den Städten der Türkei, auch in den spät gegründeten, gibt es fast immer eine Gliederung in ein Regierungsviertel mit einem Hauptverwaltungsgebäude, in dem der Provinz- oder der Ilçe-Gouverneur mit seinen Beamten arbeitet. Auch die Gerichtsbehörde des Bereiches, d.h. in älteren Zeiten der Hâkim hatten oder haben hier ihren Sitz. Nicht selten erhebt sich auf dem Platz vor dem Regierungsgebäude ein Uhrturm.

In der Nachbarschaft befindet sich stets die Hauptmoschee der betreffenden Stadt mit entsprechenden geistlichen Einrichtungen wie Medresse (geistliche höhere Schule) Armenküche, Hospital, oft auch ein durch fromme Stiftung gebauter Trinkwasserbrunnen.

Zum Bilde jeder Stadt gehört des weiteren das Çarşı, das Markt- und Handwerkerviertel, in welchem jeweils nach Handelssparten und nach den verschiedenen Handwerken in gleichartige Gruppen gesondert, die Händler und die Handwerker in meist eingeschossigen Ladenstraßen ihre Waren bzw. ihre Dienste anbieten. In großen Städten nimmt das Çarşı ein ganzes Stadtviertel ein, manchmal auch mit einem von Kuppelgewölben überdachtem abschließbarem Teil, dem Kapalı Çarşı. Als Unterkunft und Stapelort der einstigen Handelsherren, die mit Tragtierkarawanen ihre Waren zu den Haupthandelsplätzen brachten, haben sich im Geschäftsviertel zuweilen alte Hane erhalten, meist zweigeschossige, rechteckige, längliche Innenhofbauten, mit Ställen und Stapelräumen im Untergeschoß und mit Unterkunftsräumen im Obergeschoß, die sich gegen eine über dem Innenhof umlaufende überdachte Veranda öffnen. Heute sind diese Hane oft in Garagen für Lastkraftwagen umgewandelt.

Abseits des Geschäftsviertels liegen die Wohnviertel, auch sie gewöhnlich in kleine Teilviertel (Mahalle) untergliedert. In diesen liegen die aus älterer Zeit überkommenen Wohngebäude mit oft fensterlosen Außenmauern um einen Innenhof gruppiert, in dem immer ein kleiner Garten oder wenigstens einige Bäume, oft auch ein Wasserbecken, wenn möglich ein kleiner Springbrunnen angelegt sind.

Jedes der Wohnviertel untersteht verwaltungsmäßig einem Viertelsvorstand (Muhtar), der von der Regierung ernannt worden ist und dem Hauptbürgermeister

(Belediye reisi) unterstellt ist. Es gibt also keinen gewählten Stadtrat, wie er in den Städten Mittel- und Westeuropas üblich ist.

In den neu gegründeten Städten und in Neubauvierteln der älteren Städte wenden sich dagegen die Wohnhäuser wie bei uns gegen die vorbeiführende Straße. Freilich sind vielenorts die Fenster des Haremlik, des Familienteils der Wohnung, mit engen Fenstergittern gegen Blicke von außen abgeschirmt. Überhaupt ist innerhalb jeder Wohnung das Haremlik vom Selamlik, dem für Gäste offenstehenden Teil der Wohnung, streng getrennt gehalten. Typisch für die älteren Wohnviertel türkischer Städte ist die Unregelmäßigkeit, die Verwinkelung und Knickung selbst von Durchgangsstraßen, die zu einem Hauptplatz führen, vor allem aber der meist engen Gassen und das Vorhandensein von Sackgassen. Dies dürfte einerseits die Folge eines Grundbesitzrechtes sein, welches die Vererbung, Teilung und Veräußerung erlaubt, aber keine Vermessung der Grundstücke und kein behördliches Interesse an geplanter Entwicklung kannte, falls nur die einzelnen Grundstücke für Fußgänger und Tragtiere zugänglich waren. Seit dem Aufkommen des vierrädrigen Wagens, vor allem des Kraftwagenverkehrs, hat sich naturgemäß die Notwendigkeit einer Beseitigung vieler, für ein Wenden von Fahrzeugen zu enger Sackgassen durchgesetzt.

d) Zur Frage der Türkisierung und Islamisierung

Schwer erklärlich bleibt, wie es möglich wurde, daß Anatolien, das zur Zeit Justinians im 6. Jahrhundert nachweislich weitgehend gräzisiert und christianisiert war, in wenigen Jahrhunderten so gut wie vollständig zum Islam und zur türkischen Sprache übergewechselt ist. Denn die erobernden türkischen Einwanderer waren der vorher vorhandenen Bevölkerung, trotz deren durch die Arabereinfälle bewirkter Minderung, zahlenmäßig sicherlich weit unterlegen. Jedenfalls haben die Türken bei ihrer Eroberung die einheimische Bevölkerung in der Regel nicht vernichtet oder vertrieben. Vielmehr wurden die Christen in religiöser Gleichgültigkeit gegenüber den Unterworfenen, aber mit Interesse an deren Wirtschafts- und Steuerfähigkeit geschont. Jedenfalls bestanden nach C. Cahen (1968) zur Selçukenzeit im 11. Jahrhundert die christlichen Bistümer fort; und noch im 13. Jahrhundert waren zahlreiche ostkirchliche Gemeinden in Zentralanatolien vorhanden.

Die Islamisierung und Türkisierung der unterworfenen Bevölkerung dürfte stark gefördert worden sein, dadurch daß schon zur Selçukenzeit zahlreiche Medressen, geistliche Schulen, eingerichten wurden, aus deren Schülern naturgemäß eine islamisch-türkische Kulturschicht hervorgegangen ist, welche sich auch aus der Oberschicht der Unterworfenen speiste und welche auf das allgemeine Verhalten einwirkte. Bedeutsam war zweifellos auch die Einrichtung der Janitscharentruppe (Yeniçeri) aus zwangsrekrutierten Christensöhnen. Diese mußten zum Islam übertreten, da ja im Islam Ungläubige nicht Waffenträger sein durften. Natürlich mußten diese Männer die türkische Kommandosprache erlernen, wenn sie sie nicht schon kannten. Auch diese, sich durch Jahrhunderte ständig wiederholende Rekrutierung, ebenso wie die im Islam erlaubte Ehe mit mehreren auch nichtmuslimischen Frauen dürften viel zur Islamisierung und Türkisierung besonders in der Herrenschicht beigetragen haben, von der dann entsprechende Wirkungen auf die unteren Volksschichten ausgegangen sind. Unzweifelhaft ist jedenfalls, daß innerhalb der heutigen türkischen Bevölkerung mongolide Rassenmerkmale, wie sie bei den türkischen Einwanderern sicherlich vorhanden gewesen sein müssen, sehr selten sind. Wo sie einmal auftreten, da stellt sich beim Nachfragen fast immer heraus, daß die Träger dieser Merkmale Nachkommen turkmenischer Späteinwanderer des 18. oder 19. Jahrhunderts sind.

Aus dem körperlichen Gesamtbild der heutigen türkischen Bevölkerung muß wohl geschlossen werden, daß diese aus einer intensiven Vermischung mit der vortürkischen Bevölkerung hervorgegangen ist.

V. ÜBER GRUNDZÜGE DER GEGENWÄRTIGEN KULTURGEOGRAPHISCHEN VERHÄLTNISSE IN DER TÜRKEI

V a. ÜBER GRUNDLAGEN DER KENNTNIS UND ÜBER DIE BEVÖLKERUNGSVERTEILUNG UM 1980

1. Grundlagen der Kenntnis

In einem naturräumlich, vor allem bezüglich des Reliefs und des Klimas so mannigfaltig gestalteten Lande wie der Türkei lehnen sich die kulturgeographischen Verhältnisse verständlicherweise nahe an die naturräumliche Differenzierung an. Sie können daher in Zusammenhang mit der naturräumlichen Gliederung behandelt werden. Aber sie stimmen nicht genau mit dieser überein.

Erfreulicherweise gibt es in den Köy Envanter Etüdleri des Köy İşleri Bakanlığı, Ankara, 1963ff. eine neuere statistische Darstellung über fast alle wichtigeren Lebensverhältnisse der türkischen Dörfer nach Provinzen gegliedert für die erste Hälfte der 1960er Jahre. Man wird die Zahlenangaben dieser Statistiken nicht überbewerten, wenn man bedenkt, wie schwierig es im allgemeinen ist, von Bauern zuverlässige Angaben über ihre Lebensverhältnisse zu erfragen, und wenn man in Rechnung stellt, daß die sehr große Zahl der benötigten Dorfbefrager nicht durchweg eine gleich gute vorherige Ausbildung erhalten haben dürften.

Dennoch sollte es einem Wissenschaftler, der viele dieser Dörfer kennengelernt hat, möglich sein, durch entsprechende Zahlenvergleiche zu beurteilen, welche der gemachten Angaben eine größere oder geringere Verläßlichkeit beanspruchen können. Unter diesen Voraussetzungen bleiben die Dorfstatistiken ein wertvolles, nach Provinzen gegliedertes Angabenmaterial.

Da die Provinzen nach Gruppen ungefähr gleicher naturräumlicher Ausstattung zusammengefaßt werden können, so lassen sich für die größeren naturräumlichen Einheiten des Landes kennzeichnende Werte der wichtigsten landwirtschaftlichen Lebensumstände der bäuerlichen Bevölkerung für die 1960er Jahre erkennen. Eine weitere Differenzierung ergibt sich aus den im Zuge dieser Befragung gleichfalls ermittelten Aufstellungen über die Marktbeziehungen, d.h. über die Stadt-Landbeziehungen in den regionalen Teilen des Landes. Dazu kommen als besonders wichtige

Grundlagen die Jahrbücher des Türkischen Statistischen Staatsinstituts, die seit 1928 erschienen sind (T. C. Devlet Istastistik Yıllığı, Ankara), und ferner die Aylık Bültenleri (Monatsberichte) des gleichen Isntituts.

Mit Hilfe dieser Unterlagen und der eigenen Landeskenntnis kann hier versucht werden, eine Kennzeichnung auch der allgemeineren kulturgeographischen Züge der größeren Regionen des Landes zu geben.

Zum Anfang ist hervorzuheben, daß die neue Türkei in Weiterverfolgung der Richtlinien ihres Gründers Atatürk sehr große Anstrengungen zum fortgesetzten Ausbau ihres Unterrichtswesens unternommen hat. Das lehrt insbesondere ein Vergleich der diesbezüglichen Einrichtungen zwischen 1940 und 1980 (Statist. Jahrb. 1981, Nr. 89 u. 103).

Die Zahl der Grundschulen (Ilk Okul, 1.–5. Schuljahr) stieg von 1940 bis 1980 in abgerundeten Größenzahlen:
von 1940: 10 600 Schulen mit 20 500 Lehrern und 950 000 Grundschülern
auf 1980: 44 300 Schulen mit 200 000 Lehrern und 4,1 Mio. Grundschulen
 (Hütteroth, 1982, Fig. 76, S. 287).
Die Zahl der Mittelschulen (Orta Mektep, 6. bis 11. Schuljahr) stieg
von 1940: 240 Schulen mit 3 900 Lehrkräften und 95 000 Mittelschülern
auf 1980: 4 100 Schulen mit 31 000 Lehrkräften und 1,8 Mio. Mittelschülern.
Die Zahl der Höheren Schulen (Lise, 12. bis 14. Schuljahr) stieg
von 1940: 80 Lise mit 1 500 Lehrkräften und 25 000 Schülern
auf 1980: 1 100 Lise mit 36 000 Lehrkräften und 0,5 Mio. Schülern.
Die Zahl der sprachlichen und technischen Fachschulen stieg
von 1940: 100 mit 1 300 Lehrkräften und 20 000 Schülern
auf 1980: 1 700 Schulen mit 28 600 Lehrkräften und 0,5 Mio. Schülern.
An Hochschulen und Einzelfakultäten namentlich der Medizin und der Landwirtschaft sowie an Pädagogischen Akademien gab es
1940: 20 mit 970 Lehrkräften und 13 000 Studierenden
1980: 350 mit 20 600 Lehrkräften und 270 000 Studierenden.
Hochschulorte im vorher genannten Sinne waren 1980 Ankara und Istanbul mit je mehreren Universitäten, ferner Izmir, Erzurum, Trabzon, Diyarbakır, Adana, Bursa, Elazığ, Konya, Kayseri, Eskişehir und andere größere Städte.

2. Übersicht der Bevölkerungsverteilung[17] um 1980

Aufgrund der Angaben der Volkszählung von 1965 hatte die Türkei damals 31,4 Mio. Einwohner (E.). Davon lebten 9,4 Mio. in Städten von mehr als 10 000 E., so daß etwa 22,0 Mio. E. als ländliche Bevölkerung angesehen werden konnten. Die mittlere Dichte der ländlichen Bevölkerung in diesem Sinne betrug 1965 etwa 25 E./km^2, nämlich wenn man von der Fläche des Gesamtlandes, die nach den neuesten Vermessungen 805 689 km^2 beträgt, einen vertretbaren Betrag für das Areal

---

17 Vgl. Karten 2 und 4.

der rund 200 Städte, nämlich die, das volle Tausend übersteigenden 689 km² oder im Durchschnitt etwas mehr als 3 km² pro Stadt abzieht, so auf etwa 805 000 km² für die Fläche der ländlichen Bevölkerung kommt.

Dabei ist selbstverständlich, daß mit diesem Dichtewert der ländlichen Bevölkerung nicht eine reale Verteilungsdichte der Menschen, sondern das angenäherte durchschnittliche Zahlenverhältnis der ländlichen Bewohner zu der von ihnen bewirtschafteten Fläche gemeint ist, welcher Verhältniswert durchaus eine wirklichkeitsnahe Bedeutung besitzt. Dies gilt vor allem auch deswegen, weil in türkischen Kleinstädten fast immer ein merklicher Teil der Einwohner, in Ortschaften von weniger als 10 000 E. gewöhnlich der überwiegende Teil der Einwohner landwirtschaftlich tätig ist.

Bei dieser Sachlage ist folgendes sehr aufschlußreich: Von der Bevölkerungsvermehrung von 1965 bis 1980 (Türk. Statist. Jahrb. 1981, Tab. 25 u. 27) von 31,4 Mio. auf 44,7 Mio. E., also um 10,3 Mio. Menschen stieg die Anzahl der ländlichen Bevölkerung, d.h. die Zahl der Bewohner von Ortschaften unter 10 000 E. nur um 2,8 Mio. auf 24,8 Mio., die Zahl der Bewohner von Städten mit mehr als 10 000 E. aber von 9,4 Mio. auf 19,3 Mio., also um fast 10 Mio. Die Städte nahmen also etwa 2½ mal mehr zu als die ländliche Bevölkerung. Darin kommt eine riesenhafte Landfluchtbewegung zwischen 1965 und 1980 zum Ausdruck, die schon 1950 in verstärktem Maße begonnen hat. Sie hat wie G. Ritter (1972) in einer Spezialstudie näher ausgeführt hat, praktisch die großen wie auch die kleinen Städte des Landes betroffen, am meisten allerdings die größten Städte Istanbul, Ankara, Izmir und Adana (statistische Jahrbücher der Türkei).

Aus diesem Grunde wird auch verständlich, warum die Dichte der ländlichen Bevölkerung, d.h. wieder die Dichte der Bewohner von Ortschaften mit weniger als 10 000 E. zwischen 1965 und 1980 nur auf 31 pro km², d.h. nur um 24 % gegenüber 1965 zugenommen hat, während die Bevölkerung der Siedlungen mit mehr als 10 000 E. im gleichen Zeitraum um 105 % angewachsen ist.

Aus dem gleichen Grunde war es möglich, für den Zeitraum um 1980 die beigegebene Karte 2 der Verteilung der in Orten von weniger als 10 000 E. lebenden Bevölkerung der Türkei in geeigneten Dichtestufen, nämlich von 0–5 E./km², 5–15 E./km², 15–30 E./km², 30–50 E./km², 50–100 E./km² und von mehr als 100 E./km² und mit Signaturdarstellungen aller Städte von mehr als 10 000 E. in sinngemäßer Anlehnung an das Ilçe (Kaza) Dichtekartogramm von 1965 (H. Louis 1972) unter Ausnutzung der persönlichen Landeskenntnis bereits aufgrund der Provinzangaben des Istatistik Yıllığı 1981, also ohne ein vollständig erneuertes Ilçe-Dichtekartogramm mit ausreichender Verläßlichkeit zu entwerfen.

Die sieben Dichtestufen der ländlichen Bevölkerung sind so gewählt, daß die drei untersten ungefähr die Bereiche der 1980 unterdurchschnittlich bevölkerten Regionen des Landes darstellen, die vier oberen Stufen dagegen die mit Bewohnern von Ortschaften mit weniger als 10 000 E. überdurchschnittlich bevölkerten Landesteile.

Das Gesamtbild hat sich gegenüber den Darstellungen von H. Louis (1942 und 1972) nicht allzu stark geändert. Allerdings hat die Zahl der Städte mit mehr als

10 000 E. beträchtlich zugenommen und die Bewohnerzahlen der vordem größeren Städte sind fast alle stark gewachsen (auch Hütteroth, 1982, Fig. 73, S. 267).

Aber hinsichtlich der ländlichen Besiedlung, d.h. der Orte mit weniger als 10 000 E., zeigt sich Zentralanatolien nach wie vor als relativ schwach besiedelt, wenn auch die Dichtestufe von weniger als 15 E./km^2 sich inzwischen stark verkleinert hat. Der Nordwesten der Türkei, Mittel-Nordanatolien und der nordostanatolische Küstensaum haben sich als großenteils überdurchschnittlich, der nordöstliche Küstensaum und die Umgebung von Istanbul sogar als extrem dicht besiedelt heraus. Ein zweiter extremer Dichtebereich hat sich um die fast 1 Mio. E. zählende Riesenstadt Groß-Izmir gebildet. Er umfaßt mit zahlreichen mittelgroßen Städten alle Grabenebenen des Egegebietes und entsendet an der Küste einen Ausläufer bis zum Golf von Edremit.

Die Entwicklung von Groß-Ankara, das gegenwärtig rund 2 Mio. E. zählt, hat zwar in der Nachbarschaft die Industrieorte Elmadağı und Kırıkkale, dazu einige kleinere Städtchen deutlich wachsen lassen. Aber ein allseitig ausgedehntes Netz von Städten in weniger als 50 km Entfernung hat sich bisher nicht entwickelt.

In dieser Hinsicht weist die Çukurova mit Adana als Zentrum eine merklich stärkere Städtestreuung auf. Sie reicht von Mersin im Westen an den Rändern des Taurus bis zum Amanos und tritt an der Küste über Dörtyol und Iskenderun und über den Belenpaß mit den Städten des Hatay in Verbindung bei nur ziemlich geringen Abständen der einzelnen Städte voneinander.

Eine weitere Gruppe größerer Städte ist um Gaziantep entwickelt. Sie reicht von der Staatsgrenze bis an den Äußeren Osttaurus und im Osten bis an den Euphrat.

Von dort an, um Urfa, Diyarbakır und Mardin wird die Streuung der Städte im Osttaurus-Vorland merklich schütterer. Die Abstände zwischen den größeren Städten wachsen auf 50 und mehr km. Damit stellt sich der deutlich an Städten ärmere Osten der Türkei ein, in dem Malatya, Elazığ und Erzurum besonders stark wachsende städtische Zentren sind.

Endlich ist auch an der dichtbesiedelten nordostanatolischen Schwarzmeerküste etwa von Ordu an ostwärts bis über Rize hinaus in überwiegend geringen Abständen voneinander eine lange Reihe meist kleiner Küstenstädte, gewöhnlich mit bescheidenen Landeinrichtungen für Fischerei und örtlichen Schiffsverkehr entwickelt. Aber nur Trabzon am Ende der aus Inner-Ostanatolien kommenden Zigana-Paßstraße ist hier bisher mit etwas über 100 000 E. zum Ausmaß einer Großstadtvorstufe angewachsen.

V b. ZUM BILD DER LÄNDLICHEN SIEDLUNGEN

1. Die Wohnplätze und Hausformen

Das Bild der ländlichen Siedlungen zeichnet sich im Grundriß überwiegend durch große Unregelmäßigkeit aus. Neben locker gebauten Dörfern, Kleinweilern und Einzelhöfen stehen sehr dicht gebaute Haufendorftypen. Wahrscheinlich sind die letztgenannten die ältesten. Vermutlich sind auch diese ursprünglich locker gebaute Hofgruppen gewesen und durch ungeregelte, aber durch mit Konsens der meist verwandten Nachbarn erfolgte Errichtung neuer Höfe zwischen den älteren nach und nach verdichtet worden (Hütteroth, 1982, S. 290ff. u. Fig. 77–82, S. 295, 296, 299, 300, 301, 304).

Weit verbreitet waren und sind jahreszeitlich bewohnte Sommerwohnstätten, die je nach dem, ob sie mehr der Viehwirtschaft oder mehr dem Feldbau dienen, Ağıl (Pferch), Dam (Dach), Kom (Hütte), Oba (Zelt) oder als Mezraa (Anbaufeld) oder allgemein als Yayla bezeichnet sind. Aus solchen Sommerwohnstätten, die ursprünglich meist der Bewirtschaftung entfernt gelegenen Besitzes gedient haben, sind oft neue lockere Dörfer geworden, die sich nach und nach gleichfalls verdichten.

Planmäßig angelegte Siedlungen mit Schachbrettmuster der Hausstellen und mit dazwischen verlaufenden Gassen sind oft im 19. Jahrhundert den Rückwanderern, den Muhacirs aus den einstigen Außenprovinzen des Osmanischen Reiches errichtet worden. Und diese Siedlungsform ist auch bei den jüngsten Neuansiedlungen von Muhacirs aus den ehemaligen Reichsteilen oder nach Naturkatastrophen, z.B. Erdbebenzerstörungen seit dem türkischen Unabhängigkeitskrieg von 1922 durch den Staat immer wieder angewandt worden.

Wie des Reliefs wegen leicht verständlich ist, sind große, eng bebaute Haufendörfer in den Flachland- und Beckengebieten Zentralanatoliens besonders häufig. Sie finden sich aber auch in geräumigen Gebirgstälern. Nach dem Istatistik Yıllığı von 1981 liegt die Einwohnerzahl dieser großen Dörfer am häufigsten zwischen etwa 500 und 1000. In mehr als 1000 Dörfern dieser Größenordnung lebten 1980 mehr als 7 Mio. Menschen. Aber es gibt auch noch Hunderte von Dörfern mit selbst mehr als 2000 Einwohnern. Andererseits gab es 1980 mehr als 5000 Einzelhöfe, Weiler und Kleindörfer, mit weniger als 200 E., welche insgesamt mehr als 1,5 Mio. Bewohner aufwiesen. Diese sind naturgemäß in den stark zertalten Gebieten Nordanatoliens und des Taurus am meisten verbreitet.

Mannigfaltig sind auch die Hausformen, besonders die älteren Hausformen der Türkei. In den gut beregneten Gebirgen herrschen Holzbauten, aber nur noch vereinzelt ist Blockbauweise mit rohen oder mit behauenen Balken anzutreffen, weil meistens die benötigten alten Hochwaldbestände bereits selten geworden sind. Den weitaus überwiegenden Teil der Häuser der Nordanatolischen Randgebirge bilden Fachwerkbauten, und zwar sowohl eingeschossige wie zweigeschossige. Gewöhnlich steht das Haus an den vier Ecken auf Stelzen aus Bruchsteinen oder aus Beton, welche die vorhandenen Unebenheiten des Baugrundes ausgleichen. Wenn nicht wie bei dem ärmeren Teil der Bevölkerung das Gebäude eingeschossig ist, so liegt im Untergeschoß das Selamlık, der für Gäste offene Teil des Hauses. Zu ihm führt gewöhnlich eine Treppe von außen in einen durchlaufenden Flur, beiderseits dessen ein Empfangszimmer und Kammern liegen. Im Obergeschoß, falls ein solches vorhanden ist, befindet sich das Haremlık, der nur der Familie zugängliche Teil der Wohnung, welcher vom Selamlık immer scharf abgetrennt ist. Häufig ist im Obergeschoß eine überdachte, vielseitig genutzte Veranda vorhanden. Das Fachwerk ist mit Lehmziegeln, mit Reisiggeflecht und Lehmbewurf gefüllt und oft mit einer Bretterverschalung abgedeckt. Bei wohlhabenden Besitzern ist auch Fachwerkfüllung durch in reizvollen Mustern gesetzte, gebrannte Ziegel nicht selten. Ein ursprünglich mit Holzschindeln, neuerdings auch schon öfter mit industriellem Dachmaterial eingedecktes Halb- oder Vollwalmdach überdeckt das Haus. Als Vorratsräume sind der Brandgefahr wegen kleinere Gebäude aus den gleichen Materialien daneben aufgeführt. Ihre Stelzen sind durch runde Scheiben gegen Mäuse und andere Schädlinge abgedeckt.

Es besteht eine auffällige Ähnlichkeit dieser Bauten mit jenen der alten Gebirgssiedlungen der Balkanhalbinsel, wie ja auch weitgehende Übereinstimmung mit den dortigen Kulturgewächsen, den Anbaugewohnheiten und in der Kleinviehwirtschaft vorhanden sind bzw. waren. Dies läßt vermuten, daß die materielle Kultur der Gebirgssiedlungen in beiden Gebieten auf ein gleiches anatolisch-alteuropäisches Kulturerbe zurückgeht.

In den holzarmen Gebieten von Zentralanatolien und Inner-Ostanatolien ebenso im Osttaurus-Vorland lebt die seit prähistorischen Zeiten gewohnte Bauweise mit luftgetrockneten und mit Häcksel vermengten Lehmziegelmauern fort, die möglichst über einem aus Steinen bestehenden Fundament aufgeführt sind. Das Flachdach dieser Häuser ruht auf Balken, die heute fast immer aus den Stämmen von Pyramidenpappeln bestehen, welche in Bachauen gezogen werden. Sie sollten den Mauern gut aufliegen, aber aus Ersparnisgründen ist die Auflage oft sehr knapp bemessen, so daß bei nächtlichen Erdbeben das schwere Dach aus über die Balken gelegtem Astwerk, Reisig und einer dicken festgewalzten Lehmlage in den Wohnraum stürzt und die Bewohner oftmals erschlagen hat. Dieses Horizontaldach dient den Bewohnern in mannigfacher Weise, als sommerlicher Schlafplatz, als Ort zum Dörren von Trockenfrüchten aller Art und als Stapelplatz für Heuvorräte. Das Innere des Hauses weist ebenso wie das Innere der Fachwerkhäuser eine strenge Teilung in Selamlık und Haremlık auf.

In den selteneren Fällen, in denen ein Obergeschoß vorhanden ist, birgt dieses das Haremlik. Die Fenster sind klein. An den Außenmauern kleben oft die zum Trocknen angebackenen runden Dungfladen, die als Brennmaterial dienen, und einen beißenden Rauch erzeugen. Zur Aufnahme von Vorräten oder von Mitgliedern einer wachsenden Familie werden Bauten der gleichen Art nicht selten Wand an Wand mit dem ersten Haus angefügt bzw. besonders errichtet.

In den Gebieten leichtbearbeitbarer vulkanischer Tuffe und Laven, wie um Kayseri oder um Nevşehir sind Steinbauten aus sorgfältig bearbeiteten und gemauerten Quadern weit verbreitet. Hier gibt es auch außer den in anstehenden Tuff eingearbeiteten altchristlichen Sakral- und Klosterbauten Höhlen- und Halbhöhlenbauten der heutigen Bewohner.

In den vom Staat für Muhacirs oder nach Erdbebenkatastrophen neu errichteten Siedlungen mit Schachbrettgrundriß ist stets neueres, leichteres Baumaterial verwendet mit Überdachung durch ein Satteldach. Doch die Bewohner bringen oft zum Ausdruck, daß das Wohnen in den alten dickwandigen Lehmziegelhäusern wegen der weit besseren Wärmedämmung im Sommer wie im Winter weit angenehmer sei.

Trotzdem nimmt die Verwendung neuerer, leichterer Baustoffe allmählich auch in den Dörfern zu, seit der Lastwagenverkehr den Antransport der Baustoffe erleichtert hat. Ihren Ausgangspunkt hat diese Neuerung wahrscheinlich zumeist von dem planmäßigen Bau von Schulgebäuden in vielen Dörfern genommen.

2. Zum Bodenbesitz in der Türkei

Das sehr verwickelte osmanische Bodenbesitzrecht des Sultansstaates ist am Beginn der Türkischen Republik in der Weise weitgehend abgeändert worden, daß für die landwirtschaftlichen Nutzflächen derjenige als Eigentümer angesehen werden sollte, der die betreffenden Flächen durch eigene Arbeit in Nutzung genommen hat. Durch diese Neuerung ist die türkische Bauernbevölkerung, die vorher zum sehr großen Teil in den Status von Landarbeitern oder von landlosen Halbpachtbauern größerer oder großer Landbesitzer abgesunken war, selbst zu Landeigentümern geworden.

Jener große Landbesitz war allmählich aus der Verleihung von ganzen Dörfern durch den Sultan an verdiente Soldaten, Mitarbeiter oder Beamte zur Nutzung und zur Erhebung der Naturalsteuer, später auch aus dem Verkauf von Steuererhebungsrechten an Wohlhabende durch die staatlichen Finanzbehörden entstanden. Außerdem war der Landbesitz im Laufe der Zeit in beträchtlichem Umfang in die Form frommer geistlicher Stiftungen (Vakıf) übergegangen, durch welche die Besitzer erreichen wollten, daß die Nutzung an dem ihnen verliehenen Landbesitz ihnen und ihren Nachkommen möglichst für dauernd gesichert bleiben sollte. Teilweise haben die Großbesitzer trotz der Landreform ihren Besitz bewahren können, weil die Landarbeiter zu arm waren, um selbständig wirtschaften zu können.

Die heutige wirtschaftende Einheit in der Türkei ist fast überall die Kleinfamilie. Sie zählte im Mittel des ganzen Landes um 1960 nach den Dorfbefragungen von 1962/63 etwa 5,5 Köpfe bei Schwankungen zwischen minimal etwa 3,7 und maximal etwa 6,7 Personen. Im ganzen gesehen nimmt die Größe der Kleinfamilie etwa von NW nach SE von 3,7, z.B. in der Provinz Balıkesir bis auf 6,7 z.B. in der Provinz Van zu. Das Mittel für Zentralanatolien lag 1960 bei etwa 4,7 Personen. Ähnliches dürfte auch heute noch gelten.

Die Gesamtgröße der ländlichen Bevölkerung, d.h. der Bewohnung von Siedlungen von weniger als 10 000 E. ist aber nach dem Türkischen Statistischen Jahrbuch 1981 (siehe hier S. 95) auf 24,0 Mio. angewachsen. Für die Zahl der Kleinfamilien in Siedlungen unter bzw. über 10 000 E. liegt leider keine Angabe vor. Nach Tab. 36 des Statist. Jahrb. 1981 kann aber nach der Summe der Verheirateten und der verwitweten Frauen für 1975, die ca. 9,5 Mio. betrug, 9,5 Mio. als Näherungsziel für die Gesamtheit der türkischen Kleinfamilien für 1975 angenommen werden. Nach dem Diagramm IV, welches den Prozentsatz der hauptberuflich in der Landwirtschaft tätigen Bevölkerung im arbeitsfähigen Alter auf etwa 61 % angibt, kann geschätzt werden, daß die Zahl der hauptsächlich in der Landwirtschaft tätigen Kleinfamilien einschließlich der nach dem Tode des Ehemannes unvollständigen Familien um 1975 mit ungefähr 61 % der insgesamt 9,5 Mio. Ehefrauen der Türkei, d.h. auf etwa 5,8 Mio. zu schätzen ist.

3. Landlose und überzählige Arbeitskräfte auf dem Lande

Sehr groß ist heute der Anteil der landlosen Landarbeiter an der Arbeitsbevölkerung. Nach der Dorf-Enquete von 1962/63 betrug er im Durchschnitt der Gesamttürkei 26 % der arbeitenden Gesamtbevölkerung bei örtlichen Unterschieden zwischen 18 % in Südwestanatolien und etwa 32 % im Südosten der Türkei. Hierbei ist aber zu berücksichtigen, daß im Südosten der Türkei im 19. Jahrhundert Landnahme von Stammesverbänden erfolgt sein dürfte, bei deren Grundbucheintragung nur der Stammesführer als Eigentümer verzeichnet wurde, so daß dessen Nachkommen später als Großbesitzer erscheinen konnten. Ähnliches dürfte als Folge unvollkommener Grundbuchführung auch in anderen Landesteilen erfolgt sein (W. Eberhard 1953).

Ein schwerwiegendes Problem der Türkei dürfte nach den Dorf-Enqueten von 1962/63 die große Zahl der überzähligen Arbeitskräfte auf dem Lande gewesen sein und sicherlich auch heute noch sein. Nach den damaligen Angaben betrug der Anteil der überschüssigen Arbeitskräfte an der Gesamtheit der Landbevölkerung meist zwischen etwas unter 15 % und etwas mehr als 20 %, wobei der Prozentsatz in Südwestanatolien sogar etwas unter 15 % zu errechnen war, im Nordwesten der Türkei, in Mittel-Südanatolien und Inner-Ostanatolien etwa bei 15 % gelegen hätte, in Zentralanatolien bei 20 %, in Westanatolien, in Mittel-Nordanatolien, Nordostanatolien dagegen etwas über 20 % gelegen haben soll. Mögen auch diese auf Befragungen beruhenden Angaben nicht sehr zuverlässig sein, so wird aus ihnen doch jene sehr bedeutende ländliche Arbeitslosigkeit deutlich, die eine wesentliche Quelle der türkischen Gastarbeiter in den EG-Staaten gebildet hat.

4. Besitzgrößen und Ausmärkerbesitz

Die landwirtschaftliche Anbaufläche befindet sich zumeist überwiegend im Besitz der ortsansässigen Bauern. Bei etwa 28 Mio. ha Gesamtanbaufläche (s. S. 68) und etwa 5,8 Mio. bäuerlichen Kleinfamilien entfallen daher im Mittel etwas weniger als 5 ha auf die einzelne Kleinfamilie, dagegen etwas mehr als 5 ha von den rund 30 Mio. ha Weideflächen, die aber gewöhnlich als Gesamtbesitz, bzw. als Weiderecht der Gemeinde angesehen werden. In den gut beregneten oder künstlich bewässerten Regionen etwa des Nordostens oder von Westanatolien ist auch Zwergbesitz von weniger als 1 ha weit verbreitet. In den anderen Gebieten gibt es in größerem Umfang mittelgroßen Bodenbesitz von etwa 10 bis 20 ha, dazu selten großen Bodenbesitz von 20 bis 100 ha und nur zum kleinen Teil wirklichen Großbesitz von über 100 ha oder ganzen Dörfern. Die islamische Erbsitte, nach der der Besitz der Eltern gleichmäßig unter die Kinder bei Bevorzugung der Söhne aufgeteilt wird, führt zu einer raschen Verkleinerung der der Kleinfamilie verfügbaren Bodenfläche und zur Zersplitterung des Einzelbesitzes in eine Vielzahl von Parzellen.[18] Bis zur Gegenwart hat eine dauernde Steigerung der Hektarerträge die Türkei noch in die Lage versetzt, ihre rasch wachsende Bevölkerung mit Hilfe relativ geringer Weizenimporte aus dem Ausland selbst zu ernähren. Aber es ist der Zeitpunkt abzusehen, in dem die Abhängigkeit von Getreideimporten merklich anwachsen wird, wenn die Bevölkerungsvermehrung im gegenwärtigen Ausmaß andauert.

Außer dem Eigenbesitz der Bauern ist in den meisten Dörfern ein mehr oder weniger großer Ausmärkerbesitz vorhanden. Er schwankt aber in den verschiedenen Gebieten zwischen sehr weiten Grenzen von weniger als 2 % bis zu mehr als 60 % der jeweiligen örtlichen Anbaufläche. Dieser Ausmärkerbesitz ist zu einem beträchtlichen Teil sicherlich ein Wohlstandsbesitz von Städtern, die einen Gewinn aus auswärtigem Landerwerb durch die Verpachtung an Bauern gegen Geldpacht oder Halbpacht anstreben. Ein weiterer Teil des Ausmärkerbesitzes ergibt sich, wenn Töchter eines Dorfes in ein Nachbardorf einheiraten, gegebenenfalls aus ihrem Erbanteil. Endlich behalten auch Eigentümer, die in die Stadt ziehen, also Vertreter der Landflucht, nicht selten ihren Landbesitz als eine Art Sicherung.

Aus diesen Gründen ergibt sich, daß Ausmärkerbesitz überall in den Gebirgslandschaften klein oder sehr klein ist, während in den Flachlandschaften, in denen der Anbau leichter ist, der Ausmärkerbesitz mäßig große bis große Anteile, d.h. auf 10 bis etwa 40 % der gesamten örtlichen Anbaufläche kommt, und zwar am meisten in der näheren Umgebung der größeren Städte, wo einerseits Wohlstandsbesitz sich entwickelt, und gegen die sich andererseits Landflucht richtet.

Besonders groß sind nach den Angaben der Dorf-Enquete von 1962/63 die Anteile von Ausmärkerbesitz in den Flachland- und Beckengebieten von Inner-Ostanatolien, außerdem in der Çukurova (Adanaebene) und im Hatay-Graben, wo im Bezirk Karataş, südlich von Adana 70 %, in Hassa im Hatay-Graben 68 % der Anbauflächen Ausmärkerbesitz waren. Ähnlich groß sind diese Anteile auch im Südosten der Türkei in den Bezirken von Akçakale (Urfa), Diyarbakır, Çinar (Diyarbakır) und Cizre (Mardin).

Großbesitz von mehr als 100 ha ist nach den Dorfbefragungen von 1962/63 in den nördlichen Randgebieten der Türkei und in Zentralanatolien zwar selten, er kommt aber in Flachbereichen und Beckenlandschaften vor. Im Nordwesten der Türkei und in Zentralanatolien wird sogar der Besitz von ganzen Dörfern durch Einzelpersonen, Familien oder Großfamilien in einigen wenigen Fällen verzeichnet, so in Şile (Istanbul), in Bursa, in Karacabey und Orhangazi (beide Provinz Bursa), wie einige Male im Bereich östlich des großen Kızıl Irmak-Bogens und in Karaman (Konya).

Großbesitz ist verhältnismäßig häufig in Westanatolien, wo er wahrscheinlich in $^2/_3$ aller Ilçe-Bezirke vorkommt, wiederum am meisten in den Flachland- und Beckenbereichen. Auch der Besitz ganzer Dörfer von Einzelpersonen, Familien oder Großfamilien wird 11 mal angegeben im Bereich der Westanatolischen Gebirgsschwelle.

18 Vgl. Hütteroth, 1982, S. 309ff. u. Fig. 83–87, S. 311, 315, 317, 322, 324.

In Südwestanatolien kommt Großbesitz in mehr als der Hälfte der Ilçe vor. Besonders in den Provinzen Burdur und Antalya. Der Besitz ganzer Dörfer von Einzelpersonen, Familien oder Großfamilien tritt 12 mal auf, zumeist in der Nähe von Antalya und in den Becken- und Flachlandgebieten.

Während also Großgrundbesitze von mehr als 100 ha und der Besitz ganzer Dörfer seitens von Einzelpersonen, Familien und Großfamilien im Nordwesten, Norden und Nordosten ebenso wie im Westen und Südwesten der Türkei sowie in Zentralanatolien zwar vorkommen, aber im ganzen selten sind, nehmen diese Erscheinungen in Mittel-Südanatolien, in Inner-Ostanatolien und im Südosten der Türkei erhebliche Flächen ein. Großbesitz gibt es dort meist mehrfach vertreten in allen Flachlandgebieten und Beckenlandschaften. Der Besitz ganzer Dörfer von Einzelpersonen, Familien oder Großfamilien ist eher ziemlich häufig. Im Hatay-Graben wird er 50 mal verzeichnet. In Inner-Ostanatolien und dem Äußeren-Osttaurus sind zwischen 1 % und 5,5 % aller Dörfer in Gesamtbesitz. Im Osttaurus-Vorland sind es zwischen 7 % und 22,5 %. In vielen Ilçe sind es 20 bis 30, ja 30 bis 40 % aller Dörfer, in Hilvan (Urfa) sind es 48 %, in Oğuzeli (Gaziantep) 55 % aller Dörfer.

5. Allgemeine Anbauverhältnisse und künstliche Bewässerung

Nach dem Statistischen Jahrbuch der Türkei für 1981 schwankte die Getreide-Anbaufläche in den letzten Jahrzehnten zwischen etwa 16 Mio. ha und 17 Mio. ha. Dazu kommen jeweils etwa die Hälfte an Brachflächen, die aber inzwischen mehr und mehr durch Zwischenfrüchte ausgenützt werden, insbesondere durch stickstoffspeichernde Leguminosen als Futterpflanzen, die dem Boden eine Erholung gewähren. Etwa 0,8 Mio. ha zählen die Gemüsekulturen, etwa 1 Mio. ha die Rebgärten, etwa 1,8 Mio. ha die Obstgärten, etwa 0,8 Mio. ha die Olivengärten, so daß zusammen mit etwa 0,6 Mio. ha der Nußkulturen die Spezialkulturen insgesamt auf etwa 4,0 Mio. ha kommen. Neben 16 + 8 = 24 Mio. ha Getreidefläche gleich 30 % der Staatsfläche, 20 Mio. ha Wald und Busch gleich 25 % der Staatsfläche, werden 32 Mio. ha gleich 40 % der Staatsfläche auf Siedlungsflächen, Straßen und sogenanntes unproduktives Land, d.h. zur Hauptsache oder schätzungsweise mit 30 Mio. ha auf Weideflächen zu veranschlagen sein. Die gesamte Anbaufläche beträgt hiernach 28 Mio. ha gleich 35 % der Staatsfläche. 28 Mio. ha auf etwa 5,8 Mio. Bauernfamilien ergibt einen durchschnittlichen Besitz von um 5 ha Anbauland auf die einzelne Bauernfamilie von 4 bis 5 Köpfen, d.h. einen kleinbäuerlichen Besitz. Nur rund 5 % der Gesamtanbaufläche entfallen auf die Spezialkulturen. Aber gerade sie sind sehr unregelmäßig verteilt und ihre Verteilung gibt vielenorts der Region ein besonderes Gepräge.

Bevorzugte Anbaugebiete sind infolge ihrer guten Beregnung die Landschaften an der türkischen Schwarzmeerküste. In ihnen kann Regenfeldbau hauptsächlich mit Mais, Gerste, Weizen und Bohnen betrieben werden. Daneben werden mancherlei Gemüse gebaut. Von der Sakarya-Mündung an ostwärts über Zonguldak bis etwa Bartın, außerdem in den Ebenen von Adapazarı und Düzce wird auch in erheblichem Umfang für den Markt produziert. Das gleiche gilt für die Halbinsel von Sinop, sowie für die Deltas von Kızıl Irmak und Yeşil Irmak, wo namentlich um Samsun und Bafra hochwertige Tabakkultur hinzutritt. Von Ünye an ostwärts stellen intensiv bewirtschaftete Haselpflanzungen sich ein, um Trabzon in trockeneren Lagen wiederum guter Tabakanbau. Von Sürmene an ostwärts über Rize bis zur Staatsgrenze nehmen an der Küste und bis weit über 500 m Höhe Teepflanzungen den ersten Rang als Marktgewächse ein. Daneben gibt es unbewässerte Mandarinengärten und unbewässerte Reisfelder. In den höheren Gebirgen längs der Schwarzmeerküste finden sich noch in größerem Umfang produktive Waldbestände. Überall werden Rinder, Ziegen und Schafe gehalten. Auf den hohen Gebirgen gibt es eine beträchtliche Almwirtschaft. In den beiden großen Deltas werden ziemlich viele Wasserbüffel gehalten, außerdem große Gänseherden.

Die sommertrockenen, warmen Küstengebiete des Marmara-Meeres, der Ägäis und des Mittelmeeres besitzen einen Saum mediterraner Anbaugebiete. Er reicht aber am Marmara-Meer nicht bis in mehr als 200 m Höhe, weil winterliche Kaltlufteinbrüche aus Nordwesten den kälteempfindlichen Gewächsen Schaden zufügen. Diese Höhengrenze steigt aber längs der Ägäis allmählich an und erreicht am Mittelmeer-Saum Anatoliens Höhen um 1000 m. Die Grundlage der Landwirtschaft bilden Feldkulturen von Weizen, auch Gerste, die schon im Juni oder sogar im Mai geerntet werden, dazu Oliven und Rebgärten. Daneben steht eine erhebliche Kleinviehhaltung von Ziegen und Schafen.

Im Marmara-Bereich, in der Furche des Golfes von Gemlik und des Sees von Iznik und in der Furche von Biga und Bursa, besonders bei Bursa verdichtet sich die Mediterrankultur zu bedeutender Marktproduktion, vor allem von Gemüsen, Obst und Maulbeerbäumen für die Seidenraupenzucht. Auch längs der Ägäis-Küste am Golf von Edremit und südwärts über Izmir bis gegen Söke im Tal des Großen Mäander sowie in den Tiefengebieten und Hügelländern der Grabenregionen des Ege-Gebietes (des westlichen Westanatoliens), endlich längs der Südküste von Anatolien mit Schwerpunkten um Dalaman, Fethiye, Finike, Antalya, Silifke und vor allem in der Adana-Ebene haben sich kleinere oder größere Gebiete intensiver landwirtschaftlicher Marktproduktion entwickelt. Die nördlichen Ägäis-Küsten um Ayvalık und Dikili pflegen vor allem Olivenkultur, die Grabenregionen des mittleren Westanatoliens betreiben eine sehr mannigfaltige Kultur des Weinbaus, von Feigen, Oliven, Tabak und Baumwolle. An der Südküste sind bewässerte Orangengärten und Frühgemüse, z.T. in Gewächshäusern, die bevorzugten Kulturen. Dazu kommen sogar Bananen und Zuckerrohr. In der Adana-Ebene liegt das Hauptgewicht auf dem Anbau hochwertiger Baumwolle. Daneben stehen am Gebirgsrand bewässerte Orangengärten und auch Zuckerrohr. In den höheren Bereichen des Taurus-Gebirgssystems herrscht weithin ein ziemlich mannigfaltiger Anbau von Getreide und Gemüsen, ferner von winterharten Obstarten, oft auf kleinen bewässerten Flächen. Dazu kommt eine starke Kleinviehhaltung besonders von Ziegen. Endlich spielt auch eine gewisse Nutzholzwirtschaft eine Rolle.

In den Binnenlandschaften von Anatolien vor allem in den Gebieten mit flachem bis mäßigem Relief ebenso auch in den inneren Teilen von Ostthrakien herrscht zumeist ein ziemlich extensiver, vielfach maschinell betriebener Getreideanbau, hauptsächlich von Weizen, auch von Gerste, und zwar in steigendem Maße auch für den Markt. Auf den Brachen werden Melonen und Futterleguminosen in erheblichem Umfang gezogen. Dazu kommt etwas Anbau von Zwiebeln und Knoblauch für den Eigenbedarf. In der Umgebung von Afyon Karahisar gibt es hier und da einige Mohnkulturen. An den Bachrändern reihen sich Pyramidenpappeln für den Bedarf an Dachbalken. In bescheidenem Maße werden oft Wein, Äpfel, Birnen, Quitten, Mandelbäume gepflegt.

In den binnenländischen Gebirgen sind die Anbauflächen viel kleiner, der Anbau selbst aber merklich mannigfaltiger infolge der besseren Befeuchtung und Bewässerungsmöglichkeit. An Getreide treten hier auch Roggen und Hafer auf; außerdem Kartoffeln.

In Beckenlandschaften und am Fuß der Gebirge, besonders in der Nähe der größeren Städte zeigt sich eine deutliche Intensivierung des Anbaus und eine Verstärkung der Marktproduktion. Einerseits werden Zuckerrüben, in Thrakien auch Sonnenblumen angebaut, im mittleren Anatolien auch Flachs. Andererseits gibt es namentlich auf Schwemmkegeln oder Flußterrassen mit Bewässerungsmöglichkeit Gartenbau mit vielerlei Gemüse und winterharten Obstarten. Einige Täler im mittleren Nordanatolien und im mittleren Taurusgebiet pflegen nassen Reisbau. Große Bedeutung hat überall die Schafzucht, daneben und besonders in den Gebirgen die Ziegenhaltung. Auf dem gut befeuchteten Hochland von Kars hat sich eine ausgedehnte Rinderzucht entwickelt mit Mähwiesen und riesigen Heuvorräten für den überlangen Winter. Einen guten Überblick gibt die Landnutzungskarte der Türkei, Fig. 92 bei S. 362 in Hütteroth, 1982.

Ein entscheidendes Problem für die Anbaumöglichkeiten liegt in einem sommerwarmen, aber auch sommertrockenen Land in der Wasserversorgung der Anbaugewächse.

Künstliche Bewässerung der Anbaufläche spielt in der Türkei mit kleinen örtlichen Anlagen seit jeher eine große, aber im einzelnen sehr unterschiedliche Rolle. Schon im Nordwesten der Türkei sind nach den Angaben der Dorfbefragung von 1962/63 1 bis 7 % der Anbauflächen künstlich bewässert mit dem Maximum von 7 % in Kocaeli. Im Südmarmara-Bereich geht der Prozentsatz bei Bursa sogar auf 16 % herauf. In Westanatolien schwanken die Zahlen zwischen 10 % und 25 % mit einem Maximum in der Gedizebene der Provinz Manisa. In Südwestanatolien werden um Antalya sogar 40 % Bewässerungsland erreicht, in Mittel-Nordanatolien meist 15 bis 25 %, aber 43 % in Amasya mit seiner Suluova. In Zentralanatolien halten sich die Werte zwischen 5 und 15 %, doch kommt Çorum auf etwa 25 %. Im mittleren Südanatolien werden 10 bis 25 % Bewässerungsland erreicht. In dem regenreichen Nordostanatolien bedeckt auf der Küstenabdachung das Bewässerungsland nur wenige Prozente der Anbaufläche. Aber auf der Binnenseite werden in Gümüşane 46 %, in Artvin sogar 65 % der Anbaufläche erreicht. Sehr unterschiedlich sind die Verhältnisse im Äußeren Osttaurus und seinen beiderseitigen Randbereichen. Sie schwanken zwischen 10 % und 65 % der Anbaufläche bei Malatya und sogar 100 %

der Fläche bei Bingöl. Im Osttaurus-Vorland schwanken die Flächen zwischen 1 % in Urfa und 16 % der Anbaufläche in Siirt.

Die Türkei sucht das Bedürfnis nach künstlicher Bewässerung durch die Anlage von Talsperren zu verringern oder zu befriedigen, die außer zur Energiegewinnung der künstlichen Bewässerung dienen können. Diese Unternehmen, die vor allem die Bäche und Flüsse der höheren Gebirge, soweit sie wenigstens zeitweise viel Wasser führen, auszunutzen streben, sind wohl zum größten Teil bereits verwirklicht. Dutzende größerer bis sogar sehr großer Stauanlagen sind schon gebaut worden. Weitere Anlagen sind im Bau oder projektiert, besonders in den gut beregneten Gebirgen des nördlichen Anatoliens. Der weitaus größte Teil der Anbauflächen Anatoliens wird trotz dieser Bemühungen Trockenfeldbaugebiete bleiben, weil die Niederschlagsmengen des gesamten Landes der Staubeckenanlage eine Grenze setzen. Um so mehr müßten alle neueren Erkenntnisse über Trockenfeldbau ausgenutzt werden.

Einen Überblick über den Talsperrenbau erlauben die Angaben des Statistischen Jahrbuches von 1981 (vgl. auch Hütteroth, 1982, Fig. 90, S. 350/51).

Nach der diesbezüglichen Karte[18a] bestehen im nördlichen Anatolien außer kleinen örtlichen Staudämmen besonders am Çoruh- und am Oltu-Fluß mehrere Talsperren, ebenso am Harşıt (Doğan) Çay, am unteren und am oberen Yeşil Irmak sowie am Keltik. Der Kızıl Irmak wird von oben bis unten an etwa einem Dutzend Talsperren aufgestaut, von denen die Hirfanlı-Talsperre westlich von Kırşehir mit 263 km^2 Oberfläche die größte ist. Auch im System des Sakarya mit seinen Nebenflüssen Ankara Çay und Porsuk Çay bestehen etwa ein Dutzend Talsperren. Zwei größere Talsperren gibt es im System des Filyos Çay (Provinz Zonguldak). Erwähnenswert sind die Talsperren von Alibey nördlich Istanbul, von Ömerli am Rivo Dere in Kocaeli, von Kadıköy im Istranca-Gebirge (Edirne); ein gutes halbes Dutzend größerer Talsperren befinden sich im Raum von Çanakkale und den ins Marmara-Meer mündenden nördlichen Abflüssen des Karası-Gebirgslandes und der Westanatolischen Gebirgsschwelle.

In Westanatolien liegen mehrere große Talsperren im Bereich des Gediz-Flußsystems und dem des großen Mäander samt seiner südlichen Nebenflüsse. In Südwestanatolien gibt es mehrere Talsperren im Dalaman Çay-Gebiet, im mittleren Südanatolien, mehrere im Gebiet von Antalya und im Gebiet des Göksu von Silifke. Je etwa ein halbes Dutzend zum Teil sehr großer Talsperren gibt es im Seyhan-Gebiet, vor allem bei Adana und im Ceyhan-Gebiet. Am Euphrat und Murat liegen nochmals etwa 10 Talsperren, darunter die Riesentalsperre von Keban mit 675 km^2 Oberfläche des Stausees. Ein halbes Dutzend Talsperren im Gebiet des Dicle (Tigris) und mehrere im Gebiet des oberen Großen Zap vervollständigen das Bild. Es zeigt sich, daß alle größeren Flußsysteme der Türkei bereits intensiv durch hintereinander geschaltete Staustufen ausgenützt werden. Zwei Dutzend dieser Stauseen sind größer als 5 km^2, ein Dutzend hat mehr als 20 km^2 Oberfläche. Die Riesentalsperren von Hirfanlı am Kızıl Irmak und von Keban am Euphrat haben sogar 263 bzw. 675 km^2 große Oberflächen. Die Möglichkeit der Türkei bezüglich von Talsperren dürften hiernach zum größten Teil ausgeschöpft sein.

18a Yeni Türkiye Atlasi 1977, Bl. 62.

Der Plan einer weiteren großen Talsperre am Fırat (Euphrat) südlich von Adıyaman (Karababa), durch den ein sehr großer Teil des Osttaurus-Vorlandes künstlich bewässert werden soll, birgt wohl nicht nur bautechnische und agrartechnische, sondern auch ernste politische Schwierigkeiten. Denn vom Wasser des Euphrat beanspruchen auch Syrien und Irak erhebliche Anteile für ihre eigenen Bewässerungsvorhaben (hierzu: Hütteroth, 1982, Fig. 91, S. 354).

Die meisten dieser Talsperren dienen außer der Gewinnung von Elektroenergie der künstlichen Bewässerung. Ob allerdings bei den beiden Riesentalsperren von Hirfanlı und von Keban der Gewinn durch künstliche Bewässerung den Verlust an ertrunkenen Anbauflächen aufwiegt, muß wohl erst die Zukunft zeigen, besonders auch, weil das Wasser des aus Gebieten der Oligomiozänen Gipsmergelserie kommenden Kızıl Irmak leicht salzhaltig ist.

6. Gebrauch von Dünger

Auch über den Gebrauch von Dünger enthält die Dorfbefragung von 1962/63 Angaben. Freilich sind wahrscheinlich nur die Dorfvorstände und allenfalls der Ältestenrat jedes Dorfes, nicht aber die einzelnen Bauern darüber befragt worden, was im Dorfe üblich ist. Denn die Angaben beziehen sich nur auf die Zahl der Dörfer in den verschiedenen Bezirken. Sie werden also wohl aus Prestigegründen etwas geschönt sein. Mit diesem Vorbehalt ergibt sich folgendes Bild:

Gebiet	Verwendung von Dünger in Dörfern der Türkei nach der Dorfbefragung von 1962/63		Mittelwerte der Provinzen mininal/maximal in Provinz
	Naturdünger	chem. Dünger	kein Dünger
Nordwesten der Türkei	90–99 % d. Df.	60–80 % d. Df.	1–10 % d. Df.
Südmarmara-Bereich	90–99 % d. Df.	60–80 % d. Df.	2–4 % d. Df.
Mittel-Nordanatolien	95–100 % d. Df.	85–95 % d. Df.	0–1 % d. Df.
Nordostanatolien	75–100 % d. Df.	59–65 % d. Df.	0-15 % d. Df.
Westanatolien	85–99 % d. Df.	55–70 % d. Df.	2–4 % d. Df.
Zentralanatolien	25–100 % Yozgat/Eskişehir	10–80 % Sıvas/Eskişehir	0–30 % Eskişehir/Yozgat
Innerostanatolien	30–85 % Bitlis/Hakkâri	0–85 % Tunceli/Erzurum	1–95 % Tunceli/Ağrı
Südwestanatolien	85–99 % d. Df.	15–65 % d. Df.	1–6 % d. Df.
Mittel-Südanatolien	65–85 % d. Df.	30–40 % d. Df.	10–25 % d. Df.
Südosten der Türkei	20–85 % Urfa/Hakkâri	0–10 % Hakkâri/Mardin	15–80 % Hakkâri/Urfa

Die Aufstellung zeigt, daß Naturdünger im gesamten Norden, Westen und Südwesten der Türkei, also in allen auskömmlich beregneten Teilen der Türkei reichlich verwendet wird, daß aber der Kauf von chemischem Dünger augenscheinlich je nach den marktwirtschaftlichen Erträgen des Anbaugebietes starke Unterschiede aufweist. Der Prozentsatz der Dörfer, die keine Düngung anwenden, ist in diesen Gebieten klein, aber er macht meist doch einige Prozent aus.

In Zentralanatolien schwankt die Anwendung von Naturdünger von 100 % im Gebiet von Eskişehir, bis zu nur 25 % im Gebiet der Dörfer von Yozgat. Die Anwendung von chemischem Dünger schwankt zwischen 10 % in Sıvas und 80 % in Eskişehir. Ohne Dünger arbeiten im Gebiet von Eskişehir 0 % der Dörfer, im Gebiet von Yozgat aber 30 %.

In diesen Angaben kommt einerseits ein bedeutendes Gefälle der landwirtschaftlichen Entwicklung von West nach Ost zum Ausdruck, andererseits die Tatsache, daß ein bedeutender Teil des anfallenden Naturdüngers in Zentralanatolien in der Form von getrockneten Dungfladen (Tezek) als Brenn- und Heizmaterial gebraucht werden muß.

Im Gebiet des mittleren Südanatolien ist der Anteil der Dörfer, die Naturdünger gebrauchen, geringer als in den nördlichen Landesteilen, ebenso die Benutzung von chemischem Dünger. Der Anteil der Dörfer ohne Gebrauch von Dünger ist mit 10 bis 25 % recht hoch.

In Inner-Ostanatolien, im Äußeren Osttaurus und im Osttaurus-Vorland endlich werden die Schwankungen in der Benutzung von Naturdünger sehr groß zwischen 30 % und 85 % in Hakkâri, ebenso die Unterschiede in der Benutzung von chemischem Dünger zwischen 0 % in Tunceli und 25 % in Erzurum. Gleichzeitig wächst der Anteil der Dörfer ohne Benutzung von Dünger von 1 % in Tunceli auf 95 % in Ağrı.

Es zeigt sich hier, daß in den armen Gebirgslandschaften, die ja relativ reichlich beregnet sind, die Verwendung von Naturdünger in hohem Maße angewandt wird, daß dagegen chemischer Dünger nur in wohlhabenden Beckenlandschaften, wie denen von Erzurum ausgiebig zur Anwendung kommt. Endlich zeigt sich, daß in den besonders entlegenen steppenhaften Hochlandgebieten, wie dem von Ağrı, ein sehr großer Prozentsatz der Dörfer um 1962/63 noch gar keine Düngung angewendet hat. Inzwischen dürfte die Landwirtschaft auch in diesen Gebieten erhebliche Fortschritte gemacht haben.

7. Ausstattung mit landwirtschaftlichen Geräten

Einen wichtigen Einblick in die Ausstattung mit landwirtschaftlichen Geräten gibt das Statistische Jahrbuch der Türkei 1981 in seiner Tabelle 192. Ihr ist zu entnehmen, daß noch rund 0,95 Mio. hölzerne Hakenpflüge in Verwendung sind, gegenüber 0,80 Mio. Räderpflügen. Die Zahl der mit Traktoren bewegten Pflüge liegt bei etwa 0,42 Mio. Daraus geht hervor, daß im Durchschnitt nicht einmal jede vierte Bauernfamilie im Besitz eines Pfluges ist. Freilich ist hierbei zu bedenken, daß ein großer Teil der Gebirgsbauern für ihre Zwergparzellen in geneigtem Gelände keinen Pflug verwenden kann. Trotzdem zeigen die Zahlen, daß ein sehr großer Teil der Bauern im Flach- und Hügelland bei der Bodenbearbeitung mit geliehenem Gerät arbeiten muß. An kleineren und zusätzlichen Arbeitsgeräten wie Bodenfräsen, Eggen und dergleichen verzeichnet die Statistik für 1980 etwa 1,55 Mio. Stück, d.h. auf weniger als jeden dritten Betrieb eines. Auch die Anzahl der sonstigen Geräte zur Unterstützung der ländlichen Arbeit ist noch recht bescheiden, obwohl sie in den vergangenen 20 Jahren erheblich zugenommen hat. An Aussaatmaschinen verzeichnet die Statistik von 1981 etwa 0,71 Mio., an Düngemaschinen einschließlich Sprühflugzeugen 0,45 Mio. Die Pumpen und Sprinkleranlagen sind mit 0,3 Mio. vertreten, die Erntemaschinen der verschiedensten Art mit etwa 1,3 Mio. Exemplaren, dazu kommen Milchverarbeitungsmaschinen mit schon etwa 1,3 Mio. Für die Verteilung aller dieser Geräte gilt die Regel, daß der Westen und Nordwesten des Landes mehr Ackergeräte aufweist als der Osten und der Südosten, so daß eine allmähliche Abschwächung der Geräteausstattung in dieser Richtung die Regel ist. Selbstverständlich wird der wirtschaftliche Ertrag aller Familien, die nicht ausreichend über eigenes Ackergerät verfügen, durch Vergütung für ausgeliehenes Gerät gemindert. Das ist bei der großen Zahl der Ausleiher ein schwerwiegender Nachteil für den wirtschaftlichen Ertrag im ganzen Land.

8. Tierhaltung

In einem Lande, in dem rund 30 Mio. ha der etwa 80 Mio. ha Gesamtfläche als Weideflächen anzunehmen sind, spielt die Viehhaltung naturgemäß eine höchst wichtige Rolle innerhalb der ländlichen Wirtschaft. Das Türkische Statist. Jahrb. 1981 weist in den Tab. 183 und 185 die im folgenden aufgeführten Bestände auf. Es unterscheidet allerdings nicht die Tierhaltung von ländlichen und städtischen Haushalten, d.h. von Siedlungen mit weniger als bzw. mehr als 10 000 E. Um wenigstens eine angenäherte Vorstellung von der durchschnittlichen Größenordnung der Tierhaltung zu ermöglichen, wird diese hier sowohl zur Zahl der ländlichen Kleinfamilien wie auch zur Zahl aller Kleinfamilien von 1975, d.h. zu ca. 5,8 Mio. bzw. zu ca. 9,5 Mio. Familien in Bezeihung gesetzt (vgl. S. 65 f.). Dabei ist natürlich zu bedenken, daß auch in den Städten vor allem Arbeitstiere und Milchtiere gehalten werden.

Die Aufstellung zeigt, daß die Ausstattung mit Arbeitstieren schwach ist. Nicht einmal jede vierte ländliche Familie besitzt einen Esel. Da die Zahl der Milchkühe in der Zahl der Rinder enthalten ist, besitzt nur unter dieser Voraussetzung im Durchschnitt jede ländliche Familie ein Paar Zugtiere, das vor die Ackergeräte gespannt werden kann. In erheblichem Umfang muß in Wahrheit mit geliehenem Zugvieh geackert werden.

Der an sich hohe Anteil an gehaltenen Milchtieren wird verständlich, wenn man bedenkt, daß die Milchgabe des einzelnen Tieres sowohl der Zeitdauer wie der Mengen nach nur einen kleinen Bruchteil der in Mitteleuropa gewohnten Werte erreicht.

Aufstellung

Wahrscheinliche durchschnittliche Tierhaltung der Kleinfamilien in der Türkei aufgrund der Tabellen 183 und 185 des Türk. Statist. Jahrb. 1981 und der Schätzungswerte für die Zahlen der Kleinfamilien nach S. 65.

Arbeitstiere Gesamtzahl in Mio. Stück	auf eine der ca. 5,8 Mio. ländl. Kleinfamilien Mio.	auf eine aller ca. 9,5 Mio. Kleinfamilien Mio.
Pferde 0,8	0,13	0,08
Maultiere 0,3	0,065	0,03
Esel 1,3	0,22	0,15
Rinder 15,9	2,7	1,7
Büffel 1,0	0,17	0,11
Kleinvieh		
Schafe 48,6	8,4	
Ziegen 15,4	2,7	
Angoraziegen 3,7	0,6	

Milchtiere	Milch Gesamtmenge in Mrd. kg	Tägl. Milchmenge auf jede d. 9,5 Mio. Kleinfamilien in kg
Kühe 9,5	3,4	1,0
Büffelkühe 0,3	0,3	0,08
Milchschafe 24,0	1,2	0,35
Milchziegen 7,9	0,6	0,17

Da andererseits Milchprodukte, besonders Käse und Yoğurt einen hohen Anteil der Volksernährung ausmachen, die Stadtbevölkerung von den umliegenden Dörfern her zum größten Teil mit diesen Milchprodukten beliefert wird, stellt diese Lieferung eine nicht unbeträchtliche Einnahmequelle der stadtnahen Dörfer dar. Der Besitz von Schafen und Ziegen ist für die Dorfbevölkerung die hauptsächliche Quelle zur Erlangung von Bargeld, mit dem die nicht selbst produzierten Bedarfsgüter auf dem Markte erstanden werden müssen.

Die hiermit angedeuteten Grundzüge der Lebensverhältnisse der ländlichen Bevölkerung der Türkei sind im Lande weitgehend ähnlich. Die regionale Darstellung kann sich im wesentlichen darauf beschränken, die örtlichen Abweichungen von diesen Grundgegebenheiten hervorzuheben.

Die sehr große Tierhaltung, insbesondere die Haltung von Ziegen ist für das Land sehr ungünstig, weil sie zusammen mit der Entnahme von Brennholz die natürlichen Waldbestände des Landes in höchstem Maße geschädigt hat und dauernd weiter schädigt.

Bei der großen Bedeutung, die die Haltung sowohl von Arbeitstieren wie von sonstigen Nutztieren für die bäuerliche Wirtschaft besitzt, wäre jede züchterische Verbesserung der Arbeitskraft der einzelnen Tiere und jede Verbesserung der Milch- und Fleischleistung der einzelnen Tiere von unschätzbarem Wert. In dieser Hinsicht sind aber die Erfolge der bisherigen Bemühungen noch recht gering. Es gibt zwar eine gewisse Anzahl von landwirtschaftlichen Mustergütern und Versuchsanstalten. Aber die landwirtschaftliche Schulung der Bauernbevölkerung hält offensichtlich bisher nicht Schritt mit den Erkenntnissen, die die Versuchsanstalten gewinnen.

9. Gesamtbild der Landbewirtschaftung

Im ganzen kann man die landwirtschaftliche Nutzung in der Türkei unter Mitverwendung der Angaben von R. Izbırak (1973, Bd. 2) etwa wie folgt kennzeichnen: Der größte Teil des Landes, insbesondere die Steppenbereiche von Zentralanatolien, dazu seine gebirgige Umrahmung, soweit sie an der ausgesprochenen Sommerdürre des dortigen Subtropenklimas teilhat, wird von einer Getreidefeldkultur, verbunden mit Kleinviehhaltung beherrscht, in welcher Hartweizen und in zweiter Linie Gerste die vorherrschenden Getreide, Schafe und Ziegen die vorherrschend gehaltenen Tiere sind. Überall werden dazu in bescheidenem Umfang Zwiebeln und Knoblauch, sowie auf den Brachflächen Melonen und z.T. auch Futterleguminosen gezogen.

In den Gebirgen und am Gebirgssaum, wo künstliche Bewässerung möglich ist, gibt es örtlich mannigfaltigen Gemüsebau. Außerdem zeigt sich besonders in bergigem oder hügeligem Gelände Kultur von Kern- und Steinobst, sowie in weiter Verbreitung Rebkultur.

Eine ganze Reihe staatlicher Mustergüter dienen der Erprobung und Verbreitung verbesserter Anbaumöglichkeiten, so insbesondere bei Ankara und bei Polatlı und Bâlâ (Prov. Ankara), bei Çiçekdağı (Prov. Kırşehir), bei Sarayönü und Kadınhan (Prov. Konya), bei Aksaray (Prov. Niğde), bei Sıvas, Muş und Aralık (Prov. Kars). Dazu kommen Viehzuchtgüter bei Mahmudiye und Çifteler (Prov. Eskişehir), bei Konya, bei Malatya und Van, ferner bei Lüleburgaz in Thrakien.

Diesem sehr großen Bereich stehen die Gebiete der Schwarzmeer-Küstenzone mit gemilderter oder fehlender Sommerdürre gegenüber. Hier treten als Hauptnahrungsgewächse zumeist Mais und Bohnen an Stelle des Weizens in den Vordergrund. Dazu ergibt sich ein mannigfaltiger Gemüse- und Gartenbau mit Obst, etwas Lein und Hanf und Tabak, vor allem aber mit Haselkultur östlich von Ordu und Teekultur östlich von Of, dazu sogar Gärten von unbewässerten Mandarinen.

Ein dritter großer Bereich umfaßt die Küsten des Marmara-Meeres mit Ausläufern nach Osten gegen Bursa und nach Süden gegen Balıkesir, ferner die Küsten und Beckenlandschaften des Ege-Gebietes, endlich die Küsten des östlichen Mittelmeeres bis zum Golf von Iskenderun und zum südlichen Hatay. Es ist das Gebiet der mediterranen Kulturgewächse, in dem außer Getreide vor allem Oliven, Feigen, Baumwolle und Tabak angebaut werden, und wo mit künstlicher Bewässerung Agrumenkultur möglich ist. Daneben steht Kleinviehhaltung. Dieser Bereich umfaßt aber im Umkreis des Marmara-Meeres nur Höhen bis etwa 200 m. Er steigt weiter südwärts langsam an auf Höhen, die an der Mittelmeerküste bis 1000 m erreichen und erstreckt sich im Osttaurus-Vorland bis zum Euphrat.

Enstprechend der verschiedenen Naturausstattung zeichnen sich einzelne Gebiete durch besondere Erzeugnisse überdurchschnittlich aus. Die nicht zu trockenen Bereiche Zentralanatoliens ebenso Thrakiens und einige Beckenlandschaften des östlichen Mittel-Nordanatoliens und von Inner-Ostanatolien erzeugen beträchtliche Ernten von Zuckerrüben. In diesen Gebieten gibt es eine ganze Reihe von Zuckerfabriken, nämlich außer in den allergrößten Städten des Landes auch z.B. in Adapazarı, Eskişehir, Konya, Burdur, Kastamonu, Turhal (Prov. Amasya), Erzincan, Erzurum, Kayseri, Malatya, Elazığ, Lüleburgaz (Prov. Kırklareli). In Thrakien nehmen Sonnenblumenfelder große Flächen ein.

Während Schafhaltung in den Steppengebieten, soweit sie überwiegend flaches bis mäßiges Relief aufweisen, vor den Ziegen den Vorrang haben, überwiegt in den Gebirgen die Ziegenhaltung. Nur die Angora-Ziegen beschränken sich auf die nicht zu trockenen und nicht zu stark von Steilrelief durchsetzten Gebiete des nördlichen Zentralanatoliens und an den Südabdachungen des Köroğlu-Gebirges. Sie werden aber immer nur zusätzlich zu und gemeinsam mit Schafen oder gewöhnlichen Ziegen gehalten.

Die Haselkultur hat ihr Hauptgebiet an der östlichen Schwarzmeerküste zwischen Ordu und Of, die Teekultur ebendort zwischen Of und Hopa. Die Tabakkultur besitzt ein Hauptanbaugebiet an der mittleren Schwarzmeerküste um Samsun, nämlich zwischen Gerze und Çarşamba, ferner im Ege-Gebiet im Graben des Kleinen Mäander und den Hügelländern um den unteren Großen Mäander. Besonders wichtig sind die Baumwollanbaugebiete. Sie befinden sich vor allem in der Adana-Ebene im Ege-Gebiet, im Hügelland von Saruhan und den Ebenen des Kleinen und Großen Mäander, außerdem im südlichen Hatay in der Ebene des Amık Gölü.

In der Almenregion des Nordostanatolischen Küstenhochgebirges und auf dem Hochland von Kars wird ausgedehnte Rinderzucht getrieben. Die Adana-Ebene und der Saum der Mittelmeer-Küste haben eine bedeutende Kultur von Frühgemüse entwickelt. An den randlichen Hügelländern des Großen Mäandergrabens liegt ein Hauptgebiet der Feigenkultur. Der Südsaum des Gedizgrabens ist Hauptgebiet der Erzeugung von Sultaninen (getrockneten, kernlosen weißen Weinbeeren). Diagramme zur Zunahme der landwirtschaftlichen Erzeugung zwischen 1940 und 1975 gibt Hütteroth, 1982 in Fig. 93–102, S. 375–385.

10. Die Dorfgemeinschaft

Die Gesellschaft eines größeren türkischen Dorfes setzt sich meist etwa folgendermaßen zusammen. Es besteht eine Gruppe größerer Landbesitzer. Aus ihrer Mitte wird gewöhnlich der Gemeindevorsteher (Muhtar) bestimmt. Manchmal steht ihm ein Dorfschreiber (Köy Kâtibi) als Standesbeamter zur Seite. Daneben gibt es die Gruppe der kleineren Landbesitzer und fast immer eine mehr oder weniger große

Gruppe von Landlosen. Diese bestreiten ihren Lebensunterhalt als Landarbeiter oder als Pächter aus der Bewirtschaftung von Landflächen, die deren Besitzer nicht selbst bewirtschaften kann. Hierher gehören erstens die meisten Ausmärkerflächen, zweitens Flächen etwaiger größerer oder großer Besitzer. Diese werden überwiegend in Halbpacht bearbeitet, d.h. gegen Ablieferung eines meist recht großen Teiles der Ernte an den Bodenbesitzer. Je nach dem, ob der Pächter Saatgut, Arbeitsgerät und Zugtiere selbst stellt, oder ob er nur seine eigene Arbeitskraft anbieten kann, wird der abzuliefernde Erntebetrag verschieden hoch angesetzt. Der Halbpachtbauer gewinnt meist nur ein hartes Brot. Geldpacht stellt ihn meist günstiger. Aber sie ist im allgemeinen im Lande noch die Ausnahme. Vom Nordwesten dringt Geldpacht sehr langsam nach Südosten vor.

Zu den Landlosen im Dorf gehören des weiteren meist einige Lehrer und Lehrerinnen, öfters ein Imam, ein Gesundheitsbeamter (Sağlık Memuru), ein Landwirtschaftsbeamter (Tarım Memuru), öfters eine Hebamme, ein oder mehrere Mechaniker zur Instandhaltung der Ackergeräte, ein oder mehrere Mühlenbesitzer, ein Dorfwächter (Bekçi). Dazu kommen in einem großen Dorf oft mehr als ein Dutzend Hirten, deren jeder etwa 200 Tiere zu betreuen hat.

Der türkische Bauer hat es bisher verstanden, trotz der zwischen 1960 und 1980 rund 50 %igen Bevölkerungsvermehrung sein Land vor Hungersnöten zu bewahren. Relativ bescheidene Getreideimporte haben ausgereicht, Hungersnöte abzuwenden. Dies ist offensichtlich dadurch gelungen, daß in der betreffenden Zeit die Hektarerträge für Brotgetreide um rund 50 % erhöht werden konnten, und zwar nachweislich infolge einer starken Steigerung der künstlichen Düngung. Es steht aber zu befürchten, daß eine derartige Steigerung nicht unbegrenzt fortgesetzt werden kann, und daß ernste Probleme auftreten werden, wenn es nicht gelingt, die Wachstumsrate der Bevölkerung in Zukunft merklich zu senken.

11. Staatsbürger nichttürkischer Muttersprache

In der Literatur wird vielfach zum Ausdruck gebracht, daß in der östlichen Türkei eine bedeutende kurdisch-ethnische Minderheit existiere. Dies ist oder war aber, wie W. D. Hütteroth (1982, S. 207f. u. Fig. 74, 75, S. 272, 273) mit Recht ausführt, nicht als eine kurdisch-nationale Minderheit im europäischen Sinne zu verstehen. Denn nach der tradierten Auffassung gehörte diese muttersprachliche Minorität wegen ihres religiösen Bekenntnisses voll zum türkischen Staatsvolk mit allen Rechten und Pflichten, wobei die Sprachbesonderheit dieses, ohnehin in zahlreiche dialektische und auch speziell muslimische Untergruppen gegliederten Bevölkerungsteils kurdischer Muttersprache als wenig wichtig angesehen wurde. Im Gegensatz dazu wurden ja die Angehörigen nichtmuslimischer Religion nur als Staatsangehörige, als zum Millet gehörig angesehen, welche unter dem Schutz des Staates standen. Aber sie durften z.B. nicht Waffenträger sein, mußten dafür jedoch eine Kopfsteuer entrichten. Die Schwierigkeiten der türkischen Republik mit ihren Kurdisch sprechenden Bewohnern sind deshalb auch zunächst weniger aufgrund der sprachlichen Unterschiede entstanden, als vielmehr dadurch, daß die Kurdisch sprechenden Gebiete im Osten der Türkei der Einführung der republikanischen Verwaltungsbehörden an Stelle der überkommenen weitgehend grundherrlichen Organisation in den sogenannten Kurdenaufständen der 20er und 30er Jahre Widerstand entgegensetzten. Erst in neuerer Zeit macht sich ein auf der Sprachzugehörigkeit beruhendes kurdisches Nationalbewußtsein deutlicher bemerkbar.

Jedenfalls hat die neue Türkei, wie schon das Sultansreich, die Kurdisch sprechende Bevölkerung sozial nicht zurückgesetzt. Die neue Türkei hat vielmehr eine wirksame Assimilierungspolitik verfolgt. Als Muslime wurden die Kurdisch sprechenden Männer zum Heeresdienst aufgeboten; sie mußten beim Militär Türkisch lernen. Den höher Gebildeten unter ihnen stand der Offiziersberuf offen. Im übrigen wurde auf die angleichende Wirkung der überlegenen materiellen und kulturellen Entwicklung des türkischen Gesamtlebens gerechnet.

Bei den türkischen Volkszählungen von 1935 und 1965 sind Erhebungen über die Muttersprache durchgeführt worden. Die Erhebungen von 1935 sind im: 20 ilkteşrin genel nüfus sayımı (Recensement général du 20 octobre 1935) Başbakanlık Istatistik Umum Müdürlüğü, Ankara veröffentlicht worden, auch Statist. Jahrb. Vol. 11, 1938/39, S. 77. Über die Ergebnisse der Zählung von 1965, siehe Hütteroth (1982, S. 279 u. Fig. 75, S. 273).

Aus diesen Angaben geht hervor, daß die Einwohner mit kurdischer Muttersprache 1935 in den Provinzen Sıvas, Erzurum, Kars, Maraş, Gaziantep einen merklichen Anteil der Bevölkerung, nämlich 10 bis 25 % ausmachten. In den Provinzen Erzincan, Elazığ, Tunceli, Adıyaman, Urfa lag der Prozentsatz der Bevölkerung mit kurdischer Muttersprache zwischen 25 und 50 %. Er war also erheblich. In den Provinzen Bingöl, Mus, Bitlis, Ağrı, Van, Hakkâri, Diyarbakır, Mardin, Siirt lag der Prozentsatz zwischen 50 und 80 % der Bevölkerung. Diese Provinzen hatten also eine Bevölkerung mit überwiegend kurdischer Muttersprache. 1935 waren es insgesamt 1,48 Mio. = 9,1 % von damals 16,16 Mio. E.

Nach der Zählung von 1965 hat der Prozentsatz der Einwohner mit kurdischer Muttersprache zwar in den Provinzen Erzincan, Elazığ, Tunceli, Adıyaman und Diyarbakır gegenüber 1935 abgenommen. In den übrigen der genannten Provinzen ist der Prozentsatz der Bewohner mit kurdischer Muttersprache aber gleichgeblieben, oder er hat sogar etwas zugenommen. Auf diese Weise hat sogar der Bevölkerungsanteil mit kurdischer Muttersprache von 1935 bis 1965 insgesamt etwas zugenommen.

Auf wahrscheinlich 2,22 Mio. + 0,42 Mio. = 2,64 Mio. Menschen, unter denen mit etwa 0,42 Mio. die Zahl derjenigen zu veranschlagen ist, die es 1965 für zweckmäßig hielten, ihre kurdische Muttersprache neben Türkisch nur als zweitbeste beherrschte Sprache anzugeben (Hütteroth, 1982, S. 297), ist die Gesamtzahl der Staatsbürger mit kurdischer Herkunft für 1965 zu schätzen. Das waren etwa 8,4 % der damaligen Gesamtbevölkerung von 31,4 Mio. Der Kurdische sprechende Anteil der türkischen Bevölkerung dürfte gegenwärtig, d.h. um 1980 bei 8 bis 8,5 % der Gesamtbevölkerung von 1980 44,74 Mio. liegen und damit um 3,5 Mio. betragen.

Arabisch sprechende Minderheiten waren nur in den Provinzen Urfa, Siirt, Hakkâri und Mardin mit 10 bis 15 % der Bevölkerung merklich, am höchsten in Mardin mit 25 %. Ihr Prozentsatz hat bis 1965 meist leicht abgenommen. Der Prozentsatz der Bewohner mit armenischer Muttersprache lag 1935 außer in Istanbul, wo 4 % erreicht wurden, überall unter 1 % bzw. in den meisten Provinzen bei 0 %.

In Rize und Artvin kamen 1935 Angehörige der georgisch-lasischen Sprachgruppe auf 25 %. 1965 ist diese Minderheit fast verschwunden.

Unterschiede der kurdische Dialekte sprechenden Bevölkerung, die gewöhnlich auch besonderen, von der Konfession der türkischen Sunniten mehr oder weniger abweichenden, meist weniger strengen Zweigkonfessionen des Islam angehören, gegenüber der gängigen Einstellung mindestens des türkischen Landvolkes sind bis heute bemerkbar. So ist es bei vielen Frauen kurdischer Muttersprache seit jeher nicht üblich, den schwarzen Schleier (Çarşaf) zu tragen. Sie wenden sich allenfalls ab, wenn sie fremden Männern begegnen. Außerdem scheint in Dörfern mit überwiegend Kurdisch sprechender Bevölkerung das alte Bewußtsein der Stammesverbände und die Anerkennung der Autorität von Stammesführern und der Grundherren auch gegenwärtig noch durchaus lebendig zu sein.

12. Marktbeziehungen der ländlichen Bevölkerung und Binnenverkehr[19]

Außer den angedeuteten Unterschieden allgemeiner kulturgeographischer Verhältnisse, die in der Türkei regional zu verzeichnen sind, ist auch eine verkehrsmäßige Untergliederung wirksam, die sich aus den Marktbeziehungen zwischen Stadt und Land ergibt. Diese stimmt oft, aber nicht immer, mit der Verwaltungsgliederung in Provinzhauptstadt und Ilçe-Hauptort überein. Hierzu haben die Dorfbefragungen von 1962/63 wertvolle Angaben gemacht. Aus diesen geht hervor, wie viele Dörfer aus welchen Verwaltungsbezirken über die natürlichen Wochenmärkte hinaus zu bestimmten Hauptmarktorten in der Befragungszeit ihre wichtigsten Marktbeziehungen gehabt haben. Diese Beziehungen dürften sich in der Zwischenzeit nicht wesentlich geändert haben. Vergleicht man diese Dorfzahlen mit den durchschnittlichen Dorfgrößen der Gebiete, so läßt sich abschätzen, wie groß an Bewohnerzahl der ländliche Marktbereich eines bestimmten Hauptmarktortes ungefähr ist. Da um 1962/63 die mittlere Einwohnerzahl eines Dorfes in der Türkei bei etwa 600 lag, so bedeutete damals ein Einzugsbereich von 100 Dörfern mittlerer Größe eine Bevölkerungsmenge von ungefähr 60 000 Menschen, bei kleineren oder größeren Dörfern entsprechend weniger oder mehr. Bis 1980 ist die mittlere Größe der Dörfer in der Türkei auf fast 700 E. gestiegen, die Markteinzugsbereiche dürften aber ungefähr gleich groß geblieben sein. Daher umfaßt ein Marktbereich von 100 Dörfern mittlerer Größe um 1980 etwa 70 000 Menschen und bei größeren oder kleineren Dörfern entsprechend mehr oder weniger.

Außerdem lassen sich die Entfernungen der Marktzentren zu den Grenzen ihrer Einzugsbereiche aufgrund der vorliegenden Angaben annähernd entnehmen. Aus

---

19 Vgl. hierzu Karte 3 am Schluß, auch Hütteroth, 1982, Fig. 113, S. 462.

diesen ergibt sich, daß in Zentralanatolien namentlich zwei Städte ein besonders großes Markteinzugsgebiet besitzen. Es sind Konya mit 1980 fast 200 Dörfern und etwa 150 000 ländlichen Bewohnern und Ankara mit fast 100 Dörfern, aber nur etwa 60 000 ländlichen Bewohnern. Doch die Grenzen des Einzugsgebietes reichen von Ankara bis zu dem gut 150 km entfernten Kırşehir, von Konya bis zu mehr als 100 km im Umkreis. D.h., es war früher die Regel, daß ein Marktbesuch aus den entfernteren Teilen des Bereiches mehrere Tage mit den zugehörigen Kosten erforderte. Gegenwärtig ist dies durch den stark entwickelten Verkehr von Autobussen und Lastkraftwagen erheblich erleichtert. Trotzdem ist Marktferne nach wie vor ein fühlbarer wirtschaftlicher Nachteil. Neben Konya und Ankara bestehen als Orte mit mehr als 70 000 Dorfbewohnern im Marktbereich die Städte Eskişehir, Kayseri, Çorum und Sıvas. Die übrigen Provinzhauptstädte und einige größere Ilçe-Hauptorte haben wenigstens Marktbereiche von mehr als 50 Dörfern.

Markteinzugsbereich von mehr als 100 Dörfern bzw. von 1980 wohl mehr als 70 000 Bewohnern hatten im Nordwesten der Türkei Istanbul, Izmit und Adapazarı, Bursa und Biga (Provinz Çanakkale). Außerdem hatten dort fast alle Ilçe-Hauptorte Marktbereiche von mehr als 50 entsprechend großen Dörfern.

In Mittel-Nordanatolien besaßen Bartın (Provinz Zonguldak), Kastamonu, ferner die Küstenstädte Bafra, Samsun, Çarşamba und Fatsa Marktbereiche von 1980 mehr als 70 000 Dorfbewohnern. Außerdem hatten mehrere Ilçe-Hauptorte Marktgebiete von mehr als der Hälfte dieser Dorfbewohnerzahl.

An der Küste Nordostanatoliens kamen 1980 fast 10 größere Orte, darunter die Provinzhauptorte, auf mehr als etwa 35 000 in ihrem Marktbereich gelegene Dorfbewohner. Aber nur Bayburt im Hinterland südlich von Rize hatte 1980 einen Marktbereich von mehr als 70 000 Dorfbewohnern.

In Westanatolien im Ege-Gebiet besaßen 1980 Izmir, Manisa und Akhisar (Provinz Manisa) Marktbereiche von mehr als 100 verhältnismäßig großen Dörfern. Dazu kamen im Bergland von Karası Balıkesir und auf der Westanatolischen Gebirgsschwelle Kütahya, während die übrigen Provinzhauptstädte von Westanatolien sowie die größeren Ilçe-Hauptorte, im ganzen etwa ein Dutzend Städte, immerhin mehr als je 50 Dörfer zu ihrem Marktbereich zählen konnten.

In Südwestanatolien nimmt Antalya eine beherrschende Stellung als Marktzentrum von mehr als 100 gut mittelgroßen Dörfern ein. Dazu kamen 1980 mit gut halb so großen Marktbereichen Milas (Provinz Muğla), während der Marktbereich von Muğla selbst unter dieser Größe lag. Dazu kamen ferner die küstennahen Orte Fethiye, Finike und Manavgat sowie im Taurus die Orte Korkuteli und die Provinzhauptstadt Burdur.

In Mittel-Südanatolien beherrschten 1980 die Städte Mersin, Tarsus, Adana und Antakya je Marktbereiche von mehr als 100 Dörfern bzw. mehr als 70 000 Dorfbewohnern. Immerhin mehr als halb so groß waren die dörflichen Marktbereiche von Silifke (Içel), Kozan, Kadirli, (beide Çukurova) und von Iskenderun.

In Inner-Ostanatolien und dem Äußeren Osttaurus hatten 1980 Erzurum und Kars, Elaziğ, Malatya, Kahraman-Maraş und Muş Marktbereiche von je mehr als 100 Dörfern bzw. 70 000 Dorfbewohnern, dazu kamen an Provinzhauptstädten mit etwa halb so großen Markteinzugsbereichen Erzincan, Van, Karaköse, Bitlis und die Ilçe-Hauptorte Horasan (Erzurum), Hınıs (Erzurum), Erciş (Van), Göle (Kars), Sarıkamış (Kars), Palu (Elazığ), Karakoçan (Elazığ), Doğu-Bayazıt (Ağrı).

Die meisten dieser Marktorte in Inner-Ostanatolien haben mehr als 50 km Abstand voneinander; das bedeutet in dem gebirgigen Land eine recht dünne Streuung selbst der nur mäßig großen Marktorte.

Im Osttaurus-Vorland hatten 1980 die Provinzhauptstädte Gaziantep, Adıyaman, Urfa, Diyarbakır und der Ilçe-Hauptort Midyat (Provinz Mardin) Markteinzugsgebiete von mehr als 100 großen Dörfern bzw. von mehr als 70 000 Dorfbewohnern. Dazu kamen an Orten mit mehr als etwa halb so großem Markteinzugsbereich die Städte Nizip (Gaziantep), Kâhta (Adıyaman), Birecik, Suruç und Siverek (in Urfa), Ergani und Silvan (in Diyarbakır), so wie die Provinzhauptstädte Siirt und Mardin.

Im ganzen zeigt sich, daß die Streuung mit beherrschenden Marktorten in der Türkei von Westen nach Osten deutlich abnimmt. Sie ist ein Spiegelbild der Bevölkerungsdichte und der Wirtschaftskraft der verschiedenen Bereiche und ist daher im Ege-Gebiet und im Nordwesten der Türkei, aber auch an der Schwarzmeerküste dichter als in Zentralanatolien, Inner-Ostanatolien, im Taurus und im Osttaurus-Vorland. Aber selbst in den dichter, mit größeren Marktorten versehenen Gebieten, kommen Entfernungen dieser Orte voneinander von 50 km vor, wie sie im Osten fast die Regel sind.

Bei dieser Aufstellung ist unberücksichtigt geblieben, daß Istanbul nach wie vor der wichtigste Importhafen für die gesamte Türkei geblieben ist, Izmir der wichtigste Exporthafen für landwirtschaftliche Erzeugnisse.

Außerdem bleibt hervorzuheben, daß im Gefolge des sehr verschiedenen Ausbaus des Straßennetzes, dessen Allwetterstraßen von 1960 von gut 40 000 km bis 1980 auf fast 61 000 km angewachsen ist, bei gleichzeitig erheblicher Verbesserung des Straßenzustandes, der Autobus- und Lastwagenverkehr außerordentlich zugenommen hat. Alle großen Städte besitzen einen Autobusbahnhof, von dem aus je nach Bedarf Busse auch nach weit entfernten Zielstädten verkehren. Von Ankara z.B. gibt es Busse nach Istanbul, Bursa und Samsun ebenso wie nach Konya, Kayseri und Adana. Da die Autobusse schnell und billig sind, — sie brauchen nicht die netzbedingten Umwege der Eisenbahn zu machen —, haben sie der Eisenbahn, deren Netz unter Inkaufnahme großer Steigungen und Abwärtsgefälle merklich nach strategischen Gesichtspunkten ausgebaut worden ist, und deren Zugdichte und Zuggeschwindigkeiten nicht besonders hoch sind, im Personenreiseverkehr erhebliche Einbußen zugefügt.

V c. NEUERE STADTENTWICKLUNG, GEWERBE, INDUSTRIE UND HANDEL

1. Neuere städtische Entwicklungen

Das Bild türkischer Altstadtteile wurde im Zusammenhang mit der geschichtlichen Entwicklung der älteren türkischen Städte bereits angedeutet. Seit der Gründung der Republik sind in der Türkei zahlreiche städtische Siedlungen, und zwar besonders als Verwaltungshauptorte einiger Provinzen, wie die von Tunceli, Bingöl und Hakkâri sowie zahlreiche Ilçe-Hauptorte neu gegründet worden bzw., an unbedeutende ländliche Siedlungen anknüpfend, neu entstanden.

Auch am Rande der älteren Städte sind in großem Umfang neue Stadtteile entstanden. Diese Neuentwicklungen, sofern sie mit behördlicher Genehmigung erfolgt sind, sind alle planmäßig, aber mit mehr oder weniger deutlicher Anpassung an die vorhandenen Geländeformen angelegt worden. Sie haben ein, an eine durchlaufende Hauptstraße mehr oder weniger rechtwinkelig sich anschließendes, Netz von Nebenstraßen oder Gassen und besitzen Sackgassen höchstens noch an Stellen, an denen der Siedlungsausbau noch unfertig ist. In selbständigen Neugründungen gibt es in der Regel einen Hauptplatz mit Regierungsgebäude und Schule, in der Nähe auch einen Kulturpark mit einem Denkmal Atatürks. Die Wohngebäude, meist zweigeschossige Beton-, Stein- oder Ziegelbauten mit Sattel- oder Walmdach, stehen oft frei in einer kleinen Gartenparzelle oder sie sind als Reihenhäuser angeordnet. Die wohlhabenderen Familien erstreben Einfamilienhäuser wie bei uns. Aber Mietwohnungen in Zweifamilienhäusern und auch größere Appartementbauten sind mehr und mehr aufgekommen, besonders in den Neubauvierteln der großen Städte. Außerdem entwickeln sich Ladengeschäfte in den Untergeschossen an den wichtigeren Straßen ähnlich wie in den Städten des mittleren und westlichen Europa.

Fast immer gibt es auch in den kleineren Städten eine Filiale der Ziraat-Bankası, der Landwirtschaftsbank. Nicht selten sind mehrere Banken vertreten.

Eine wenig erwünschte, aber leider sehr verbreitete Erscheinung an den Rändern besonders der Großstädte der Türkei, sind die ausgedehnten Armenviertel aus sogenannten Gecekondu-Häusern (in *einer* Nacht errichteten Häusern). Nach altem islamischen Recht darf ein nicht genehmigter Hausbau dann nicht mehr abgerissen werden, wenn er bereits ein Dach besitzt. Man bereitet also möglichst unauffällig Baumaterial an der beabsichtigten Baustelle vor und führt dann mit Hilfe zahlreicher Nachbarn und Freunde in einer Nacht eingeschossige Mauern und ein darüber gesetztes Dach auf, dieses gewöhnlich mit dem Blech von Benzinkanistern gedeckt. Diese verhältnismäßig stabilen Bauten besitzen aber anfangs weder Wasserversorgung noch Abfallbeseitigung, oft nicht einmal einen befahrbaren Zugang. Doch versuchen die städtischen Baubehörden nach und nach den Zustand dieser armen Wohnquartiere zu verbessern, die jedenfalls weit stabiler errichtet sind als die meisten Slums tropischer Großstädte.

Nach G. Richter (1972) war der um 1965 in Gecekondu-Siedlungen lebende Anteil der Bewohner in folgenden großen Städten bereits etwa folgendermaßen zu schätzen: Istanbul etwa 45 %, Ankara 59 %, Izmir 33 %, Adana 45 %, Bursa 31 %, Samsun 36 %, Erzurum 35 %. Diese Anteile dürften inzwischen eher zu- als abgenommen haben. Gecekondu-Viertel weisen außerdem auch eine Reihe weiterer Städte von mehr als 100 000 Bewohnern auf. Diese Viertel sind das Ergebnis einer anhaltenden Landfluchtbewegung, welche ihrerseits ohne Zweifel die Folge der erwähnten, auf dem Lande herrschenden Überzahl an Arbeitskräften ist. Das größte Problem der Türkei besteht darin, diesen Menschen Arbeitsplätze zu schaffen. Nur ein Teil von ihnen konnte bisher in der gewerblichen Wirtschaft Arbeit finden.

2. Gewerbliche Arbeitskräfte und Arbeitslosigkeit

Nach dem Istatistik Yilliği 1981, Tab. 40, betrug die wirtschaftlich arbeitsfähige Bevölkerung der Türkei 1975, die vom 12. Lebensjahr an gerechnet wird, 27,1 Mio. der 1975 40,3 Mio. zählenden Gesamtbevölkerung, d.h. 67 % der Gesamtbevölkerung. Von diesen 27,1 Mio. haben 1975 etwa 16,3 Mio. = 60 % tatsächlich einen Erwerbsberuf ausgeübt. Außerdem werden 6,1 Mio. Hausfrauen, 2,3 Mio. Schüler, 2,1 Mio. Arbeitsunfähige und Sonstige, also 10,5 Mio. = 26 % der Bevölkerung im arbeitsfähigen Alter von den in einem Erwerbsberuf stehenden, gesondert aufgeführt. D.h. 16,3 Mio. + 8,4 Mio. = 24,7 Mio. Personen standen 1975 in Erwerbsberufen oder, wie Hausfrauen und Schüler in lebenswichtigen Nichterwerbsberufen, wobei die etwa 0,5 Mio. Soldaten wahrscheinlich unter den Erwerbsberufen mitgezählt worden sind. Von den 10,5 Mio. Unbeschäftigten der Statistik stehen also in Wahrheit etwa 8,4 Mio. Menschen in lebenswichtigen Nichterwerbsbeschäftigungen. Sie dürfen nicht als wirkliche Arbeitslose gerechnet werden. Solche dürfte es nach dieser Statistik 1975 nur etwa 10,5 Mio. minus 8,4 Mio. gleich 2,1 Mio. gleich etwa 7,7 % der im arbeitsfähigen Alter stehenden 27,1 Mio. Einwohner der Türkei gegeben haben. Demgegenüber wurde die Größe der registrierten Arbeitsuchenden, die zum Erhebungszeitpunkt keine Arbeit hatten, 1975 mit nur 80 000 Personen, d.h. nur 0,3 % der Gesamtzahl der Arbeitsfähigen angegeben. Nach dieser Angabe dürfte es in der Türkei eigentlich keine nennenswerte Arbeitslosigkeit geben. Das steht aber in stärkstem Widerspruch zu der tatsächlich bedeutenden Arbeitslosigkeit der Türkei, die das riesige Gastarbeiterproblem heraufbeschworen hat.

Dies bedeutet, daß aus dem Istatistik Yıllığı die Größe der Arbeitslosigkeit leider nicht zu entnehmen ist. Auch die Tab. 42 über den Beschäftigungsstand in der letzten Woche vor dem Zähltermin von 1975 kommt auf 16,3 Mio. Beschäftigte. Es gibt außerdem im Aylık Istatistik Bülteni (Statist. Monatsbericht) des statistischen Staatsinstituts Angaben des Iş ve Işci Bulma Kurumu (Gesellschaft zur Findung von Arbeit und Arbeitern) über Arbeitslosigkeit, nach denen die registrierte Arbeitslosigkeit von 1977 bis Ende 1981 von etwa 142 000 auf 341 000 zugenommen haben soll, von denen je etwa $1/6$ bis $1/8$ Frauen waren.

Es ist klar, daß diese Zahlen, die gegenüber einer Bevölkerung im arbeitsfähigen Alter von 27,1 Mio. nur um 1 % liegen würden, nicht der tatsächlichen sehr großen Arbeitslosigkeit entsprechen, sondern darauf zurückzuführen sind, daß nur ein sehr geringer Teil der Arbeitslosen sich bisher bei der genannten Gesellschaft hat registrieren lassen.

Es ist also leider nicht möglich, die tatsächliche Arbeitslosigkeit in der Türkei glaubhaft zu beziffern, jedenfalls dürfte die vorher mitgeteilte Zahl der auf dem Lande überzähligen Arbeitskräfte, die nach der Dorfbefragung von 1962/63 zwischen 15 % und 20 % lag, den wirklichen Verhältnissen näher gekommen sein. Die vorliegenden Angaben über die Arbeitskräfte und die Arbeitslosigkeit in der Konsumgüterindustrie der Türkei für Ende 1982 lassen eine mögliche Zahl der dort vorhandenen Arbeitskräfte um etwa 2 Mio. Personen abschätzen und eine diesbezügliche Arbeitslosigkeit erschließen, die ebenfalls in der Nähe von 20 % liegt und damit sehr hoch wäre. Näheres darüber enthält das Kapitel über die Konsumgüterindustrie (S. 89 ff.).

3. Zur Entwicklung von Bergbau und Verhüttungsindustrie

Die Türkei ist reich an den verschiedensten Bodenschätzen. Doch sind die vielen Hunderte von Einzelvorkommen zumeist so entlegen, außerdem vielfach klein oder schwer erschließbar, daß nur eine verhältnismäßig kleine Zahl von ihnen in Nutzung genommen ist. Immerhin spielt der Bergbau, vor allem der Steinkohlenbergbau von Zonguldak als Quelle von thermischer Energie und als Lieferant von Rohstoffen für die Industrie der Türkei eine sehr große Rolle.

Nach den Angaben des Statistischen Jahrbuches 1981 wurden 1979 etwa 1,7 Mio. 8stündige Untertage-Arbeitstage und fast 2 Mio. 8stündige Übertage-Arbeitstage im Bergbau geleistet. Rechnet man das Jahr zu etwa 300 Arbeitstagen, so kommt man auf eine Zahl von etwa 55 000 Untertage-Beschäftigten im Jahr und von fast 70 000 Übertage-Beschäftigten. Da aber in den Steinkohlen-Bergwerken von Zonguldak, d.h. im wesentlichen aus den Bergmannssiedlungen von Kozlu, Kilimli und Çatalağzı, von denen die bei weitem meiste der erforderlichen Untertagearbeit geleistet wird, ein monatlicher Schichtwechsel der Bergleute üblich ist, weil diese gewohnt sind, jeden zweiten Monat auf ihrem heimatlichen Bodenbesitz Landarbeit zu versehen, so dürften in Wahrheit rund 100 000 Bergleute in der Untertagearbeit beschäftigt sein.

Die geleistete Bergbauarbeit findet nach der gleichen Statistik in mehr als 250 Einzelbetrieben statt, von denen rund 50 größere bzw. große Staatsbetriebe, der Rest meist recht kleine Privatbetriebe sind.

Der für die Türkei wichtigste unter ihren Bodenschätzen ist ohne Zweifel die Steinkohle. Die Steinkohlenförderung hat zwar zwischen 1973 und 1980 von etwa 4,6 Mio. t gereinigter Kohle auf 3,6 Mio. t etwas abgenommen. Dieses im Mittelmeergebiet nur hier vorhandene größere Steinkohlenvorkommen ermöglichte der Türkei jedoch zusammen mit einigen ergiebigen Eisenerzvorkommen die Entwicklung einer eigenständigen Eisenhüttenindustrie und zusammen mit den zahlreichen Buntmetallvorkommen das Entstehen ziemlich vieler Buntmetall-Schmelzen.

Der Eisenerzabbau nutzt vor allem dem Eisenerzberg von Divriği südöstlich von Sıvas, der im Tagebau hochwertiges Eisenerz liefert und der Eisenbahnverbindungen besitzt. Von dort werden vor allem die Hüttenwerke in Karabük südöstlich von Zonguldak, in Zonguldak selbst und in Ereğli westlich von Zonguldak, ferner in Yarımca westlich von Izmit, in Samsun und Elazığ versorgt. Ein bedeutendes Vorkommen im Amanos versorgt das Hüttenwerk von Sarıseki bei Iskenderun. Ein großes Eisenerzvorkommen am Golf von Edremit (Provinz Balıkesir) kann wegen seines hohen Arsengehalts bisher nicht genutzt werden. Ein weiteres großes Vorkommen am Çam Dağ, östlich von Adapazari, ist wegen des Fehlens einer Eisenbahnverbindung noch nicht verwertbar. Die zahlreichen sonstigen Eisenerzvorkommen scheinen gegenüber den genannten nur geringe Bedeutung zu haben. Die Produktion an gereinigtem Eisenerz ist von 1973 bis 1980 von 2,1 Mio. t auf 1,3 Mio. t zurückgegangen. Gleichzeitig nahm aber die Produktion von Roheisen von etwa 1 Mio. t auf etwa 2 Mio. t zu. Die Produktion von Stahlbarren erhöhte sich von 1,2 Mio. t 1973 auf 1,7 Mio. t 1980. Als Nebenprodukte ergaben sich u.a. ansehnliche Mengen von Schwefelsäure und Superphosphat. Mit der Eisenverhüttung verbunden ergab sich eine Zunahme der Erzeugung von Koks und von Halbfertigprodukten wie Grobblechen, Profileisen, Winkeleisen u.a., woraus eine wachsende Differenzierung der Produkte in diesem Industriezweig erkennbar wird.

An Buntmetallerzen und Buntmetallen ist die Chromerzgewinnung namentlich im Hinterland des Hafens von Fethiye (Westtaurus, Provinz Muğla) von Bedeutung, außerdem im Gebiet des Ergani Taurus in Ergani Madeni (Provinz Elazığ). Hochwertiges Chromerz wird in erheblichem Umfang ausgeführt. Wichtig ist seit alten Zeiten die Gewinnung von Kupfererz und seine Verhüttung. Die bedeutendsten Vorkommen liegen bei Ergani Madeni, bei Küre nördlich von Kastamonu und bei Murgul nördlich von Artvin (Provinz Çoruh).

Von erheblicher Bedeutung ist die Erzeugung von Magnesit, der in Begleitung der westlichen Abschnitte in der nördlichen Serpentinzone Anatoliens vorkommt. Dazu kommen eine ganze Reihe von Bauxit-Lagerstätten im Taurus, besonders bei Akseki östlich von Antalya. Der hydroelektrischen Aluminiumerzeugung dient ein Hüttenwerk in Seydişehir südwestlich von Konya. Namentlich im Mitteltaurus gibt es Vorkommen von Blei-Zinkerzen mit bescheidener Förderung. Weit verstreut in den Gebirgen finden sich Manganerze, die aber bisher nur gering genutzt werden.

Ein mannigfaltiges Lagerstättengebiet ist die Altkristalline Menderesmasse einschließlich der Westanatolischen Gebirgsschwelle. Hier gibt es beachtliche Vorkommen von Quecksilber- und Antimonerzen, außerdem kleine Fundstellen von Gold und Uran. Bei Sivrihisar südöstlich von Eskişehir kennt man Thoriumerz, im Bitlis Taurus ein Nickelvorkommen.

Groß ist über die Bedeutung der Steinkohle hinaus auch der Wert einer Reihe anderer nichtmetallischer Bodenschätze, in erster Linie der der Braunkohle. Sie ist in zahlreichen Einzelvorkommen vertreten, von denen die wichtigsten die staatlichen Tagebaue von Tunçbilek und Seyitömer westlich von Kütahya sowie von Soma östlich von Bergama, endlich ein Vorkommen westlich von Elbistan (Prov. Maraş) sind. Kleinere und sehr kleine Braunkohlevorkommen wurden aber nach einer älteren Aufstellung aus den 60er Jahren von Privatunternehmern in fast der Hälfte aller türkischen Provinzen abgebaut. Immerhin mehr als 0,1 Mio. t förderten damals kleinere Vorkommen in den Provinzen Çanakkale, Bolu, Manisa, Kütahya und Amasya. Die Gesamtproduktion an gereinigter Braunkohle betrug 1975 6,9 Mio. t, 1980 10,7 Mio. t. Sie ist also in den letzten Jahren stark gesteigert worden und wird außer für Stromerzeugung besonders als Hausbrandkohle in den Städten benutzt. Wegen des hohen Schwefelgehaltes dieser Braunkohle hat dieser Hausbrand z.B. in Ankara zu einer fast unerträglichen Luftverschmutzung geführt, unter der die Stadt besonders im Winter stark zu leiden hat. Trotzdem wird die Türkei sich bemühen müssen, den Braunkohlenabbau weiter zu steigern und auch möglichst viele Dörfer mit Braunkohle zu versorgen, damit das Verbrennen des als Dünger so kostbaren Viehmists in Fladenform (Tezek) und die ständige Schädigung der Wald- und Buschreste durch Brennholzentnahme wenigstens verringert werden können.

Die Türkei verfügt auch über eine, wenn auch bescheidene Eigenproduktion an Erdöl. Die jährliche Produktion an Rohöl betrug zwischen 1977 und 1982 nach dem Aylık Istatistik Bülteni des Statistischen Instituts etwa zwischen 2 und $2^1/_2$ Mio. t. Es mußten aber etwa 10 bis 15 Mio. t eingeführt werden, um den Inlandsbedarf für Thermokraftwerke, für Fahrzeugbenzin, Motoröl und sonstiges zu decken. Die Erdölvorkommen liegen in den schwach gestörten Antiklinalen der südlichen Vorlandschichten des Äußeren Osttaurus in den Provinzen Siirt und Diyarbakır. Die Förderung begann am Ramandağ und bei Garzan südwestlich bzw. westlich von Siirt. In Batman östlich von Diyarbakır entstand eine Raffinerie, und von dort ist eine Rohrleitung zum Golf von Iskenderun bei Payas gebaut worden, welche später bis zum Erdölfeld von Kerkuk im Irak verlängert wurde. Weitere Raffinerien in Ipraz bei Izmit, in Ataş bei Mersin und in Aliağa nördlich von Izmir kamen außerdem dazu und vermögen nunmehr den Eigenbedarf der Türkei an weiterverarbeiteten Erdölprodukten selbst zu decken.

An weiteren nicht metallischen Bodenschätzen der Türkei sind zu nennen Borsalze (Borazit, Pandermit und Colemanit) besonders im Gebiet von Bandirma in sedimentären Neogenlagerstätten, welche als Rohstoff für die chemische Industrie wichtig sind und deren Ausbeute an Konzentraten von 0,3 Mio. t 1973 auf 0,8 Mio. t 1980 gestiegen ist.

Ähnlich ist des weiteren die Gewinnung von glaubersalzhaltigen Massen aus den tertiären Gipsmergelschichten. Die Förderung von Konzentraten stieg von 1973 von ca. 13 600 t bis 1980 auf etwa 31 500 t.

Eine ziemlich seltene Besonderheit der Türkei bildet das Vorkommen von Schmirgel, einem derben Korund führenden Gestein aus den kristallinen Schiefern der Menderes-Masse. An Konzentrat werden jährlich mehrere Zehntausend t gewonnen. Das Hauptabbaugebiet liegt westlich von Aydın.

Als Umwandlungsprodukte basischer Tiefengesteine gibt es an verschiedenen Stellen Asbestvorkommen und bei Eskişehir Meerschaum, je mit kleinen Produktionsmengen. Erwähnenswert ist weiter die Förderung von Schwerspat, der an verschiedenen Stellen des Nordostanatolischen Küstengebirges und im Bitlis Taurus vorkommt, ferner die Gewinnung von Schwefel an zwei Stellen des westlichen Anatolien und die Vorkommen von Phosphatgesteinen im westlichen Umkreis der Mardinschwelle.

Die vielfältigen Bodenschätze ermöglichen der Türkei eine weitgehende Selbstversorgung bei der Entwicklung ihrer Industrie. Sie tragen auch teilweise zum Export des Landes bei. Allerdings wird der Bergbau an sehr vielen der kleinen Lagerstätten bisher nur mit sehr geringem technischem und kapitalmäßigem Aufwand betrieben. Er beschränkt sich oft auf das an der Oberfläche leicht zugängliche Material und gibt nach dessen Abbau so manche Fundstelle wieder auf.

4. Zur Energieversorgung der Türkei

Die Energieversorgung bildet seit langem ein ernstes Problem des an Bevölkerung stark zunehmenden und in steigender Entwicklung seiner Industrie stehenden Landes. Und dies trotz des Vorhandenseins eigener Steinkohle, Braunkohle, sogar von etwas Erdöl und von bedeutenden Wasserkraftwerken. Nach dem Statistischen Jahrbuch von 1981, Tab. 214, stieg der Energieverbrauch der Türkei, ausgedrückt in Steinkohleäquivalenten von 7000 kcal pro kg Steinkohle, von 1973 von etwa 36 Mio. t Steinkohlen äquivalent bis 1980 auf fast 49 Mio. t Steinkohlenäquivalent.

Produktion und Bedarf betrugen nach dieser Tabelle 214, gerechnet in Steinkohlenäquivalent zu 7000 kcal/kg Steinkohle:

	1973 Produktion	1973 Bedarf	1980 Produktion	1980 Bedarf
an Steinkohle	4,0 Mio. t	4,0 Mio. t	3,1 Mio. t	3,7 Mio. t
an Braunkohle	3,4	3,3	6,6	6,7
an Erdöl	5,3	18,4	3,5	22,1
an Hydroelektr.	0,9	0,9	4,1	4,1
an Brennholz	2,7	5,9	3,0	6,8
an Viehmist, Heu, Schilf	3,4	3,4	5,0	5,0
Insgesamt	19,9	ca. 36,1	ca. 25,7	ca. 48,8 Mio. t Steinkohlenäquiv.

Dieser Bedarf konnte 1973 nur zu etwa 55 % aus Eigenproduktion gedeckt werden und 1980 sogar nur zu etwa 53 %. Vgl. auch Hütteroth, 1982, Fig. 103, S. 398, Fig. 106, S. 408, Fig. 107, S. 410.

Nach der gleichen Aufstellung betrug der Überschuß am Verbrauch gegenüber der Eigenerzeugung im einzelnen bei Steinkohle, Braunkohle, Asphaltit, bei Hydroenergie und Tezek praktisch Null. Bei Erdöl war aber 1973 ein Verbrauchsüberschuß von 13 Mio. t und 1980 von 18,6 Mio. t vorhanden, außerdem bei Brennholz 1973 ein Verbrauchsüberschuß von 3,2 Mio. t und 1980 von 3,8 Mio. t Steinkohlenäquivalent. Diese müssen durch Einfuhren gedeckt worden sein. Die Einfuhrstatistik Nr. 329 weist daher auch für 1973 12,8 Mio. t und für 1979 12,4 Mio. t an eingeführten mineralischen Brennstoffen, davon mehr als 90 % an Erdöl auf.

Es besteht wenig Aussicht, daß die Türkei imstande sein wird, diese große Lücke in ihrer Energieversorgung in Zukunft durch Erhöhung des Abbaus an eigener Steinkohle und Braunkohle, der Gewinnung von eigenem Erdöl und durch große Steigerung von Hydroelektrizität wird schließen können. Denn trotz erkennbarer Bemühungen scheinen wirklich starke Vermehrungen in der Gewinnung mineralischer Brennstoffe kaum möglich zu sein. Und auch der Ausbau von Wasserkraftwerken hat bereits alle großen Flüsse des Landes und schon zahlreiche kleinere Gebirgsflüsse durch den Einbau von Staustufen weitgehend in Anspruch genommen, so daß größere Stromverbundsysteme bestehen. Nach dem Yeni Türkiye Atlası Bl. 61, hat das Stromverbundnetz der Türkei 1977 bereits einen großen Teil der größeren Städte erreicht. Es befindet sich in starkem weiteren Ausbau.

Die Gewinnung von Hydroelektrizität erreichte 1980 fast 20 % der gesamten eigenen Erzeugung von Energie in der Türkei.

5. Zur Konsumgüterindustrie der Türkei

Nach den Angaben des Statistischen Jahrbuches 1981 Tab. 225, betrug die Zahl der Industriebetriebe von mehr als 10 Beschäftigten im Jahre 1970 etwa 4800, die der Betriebe von weniger als 10 Beschäftigten etwa 170 500. In den größeren Betrieben waren rund 500 000 Beschäftigte tätig, im Durchschnitt also wenig über 100 Beschäftigte pro Betrieb. Daraus ist zu entnehmen, daß die Zahl der eigentlichen Großbetriebe in der Türkei im Vergleich zu mittelgroßen Betrieben noch gering ist. In den 170 500 Betrieben von weniger als 10 Beschäftigten arbeiteten etwa 330 000 Beschäftigte, d.h. im Durchschnitt weniger als 2 pro Betrieb. Daraus geht hervor, daß die größte Zahl der industriellen Kleinbetriebe eher als handwerkliche Kleinbetriebe zu bezeichnen sind.

Der Bergbau beschäftigte 1973 etwa 84 000 Arbeiter und diese Zahl stieg bis 1979 langsam bis auf fast 100 000 Menschen. Die Elektrokraftwerke beschäftigten 1980 gut 56 000.

Ansehnlich ist bereits die Industrie der Nahrungs- und Genußmittel vertreten, die die einheimischen Agrarprodukte verarbeitet. Sie zählte 1970 rund 1300 größere und rund 17 600 kleine Betriebe mit insgesamt mehr als 130 000 Beschäftigten.

Gewichtig war ebenso die Textil- und Bekleidungsindustrie. Mit etwa 1000 größeren und fast 60 000 kleinen Betrieben und mit im ganzen mehr als 230 000 Beschäftigten, wobei in den 60 000 Kleinbetrieben naturgemäß die kleinen Werkstätten der Schneider und Schuhmacher enthalten sind.

Erhebliche Bedeutung hat weiter die Holz-, Kork- und Möbelindustrie mit gut 250 größeren und fast 23 000 kleinen Betrieben, in denen das örtliche Schreinerhandwerk enthalten ist. Sie zählte 1970 mehr als 16 000 Beschäftigte.

Kennzeichnend für die Verteilung der Industrie in der Türkei ist bisher ein sehr starkes Übergewicht von Istanbul besonders an größeren Betrieben mit einem praktisch schon bis etwas über Izmit nach Osten hinaus reichenden Ostausläufer längs der Küstenstraße am Golf von Izmit. Dazu kommen als bereits merklich geringere Standorte die Städte Izmir, Ankara und Adana, endlich wiederum etwas zurückstehend Bursa, Adapazarı und Zonguldak, ferner an Provinzhauptstädten besonders Eskişehir, Kayseri, Malatya und Elazığ. Die übrigen Provinzhauptstädte folgen. Kleinbetriebe besonders der handwerklichen Konsumgüterherstellung und -Reparatur sind dagegen im ganzen Land über die kleinen Städte und Marktorte verteilt. Der Südosten, östlich etwa einer Linie von Gaziantep nach Elazığ und Erzurum und von dort nach Rize ist freilich noch kaum von größeren Industriebetrieben besetzt.

Nennenswert ist außerdem die Papier- und Druckindustrie. Sie arbeitete 1970 mit etwa 250 größeren und 2700 kleineren Betrieben und beschäftigte fast 30 000 Personen. Einen schon bedeutenden Platz nimmt die Industrie des Kautschuks, die chemische Industrie und die Industrie der Petroleum- und Kohleprodukte ein. Sie besaß 1970 etwa 370 größere und 1700 kleine Betriebe mit im ganzen fast 45 000 Beschäftigten.

Erwähnenswert ist des weiteren die Industrie der Nichtmetallischen Minerale außer Erdöl und Kohle mit 1970 320 größeren und 4600 kleinen Betrieben, welche insgesamt gut 45 000 Beschäftigte zählten. Die Türkei hatte außerdem 160 größere und etwa 20 kleine Betriebe der Metall-Grundindustrie an Hüttenwerken und Schmelzen mit etwa 32 000 Beschäftigten. Die Metallindustrie ohne Maschinenindustrie umfaßte rund 360 größere und 26 000 kleine Betriebe, unter denen auch die Goldschmiede und Kupferschmiede gezählt sind. Auf diesen Industriezweig entfallen wiederum etwa 45 000 Beschäftigte.

Die Maschinenindustrie einschließlich der Elektromaschinen und Elektroapparate sowie der Fahrzeugindustrie besaß 1970 fast 500 größere Betriebe und etwa 23 500 kleine Betriebe, zu denen auch die Reparaturwerkstätten zählen. Hier waren etwa 120 000 Arbeiter beschäftigt.

Etwa 200 größere und 2000 kleine Betriebe mit rund 20 000 Beschäftigten wurden als Betriebe verschiedenartiger Industrie gezählt.

Eine große Bedeutung hat die Hochbautätigkeit. Nach dem Statistischen Jahrbuch 1981, Tab. Nr. 253 und 254, stieg die Zahl der fertiggestellten Bauten von 1973 von etwa 52 600 bis 1980 auf etwa 63 300 an. Den größten Anteil hatten sowohl 1973 wie 1980 die Baugenehmigungen für Eisenbeton-Bauten mit 1980 fast 41 000, an zweiter Stelle standen Ziegelmauer-Bauten mit 1980 21 400 Bauten. Dann folgen Betonblock-Mauerbauten mit 1980 etwa 3850 Bauten, Steinmauerbauten mit etwa 1900 und Lehmziegel-(Kerpiç)Mauerbauten mit 1980 etwa 1250 Baugenehmigungen. Fachwerkbauten sind 1980 nur noch mit 100 Baugenehmigungen vertreten.

Um 80 % bis 90 % der Bauten waren jeweils Wohnbauten. Um 10 % dienten Handel und Industrie. Der Rest entfiel auf Bauten für kulturelle und medizinische Zwecke, für Verwaltungsgebäude und sonstiges.

Bemerkenswert bleibt, daß die alteinheimische Kerpiç-Bauweise immerhin noch mit gut 3 % der Gesamtneubauten vertreten ist. Über die Zahl der im Baugewerbe Beschäftigten macht die Statistik leider keine Angaben. Wahrscheinlich war es nicht möglich, für die an Zahl und Arbeitsdauer der Beteiligten stets sehr unregelmäßig wechselnden Einzelgrößen genügend verläßliche Unterlagen zu erhalten. Sehr groß ist aber die Zunahme der Zementproduktion. Sie stieg von 1973 von etwa 8,9 Mio. t bis 1980 auf fast 12,9 Mio. t.

Bemerkenswert ist auch der kräftige Ausbau des Allwetter-Straßennetzes an Staats- und Provinzstraßen. Er stieg von 1973 von etwa 59 300 km bis 1980 auf etwa 60 800 km Länge und enthielt 1980 etwa 3000 Brücken und 57 Tunnels. Das Eisenbahnnetz hat 1980 fast 8200 km Länge erreicht. Der Betrag an Zugkilometern nahm aber von 1973 von 40,3 Mio. km bis 1980 auf etwa 35,5 km ab. Darin kommt deutlich die starke Konkurrenz zum Ausdruck, die auch in der Türkei die Eisenbahn durch den Kraftwagenverkehr erfährt. Sie betrifft offenbar vor allem den Gütertransport. Denn der Betrag der Personenzug-Kilometer hat von 1973 von 15,3 Mio. km bis 1980 auf 20,3 Mio. km sogar noch merklich zugenommen.

Im ganzen ist die Zahl der in der Konsumgüterindustrie Beschäftigten mit 1970 gut 0,8 Mio. Personen noch recht klein und bleibt noch klein, selbst wenn ihre Zahl für 1982, die noch nicht vorliegt, auf mehr als 2 Mio. geschätzt werden kann. Dabei steigt die Arbeitslosigkeit an. Nach dem Aylık Istatistik Bül. für Dez. 1982 stieg die

Arbeitslosigkeit von 1980 mit etwa 0,25 Mio. Personen bis Ende 1982 auf etwa 0,45 Mio., von denen jeweils etwa ein Fünftel Frauen waren. Danach würde die Arbeitslosigkeit bei Industriearbeitern 1982 wahrscheinlich in der Nähe von 20 % dieser Arbeiter liegen und damit sehr hoch sein.

6. Die Standorte der Industrie

In der Türkei haben sich einige beachtliche Schwerpunktgebiete der Industrie entwickelt, von denen R. Izbırak (1973, Bd. 2) auch eine kartographische Darstellung gegeben hat. Das bedeutendste von ihnen hat seinen Ursprung in Istanbul genommen. Es hat sich aber mit zahlreichen, namentlich auch größeren Anlagen besonders der Maschinen- und Fahrzeugindustrie sowie der Holz- und Papierindustrie und der Petrolchemie von Bakırköy westlich von Istanbul längs der Nordküste des Marmara-Meeres ostwärts bis über Izmit hinaus, ja in Ansätzen bis Adapazarı zu einer mehr als 100 km langen Art Industriestraße entwickelt.

Außerdem gibt es das Bergbau- und Schwerindustriegebiet von Zonguldak und Ereğli an der Schwarzmeer-Küste, das sich mit kleineren Anlagen anderer Industriezweige ostwärts allmählich bis Bartın vortastet. Drittens hat sich am Mittelmeersaum von Mersin bis Adana eine mannigfaltige Industriezone ausgebildet, die in Baumwollfabriken um Adana und einer Erdölraffinerie bei Mersin ihre Schwerpunkte besitzt, in der aber weitere Textil- und Nahrungsmittelfabriken sowie mannigfache andere Fabriken hinzugekommen sind.

In wenig entfernter Nachbarschaft, nämlich bei Iskenderun sind außerdem ein Werk der Eisenhütten-Industrie und eine Erdölraffinerie hinzugekommen.

Die übrigen größeren Industriestandorte knüpfen sich besonders an die größten Städte des Landes und weisen dort die meisten Zweige der Konsumgüterindustrie auf. Dazu kommt stärkere Industrieentwicklung in den großen Städten Eskişehir, Konya, Gaziantep, und Erzurum. Wobei in Eskişehir besonders die Maschinen- und Fahrzeugindustrie sowie die Nahrungsmittelindustrie hervortreten, in Izmir die Tabak- und Nahrungsmittelverarbeitung, in Erzurum Fleisch- und andere Nahrungsmittelerzeugung, in Gaziantep Textilindustrie.

In den weniger großen Städten wird z.B. um Kayseri Textilindustrie und sogar etwas Flugzeugindustrie, in Malatya und Elazığ wiederum Textilindustrie, sowie in Elazığ etwas Metallverhüttung betrieben. Im Dalaman-Gebiet (Prov. Muğla) an der Südküste, bei Giresun an der Schwarzmeerküste und in den Industriezonen um Izmit und Zonguldak sind auch Papierfabriken entstanden. Besonders erwähnenswert ist die ganz junge Stadt Batman (Prov. Siirt) mit ihrer Petrolchemie. Wichtig ist ferner das Gebiet der Teeblätterverarbeitung an der Schwarzmeerküste von Araklı über Rize bis Çayeli.

7. Zum Außenhandel der Türkei

Der Außenhandel der Türkei erlaubt einen Einblick in die Entwicklung der türkischen Industrie. Der Import minderte sich etwas nach dem Statistischen Jahrbuch

1981 Nr. 329 von 1973 mit einem Wert von 4,99 Milliarden $ bis 1979 auf 4,95 Mrd. $. Die Importe waren dabei 1973 zu mehr als 75 %, 1979 sogar zu mehr als 80 % durch drei Posten verursacht, nämlich 1. durch mineralische Brennstoffe, vor allem Erdöl; 2. durch Chemikalien und 3. durch Maschinen und Fahrzeuge. Von diesen ist der Import an mineralischen Brennstoffen und der an Chemikalien in diesen Jahren wertmäßig sogar noch erheblich angestiegen. Dagegen konnte der Import an Maschinen und Fahrzeugen erheblich gemindert werden. Offenbar ist die Eigenproduktion, bzw. die Eigenmontage der Türkei auf diesem Gebiet deutlich angewachsen. Von den sonstigen Importen ist die Einfuhr von Nahrungsmitteln von 1973 bis 1979 wertmäßig von 57,7 Mio. $ 1973 bis 1979 auf nur noch 14,6 Mio. $, d.h. auf etwas mehr als ein Viertel zurückgegangen. Darin, wie auch in einem starken Rückgang der Einfuhr von tierischen und pflanzlichen Fetten, von halbfertigen Leder-, Kautschuk-, Papier-, Textil- und Metallfabrikaten sowie von Fertigfabrikaten aller Art kommt eine deutliche Aufwärtsentwicklung sowohl der einheimischen Landwirtschaft als auch der türkischen Industrie zum Ausdruck.

Die allmähliche Aufwärtsentwicklung der türkischen Wirtschaft wird auch in einer langsamen Steigerung des Exporthandels erkennbar, wenngleich der Wert der Exportgüter 1979 mit 2,26 Mrd. $ immer noch nur etwa 45 % des Wertes der mit 4,95 Mrd. $ berechneten Importe ausmachte. Immerhin hat die Türkei von 1976 mit 1,96 Mrd. $ bis 1979 mit 2,26 Mrd. $ eine wertmäßige Steigerung ihrer Exporte um rund 15 % erreicht.

Hierbei hat namentlich die Zunahme der Ausfuhr von Früchten und Gemüsen, besonders von Haselnüssen und Trockenfrüchten von 1976 432 Mio. $ auf 1979 761 Mio. $ einen erheblichen Anteil. Gleiches gilt für die Ausfuhr von Rohmineralstoffen, also Bergbauprodukten von 1973 für ca. 48 Mio. $ auf 1979 für 102 Mio. $. Die Ausfuhr von Getreideprodukten war schwankend zwischen 1976 mit 43 Mio. $ und 1979 112 Mio. $. Beträchtlich, aber ebenfalls nicht gleichmäßig steigend, waren die Exporte an Textilrohfasern, hauptsächlich von Baumwolle, die 1976 einen Wert von fast 472 Mio. $ erreichten, 1979 aber nur 266 Mio. $. Schwankungen zeigte auch der Export von Tabak und Tabakwaren, der 1976 251 Mio. $ erreichte, 1979 aber nur 177 Mio. $.

Die sehr zahlreichen übrigen Exportgüter erreichen je nur wesentlich geringere Wertbeträge. Es ist klar, daß die Exporte von Landwirtschaftserzeugnissen nicht nur von Jahr zu Jahr durch den Witterungsgang, sondern auch durch Preisschwankungen auf dem Weltmarkt erhebliche Unregelmäßigkeiten aufweisen.

Demgegenüber sind die industriellen Produkte wenigstens vom Witterungsverlauf unabhängig. Im ganzen zeigt sich jedenfalls eine langsame Aufwärtsentwicklung der türkischen Wirtschaft. Aber sie ist durch eine allgemein sehr hohe Zahl von Arbeitslosen belastet.

V d. ZUM VERKEHRSWESEN DER TÜRKEI

1. Zum Eisenbahnwesen

Das Verkehrswesen der Türkei hat seit der Gründung der türkischen Republik eine gewaltige Entwicklung genommen. Vorher waren einerseits Ansätze einer Erschließung der landwirtschaftlich ertragreichen Grabengebiete Westanatoliens durch Sticheisenbahnen ausländischer Konzessionär-Gesellschaften, vom Exporthafen Izmir ausgehend, vorhanden. Andererseits war entsprechend dem Herrschafts- und Integrationsinteresse des Osmanischen Staates, mit Hilfe der Deutschen Bank, die anatolische Bahn von Istanbul-Haydarpaşa nach Ankara und ihre Abzweigung von Eskişehir über Konya bis zur Çakıt-Schlucht im Taurus nordwestlich von Adana, d.h. der Anfang der sogenannten Bağdad-Bahn gebaut worden. Es existierten auf diese Weise bei Beginn der türkischen Republik rund 3100 Streckenkilometer, von denen mehr als 100 km russische Breitspurbahn und etwa 350 km Schmalspurbahnen im östlichen Anatolien waren.

Von diesem Bestand ausgehend, ist es dem neuen Staat gelungen, bis 1937, d.h. in den ersten 15 Jahren seines Bestehens, nicht nur alle ausländischen Bahnstrecken durch Kauf in Staatsbesitz zu überführen, sondern das Bestehende durch den Neubau von gut 3200 km auf etwa 6300 km zu erweitern und zu einem den eigentlichen Bedürfnissen des Staates entsprechenden, wenn auch weitmaschigem Eisenbahnnetz auszubauen. Dieses Netz bestand schon 1937 aus einem vollkommen geschlossenen Streckenring am Innensaum der Randgebirge von Zentralanatolien, welcher ungefähr den uralten Handelswegen längs der Ränder Zentralanatoliens folgt, wo ja aus Gründen der Wasserversorgung und der Anbaugunst die wichtigsten Städte Zentralanatoliens aufgereiht sind. Von diesem Streckenring aus führten dann schon 1937 die drei alten Linien nach Istanbul, nach Izmir durch den Gedizgraben und nach Izmir durch den Büyük Menderes-Graben und eine neue von Kütahya nach Balıkesir, also vier Linien nach dem Nordwesten und Westen des Landes. Dazu kamen die beiden neuen Strecken zur Schwarzmeerküste nach Zonguldak und über Kayseri und Sıvas nach Samsun, außerdem die beiden das östliche Anatolien erschließenden Linien von Sıvas nach Erzurum und nach Malatya, die vor 1980 bis zur Sowjetischen Landesgrenze bei Leninakan und bis zur Fähre Tatvan am Vansee und von Van bis zur iranischen Grenze bei Kotur weitergeführt worden sind.

Es wurde bis 1937 die Strecke von der Çakıt-Schlucht im Taurus nach Adana und über Fevzipaşa im Hataygraben über Malatya nach Diyarbakır vollendet und damit zugleich ein östlicher Streckenring zwischen Kayseri, Adana, Malatya, Sıvas und Kayseri geschlossen, von dem nun auf türkischem Staatsgebiet die Ostlinien nach Gaziantep und Mardin und von Malatya nach Kurtalan bei Siirt ausgehen. Endlich wurde durch eine Verbindung von Manisa über Balıkesir nach Bandırma am Marmara-Meer das westliche Streckensystem der Türkei zu mehreren miteinander verbundenen Streckenringen ausgebaut, so daß zusammen mit den Fährverbindungen auf dem Marmara-Meer der Westen ein schon erheblich verdichtetes Streckennetz gewonnen hat. Zusammen mit einer ganzen Reihe von kleineren Abzweigungen von den Hauptlinien besitzt die Türkei ein, wenn auch weitmaschiges wirkliches Eisenbahnnetz, das bis 1980 eine Streckenlänge von fast 8200 km erreicht hat. Nur noch die Türkei besitzt ein solches Netz am Südstrand des geographischen Europas. Die Eisenbahnlinien des Iran haben demgegenüber gemäß der Durchsetzung des Landes mit fast siedlungslosen Wüstengebieten nur den Charakter von hier und da verzweigten Stichlinien.

Das Eisenbahnnetz der Türkei ist offensichtlich stark von verteidigungspolitischer Zielsetzung her geplant worden. Das leistungsfähige Massenverkehrsmittel sollte augenscheinlich möglichst alle Teile des Landes in zum mindesten weitmaschiger Linienführung rasch erreichbar machen. Dabei mußten Bedürfnisse wirtschaftlich wichtiger Verbindungen zunächst zurückstehen.

So kommt es, daß z.B. die Eisenbahnverbindung von Ankara nach Samsun, dem bedeutendsten Schwarzmeerhafen der Türkei mit der Linienführung über Kayseri-Sıvas-Amasya gegenüber der etwa 415 km langen Straße über Kırıkkale und Çorum einen Umweg von rund 575 km Länge macht. Außerdem hat die Bahn an Aufwärts- und Abwärtssteigungen noch rund je 200 Höhenmeter mehr zu überwinden als die Straße. Hat die Bahn doch zwischen dem 850 m hohen Ankara und dem wenige Meter hohen Samsun an der Küste mehrmals Aufwärtssteigungen von 300 bis 500 m und entsprechend größere Abwärtssteigungen zu überwinden, wobei sie am Paß von Çamlıbel NW von Sıvas sogar 1500 m Meereshöhe erklimmen muß. Es ist verständlich, daß dem Eisenbahnverkehr, seitdem das Straßennetz der Türkei inzwischen stark ausgebaut worden ist, im Automobilverkehr ein mächtiger wirtschaftlicher Konkurrent erwachsen ist.

2. Zum Straßennetz der Türkei

Wegen der außerordentlich intensiven Eisenbahn-Baupolitik der ersten 15 Jahre der türkischen Republik konnte der Ausbau des Straßennetzes zunächst nur langsam vor sich gehen. Vom Osmanischen Reich dürfte die neue Türkei ein Straßennetz von ungefähr 35 000 km übernommen haben, welches aber größtenteils in einem bedauernswert schlechten Zustand gewesen ist. Aus den Angaben der Statistischen Jahrbücher der Türkei ist zu erschließen, daß in den Jahren bis etwa 1940 im Durchschnitt jährlich mehr als 250 km an Allwetterstraßen neu hinzugekommen sind und daß gleichzeitig fast 700 km jährlich ausgebessert wurden. Bis 1940 waren etwa 42 000 km vorhanden.

Nach Vollendung der wichtigsten Eisenbahnlinien ist dann seit etwa 1950 vor allem mit Hilfe großer amerikanischer Straßenbaumaschinen eine Steigerung des Straßenneubaus auf jährlich etwa 700 km erreicht worden. Dadurch wurde das Straßennetz, welches vor 1950 in den östlichen Landesteilen deutlich schütterer war als in den mittleren und westlichen Bereichen, bis etwa 1970 so weit ausgebaut, daß von einem Rückstand der östlichen Landesteile kaum noch gesprochen werden kann. Seither hat sich der Neubau von Straßen allmählich bis auf gegenwärtig etwa 200 km im Jahresdurchschnitt verlangsamt. Dabei hat aber der aufwendige Bau von Gebirgsstraßen zugenommen. Das Gesamtnetz der Staats- und Provinzialstraßen, die zu mehr als 90 % Allwetterstraßen sind, ist auf diese Weise bis 1980 auf mehr als 60 500 km Länge angewachsen und wird weiter vermehrt und verbessert. Auf diesen Strecken verkehrten 1980 1,1 Mio. Kraftfahrzeuge, während es 1973 erst knapp 450 000 waren. 1980 waren 0,7 Mio. Personenkraftwagen, 30 000 Busse, 65 000 Kleinbusse, fast 160 000 Lieferwagen und 170 000 Lastkraftwagen in der Türkei zugelassen.

3. Zum Seeverkehr der Türkei

Die Größe der türkischen Handelsflotte hat von 1973 mit fast 20 Schiffseinheiten von über 1000 BRT und gut 0,75 Mio. BRT bis 1908 auf fast 200 Schiffseinheiten mit gut 1,3 Mio. BRT zugenommen. Unter den Häfen der Türkei hatte Istanbul im Auslandsverkehr zwischen 1973 und 1980 mit einer ankommenden und auslaufenden Tonnage zwischen 4 und über 8 Mio. t, mit zwischen 140 000 und mehr als 220 000 ankommenden und abreisenden Passagieren, und mit zwischen 0,14 und 2,7 Mio. t jährlich schwankendem Ladegut den wertmäßig wahrscheinlich größten Anteil am Seeverkehr. Im Hafen von Izmir belief sich zwischen 1973 und 1980 die Tonnage der jährlich ankommenden und auslaufenden Schiffe auf zwischen 1,1 und 2,4 Mio. t, die Zahl der ankommenden und abreisenden Passagiere war zwischen 140 000 und gut 220 000 ähnlich groß wie in Istanbul. Die Summe der jährlich umgeschlagenen Güter belief sich aber auf zwischen 0,4 und gut 0,9 Mio. t. Sie war dabei meist größer als in Istanbul, was hauptsächlich durch den Export hochwertiger Landwirtschaftsgüter wie Früchte, Trockenfrüchte, Tabak und Baumwolle aus dem Egegebiet bedingt sein dürfte.

Eine erhebliche Rolle im Transport von Massengütern, vor allem von Erdöl und Erzen spielt seit längerer Zeit der Hafen von Mersin mit einer Tonnage der ankommenden und auslaufenden Schiffe zwischen 1973 und 1980 von jährlich zwischen 0,8 und 3 Mio. t. Der Passagierverkehr steht hier mit zwischen 20 000 und 80 000 Personen gegenüber Istanbul und Izmir deutlich zurück. Der jährliche Güterverkehr hielt sich zwischen 0,4 und 3,5 Mio. t und besteht hauptsächlich aus Import von Rohöl für die benachbarte Raffinerie Ataş. Sprunghaft gestiegen ist zwischen 1977 und 1979 der Güterimport von Iskenderun. Er lag zwischen 1973 und 1977 zwischen 0,2 und 0,9 Mio. t und erreichte 1979 11,1 Mio. t, was offenbar auf die Inbetriebnahme der Erdölraffinerie von Aliağa und des Hüttenwerkes von Sarıseki zurückgeht. 1980 wurden ca. 8,3 Mio. t verzeichnet. Der Passagierverkehr war bisher mit zwischen im Jahre nur 55 und 14 150 Personen ziemlich unbedeutend. Auch in Iskenderun dürften Transporte von Rohöl und von Erzen für das Hüttenwerk den größten Teil des Güterumschlags ausmachen.

Wichtig ist außerdem der Hafen von Izmit durch seine zwischen 1973 und 1980 zwischen 65 000 und 320 000 t Import-Tonnage liegenden Umschlagswerte, die vor allem der Versorgung der Raffinerie von Ipraz mit Rohöl dienen dürfte. Der Passagierverkehr spielte in diesen Jahren in Izmit so gut wie gar keine Rolle.

4. Zum Luftverkehr der Türkei

Die Türkei hat auch einen ansehnlichen Luftverkehr entwickelt, doch war der Flugverkehr zwischen 1973 und 1980 deutlich rückläufig.

Bei dem internationalen Flughafen von Ankara-Esenboğa ging die Zahl der Flüge von fast 23 000 im Jahre 1973 auf etwas über 15 000 im Jahre 1980 zurück. Davon waren ein Viertel bis ein Drittel Flüge ausländischer Gesellschaften. Die Zahl der Inlandspassagiere schwankte zwischen 0,7 Mio. und 1,4 Mio. Personen, die der Auslandspassagiere zwischen 0,1 und 0,8 Mio. Die Luftfracht hielt sich zwischen 9000 und 15 000 t.

Bei Istanbul-Yeşilköy ging die Zahl der Flüge von über 60 000 im Jahre 1973 auf gut 40 000 im Jahre 1980 zurück. Davon waren jeweils die kleinere Hälfte Flüge ausländischer Gesellschaften. Die Zahl der Inlandspassagiere schwankte zwischen 0,6 Mio. und 1,5 Mio., die der Auslandspassagiere zwischen 1,3 Mio. und 1,9 Mio. Personen. Die Luftfracht hielt sich zwischen 45 000 t und 68 000 t. Unter den sonstigen Flughäfen waren Izmir mit mehr als 10 000 Flügen im Jahre, Adana, Antalya, Bursa, Diyarbakır, Erzurum, Samsun, Trabzon mit meist mehr als 1000 Flügen im Jahr vertreten. Von ihnen hatten Izmir, Adana und Antalya auch einen gewissen Anteil am Auslands-Flugverkehr. In kleinerem Ausmaß dienen dem Inlandsflugverkehr die Flughäfen von Balıkesir, Bandırma, Elazığ, Gaziantep, Kayseri, Konya, Malatya, Sıvas und Van sowie sehr gering auch die von Erzincan und Afyon-Karahisar.

C. DIE EINZELLANDSCHAFTEN DER TÜRKEI [19a]

Die Einzeldarstellung der kleineren landschaftlichen Einheiten der Türkei, in die die vorher umrissenen größeren Teilbereiche des Landes sich weiter untergliedern, ist genötigt, eine bestimmte Reihenfolge einzuhalten, für die es aber keine allgemeingültig beste Regel gibt. Es wird hier mit Zentralanatolien als demjenigen der größeren Teilbereiche begonnen, der die meisten allseitigen Berührungen mit den übrigen Teilbereichen aufweist. Danach folgt die Einzeldarstellung der nördlichen Randgebiete des Landes, im Nordwesten beginnend und nach Osten fortschreitend, worauf Inner-Ostanatolien sich anschließt. Schließlich werden die kleineren landschaftlichen Einheiten von Westanatolien und darauf die der südlichen größeren Teilbereiche des Landes in deren westöstlicher Reihenfolge beschrieben.

I. ZENTRALANATOLIEN

1. Übersicht

Das Hochland von Zentralanatolien wird, wie schon angedeutet, im Norden von den Nordanatolischen Randgebirgen, im Süden vom Taurussystem umrahmt. Im Osten findet es sein Ende dadurch, daß am oberen Kızıl Irmak im Gebiet von Imranlı und am Tecer Çay um Kangal Stränge der Nordanatolischen Randgebirge und des Ostaurus sich seitlich aneinander schmiegen, so daß der Hochlandbereich zwischen ihnen auskeilt. Im Westen tritt keine unmittelbare Berührung zwischen den Nordanatolischen Randgebirgen und dem Taurussystem ein. Hier erhebt sich aber zwischen beiden die breite Westanatolische Gewirgsschwelle und bildet zwischen westlich von Eskişehir und östlich von Afyon-Karahisar einen recht markanten Abfall als Grenze von Zentralanatolien.

Infolge dieser allseitigen Umschließung von Zentralanatolien durch höhere Gebirge bekommt das Hochland geringere Niederschläge als die Randgebirge. Wegen seiner größtenteils zwischen 800 m und mehr als 1000 m gelegenen Meereshöhe ist es sommertrockenwarm und winterkalt und daher größtenteils natürliches Steppenland. Dementsprechend ist es größtenteils nur dünn, stellenweise sogar nur sehr dünn besiedelt. Aber das offene Steppenland ist verkehrsgünstig. Deswegen liegen am Fuß der umrahmenden Gebirge, dort wo Bäche aus dem Gebirge heraustreten und künstliche Bewässerung ermöglichen, eine ganze Reihe von Städten, die z.T. seit alter Zeit eine Rolle als Stützpunkte für die am Gebirgssaum entlangziehenden Straßen von der Adanaebene nach Istanbul und nach Westanatolien gespielt haben. Es sind vor allem Eskişehir, Emirdağı, Bolvadin, Akşehir, Konya, Karaman, Ereğli

---

19a Vgl. hierzu stets die Karten 1, 2, 3 und 4 am Schluß der Arbeit.

und Ulukışla. Einige von ihnen haben als Stützpunkte für die jeweiligen politischen Machtgebilde wie für den Durchgangsverkehr Bedeutung gehabt. Dazu gehören Ankara seit der Galaterzeit, Boğazköy (Hattusa) im Hethiterreich ebenso wie Alaca Hüyük und Alişar, Kayseri (Caesarea) und Kül Tepe bei Kayseri seit assyrischer Zeit, Çatal Hüyük und Konya teils seit dem Neolithikum, teils seit der Selçukenzeit, Gordion seit der phrygischen Zeit u.a.

Das Hochland von Zentralanatolien ist ein echtes Zwischengebirgsland innerhalb des Eurasiatischen Kettengebirgsgürtels. Demgemäß gliedert es sich in ein Mosaik recht verschieden gestalteter Teilgebiete.

2. Das Ober-Sakarya- und Porsuk-Becken

Den Nordwesten von Zentralanatolien nimmt das Ober-Sakarya- und Porsuk-Becken ein. Es erfüllt den Raum südlich des aus metamorphen Gesteinen aufgebauten und schon mit Waldresten bedeckten, rund 100 km von W nach E gestreckten Sündiken-Gebirges, welches hier das südlichste Glied der Nordanatolischen Randgebirge, d.h. der Nordumrahmung von Zentralanatolien bildet. Weiter östlich wird der Nordrand des Ober-Sakarya- und Porsuk-Beckens von einem nördlicheren Strang der Nordanatolischen Randgebirge übernommen, dem Köroğlu-Gebirge. Dieses reicht etwa vom Durchbruch des Unteren-Sakarya 400 km weit nach Osten bis zum Durchbruch des Kızıl Irmak. Hier ist die Tafel der weißbunten Neogenschichten, die hier dem Becken eingelagert sind, bei Beypazarı und Çayırhan gegen das nördliche Randgebirge zu malerischen Schichtkämmen aufgebogen. Sein Ostende findet das Ober-Sakarya- und Porsuk-Becken dort, wo aus dem Köroğlu-Gebirge mit SW Streichen als im wesentlichen neogene Hebungsstränge von anatoliden Faltungsstrukturen die Gebirge des Ankara-Gebietes abzweigen, welche rund 100 km nach Zentralanatolien hineinziehen, bevor sie allmählich nach SE ausklingen.

Im Südwesten grenzt das Ober-Sakarya- und Porsuk-Becken etwa an der Linie Inönü-Seyitgazi-Emirdağı an den Rand des Emir-Türkmen-Gebirges. Mit diesem beginnt hier, hauptsächlich aus NW—SE gefalteten mesozoischen, z.T. ophiolithischen Gesteinen, d.h. aus Strukturelementen des Taurus aufgebaut, aber nicht mehr mit dem Taurusgebirge in Verbindung stehend, die Westanatolische Gebirgsschwelle. Sie ist auch hier bereits mit Waldresten von Eichen und Schwarzkiefern bedeckt. Das Gesamtareal des Ober-Sakarya- und Porsuk-Beckens hat die Größenordnung von etwa 15 000 km^2.

Wie schon der Name Ober-Sakarya- und Porsuk-Becken andeutet, ist dieses Becken zweigeteilt. Mit rund 50 km Abstand voneinander und mit 800 m bis 700 m Höhe ihrer Flußsohlen fließen der Porsuk nach Osten, der Ober-Sakarya zuerst nach ESE, später nach N. Aber zwischen beiden Flüssen erhebt sich der mehr als 100 km lange Rücken aus metamorphen Gesteinen und Granit, welcher mit WE-Erstreckung das Sivrihisar-Gebirge bildet, und der im Osten mit jäh aufragenden Granit-Gipfeln 1889 m Höhe erreicht, sich aber westwärts allmählich erniedrigt. Die breiten Talzüge des oberen Sakarya und des Porsuk sind streckenweise von weiten Flußniederungen und niedrigen Flußterrassen begleitet, im übrigen von Neogentafeln erfüllt, welche hoch an den beiderseitigen Gebirgen emporreichen, und welche mehr oder weniger tief zertalt sind.

Talauf nach Westen nimmt der Höhenunterschied zwischen den Talsohlen und den Oberflächen der Neogentafeln mehr und mehr ab. Deshalb kann man vom Gebiet von Eskişehir im Westen in sanftem Gelände sowohl nach SE am Rande des Emir-Türkmen-Gebirges in Richtung auf die Adanaebene wie auch nach Osten gegen Ankara, wie auch nach Westen gegen Istanbul gelangen. Das hat die Entstehung eines wichtigen Verkehrsknotens in Eskişehir zweifellos begünstigt.

Mit der Errichtung der Anatolischen Bahn ist hier ein Eisenbahn-Reparaturwerk entstanden und hat die Grundlage für eine spätere, erhebliche industrielle Entwicklung gelegt, welche schließlich die heutige Stadt auf mehr als 300 000 E. anwachsen ließ.

Das Ober-Sakarya- und Porsuk-Becken trägt auf den weiten Flächen seiner Flußniederungen ausgedehnte Bewässerungskulturen, die aber wohl noch erweitert werden könnten. Auf den trockenen Ebenen der Flußterrassen und der Neogentafel herrscht Getreidebau, auch erheblicher Zuckerrübenanbau, daneben etwas Weinbau und in einzelnen Dörfern Obst-, besonders Apfelkultur. Sivrihisar ist neben der Großstadt Eskişehir ein großes Marktzentrum der Umgebung. Die kleineren Orte wie Mihalıççık, Emirdağı, Mahmudiye, Seyitgazi haben nur die Bedeutung kleiner Marktorte mit bescheidenen handwerklichen Betrieben. Im ganzen Ober-Sakarya- und Porsuk-Becken ist die Kleintierhaltung mit um 100 Tieren auf 10 Familien ausgesprochen hoch.

Am Ostende des Sivrihisar-Gebirges im unteren Abschnitt des oberen Sakarya ist die Neogentafel mehrere 100 m tief zertalt, ja zerschluchtet. Sie bildet hier die Tafel von Gelegra. In breitem Tale nahe der Vereinigung von Sakarya und Porsuk an einer leidlichen Übergangsstelle über den Fluß und abseits der Schluchtstrecke des unteren Ankara Çayı lag einst Gordion. An einzelnen Stellen in unter 1000 m Höhe gibt es auch in diesem Gebiet bereits kleine abflußlose Becken wie etwa das Çoraközü am Mermerdağ SSW von Haymana.

3. Die Gebirgszüge des Ankara-Gebietes und Ankara

Östlich des oberen Sakarya und von dort bis zum großen Bogen des Kızıl Irmak dehnen sich mit NE–SW Streichen die Gebirgszüge des Ankara-Gebietes. Sie bilden ein Bündel von mindestens vier einander ungefähr parallelen Gebirgsrücken, zwischen denen Längsstreifen von fluvialen Neogenschichten aus Schottern und sandig-tonigen, z.T. gipsführenden Lagen sanft eingebogen hinziehen und damit anzeigen, daß diese Gebirgsrücken während des Neogens sanft emporgewölbt wurden, also kettengebirgsartiger Natur sind.

Als erste erhebt sich gegen Osten über der Neogentafel von Gelegra die etwa 100 km lange Kette, auf der das Städtchen Ayaş liegt. In dieser Ayaşkette kommen unter den an den Flanken aufgebogenen Neogenschichten längsgefalteten Gesteine einer vorneogenen Tektogenese zum Vorschein. Das Gebirge gipfelt in dem mehr als 1600 m hohen Abdüselamdag und wird in seinem südlichen Teil vom Ankara Çay in einem sicherlich antezedenten Durchbruchstal gequert.

Zwischen der Ayaşkette und dem nächsten ostwärts folgenden Gebirgsstrang, dem Karyağdıdağ aus längsgefalteten mesozoischen Schichten (1465 m) dehnt sich zwischen etwa 900 und 1000 m Höhe die breite Synklinalfurche der Mürted Ova mit ihrem beiderseits sanft aufgebogenem fluvialem Neogen.

Auf den Gebirgszug des Karyağdıdağ folgt ostwärts die breit eingebogene Längsfurche der Çubuk-Talung, die wiederum mit randlich aufgebogenen fluvialen Neogenschichten erfüllt ist.

Als dritte Parallelkette folgt alsdann der mächtige Gebirgszug des Idrisdağ (1985 m) und Elmadağ (1858 m). Er besteht hauptsächlich aus längsgefalteten Fusulinenkalken, aus mesozoischen und alttertiären Schichten. Der Elmadağ, der im Süden von Ankara aufragt und den Horizont abschließt, trägt in seiner Gipfelregion eine um 200 m mächtige Serie von andesitischen Tuffen neogenen Alters.

Eine dritte Längsmulde begleitet die Südostseite des Idrisdağ-Elmadağ-Gebirges. In ihr fließt das Balaban Dere beiderseits gleichfalls von aufgebogenen fluvialen Neogenschichten begleitet.

Endlich folgt die vierte Parallelkette. Sie kann nach dem Städtchen Bâlâ, welches etwa 1300 m hoch auf dem Sattel liegt, auf dem die Straße von Ankara nach Kırşehir führt, als Bâlâkette oder Bâlâgebirge bezeichnet werden. Sie besteht hauptsächlich aus längsgefalteten alttertiären Schichten und gipfelt im Küredağ mit 1540 m. An der Ostflanke der Bâlâkette steigen gipsführende Neogenschichten mit mäßigem Gefälle zu dem bei Köprüköy in etwa 740 m Höhe fließenden Kızıl Irmak hinab.

Die Gebirgsstränge des Ankara-Gebietes sind von NE nach SW ungefähr 100 km lang und von NW nach SE etwa 100 km breit, so daß sie eine Gesamtfläche von etwa 10 000 km^2 einnehmen dürften. Der Gebirgsbau der Ankaraketten ist augenscheinlich durch eine von Alt-Ankara nach Westen verlaufende Querstörung, der das Tal des Ankaraflusses folgt, kompliziert. Südlich dieser Störungslinie sind die Fortsetzungen sowohl der Ayaşkette wie auch des Karyağdı-Gebirges deutlich erniedrigt, d.h. offenbar abgesenkt und dabei stärker als weiter nördlich von den neogenen Fluvialablagerungen überdeckt.

Auf die große neogene Flußaufschüttung, die im gesamten Bereich der Gebirgsstränge von Ankara eingetreten ist, und deren Schichten in den Längsfurchen noch eingebogen sind, ist aber eine erhebliche Wiederzertalung gefolgt. Sie hat bewirkt, daß um Ankara ein ansehnliches Relief von mäßig geneigten Hängen in den neogenen Aufschüttungsmassen, aber auch von epigenetisch angelegten Schluchtstrecken dort entstanden ist, wo die Wiederzertalung im Untergrund auf festen Fels geraten ist. Dieser Sachverhalt ist die Ursache für die steilwandigen Schluchtstrecken innerhalb von Ankara, die z.B. im Gebiet des Burgberges und des Timur Lenk-Hügels entstanden sind, die aber auch in kleinerem Ausmaß in den Stadtteilen Mamak, Cebeci, Bağlar u.a. und die den Durchbruch des Ankaraflusses durch die Jurakalkklippe von Güvercinli Çiftlik, westlich der Stadt kennzeichnen. Diese Verhältnisse bewirken auch, daß der Großteil des Häusermeeres von Ankara auf flachen oder mäßigen Hängen steht, die aus den Lockermassen der neogenen Flußaufschüttungen bestehen. In den Baugruben der Ministerien und des Stadtteils Kızılay haben sich daher auch gelegentlich Zahnreste von neogenen Mastodonten gefunden.

Das Gebiet der Kettengebirgsstränge von Ankara weist nur in mäßigem Umfang anbaufähiges Land auf, so besonders in den Talniederungen des Ankaraflusses, der Mürted Ova, des Balaban Dere. Dort finden sich hier und da große Gutsbetriebe wie auch Versuchsfelder der Landwirtschaftlichen Hochschule (Yüksek Ziraat Enstitüsi), des Gazi Orman Çiftlik im Tal des Ankaraflusses, das Atatürk anlegen ließ. Das letztgenannte hat sich zu einem Erholungspark von angepflanzten und künstlich bewässerten Robinien für die Bevölkerung von Ankara entwickelt. Weitere derartige Güter liegen im Ankara-Tal als Güvercinlik Çiftlik und bei Etimesgut. Der Ausbau von Anbauflächen, namentlich von solchen mit künstlicher Bewässerung könnte aber im Gebiet der Ankara-Gebirgsstränge wahrscheinlich noch erweitert werden. Jedenfalls fangen die ansehnlich hohen Gebirge des Ankara-Gebietes nach dem Yeni Türkiye Atlası (1977, S. 48) mit deutlich über 400 mm Jahresniederschlag merklich mehr Regen auf als die weitere Umgebung. Dieser erhöhte Niederschlag bietet überhaupt eine lebenswichtige Voraussetzung dafür, daß der Plan der Verlegung der Hauptstadt der Türkischen Republik nach Ankara verwirklicht werden konnte. Allerdings war die erste Çubuk-Talsperre für die Wasserversorgung von Ankara in den 20er und 30er Jahren nur für eine Siedlung von ca. 250 000 Menschen vorgesehen. Das inzwischen eingetretene außerordentliche Wachstum der Stadt auf fast 2 Mio. Einwohner 1980 für Groß-Ankara hat längst eine 40 km weiter talauf gelegene Talsperre Çubuk II nötig gemacht. Aber trotzdem leidet Groß-Ankara im Sommer unter sehr ernstem Wassermangel.

Wo im Süden des Ankara-Gebietes die Höhen auf unter 1000 m hinabgehen, da gibt es kleinere abflußlose Becken, so im Gebiet des oberen Ince Su, das bei Ankara in den Ankarafluß mündet. Der Moğan Gölü und der Emir Gölü erhalten hier nur in besonders feuchten Jahren Abfluß zum Ince Su.

Auch allgemein macht sich das stärker gebirgige Relief des Ankara-Gebietes in einer deutlichen Differenzierung des Anbaus geltend. Zwar nimmt der Hartweizen unter den Getreidesorten die gewohnte Vorrangstellung ein. Aber in den Gebirgstälern von Kızılcahaman und im Kirmir-Tal nordwestlich von Ankara hat sich ein erfolgreicher Bewässerungs-Reisbau entwickelt. Die Güte seiner Erträge wird geschätzt und ist angeblich auf das frische Bewässerungswasser des Gebietes zurückzuführen. Die Ufer der Rinnsale in den Tälern des Gebietes weisen Pflanzungen von Pyramidenpappeln auf. Deren Stämme können allerdings nur geringer Belastung standhalten. Für hohe Anforderungen sind Balken aus Schwarzmeer-Kiefernholz erforderlich, das in langen, ochsengezogenen Radgestellen von den Bergen von Bolu her nach Ankara gebracht wird, weil es in der großen Stadt an Bauholz mangelt.

Das Häusermeer der Stadt[20] hat sich seither über die Ursprungsbereiche der Altstadt auf dem Burghügel hinaus stark bis auf die umgebenden Hochflächen neogener Flußablagerung ausgebreitet, die das feste Gestein weithin überdecken. Die Höhenunterschiede zwischen dem Hauptbahnhof Ankara bei 850 m und den umliegenden besiedelten Hochflächen von mehr als 1100 m betragen über 200 m. Diese Höhen-

20 Vgl. Hütteroth, 1982, Fig. 115, bei S. 490.

unterschiede und die weitläufigen Entfernungen in der Stadt werden von einem mannigfaltig verzweigten städtischen Autobusnetz überwunden.

Die Hauptstadtfunktion von Ankara offenbart sich in einem sehr entwickelten Bankensystem sowie in ausgedehnten Verwaltungskomplexen und kulturellen Einrichtungen.

Die Masse der Banken befindet sich in der Nachbarschaft des Ulus Meydanı (Volksplatz) westlich des Burgberges. Von dort her hat sich die neue Stadt vor allem zuerst nach S ausgedehnt. Sie besitzt inzwischen drei Universitäten, die alte Ankara-Universität, die neuere Hacet Tepe-Universität und die von Amerikanern gegründete Orta-Doğu(Mittelost)-Universität. Ankara ist Sitz mehrerer leistungsfähiger Druckereien, so vor allem des Harita Genel Müdürlüğü und der Druckerei in der ausgezeichneten Geologischen Landesanstalt (Maden Tetkik ve Arama, MTA, Enstitüsü) am Südsaum der Stadt. Zu den kulturellen Institutionen gehören ein staatliches Konservatorium in Cebeci und ein Philharmonisches Orchester, das auch Opern zur Aufführung herausbringt. Zu den besonders wertvollen Sammlungen gehören die des Prähistorischen Museums, in dem vor allem die Grabungsfunde von Alaca Hüyük, von Boğazköy, von Çatal Hüyük und von Alişar reich vertreten sind. In der großen Stadt sind natürlich auch alle Industriezweige vertreten, die dem täglichen Bedarf dienen.

Sehr eindrucksvoll ist die Burg von Ankara. Sie steht, von mächtigen byzantinischen Mauern umrahmt, auf steilem Andesitfelsen über der epigenetischen Schlucht des Hatıp-Flusses. Die Tatsache, daß Ankara ein alter Verwaltungsschwerpunkt in Zentralanatolien ist, mehr als ein besonders weitreichendes Marktzentrum, kommt darin zum Ausdruck, daß die heutige Millionenstadt zwar naturgemäß Marktzentrum für fast die Hälfte der 1164 zur Provinz Ankara gehörigen Dörfer ist, daß aber die größere Hälfte dieser Dörfer mehr Verbindungen mit den bedeutenderen Ilçe-Städten in der Nachbarschaft pflegt wie mit Çubuk, Polatlı, Keskin, Haymana, Şerefli-Koçhisar als mit Ankara selbst, so daß diese Orte ihren Rang als Marktorte zweiten Ranges neben Ankara haben bewahren können.

Die Verlegung der Hauptstadt der Türkei von Istanbul nach Ankara durch Atatürk war ohne Zweifel ernsthaft politisch begründet. Die unvergleichliche Verkehrslage von Istanbul war dem machtvollen Osmanischen Großreich durchaus angemessen. Sie war aber ungünstig für einen im wesentlichen auf Anatolien beschränkten türkischen Nationalstaat, eben weil die Verkehrsbedeutung der Lage von Istanbul ständig Zielpunkt des russischen Großstaates ebenso wie der westeuropäischen Machtinteressen sein mußten. Nur eine Großmacht wie das alte Osmanische Reich konnte, solange sie intakt war, dem Druck der Fremdinteressen ohne wesentliche Erschütterung dauerhaft standhalten. Für den Zentralort des verkleinerten türkischen Nationalstaates wäre dieser stets wirksame Druck eine zu große Gefahr gewesen. Doch warum ist die Wahl der neuen Hauptstadt gerade auf Ankara gefallen?

Die türkische Geschichtsschreibung begründet dies mit der Tatsache, daß Ankara eine wichtige Rolle bei der Neubegründung des Staates gespielt habe. Doch dies trifft für Sıvas in mindestens gleich hohem Maße zu. Ausschlaggebend für die damalige Entscheidung dürfte gewesen sein, daß damals die Anatolische Bahn bis Ankara fertiggestellt war. Es wäre damals kaum möglich gewesen, die Hauptstadt eines Staates, der in die Reihe moderner Staatswesen eintreten wollte, an einen Ort ohne leistungsfähiges Massenverkehrsmittel zu verlegen. Es gehört zu den Glücksumständen der damaligen Beschlußfassung, daß Ankara im zentralanatolischen Steppenland durch seine Lage am Rande relativ niederschlagsreicher Gebirge begünstigt ist. Für das anfänglich veranschlagte Wachstum der Stadt auf $^1/_4$ Mio. E. hätte die Nahversorgung mit Wasser auch ausgereicht. Erst das tatsächlich eingetretene Wachstum auf fast das Zehnfache der früheren Schätzung hat die gegenwärtige empfindliche sommerliche Wasserknappheit verursacht.

Im übrigen waren die Voraussetzungen für die Entwicklung einer großen Stadt günstig. Südlich des Burgberges, an dessen steilen Hängen die alte Stadt mit ihrem Carşi (Bazar) sich anlehnt, erheben sich mit mäßigem Gefälle vom Talgrund des Ankara-Flusses, von etwa 850 m auf mehr als 5 km Entfernung allmählich auf mehr als 1100 m ansteigend, die aus fluvialneogen Ablagerungen aufgebauten Böschungen, auf denen sich die Neustadt, durch einzelne Taleinschnitte in verschiedene Stadtviertel gegliedert, entwickeln konnte. Es entstanden das Geschäftsviertel in der Nähe des Burgberges, in größerem Abstand weiter südlich das von Clemens Holzmeister entworfene Ministerienviertel mit weiter anschließendem Viertel der Diplomatischen Vertretungen, welches bis zu der beherrschenden Höhe des schlichten Präsidentenpalastes ansteigt. Diese Anlagen werden beiderseits flankiert von sehr ausgedehnten neuen Wohnvierteln in denen die wohlhabenden Teile der Stadtbevölkerung, aber auch kulturelle Einrichtungen, z.B. die Hochschulen ihren Sitz haben, während mehr im Norden und Osten der Altstadt bescheidenere Wohnviertel und auch ungeregelte Notbebauung der Gece Kondu-Viertel großen Raum einnehmen.

Im Westen, nahe dem Talgrund des Ankara-Flusses liegen der Hauptbahnhof und der Autobusbahnhof sowie eine Reihe größerer Hotels. Im Osten befinden sich größere militärische Anlagen.

Die Dörfer im Umkreis von mehr als 5 km von der Altstadt haben sich größtenteils in Gartensiedlungen städtischer Bewohner verwandelt, die jeweils mit städtischen Autobussen zur Arbeit in die Stadt fahren.

Der Versorgung der Bevölkerung dienen zahlreiche Wochenmärkte an bestimmten Stellen innerhalb der Stadt. Ankara steht mit den kleineren Orten seiner Umgebung bis zu mehr als 50 km Entfernung wie Kırıkkale, Bâlâ, Kızılcahamam, Polatlı, Ayaş, Çubuk, täglich durch Dutzende von Autobusverbindungen und entsprechend öfter mit LKW oder PKW in Austausch. Ankara besitzt auch tägliche Autobusverbindungen nach allen wichtigen Städten der Türkei, selbst nach solchen, die mehr als 500 km entfernt sind wie Istanbul, Bursa, Izmir, Trabzon, Adana, Antalya.

Das Wachstum der neuen Hauptstadt Ankara hat auf die Entwicklung der Landwirtschaft, auch der bäuerlichen Betriebe einen fördernden Einfluß ausgeübt. Wie im ganzen Lande steht auch hier der Getreidebau und unter ihm der Anbau von Hartweizen durchaus an erster Stelle. Aber das bewegte Relief des Ankara-Gebietes bietet auch der Rebkultur gute Möglichkeiten. G. Gassner hat im Raume von Ankara 250 verschiedene Rebsorten unterschieden und vermutet in diesem Gebiet eine Art von Genzentrum der Weinrebe (freundliche mündliche Mitteilung 1939), außerdem sind die Hänge rings um Ankara weithin mit Mandelbäumen und Aprikosen überstreut. Der Elmadağ (Apfelberg) weist mit seinem Namen unmittelbar auf das Vorkommen von Kernobst hin. Neben der Obst- und Gemüsekultur, die die städtischen Wochenmärkte ausgiebig versorgt, wird in der Umgebung der Stadt in ansehnlichem Maße Milchwirtschaft gepflegt, namentlich die Frischmilch, die vielfach in kleinen Einzelmengen auf Eselsrücken unmittelbar an die Verbraucher geliefert wird, stellt eine erhebliche Einnahmequelle der bäuerlichen Wirtschaft dar. Die Marktverbindungen von Ankara reichen nach den Erhebungen der Dorfbefragung von 1962/63 bis zu einem Umkreis von stellenweise mehr als 150 km, z.T. weit über die Grenzen der Provinz Ankara hinaus bis nach Kırşehir, wobei insbesondere Polatlı und Şerefli-Kochişar selbst über einen durchaus großen eigenen Marktkreis verfügen.

4. Das Haymana-Hochland

Gegen SW klingen die Gebirgsstränge des Ankara-Gebietes allmählich in einem Hügelland von überwiegend um 1200 bis 1400 m Höhe aus gefalteten mesozoischen Schichten allmählich aus. Es erstreckt sich vom Südostsaum des Ober-Sakarya- und Porsuk-Beckens ostwärts bis zum Becken des Tuz Gölü und von den Südausläufern der Gebirgsstränge von Ankara bis an eine Neogentafel, die als Platte von Cihanbeyli bezeichnet werden kann. Nach dem Städtchen Haymana kann dieses wellige Hochland „Hochland von Haymana" genannt werden. Es besitzt wegen seiner überwiegend sanften Böschungen und der deutlich über 300 mm liegenden Jahresniederschläge bei erheblicher winterlicher Durchfrierung des obersten Halbmeters des Bodens ein ausreichend befeuchtetes Steppenklima mit guten Möglichkeiten für Getreidebau und mit leidlich bewässerten, mäßig eingetieften Tälern. Einzelne stärker eingetiefte Becken bilden aber bereits kleinere, geschlossene Hohlformen ohne oberflächlichen Abfluß. Das etwa 5000 km² große Hochland von Haymana stellt ein gutes Getreidebau- und Viehwirtschaftsgebiet dar, das erheblich zur Ernährung der Riesenstadt Ankara mit beiträgt. Im 19. Jahrhundert sind hier kurdische Bevölkerungsteile in mehreren Dörfern zwangsangesiedelt worden, so im Gebiet von Ikizce, was an manchen Lebensgewohnheiten und der Frauentracht zum Teil noch erkennbar ist.

5. Das Hochland von Yozgat-Kırşehir

Wenig westlich vom großen Bogen des Kızıl Irmak (Roter Fluß wegen der Trübung durch rotbunte Neogentone, die zugleich etwas salzhaltig sind, der Halys der Antike) beginnt ein weiträumiges Hochland, in welchem nicht mehr wie im Ankara-Gebiet Kettengebirgsstränge, sondern ein Mosaik von überwiegend NW–SE gestreckten, oft mehr als 1500 m hohen markanten Gebirgskörpern aus Granit oder altgefalteten Metamorphiten, seltener auch aus mesozoischen Gesteinen mit kaum zerschnittenen Fußflächen und mit zwischengelagerten Neogentafeln das Landschaftsbild bestimmt. Nach den beiden in diesem Raum gelegenen Provinzhauptstädten Yozgat und Kırşehir kann dieses Gebiet als „Hochland von Yozgat-Kırşehir" bezeichnet werden.

Im Norden wird es etwa zwischen Sungurlu und Akdağmadeni vom Anstieg der hier schon mit Resten von Eichenbuschwald bedeckten Nordanatolischen Randgebirge begrenzt. Diese werden hier durch die parallel nach WSW auslaufenden Erhebungszüge eines großen Gebirgsfächers aus streichend gefalteten Metamorphiten und mesozoischen Gesteinen, hauptsächlich Kalken und Vulkaniten aufgebaut. Nach dem Yeşil Irmak, der den vielenorts über 1800 m hoch aufragenden Gebirgsfächer in großen Windungen durchquert, kann man diesen Gebirgsfächer gut als den „Yeşil Irmak Gebirgsfächer" bezeichnen. Im Südwesten erstreckt sich das Hochland der Gebirgskörper und der zwischengelagerten Neogentafeln von Yozgat-Kırşehir bis über den Kızıl Irmak hinaus bis an einen von Aksaray nach NW bis über Şerefli-Koçhisar hinaus verfolgbaren Steilabfall, einen hohen Bruchrand, an dem das Becken des Tuz Gölü abgesunken ist.

Nach Südosten reicht das Hochland von Yozgat-Kırşehir bis an das Gebiet der Erciyas-Karacadağ Vulkanberg-Zone. Das ist, in jungvulkanische Tuffdecken eingelassen, ein entsprechend junges Senkungsfeld von etwa 200 km NE–SW Erstreckung und 25 bis mehr als 50 km Breite vor dem Innenabfall des Taurus, aus welchem in langer Reihe die riesigen Vulkanberge des Erciyas (3916 m), des Melendizdağ (2935 m) und des Karacadağ (1968 m) sich erheben.

Im Osten zwischen Felahiye Çayıralanı und Akdağmadeni steigt, aus alten Metamorphiten aufgebaut, der mächtige Körper des Akdağmadeni-Gebirges bis auf 2250 m auf, das bereits das SW–NE streichende System der Inner-Ostanatolischen Gebirge andeutet. Vor seinem Westfuß liegt die Ostgrenze des Hochlandes von Yozgat-Kırşehir.

Auch in diesem Hochland gibt es in relativ tiefen Lagen kleinere abflußlose Becken, so das des Sife Gölü nördlich von Kırşehir in etwas unter 1100 m Höhe. Abflußlosigkeit tritt hier wegen der gegenüber dem Ankara-Gebiet weiter östlich, also kontinentaler befindlichen Lage schon in etwas höherer Lage ein als bei Ankara.

Das Hochland von Yozgat-Kırşehir deckt sich im wesentlichen mit dem Kappadokien der späten Antike. Es ist ein gutes Getreidebaugebiet, wenngleich seine Erträge wegen weniger moderner Anbaumethoden hinter denen der westlichen Landesteile zurückstehen. Im Norden von Yozgat werden die Gebirgsaufragungen so hoch, nämlich bis über 1600 m, daß die hier bei etwa 1300 m liegende natürliche untere Waldgrenze weit überschritten ist. Deswegen hat sich bei Yozgat ein bekannter Schwarzkiefernwald erhalten können.

Auch die Ruinenstätten von Boğazköy, heutiger Name Boğazkale (Hattusa) südöstlich von Sungurlu, d.h. die Hauptstadt des Hethitischen Großreiches, und jene von Alaca Hüyük östlich von Sungurlu liegen im Bereich einstiger Eichenmischwälder. Davon zeugen nicht nur die heute noch vorhandenen Buschreste, sondern auch die großartigen Funde, die diese alten Siedlungsplätze geliefert haben. Sie erweisen dieses Gebiet als einen für Anbau und Viehwirtschaft mit Hilfe der alten Wirtschaftstechniken besonders günstigen Raum.

In dem Hochland von Yozgat-Kırşehir wird neben dem vorherrschenden Hartweizenanbau vor allem im Norden um Yozgat in einer ganzen Reihe von Dörfern der Anbau von Roggen, von Kichererbsen, auch Kartoffeln und Weinbau betrieben, auch Obstbau von Äpfeln und Quitten wird in einigen Dörfern gepflegt, besonders in Bewässerungsgärten in den Talauen. Daneben steht namentlich im Kırşehir-Gebiet einiger Anbau von Gemüse wie Bohnen, Gurken, Tomaten, Auberginen und Zwiebeln. Die etwas größere Höhenlage innerhalb des großen Kızıl Irmak-Bogens dürfte hier mit leicht erhöhten Niederschlägen die Voraussetzungen für diese zusätzlichen Nebenkulturen schaffen. Bemerkenswert ist auch hier längs der Bachläufe eine ziemlich starke Kultur der Pyramidenpappel. Die Zahl der Schafe und Ziegen ist mit 70 bis 90 pro 10 Familien groß, aber nicht extrem hoch.

Die Provinzhauptstadt Kırşehir ist ein großes Marktzentrum der Provinz, neben dem aber Orte wie Kaman und Boğazlıyan durchaus auch als bedeutende Märkte ihre Eigenständigkeit bewahren können.

Außergewöhnlich ist die Situation von Yozgat. Die ansehnliche Provinzhauptstadt liegt 1300 m hoch in der Nähe des erwähnten Restbestandes eines Schwarzkiefernwaldes. Aber obwohl die Stadt durch ihre Verwaltungsstellung bevorzugt ist, hat sie viel von ihrem Rang als Marktzentrum an das in der Nähe, jedoch an der Eisenbahn gelegene Yerköy abgeben müssen. Dieses ist Zentrum eines Bereiches von weit über 100 Dörfern geworden, während Yozgat nur für etwa 60 Dörfer als Marktzentrum dient.

Die durch etwas größere Höhenlage und demgemäß erhöhte Niederschläge begünstigte Lage des Hochlandes um Çorum, Sungurlu, Boğazkale, Alaca und Sorgun nördlich von Yozgat, wo die Höhen sich zwischen 1200 und 1400 m halten, birgt gerade aus diesem Grunde die frühhethitischen Hauptstädte und wichtigsten Siedlungsplätze. Sie alle liegen, wie Buschreste von Eichen und Wildbirnen unmittelbar zeigen, bereits oberhalb der natürlichen oberen Steppengrenze in einstigen natürlichen Mischlaubwaldgebieten, in denen Hirsch und Reh, wie die Funde beweisen, häufig waren.

Die bis etwa 1500 m hohen, bewaldeten Erhebungen in der Umgebung des Beckens von Çorum bestehen zur Hauptsache aus mesozoischen Ophiolithen. Sie setzen vom Yeşil Irmak-Gebirgsfächer her die Nordanatolischen Vorkommen von Ophiolithen fort und gewinnen über Vorkommen im östlichen Teil des Köroğlu-Gebirges Anschluß an jene der Gebirgszüge des Ankara-Gebietes.

Das vom Çorum-Fluß durchflossene Becken von Çorum in etwa 800 m Höhe birgt einen mannigfaltigen Anbau verschiedener Getreide und einen vielseitigen Gemüse- und Obstbau. Die Provinzhauptstadt Çorum hatte 1980 fast 80 000 E. und bildete das Marktzentrum einer Zahl von mehr als 100 Dörfern der Umgebung. Die Stadt beherbergt auch ein recht vielseitiges Gewerbe und Industrie.

6. Das Becken von Bayat (Alagöz)

Zwischen dem Nordrand des Hochlandes von Yozgat-Kırşehir und dem Südsaum des Köroğlu-Gebirges der Nordanatolischen Randgebirge dehnt sich von SW nach

NE in etwa 80 km Länge und 20 bis 40 km Breite das vom Kızıl Irmak durchflossene Neogen-Becken von Bayat (Alagöz). Da der Kızıl Irmak schon bei seinem Eintritt in die fast flachliegende Schichttafel des Beckens in unter 700 m Höhe, d.h. tief in die 700 bis 900 m hohen Oberflächen der Schichttafel eingeschnitten ist, und da er im NE, am Beginn seines Durchbruchstales durch die Nordanatolischen Randgebirge nur noch in etwa 600 m Höhe fließt, ist die Schichttafel von den zahlreichen, vom Köroğlu-Gebirge kommenden Nebenbäche des Kızıl Irmak zu einem Relief schmaler, verzweigter Riedel tief zertalt worden. Das Land ist wegen seines starken Reliefs und wegen des Gipsgehaltes im Untergrund landwirtschaftlich mühsam zu bewirtschaften und ziemlich dünn besiedelt. Nach der Altersdatierung der Beckenschichten durch die türkischen Geologen als Oligomiozän können die Emporhebung des Köroğlu-Gebirges und die Anlage des Durchbruchstales hier nicht eher als im Miozän erfolgt sein. Eine Decke von Grobschottern als oberste Schicht der Neogentafel spricht dafür, daß der Kızıl Irmak seinen Durchbruch erst im jüngeren Jungtertiär bewerkstelligt hat.

7. Der Ostwinkel von Zentralanatolien

Zwischen dem Inneren Osttaurus im Süden und dem Yeşil Irmak-Gebirgsfächer im Norden, der mit dem Çamlıbel-Nebenzweig des Tokat-Gebirgszuges im Norden von Sıvas einsetzt, erstreckt sich der Ostwinkel von Zentralanatolien rund 100 km nach ENE, bevor die nördlichen und die südlichen Randgebirge von Anatolien seitlich aneinander treten und dadurch Zentralanatolien nach Osten abschließen. Die Furchenzone von Yıldızeli, Belcik und Karamağara am Südsaum des Çamlıbel-Kammes hat im wesentlichen noch den offenen Steppenlandcharakter von Zentralanatolien, obwohl südlich dieser Furche das bis über 2000 m aufragende, hauptsächlich aus altkristallinen Metamorphiten aufgebaute Akdağmadeni-Gebirge ansteigt, welches seiner Niederschlag fördernden Höhe wegen mit ausgedehnten Schwarzkiefernwäldern bedeckt ist. Das Gebirge, das eine Reihe von Buntmetall-Lagerstätten birgt, ist ziemlich dünn besiedelt. Hauptort ist das bescheidene Ilçe-Städtchen Akdağmadeni.

Die Hauptsiedlungsfelder des Ostwinkels von Zentralanatolien liegen in den beiden Längsbecken des oberen Kızıl Irmak und des oberen Zamantı. Zwischen beiden erhebt sich eine lange, von schwach aufgebogenen Miozänschichten begleitete schmale Schwelle aus längsgefaltetem alttertiärem und mesozoischem Flysch, Mergeln und zum Teil aus Serpentin und älteren Kalken als Deliktaş Rücken und Hınzır Dağ auf 1800 bis über 2000 m.

Mit dieser Schwelle deutet sich hier bereits ein Bautypus an, der stärker zusammengedrängt weiter im Osten in Inner-Ostanatolien zum beherrschenden Gestaltgeber des Landes wird.

Zwischen dieser Schwelle und dem Anstieg der Nordanatolischen Randgebirge erstreckt sich das, von breiten Talterrassen begleitete Becken des oberen Kızıl Irmak, dessen Untergrund aus ebenfalls längsgefaltetem oligomiozänem Flysch und aus miozänen Gipsmergeln gebildet wird. In der Umgebung von Sıvas und ostwärts bis

Imranlı sind in den vor allem mittelmiozänen Gipsschichten weithin Karstformen, insbesondere Dolinen, aber auch unterirdische Bachläufe und sogar eine natürliche Brücke entwickelt. C. A. Alagöz (1967) hat die Karstformen ausführlich beschrieben.

Die gipsführenden Gesteine sind landwirtschaftlich nur mäßig ertragreich. Aber die Flächen sind groß, Hauptort ist die Provinzhauptstadt Sıvas mit 1980 fast 170 000 E. Sie weist einen hohen Zitadellenhügel und berühmte Bauten des 13. Jahrhunderts (Medressen) auf. Am Beginn der neuen Türkei hat Sıvas 1919 unter Leitung von Mustafa Kemal Paşa eine Rolle als Ort des türkischen Nationalkongresses gespielt. Sıvas, das byzantinische Sebaste, ist heute zentraler Marktort für weit über 100 Dörfer in einer Umgebung von mehr als 50 km Radius. Die Ilçe-Orte Hafik, Zara und Imranlı, im Süden auch Kangal dienen selbst als große Märkte ihrer weiteren Umgebung.

Das oberste Zamantı-Becken ist nordöstlich von Pınarbaşı mit mächtigen flachliegenden Neogenablagerungen erfüllt, deren weite Oberflächen allmählich bis über 2000 m ansteigen. Diese Landschaft hat den Namen Uzunyayla (lange Sommerweide). Sie ist aber vom Zamantı und seinen Nebenbächen, außerdem auch vom System des Tohma Çay, der dem oberen Euphrat zufließt, in tiefen Tälern zerfurcht, so daß weite Plateauflächen entstanden sind. Dies sind die eigentlichen Weideflächen, während in den Tälern einzelne große Dörfer entstanden sind, mit mehr oder weniger ansehnlichem Bewässerungsfeldbau auf den Talböden. Hauptort des Gebietes ist die kleine, schon erwähnte Ilçe-Stadt Kangal an der Eisenbahn von Sıvas nach Malatya.

Südwestlich von Sarıoğlan in der Kızıl Irmak-Furche liegt ein kleiner Tuzla-Gölü, ein Salzsee mit 1106 m Spiegelhöhe der naturgemäß keinen Abfluß hat. Er deutet an, daß auch der Ostwinkel Zentralanatoliens an den Trockenbereichen Anatoliens Anteil hat. Aber alle diese enthalten nur erst kleine nach wenigen km² messende abflußlose Gebiete. Das wird anders, sobald man die südlich anschließenden Teile von Zentralanatolien erreicht.

8. Das Tuffhochland von Nevşehir-Ürgüp

Südlich vom großen Bogen des Kızıl Irmak, schon in der Nähe der Riesenvulkane Erciyas und Hasandağ, liegt eine besondere Teillandschaft von Zentralanatolien, das 1200 bis 1500 m hohe Tuffhochland von Nevşehir. Hier ruhen den älteren Gesteinen mächtige vulkanische Tuffserien auf, die von einer gewaltigen frühpliozänen Vulkantätigkeit herrühren. Mit der Taleintiefung des Kızıl Irmak, der hier bereits in unter 1000 m Höhe fließt, sind die Tufflagen, besonders um Ürgüp, badlandartig zu einem Gewirr von steilen Schluchten und vielen einzeln aufragenden Tufftürmen zerschnitten worden. Diese haben dadurch Berühmtheit erlangt, daß frühchristliche Mönche in der Zeit der Türkenbedrohung Klöster und Höhlenkirchen mit Freskobemalung in die leicht bearbeitbaren und standfesten Tuffkegeltürme eingearbeitet haben, besonders um Göreme.

Infolge seiner ansehnlichen Meereshöhe ist das Gebiet besser beregnet als die weitere Umgebung. Die nährstoffreichen, gut wasserhaltenden Tuffe geben ein günstiges Pflanzenbett. Deshalb ist hier eine reiche Reb- und Obstkultur besonders von Aprikosen entstanden, und das Gebiet ist ziemlich dicht besiedelt mit 40 bis 50 E./km^2. Es ist verständlich, daß dieses stark zertalte Gebiet für die Reiterheere der eindringenden Türken schwer zugänglich war, und daß sich deswegen Kulturdenkmäler der Vorbevölkerung hier teilweise erhalten konnten.

9. Die Erciyas-Karaca Dağ Vulkanberg-Zone und Kayseri

Dem Ostflügel des Mitteltaurusbogens ist jenseits einer schmalen Tiefenfurche ein von NE nach SW langgestrecktes Gebiet von Vulkanbergen vorgelagert, das von dem 3918 m hohen Erciyas bis zu den nur noch 1500 m hohen Karaca Dağları reicht. Sie weisen Spuren noch recht junger Vulkantätigkeit auf. Der Erciyas scheint nach Abbildungen auf antiken Münzen noch in historischer Zeit tätig gewesen zu sein. Diese Vulkanberge bilden eine nur schmale, aber deutlich besondere Teillandschaft von Zentralanatolien. Der riesige Erciyas steht mitten in einem in W–E-Richtung etwa 50 km breiten und in N–S-Richtung rund 75 km langen, mehr als 100 m tiefen Senkungsfelde, wie es bei jungen Vulkanbergen häufig zu beobachten ist. Ringsum dehnen sich weite Tuffplatten. Sie reichen im Westen bis zum Gebiet von Nevşehir und Ürgüp, im Norden bis an den Rand des Akdağmadeni-Gebirges und bis weit auf das Hochland von Yozgat-Kırşehir hinauf. Die Tuffplatten sind mäßig zertalt von Bächen, die bis mehr als 100 m eingeschnitten sind und in das Senkungsfeld rings um den Erciyas ausmünden. Der Erciyas Dağ ist vergletschert und speist daher Wasser in die Bäche, die an seinem Hang abwärts führen das ganze Jahr über. Das hat in den nährstoffreichen Aschen des Berghanges zur Anlage ertragreicher bewässerter Obst- und Gemüsegärten geführt.

Diese bilden eine wichtige Lebensgrundlage der Stadt Kayseri, die als Caesarea bereits in der römischen Antike und mit dem benachbarten Kül Tepe als Sitz einer assyrischen Handelskolonie auch schon weit früher eine wichtige Rolle gespielt hat. Die Stadt zählt heute 300 000 E. Aus älterer Zeit haben sich die Festungsmauern und Teile des überdachten Bazars erhalten. Kayseri ist Marktort für mehr als 150 Dörfer der Umgebung und greift damit stark in die Marktbereiche der umgebenden Ilçe-Städte wie Bünyan, Develi, Incesu, Felahiye und Pınarbaşı ein, von denen Develi und Pınarbaşı selbst große eigene Märkte besitzen. Einen beträchtlichen Anteil an den Marktbeziehungen der Stadt haben ihre großen Schlachthöfe. An diesen wird seit alter Zeit in großem Umfang gesalzenes und luftgetrocknetes Rindfleisch (Pastırma) als Form der Fleischversorgung namentlich für die weniger wohlhabenden Teile der Bevölkerung hergestellt. In der Vergangenheit wurden große Rinderherden in Hunderte von Kilometern langen Märschen besonders aus dem Nordosten von Inner-Ostanatolien zu diesen Schlachthöfen getrieben. Heute erfolgt der Transport zum großen Teil mit der Eisenbahn.

Kayseri hat außerdem eine mannigfache Industrie, besonders für Textil- und Bekleidungsherstellung, für Maschinen und Fahrzeugbau, für Möbelherstellung und

Lebensmittelverarbeitung. Die als Baumaterial leicht zu bearbeitenden Tuffe und Laven verleihen den wohlgefügten Flachdachbauten in Kayseri und den Nachbarorten ein düsteres Aussehen. Aus der Antike haben sich in den Tuffgebieten besonders nördlich der Stadt vielspurige, in den Tuff tief eingefahrene Wagengleise der einstigen schmalspurigen Wagen oder Transportkarren erhalten.

Anders ist der Charakter des oberen Zamantı-Beckens zwischen dem Inneren-Osttaurus (hier Tahtalı Dağ) und der Hınzır Dağ-Schwelle. Das Becken wird hier vom Zamantı oberhalb seines Durchbruchs durch den Taurus in gewundenem, flußab mehr und mehr eingetieftem, geräumigem, ziemlich gut besiedeltem Tal zwischen Riedeln aus fluvialen Neogenschichten und jungen Vulkaniten durchmessen. Doch unterhalb von Pınarbaşı hat der Fluß eine Schlucht in einen Riegel aus Serpentinmassen eingeschnitten. Hier liegt die geographische Nordostgrenze der Erciyas-Karacadağ-Vulkanbergzone. Denn oberhalb von Pınarbaşı beginnt, wie schon erwähnt, mit Höhen von mehr als 1600 m die mehrere hundert Meter mächtige Neogentafel der Uzun Yayla, deren Oberflächen auf gut 100 km nach NE zunächst bis auf etwa 2000 m Höhe ansteigen und dann gegen Kangal auf etwa 1500 m wieder absteigen. Das Gebiet der Uzun Yayla ist aber, wie vorher ausgeführt wurde, noch dem Bereich des Ostwinkels von Zentralanatolien zuzurechnen.

10. Das Tuz-Gölü-Becken

Als ein erstes großen Becken ohne Abfluß im südlichen Zentralanatolien ist das Tuz-Gölü-Becken zu nennen (Becken des großen Salzsees). Dieses dehnt sich westlich des großen Bruchrandes von Akşehir-Şerefli Koçhisar aus, mit welchem das Hochland von Yozgat-Kırşehir gegen SW endet. Das Tuz-Gölü-Becken stellt ein etwa 6000 km^2 großes, etwa dreieckiges Senkungsfeld von wenig über 900 m Bodenhöhe mit den Eckpunkten bei Aksaray, Zıvarık und Kulu dar. Es ist in einer Tafel von terrestren Pliozänschichten eingesunken.

An dem Bruchrand zwischen Aksaray und Şerefli Koçhisar kommen hier und da Granit und etwas salzhaltiges Alttertiär zum Vorschein. Die salzführenden Schichten, nicht die Abflußlosigkeit des Beckens dürften die Ursache dafür sein, daß der See, der nur im Winter als sehr seichte Wasserfläche in Erscheinung tritt, eine mit 23 % Salzgehalt fast gesättigte Salzlauge darstellt. Im Sommer fällt er größtenteils durch Verdunstung trocken. Er bildet dann eine blendend weiße, mehrere cm dicke feste Salzschicht, welche in bescheidenen Betrieben zur Salzgewinnung ausgenutzt wird. Die sommertrockene Witterung ermöglicht es, daß das gebrochene Salz in langgestreckten, etwa 10 m hohen Salzwällen gestapelt und in Lastwagenladungen verkauft werden kann. Bis in die Mitte des Jahrhunderts gingen große Kamelkarawanen mit Salzlasten von hier zum Bahnhof von Ankara.

Die Sommer des Tuz-Gölü-Beckens sind gewiß sehr trocken. Die Jahresniederschläge liegen hier meist beträchtlich unter 400 mm, aber sie reichen dennoch zur Trockenfeldkultur von Getreide aus. Hartweizenfelder reichen im Norden des Beckens bis unmittelbar an die Seeufer. Freilich kommt es vor, daß diese Felder in Dürrejahren nicht ausreifen und dann nur als Schafweide dienen können.

Südlich des Tuz-Gölü liegt an der Straße von Aksaray nach Konya die Ruine des Sultan Han, eines besonders schönen, großartigen und weitgehend erhaltenen selçukischen Bauwerkes aus dem 13. Jahrhundert, als die Sultane von Konya ein Netz von Hans (Karawansarays) zur Förderung des Karawanenverkehrs in ganz Zentralanatolien eingerichtet haben.

11. Die Obruk-Platte

Nach Süden hebt sich die riesige, aus grauen Tonen aufgebaute, im Sommer sehr staubige Ebene ganz allmählich empor. Wasserstellen sind selten, und die Abstände der einzelnen Dörfer voneinander werden groß. Sie kommen auf 10 km und mehr. Die Bevölkerungsdichte sinkt auf weniger als 10 E./km^2. Aber es gibt in diesem Steppenland so gut wie keine unbewirtschafteten Flächen zwischen den Siedlungen, also keine Lücken durch ertragslose Flächen im Siedlungsnetz, wie sie für Wüsten kennzeichnend sind.

Etwa 20 km südlich vom Tuz-Gölü hebt sich der Boden des Tuz-Gölü-Beckens auf über 1000 m Meereshöhe. Gleichzeitig gehen die Tone in Mergel und Kalke über. Eine Zertalung stellt sich ein. Doch sind die Talzüge in Reihen von großen, meist länglich geschlossenen Hohlformen aufgegliedert mit eingebetteten Dolinen. Diese zertalte Platte von Pliozänkalken ist die Platte von Obruk, wobei das Wort Obruk die türkische Bezeichnung für große Einsturzdolinen darstellt. Der Bezirksort Obruk liegt an einer wassererfüllten großen Einsturzdoline, deren Wasseroberfläche gut 50 m unter der allgemeinen Landoberfläche liegt.

Die von West nach Ost etwa 100 km lange und rund 40 km breite Platte von Obruk stellt eine kleine, aber sehr besondere Teillandschaft von Zentralanatolien dar. Sie wird hauptsächlich als Schafweide genutzt.

12. Das Becken von Konya und Konya

Nach Süden fällt die Platte von Obruk mit einem gebuchteten Abfall von etwa 100 m Höhe gegen das riesige Becken von Konya ab. Dieses dehnt sich von der Stadt Konya als 20 bis 40 km breites geschlossenes Becken mit 1000 bis 1100 m hohem Aufschüttungsboden rund 200 km weit nach Osten vor dem Nordfuße des Mitteltaurus bis gegen Bor südlich von Niğde aus.

Während der pleistozänen Kaltzeiten, die sich in Anatolien vor allem als Pluvialzeiten ausgewirkt haben, war das Konya-Becken von einem riesigen abflußlosen See eingenommen. Dessen Spuren sind in Gestalt von Kliffen und Strandwällen in etwa 1100 m Höhe rings um den einstigen See an vielen Stellen zu beobachten. Auch gibt es manchenorts Schalen von Dreissensien in den Sanden des einstigen Seebodens. Die Stadt Konya liegt auf einem Schwemmkegel, den der Bach von Meram in das Becken hineingeschüttet hat. Der Talausgang von Meram beherbergt bewässerte Obst- und Gemüsegärten. Der Boden des Konya-Beckens ist erst in der jüngsten Vergangenheit stärker mit Dörfern besiedelt worden. Diese Dörfer und ihre Feldkulturen sind zumeist nach und nach an die Stelle von Unterkünften der Weidewirtschaft getreten. Die Artemisiasteppen des Beckenbodens sind eine besonders gute Schafweide, und Schafherden waren bis vor kurzem das wichtigste Wirtschaftsgut des Konya-Beckens.

Die Stadt Konya hat heute mehr als 300 000 E. Sie hat aber wahrscheinlich bereits seit der anatolischen Kupferzeit und dann während der Großreiche der Hethiter und Phryger eine bedeutende Rolle als örtliches Zentrum der Besiedlung und Kultur gespielt. Davon zeugt der hohe Siedlungshügel der wahrscheinlich schon kupferzeitlich bewohnt war, und der viel später die selçukische Burg trug. Ihre größte Blüte erlangte die Stadt im 12. und 13. Jahrhundert, nachdem die selçukischen Fürsten im 12. Jahrhundert ihre Herrschaft begründet und Konya zu ihrer Hauptstadt gemacht hatten. Nach der Schlacht von Malazgirt hatten sie fast ganz Zentralanatolien in Besitz genommen und ihre Residenz vorübergehend in Nicaea genommen. Ihre größte Blüte erlangte die Stadt Konya zwischen 1100 und 1300, als sie mit einer gewaltigen Stadtmauer befestigt, mit dem Sultanspalast, einer großen Zahl von Moscheen, Medressen, islamischen Klöstern, Bädern und anderen Kultureinrichtungen ausgestattet wurde, und als ein auf Konya ausgerichtetes Netz von Hans zur Erleichterung des Verkehrs über das rumselçukische Reich gelegt wurde. Konya war damals Lebens- und Verwaltungszentrum dieses Reiches. Um 1300 trat der Zerfall des Reiches durch Streitigkeiten mit Turkmenenstämmen ein, die mit den Mongolen nach Anatolien gekommen waren und von diesen unterstützt wurden. Konya wurde damals allmählich zur Provinzhauptstadt. Aber es blieb geistliches Zentrum des islamischen Mevlevi Ordens.

Auf den Bewässerungsfeldern des Schwemmkegels werden Getreide, Mohn, Obst und Zuckerrüben kultiviert. Zuckerraffinerie, Teppichknüpferei und Kelimweberei und mannigfaltiges Handwerk haben sich entfaltet. Die Stadt ist örtliches Marktzentrum im Umkreis von mehr als 100 km und auch bis zu den Ilçe-Städten Beyşehir, Seydişehir, Bozkır und Hadım im Taurus, die selbst z. T. große Märkte aufweisen.

An einzelnen Stellen des Konya-Beckens erlangt die Kulturlandschaft eine bemerkenswerte Mannigfaltigkeit. Es sind besonders die Stellen, an denen im Süden aus dem Taurusgebiet kräftige Bäche auf Schwemmkegeln aus dem Gebirge heraustreten wie der Bach von Meram bei Konya, das Çarşamba Suyu bei Cumra und der Bach von Zanapa bei Konya Ereğlisi, wo ein großes Felsrelief von der Bedeutung des Ortes in hethitischer Zeit Kunde gibt. An diesen und entsprechenden anderen Stellen sind Bewässerungsgärten mit allen klimatisch möglichen Gartenkulturen angelegt. Die zugehörigen Städte erscheinen wie in große dunkelgrüne Waldflächen eingebettet, weil sie in Obstbaumhainen von Kern- und Steinobst liegen. Zu diesen Städten, die große Bewässerungsgärten besitzen, gehören auch die am Fuß der Riesenvulkane gelegenen, wie Kayseri am Erciyas samt dem kleineren Aksaray am Hasandağ sowie Bor und Niğde an der Melendiz-Gebirgsgruppe. In diesen Orten spielt die Produktion von Obst und Gemüse eine bedeutende Rolle für den Markt. Im Gelände zeigen sich die zwischen hohen Steinmauern eingeschlossenen Viehtriebwege, die zur Hochweidenregion hinaufführen, wie es für mediterrane Kulturlandschaften kennzeichnend ist. Im Bereich des Beckens von Konya und auf der Platte von Obruk wird sehr viel Kleinviehzucht betrieben. Auf je 10 Familien kommen meist über 100 Stück Kleinvieh.

13. Das Vortaurus-Gebiet von Konya und Yunak

Über dem Westende des Beckens von Konya erhebt sich ein unruhiges, offenbar in Bruchschollen zerstücktes Bergland, das nordwestwärts bis in die Gegend von Yunak reicht, und in dem einzelne Gipfel bis über 2000 m aufragen, während die Höhen meist wesentlich geringer, nämlich zwischen 1000 und 1500 m bleiben. Dieses Bergland wird vom Taurus-Gebirge durch die von SE nach NW laufende Tiefenzone von Hatunsaray 35 km WSW von Konya, Hacıbaba 50 km W von Konya, von Doğanhisar, Akşehir und Bolvadin scharf abgegrenzt. Es gehört seinem Gesamtcharakter nach durchaus noch zu Zentralanatolien. Freilich besteht dieses Bergland im wesentlichen aus NW–SE streichend gefalteten vorpermischen Kalken, also wohl aus Bauelementen, die zu den Strukturen des Taurussystems gehören. Da dieses Bergland aber orographisch deutlich vom Taurus-Gebirge getrennt ist und sich landschaftlich Zentralanatolien einfügt, kann man es am besten wohl als Vortaurus von Konya und Yunak bezeichnen. Als solcher steht dieses Gebiet im NW mit dem Emir-Türkmen-Gebirge der Westanatolischen Gebirgsschwelle in Verbindung. Dem Vortaurusbergland von Yunak-Konya sind mehrere kleine Senkungsfelder eingefügt, in welchen lebhafte Landstädtchen mit bei künstlicher Bewässerung ertragreichen Gartenkulturen entstanden sind wie Yunak, Ilgın, Kadınhan, Akşehir, Sultandağı, Çay.

Ein größerer, heute abflußloser Bereich liegt in der Furche zwischen dem Taurusgebirge und dem Vortaurusbergland von Konya und Yunak. Er birgt das abflußlose Becken des Akşehir-Gölü mit etwa 990 m Spiegelhöhe und den in guten Jahren zu ihm entwässernden Eber-Gölü, die aber von Jahr zu Jahr merkliche Schwankungen der Spiegelhöhe aufweisen. Das am Talausgang eines wasserreichen Baches des Sultan Dağ-Taurus gelegene, lebhafte Städtchen Akşehir (1980 40 000 E.) hat besonders ertragreiche Bewässerungskulturen und besaß einst erhebliche Bedeutung als Karawanen-Rastort auf dem Wege von Konya nach Istanbul. Als Wirkungsort von Nasredin Hoca, dem Eulenspiegel der Türkei im 13. Jahrhundert, ist es im größeren Umkreis bekannt geworden.

14. Die Platte von Cihanbeyli

Zwischen dem Hochland von Haymana und dem Vortaurus-Bergland von Yunak-Konya liegt die Neogentafel von Cihanbeyli. Das Hochland von Haymana grenzt mit einem sehr geradlinigem Abfall von 50 bis 100 m Höhe gegen diese Platte wahrscheinlich mit einem Bruchrand ab. Ebenso steigt das Vortaurus-Bergland mit unregelmäßigem Rand wahrscheinlich an Brüchen über der Cihanbeyli-Platte auf. Diese selbst liegt einige Zehner von Metern über dem Becken des Tuz-Gölü. Die Neogenkalke der Platte weisen Dolinen auf und sind mit Grassteppe bedeckt. Sie werden als Weideflächen, aber auch als Getreidefelder genutzt. Die Besiedlung ist äußerst gering, hauptsächlich wohl wegen der Armut an Quellen.

15. Allgemeine Züge der Kulturlandschaft in Zentralanatolien

In Flachlandschaften von Zentralanatolien wird die Kulturlandschaft sehr einheitlich geprägt durch ein starkes Überwiegen des Hartweizenanbaus. Die übrigen Getreide treten demgegenüber ganz zurück. Die meisten Dörfer haben immerhin kleine Gärten, in denen für den Eigenbedarf einige Zwiebeln, Knoblauch, z.T. Tomaten gezogen werden und in denen an Bachrändern einige Pyramidenpappeln für die Konstruktion der Flachdächer der Lehmziegelhäuser wachsen. Im übrigen dienen die Flächen, auf denen festere Gesteine die Alluvionen durchragen, ebenso auch die Bracheflächen und Getreidestoppeln der Aufzucht von Melonen für den Eigenbedarf und von Futtergewächsen für die Schaf- und Ziegenherden. Wo festere Gesteine über die Alluvionen aufragen, da gibt es meistens für Schafe und Ziegen besonders aromatische Weidekräuter. In diesen Gebieten ist die Kleinviehhaltung gewöhnlich hoch, mit um 100 Stück auf 10 Familien. Die Haltung von Milchvieh und Arbeitstieren ist dagegen ziemlich gering mit einigen Tieren auf je 10 Familien.

Eine Bereicherung der Kulturlandschaft zeigt sich aber gewöhnlich überall dort, wo Unregelmäßigkeiten des Reliefs wie Rücken älterer Gesteine die Flachformen überragen. Dort stellt sich stets in kleinerem oder größerem Umfang Weinbau an den Aufragungen ein. Denn die Niederschläge reichen den tiefwurzelnden, winterharten Reben zum Gedeihen.

Es ist klar, daß die geschilderten Ebenen den als Reiternomaden einströmenden türkischen Stämmen ideale Lebensbedingungen boten, und daß diese Ebenen zuerst von ihnen eingenommen worden sind, vielfach unter Verdrängung der älteren anatolischen Bevölkerung und Beseitigung ihrer Kulturlandschaft.

16. Zur Verwaltungsgliederung von Zentralanatolien

Zentralanatolien als naturräumliches Gebiet umfaßt den größten Teil der Provinzen Eskişehir, Ankara, Çankırı, Çorum, Sıvas, Kırşehir, Yozgat, Konya, Niğde, Nevşehir und Kayseri. Einige der Provinzen, nämlich Eskişehir, Ankara, Çankırı, Çorum, Sıvas, Kayseri, Niğde und Konya greifen allerdings randlich mehr oder weniger auf die Gebirgsumrahmung Zentralanatoliens über. Dies erscheint meist wohl begründet. Denn Grenzen der wirtschaftlichen Zusammenhänge bzw. von Gebieten eines gesteigerten wirtschaftlichen Austausches, welche eine verwaltungsmäßige Zusammengehörigkeit als vorteilhaft erscheinen lassen, weichen nicht selten merklich von den Grenzen gleichartiger orographischer Gebiete ab, die ihrerseits die Begrenzung von Klimagebieten und Vegetationsbereichen wesentlich bestimmen. Eben diese haben wir in erster Linie für die Begrenzung der naturräumlichen Gliederung Anatoliens herauszuarbeiten versucht. Verstärkter wirtschaftlicher Austausch verbindet namentlich oft Flachlandräume und die ihnen zugewandten Abdachungen benachbarter Gebirge.

Dies gilt ohne Zweifel vor allem für die nördlichen bzw. östlichen Randbereiche der Provinzen Eskişehir, Ankara, Yozgat und Sıvas, welche mit ihren nördlichen bzw. östlichen İlçe in das Naturgebiet der Nordanatolischen Randgebirge hineinreichen. Die Provinz Eskişehir nimmt aber zur Hauptsache das Ober-Sakarya- und Porsuk-Becken ein. Die Provinz Ankara enthält als Kernstück den Bereich der Gebirgszüge und Längsfurchen des Ankaragebietes. Sie reicht aber im Westen bis zum Sakarya und schließt im Süden das Hochland von Haymana sowie im Osten Randbereiche des Hochlandes von Yozgat-Kırşehir mit ein. Dieses Ausgreifen ist durch die große Entfernung der betreffenden Gebiete zu den im Umkreis nächst gelegenen bedeutenderen Städten bedingt. Auf diese Weise erklärt sich auch die sackartige Ausbuchtung der Provinz Ankara im Südosten in Gestalt des Ilçe Şerefli Koçhisar zwischen Kızıl Irmak und Tuz Gölü. Recht entlegen sind die Ilçe Eskipazar und Ovacık der Provinz Çankırı von ihrer Provinzhauptstadt. Ihre Bewohner müssen das Eskipazar-Gebiet und den Ostteil des Köroğlu-Gebirges überschreiten, um zu ihrer zuständigen Provinzialbehörde in Çankırı zu gelangen. Çankırı ist zwar in Straßenkilometern ausgedrückt, die diesen Ilçe nächstgelegene Provinzhauptstadt. Doch wenn das regionale Straßennetz stärker ausgebaut sein würde, so sollte die Verbindung nach Kastamonu oder Zonguldak wohl bequemer sein.

Entsprechendes gilt für die Provinz Çorum. Diese reicht nicht nur gegen Osten aus Zentralanatolien in die relativ leicht erreichbaren Randbereiche des Yeşil Irmak-Gebirgsfächers hinein, sondern sie greift nach Nordwesten mit dem Ilçe Kargı sehr tief in den Bereich der Kızıl Irmak-Schlucht ein. Doch Kargı könnte bei Vervollständigung des regionalen Straßennetzes merklich näher an Kastamonu als an Çorum heranrücken. Die Provinz Yozgat reicht in verständlicher Weise weit auf die Westabdachung der hier Zentralanatolien umrahmenden Gebirgsmasse von Akdağmadeni hinauf. Die Provinz Sıvas erfüllt nicht nur den Ostwinkel von Zentralanatolien, sondern umfaßt auch die ihn umrahmenden Gebirgsglieder des Yeşil Irmak-Gebirgsfächers. Daß die Provinzgrenze von Sıvas hierbei sogar auch das Ilçe Koyulhisar nördlich des Kelkit-Tales miteinschließt, bringt zweifellos für dessen Bewohner große Beschwernisse mit sich. Aber die Verbindung mit Ordu an der Schwarzmeerküste über das Küstengebirge hinweg ist wohl noch mühsamer, besonders im Winter. Im Osten gehört zur Provinz Sıvas das Gebiet der Buzbel-Ketten, soweit es von Westen her relativ leicht zugänglich ist. Im Süden gehören größere Teile des Inneren-Osttaurus bis über seine Kammlinie hinweg mit zur Provinz Sıvas. Doch liegt das Ilçe Gürün mit etwa 140 km Entfernung von Sıvas ziemlich genau in der Mitte zwischen Sıvas und Malatya, wobei aber schon um 1970 die Straße nach Malatya besser ausgebaut war. Man wird damit rechnen können, daß die Bewohner des 1250 m hoch gelegenen Gürün es vorziehen würden, zur Provinz Malatya zu gehören, weil der Weg dorthin im Tale des westlichen Tohma-Flusses überwiegend bergab führt, während die Straße nach Sıvas sowohl den Inneren-Osttaurus als auch den Westausläufer der Buzbel-Ketten je in fast 2000 m hohen Pässen überschreiten muß. Jedenfalls sind die Marktverbindungen zwischen Sıvas und Gürün verhältnismäßig schwach. Aus diesen Überlegungen wird dennoch deutlich, daß, gleichgültig ob das Ilçe Gürün dauernd bei Sıvas verbleibt oder nicht, die Stadt Sıvas keineswegs nur das städtische Hauptzentrum innerhalb des Ostwinkels von Zentralanatolien darstellt, sondern daß die Stadt auch ein besonders wichtiger Zentralort jener randlichen Gebirge ist, die sich weiter östlich zu dem großen Kettengebirgsland von Inner-Ostanatolien zusammenschließen.

Verhältnismäßig einheitlich ist das Gebiet der Provinz Kırşehir. Es umfaßt das Hochland von Kırşehir-Yozgat, soweit es zwischem dem Kızıl Irmak und dem Delice Irmak gelegen und im Westen verkehrsmäßig besser mit Kırşehir als mit Ankara verbunden ist. Die Südostgrenze ist durch größere Nähe zur Provinzhauptstadt Nevşehir gegeben, die ihrerseits in dem durch Bodenbeschaffenheit und niederschlagsgünstige Meereshöhe landwirtschaftlich bevorzugten vulkanischen Tuffgebiet um Nevsehir und Ürgüp ihr Kerngebiet besitzt.

Leicht beschreibbar ist der Bereich der Provinz Kayseri. Er umfaßt das Randgebiet von Zentralanatolien südöstlich vom großen Bogen des Kızıl Irmak, insbesondere den weiteren Umkreis des Erciyas-Vulkans. Die Provinz reicht dabei mit dem Ilçe Yahyalı an den Nordostausläufern des Mitteltaurusbogens bis zu der Stelle empor, an der der Zamantı-Fluß in seine zur Adanaebene hinabführende Schlucht zwischen dem Mitteltaurus und dem Inneren Osttaurus eintritt. Mit den Ilçe Pınarbaşı und Sarız steigt die Provinz am Inneren-Osttaurus empor und reicht über ihn hinweg bis zu der Stelle, an der südlich von Sarız die zur Adanaebene hinabführende Schlucht des Göksu beginnt.

Auf diese Weise ist auch die Provinz Kayseri zugleich Teil von Zentralanatolien mit einem ihr zugewandten Anteil am Taurusgebirge. In ganz ähnlicher Weise besteht die Provinz Niğde aus einem Hauptteil im Südosten von Zentralanatolien im Bereich des Vulkans Hasandağ und des vulkanischen Melendiz-Gebirges mit dem Südteil des Tuz Gölü-Beckens und einem Anteil am Mitteltaurus, der mit dem Ilçe Çamardı die Westabdachung des Aladağ-Taurus und mit Teilen der Ilçe Bor und Ulukışla die Nordwestabdachung der Taurusvorberge zwischen Gürgün- und Çakıt-Fluß bis zum Beginn der von deren zur Adanaebene hinabführenden Schluchten sowie Teile der Nordabdachung des Bolkar-Taurus umfaßt. Auch hier besteht die Provinz aus einem Hauptteil im Naturbereich von Zentralanatolien und aus den diesem zugewandten Abdachungen des Taurussystems.

Weniger einfach setzt sich der Bereich der riesigen Provinz Konya zusammen. Einerseits umfaßt sie das ganze südwestliche Viertel von Zentralanatolien, nämlich den größten Teil des Beckens von Konya und der Platten von Obruk und Cihanbeyli samt dem Südwestteil des Tuz Gölü-Beckens. Dazu kommt die Nordabdachung des Mitteltaurus in den Ilçe Konya-Ereğlisi, Karaman und Çumra sowie von Akşehir, Ilgın und Kadınhan. Außerdem gehören aber mit den Ilçe Beyşehir, Seydişehir und besonders mit Bozkır, Hadim und Ermenak auch Bezirke, die vollständig innerhalb des Taurus-Gebirges liegen und mit Hadim und Ermenak echte Hochgebirgsbezirke zur Provinz Konya.

Das muß es für die Provinzverwaltung in Konya recht schwer machen, gleichzeitig in ausgewogener Weise für die Bedürfnisse der Bewohner des steppenhaften Binnenhochlandes und für jene des eigentlichen Hochgebirges zu sorgen. Dieser Schwierigkeit ist man sich offenbar seit langem bewußt. Denn in den Anfangsjahren der türkischen Republik bestand, wie die Karte der Verwaltungseinteilung der Türkei von 1929 von Hamit Sadi Selen zeigt, eine Provinz Içel mit dem Hauptort Silifke und den Ilçe Anamur, Gülnar, Mut und Silifke. Diese Provinz ist aber später aufgegeben und der Provinz Mersin hinzugefügt worden, wahrscheinlich weil das Städtchen Silifke eine gar zu bescheidene Entwicklung genommen hat.

Der Mangel an bedeutenden Städten im Gebiet oder in naher Nachbarschaft zum Mittel- und Westtaurus ist wahrhaft groß. Dadurch werden die Entfernungen von den entlegenen Ilçe zur Provinzhauptstadt außerordentlich groß. Sie betragen z.B. zwischen Mersin und dem zugehörigen Ilçe Anamur mehr als 200 Straßenkilometer. Und die Entfernungen zwischen z.B. Antalya und dem Ilçe Gazipaşa sind in Straßenkilometern ausgedrückt nur wenig geringer. Deswegen sollte es nicht überflüssig sein, zu überlegen, ob eine Veränderung der Verwaltungsgliederung, die der Bevölkerung erleichterten Zugang zu ihrer zuständigen Provinzialbehörde brächte, hier möglich wäre.

Die Ilçe-Hauptstadt Karaman könnte als möglicher Hauptort einer Provinz Karaman in Betracht kommen. Die Stadt hat nicht nur eine alte Tradition als Sitz der mittelalterlichen Dynastie der Karamanoğlu. Sie hat sich auch mit einer gegenwärtigen Einwohnerzahl von 1980 über 50 000 zu einem ansehnlichen Zentrum am Nordfuß des Mitteltaurus entwickelt mit ausgebauten bzw. ausbaufähigen Straßen und Wegen nach Mut, Silifke, Ermenak und Hadım. Karaman könnte wahrscheinlich die Aufgaben eines städtischen Zentrums für den größeren Teil des Plateau-Taurus übernehmen, welcher von allen gegenwärtigen Provinzhauptstädten außerordentlich weit entfernt liegt. Eine aus den heutigen Ilçe Karaman, Ermenak, Mut und Silifke zusammengefügte Provinz Karaman würde dabei immer noch wesentlich mehr Einwohner besitzen als die heutigen Provinzen Bilecik, Hakkâri und Tunceli. Sie würde etwa ähnlich volkreich sein wie die heutigen Provinzen Artvin, Bingöl und Bitlis.

An der Westseite von Zentralanatolien dehnt sich die Provinz Afyon-Karahisar von ihrem Hauptbereich auf der Westanatolischen Gebirgsschwelle her mit den Ilçe Emirdağ (Aziziye) und Bolvadin ein Stück weit in den naturgeographischen Raum von Zentralanatolien hinein aus. Dies erscheint hier durchaus zweckmäßig. Denn Emirdağ ist von Afyon-Karahisar aus wesentlich weniger weit entfernt als von Ankara. Entsprechendes gilt für die Entfernung von Afyon-Karahisar und Konya. Zudem sind die Naturverhältnisse der Gebiete von Emirdağ und Bolvadin jenen in der Umgebung von Afyon-Karahisar bereits recht nahe verwandt.

Im Nordwesten von Zentralanatolien endlich umfaßt die Provinz Eskişehir mit den Ilçe Seyitgazi und Çifteler noch die Zentralanatolien zugewandten Abdachungen im Nordwestteil des Emir-Türkmen-Gebirges, also den Rand der Westanatolischen Gebirgsschwelle. Dies entspricht, wie ausgeführt wurde, einem sehr häufigen und wirtschaftlich zweckmäßigen Typ der Verwaltungsgrenzen im Übergangsraum zwischen Flachland und Gebirge.

II. DER NORDWESTEN DER TÜRKEI
DAS OSTTHRAKIEN-MARMARA-GEBIET UND ISTANBUL

1. Übersicht

Das Ägäische Meer, das Ege Denizi der Türken, welches die Landräume der Balkanhalbinsel von jenen Anatoliens trennt, erfüllt wie seit langem erkannt worden ist, die Tiefengebiete eines ausgedehnten Senkungsfeldes. Dieses befindet sich, wie früher ausgeführt wurde, am Orte des großen ägäischen Verbreiterungsbereiches innerhalb des Eurasiatischen Kettengebirgsgürtels. Nur hohe Teile der Gebirgskörper ragen in diesem ägäischen Raum als Inseln aus dem Meer auf.

Doch nordöstlich der Ägäis ist zwischen der Balkanhalbinsel im Westen und Anatolien im Osten des hier beide trennenden Beckens des Marmara-Meeres, wie vordem angedeutet, die Ostthrakisch-Voranatolische Landbrücke stehengeblieben. Lediglich durch die beiden Meerengen von Bosporus und Dardanellen ist diese Landbrücke am Bosporus talartig schmal unterbrochen und längs ihrer Südseite durch die Dardanellenstraße in schmalem Zuge von Anatolien geschieden. Namentlich kulturgeographisch steht diese Landbrücke aber seit langem mit den Landschaften am Südsaum des Marmara-Meeres in enger Verbindung. Deshalb bilden geographisch die Ostthrakisch-Voranatolische Landbrücke und die Landschaften am Südsaum des Marmara-Meeres zusammen eine größere landeskundliche Gesamtheit, die man als den Ostthrakien-Marmara-Bereich bezeichnen kann. Er umfaßt den „Nordwesten der Türkei".

Mit Ostthrakien greift die Türkei von der Voranatolischen Halbinsel über den Bosporus nach Westen auf die Balkanhalbinsel über. Im Boporus und den Dardanellen wird nach dem seit der Antike überlieferten Herkommen gewöhnlich ohne weiteres Nachdenken die Grenze zwischen Europa und Asien angenommen. Diese Unterscheidung hat aber ursprünglich nur begrenzt örtliche Bedeutung gehabt. Seither sind die Begriffe Europa und Asien mit stark verlagerten Inhaltsschwerpunkten angewachsen. Danach ist die besagte Grenzziehung weder physisch-geographisch noch kulturgeographisch mehr sinnvoll. Daß Europa physisch-geographisch kein eigener Erdteil ist, hat bereits Alexander von Humboldt überzeugend dargelegt. Daß der Bosporus kulturgeographisch keine Erdteilscheide bildet, muß jeder erkennen, der ihn als besonders leistungsfähiges und stark belebtes Verkehrsband zwischen den verschiedenen Teilen des großen Stadtorganismus von Istanbul bzw. seiner Nahumgebung kennengelernt hat, und der sich vergegenwärtigt, daß dieser Zustand, wenn man von dem Jahrhundert der Bedrohung der Stadt vor ihrer Eroberung durch die Türken einmal absieht, seit der Spätantike immer bestanden hat. Wir möchten die Frage nach einer besseren kulturgeographischen Begrenzung Europas, wie sie von H. Louis 1954 und 1979 näher begründet wurde, erst östlich der Türkei ziehen. Sicher ist jedenfalls, daß die Meerengen weder naturgeographisch noch kulturgeographisch eine Grenze von mehr als enger örtlicher Bedeutung darstellen.

Sie bilden, wie gezeigt wurde, nicht einmal die Grenze des geographischen Anatoliens. Wir haben dieses als den aus dem Binnenhochland von Zentralanatolien samt dessen Gebirgsrahmen bestehenden Landkomplex gekennzeichnet.

Die Ostthrakisch-Voranatolische Landbrücke wird im Süden vom Marmara-Meer bespült. Dieses hat an seinen weithin mediterran-klimatisch begünstigten Gestaden und durch die Seeverkehrsmöglichkeiten von Dardanellen und Bosporus seit frühen Zeiten dem aus der Landbrücke und dem Marmara-Meer mit seiner Umrahmung bestehenden Gesamtbereich eine besonders große Bedeutung als Siedlungs- und Verkehrsraum verliehen. Es ist der neuen Türkei gelungen, diesen besonders wichtigen Ostthrakien-Marmara-Bereich, der zum größten Teil nicht mehr dem geographischen

Anatolien in unserem Sinne zugehört, auch über den Zusammenbruch des Osmanischen Reiches hinaus innerhalb ihres Staatsgebietes festzuhalten. Dies gelang, obwohl starke Bestrebungen der westlichen Nachbarn dem entgegenstanden.

Die hier vorhandenen geographischen und ethnographischen Gegebenheiten dürften dieses Ergebnis entscheidend begünstigt haben und auch für die absehbare Zukunft sichern. Denn wenngleich die Ostthrakisch-Voranatolische Landbrücke sich mit ihrem breiten Zugang der Balkanhalbinsel zuwendet und nur den schmalen gegen Anatolien richtet, so wird sie doch auf ihrer gesamten Längserstreckung an der Südseite durch die Landmasse Anatoliens flankiert. Das ergibt sowohl für den friedlichen Austausch wie für den Konfliktsfall ungleich günstigere Möglichkeiten der Einwirkung auf den Bereich der Landbrücke von Anatolien her.

Es kommt hinzu, daß der völkischen Zerrissenheit der Balkanhalbinsel ein mehrmals größerer einheitlicher Volkskörper im anatolischen Raum gegenübersteht. Er hat die Kraft besessen, das Zwischenland zwischen der Balkanhalbinsel und Anatolien nicht nur durch lange Jahrhunderte in seinem Staat zu halten, sondern es auch volksmäßig sich einzugliedern.

Das Flachland am unteren Sakarya und die flachwellige, nur mit vereinzelten Kuppen zu mehr als 250 m Höhe aufragende Halbinsel Kocaeli, die in der Antike als Bithynische Halbinsel bekannt war, bleiben also außerhalb des Gebirgsrahmens von Anatolien, d.h. sie liegen geographisch in Voranatolien.

Jeder, der durch Kocaeli nach Izmit und dann am Sakarya aufwärts reist, insbesondere wenn er an der Südküste von Kocaeli entlangfährt und die jenseits des Golfes von Izmit steil auf über 800 m aufstrebende, oft regendampfende Yalovakette mit dem sanft welligen, von dürftigem Busch überdeckten Plateau von Kocaeli oder mit der Ebene am unteren Sakarya vergleicht, der wird bemerken, daß er beim Eintritt in die Sakarya-Schlucht in eine ganz andere Umgebung gelangt. Erst hier hat er die Gebirgsumrahmung des geographischen Anatoliens erreicht. Um keine gar zu große Abweichung bei unserer Hervorhebung der tatsächlichen Gestaltung des Landes gegenüber dem eingebürgerten Sprachgebrauch des türkischen Volkes entstehen zu lassen, haben wir, wie schon gesagt, die nicht zum geographischen Anatolien gehörenden Teile im Nordwesten der anatolischen Halbinsel, d.h. Kocaeli und das Flachland am unteren Sakarya zusammenfassend als Voranatolien bezeichnet.

Die Ostthrakisch-Voranatolische Landbrücke erstreckt sich hiernach zwischen der hoch aufragenden anatolischen Landmasse auf der einen Seite und dem zum Inneren der Balkanhalbinsel gehörigen Westthrakien, welches durch die Rhodopen, das Marica-(Meriç)Becken und das Balkangebirge samt seinen Vorlagen stark in Hoch und Tief gegliedert ist. Die Landbrücke weist eine Reihe von recht verschiedenen Teilbereichen auf.

2. Das Sakar-Istranca-Gebirge

Längs des Meriç-(Marica)Tales zwischen Dimitrovgrad und Svilengrad in Bulgarien setzt sich, an Brüchen gegenüber dem Rhodopen-Gebirge merklich abgesenkt, ein Zug der altkristallinen Rhodopengesteine, z.T. von Tertiärschichten überdeckt, nach Osten fort und bildet das Sakar-Istranca-Gebirge. Dieses erreicht in seinem westlich des Tunca-Flusses gelegenen Teil (Sakar-Gebirge) mit zugerundeten Gipfelformen etwas über 800 m, im östlichen Teil (Istranca-Gebirge) etwas über 1000 m. An den Säumen des Gebirges und längs des Tuca-Tales überlagern mesozoische und z.T. alttertiäre Gesteine das Altkristallin.

Reste von Eichen-Hainbuchenbuschwald, Weideflächen und Äcker einer ziemlich mannigfaltigen Feldkultur bedecken hier das Sakar-Gebirge. Gegen die türkisch-bulgarische Staatsgrenze hin ist das Land dünn besiedelt. Weiter westlich auf bulgarischem Gebiet ist die Kulturlandschaft deutlich intensiver entwickelt. Östlich des Tunca-Tales wird die Bewaldung dichter. Ostbuchen (Fagus orientalis), Stieleichen und Traubeneichen, dazu verschiedene andere Laubbäume der humiden Mittelbreiten mit einem Unterholz, in welchem der pontische Rhododendron besonders auffällt, überziehen das Gebirge soweit der Wald nicht weithin durch Brennholznutzung zu Buschwerk degradiert ist. Hier und da gibt es Dörfer in dem stark zertalten Gelände. Auf den zugehörigen Rodungsflächen, deren Beregnung im allgemeinen ausreichend ist, wird ein mannigfaltiger Anbau von Getreide, Gemüse und Obstarten getrieben. Kleinviehhaltung ergänzt die ländliche Wirtschaft. Es überwiegt Kleinbesitz von 3 bis 6 ha pro Familienbetrieb. Vielfach wird in Halbpacht oder Geldpacht gewirtschaftet. Die Küstenorte Iğneada und Kıyıköy sind kleine Fischerei- und Wetterschutzhäfen, von denen u.a. auch Brennholz und Holzkohle nach Istanbul geliefert wird. Als örtlicher Markt spielt der Ilçeort Demirköyü eine bescheidene Rolle. Das größere Zentrum des Gebietes ist die Provinzhauptstadt Kırklareli am Südsaume des Istranca-Gebirges. Die nächste größere Stadt ist Edirne mit 1980 über 70 000 E.

3. Das Ergene-Hayrabolu-Riedelland

An das Sakar-Istranca-Gebirge schließt sich im Süden ein vom Ergene, vom Hayrabolu-Bach und deren Nebenbächen 50 bis 100 m tief zertaltes Riedelland mit breiten Talsohlen an, das Ergene-Hayrabolu-Riedelland. Geologisch gesehen stellt es eine von Jungtertiärschichten erfüllte und nachträglich zertalte Mulde dar, welche im Norden vom Sakar-Istranca-Gebirge begrenzt wird, und im Süden von Rücken aus gefalteten bzw. stärker gestörten NE–SW streichenden Strukturen aus alttertiären und miozänen Schichten begleitet wird. Sie gehören zu den Dardanellen-Höhenzügen. Die Höhen des Ergene-Hayrabolu-Riedellandes halten sich überwiegend unter 250 m. Die Dardanellen-Höhenzüge erreichen dagegen im Ganos Dağ 945 m. Sie übersteigen in ihren höheren Strängen meist 400 m und erreichen in den niedrigeren wenigstens 300 m, bei Keşan 350 m. Zu den Dardanellen-Höhenzügen gehören auch in der Ägäis die Insel Imroz und südöstlich der Dardanellenstraße der schmale Streifen von Tertiärhügelland, der vom NE Ende der Straße bei Lapseki bis nach Troja und zu den Inseln Tavşan Adası und Bozcaada reicht. Erst südöstlich dieses Hügelstreifens erhebt sich der gebirgige Aufschwung des Karası-Berglandes in Westanatolien.

Im Westen reicht das Jungtertiär-Plattenland bis zu 30 km weit über den unteren Meriç (Marica) hinüber, bevor jenseits von Bruchstörungen der geschlossene, auf über 500 m Höhe ansteigende Ostrand des Rhodopen-Gebirges einsetzt. Die mehrere Kilometer bis zu mehr als 10 km breite Ebene des unteren Meriç, genauer der Unterläufe von Meriç, Ergene und Keşan-Fluß zusammen mit einer sanften Aufwölbung von sandigen Alttertiärschichten zwischen Hayrabolu im NE und Keşan im SW, in welcher vereinzelt 300 m Höhe erreicht werden, bildet ein besonderes Teilgebiet des von breiten Tälern gut 50 m tief zerfurchten Riedellandes. Die größeren Dörfer liegen vorzugsweise in sanften Mulden auf der Höhe der Riedel inmitten von Getreide- und Sonnenblumenfeldern, sowie von Obstbaumgärten. Hier und da zeigen sich Reste von Eichenbusch. In den Tälern gibt es stellenweise bewässerte Reisfelder, in denen Störche auf Nahrungssuche sind.

Wo 15 km südlich von Edirne eine flache Niederung, wahrscheinlich ein alter Talzug, der von der Eisenbahn benutzt wird, vom Meriç zum Ergene hinüberführt, liegt deutlich erhöht über der hier etwa 2 km breiten und schon unter 50 m NN eingetieften Ergene-Niederung der Ilçe-Ort Uzunköprü (Lange Brücke), der seinen Namen offenbar nach der langen, alten Brücke trägt, welche hier den Ergene überquert. Die Stadt mit 1980 mehr als 25 000 E. ist ein lebhafter Marktort mit großem dörflichem Einzugsbereich und zugleich Garnisonsplatz. Weiter westlich in einem Nebentälchen des Meriç liegt im Gegenüber zum griechischen Suflion der sehr viel kleinere Ilçeort Meriç und 30 km weiter südlich der ebenfalls kleine Ilçeort Ipsala, der als Grenzort an der Straße nach dem griechischen Aleksandrupolis (Dedeağaç) eine gewisse Bedeutung besitzt. Im untersten Deltabereich des Meriç endlich, 3 km oberhalb der Mündung des Ostarmes des Flusses lehnt sich an den Saum des aus Vulkaniten aufgebauten Hügellandes des Hisarlı Dağ, des Westausläufers des nördlich vom Golf von Saros gelegenen Dardanellen-Höhenzuges das kleine Enez als südlichster Ilçeort der Provinz Edirne.

Der wirtschaftliche Hauptort dieses Teils des Ergene-Hayrabolu-Riedellandes ist aber Keşan am Südsaum des Riedellandes gegen die Westausläufer der Dardanellen-Höhenzüge, die dort vom Ganos Dağ (945 m) her heranziehen. Die Stadt hatte 1980 fast 30 000 E. und einen sehr großen Markteinzugsbereich von mehr als 100 Dörfern. Das Ergene-Hayrabolu-Riedelland grenzt daher nicht unmittelbar an die Ägäis, sondern nördlich des Golfes von Saros erhebt sich ein Höhenrücken aus gefalteten Alttertiärschichten als Glied der Dardanellen-Höhenzüge mit dem Ganos Dağ, dem Koru Dağ (365 m) und dem Hisarlı Dağ (385 m) als Südrahmen des Ergene-Hayrabolu-Riedellandes. Dieses grenzt auch nicht unmittelbar an das Marmara-Meer. Vielmehr bilden zwischen Tekirdağ und Büyük Çekmece die oligozänen Schichten der Unterlage des geologischen Ergene-Beckens den etwa 100 m hohen aufgebogenen Südrand dieses Beckens. In ihn ist eine Kliffküste eingearbeitet.

Das Ergene-Hayrabolu-Riedelland ist, obwohl heute fast waldfrei, ursprünglich offenbar ein Eichenwaldland gewesen, von dem nur hier und da Eichengestrüpp übrig geblieben ist. Nach freundlicher mündlicher Äußerung von A. Yığıtoğlu hat der Bau der anatolischen Eisenbahn von Edirne über Istanbul nach Eskişehir im späten 19. Jahrhundert besonders viel Eichenschwellenholz verschlungen. Das Land ist dicht mit Dörfern überstreut. Die Felder tragen mannigfaltige Gewächse außer Weizen und Gerste und viel Sonnenblumen. In den Bachniederungen finden sich Bewässerungskulturen und Mähwiesen, oft auch große Gänseherden. Eine starke Kleinviehhaltung nutzt besonders die ausgedehnten Brachefläche. An der Eisenbahn von Edirne nach Istanbul liegen eine Reihe kleiner und größerer ländlicher Marktorte wie Çorlu, Lüleburgaz und Babaeski. Der südlichen Ausbuchtung des Gebietes am Hayrabolu-Bach dient das Ilçe-Städtchen Hayrabolu als örtliches Zentrum.

Der Hauptort des ganzen Gebietes ist aber Edirne (gut 70 000 E.), das einstige Adrianopel in sehr zentraler Lage an der Vereinigung der breiten Flußterrassen des Meriç (Marica), der Tunca und des Ergene. Die Stadt hat aber einen großen Teil ihres naturgegebenen Einzugsbereichs durch die nahen Grenzen gegen Griechenland und Bulgarien verloren. Ihre Blütezeit lag zwischen der Mitte des 14. und des 15. Jahrhunderts nach ihrer Eroberung durch die Türken und vor dem Fall von Konstantinopel, als sie vorübergehend Hauptstadt der osmanischen Sultane war. Von dieser Zeit zeugen die berühmte Selimiye-Moschee des Sinan und andere öffentliche Bauten. Die Stadt hat eine große Garnison und ist Markt eines lebhaften Grenzverkehrs.

4. Die Halbinsel von Istanbul, der Bosporus und Istanbul

Das Sakar-Istranca-Gebirge der Ostthrakisch-Voranatolischen Landbrücke endet im Osten zwischen Kıyıköy (Midiye) am Schwarzen Meer und Saray im Ergene-Plattenland an einer Einsattelung der alten Gesteine, in welcher Jungtertiärschichten über die alten Istranca-Gesteine hinweggreifen. Jenseits dieser Einsattelung setzt sich die Landbrücke nach Osten als ziemlich schmale, niedrige Landschwelle bis zum unteren Sakarya fort. Diese relativ niedrige Landschwelle reicht quer über den Bosporus hinweg. Aber dieser, der mitten durch die Siedlungsgebiete der heutigen Riesenstadt Istanbul mit rund 4 Mio. E. verläuft, ist verbindende Wasserstraße zwischen beiden Ufern, die von lebhaftem Fährschiffverkehr befahren wird. Der Bosporus ist nur die orographische Grenze eines Teilstücks der Ostthrakisch-Voranatolischen Landschwelle, den man als die Halbinsel von Istanbul bezeichnen kann.

Die Halbinsel von Istanbul ist ein Rumpfplattenland von bescheidener Höhe, nämlich um 100 m mit aufsitzenden Inselbergrücken, das in seinem westlichen Teil, westlich der Höhen von Çatalca aus ähnlichen Gesteinen besteht wie der Sockel des Istranca-Gebirges. Mit den Rücken von Çatalca stellen sich aber mit NW–SW Streichen Rücken der alten Gesteine und östlich von ihnen Riedel aus gefalteten Alttertiärschichten sowie aus paläozoischen Schiefern und Sandsteinen ein. Die Çatalca-Höhen haben in den Balkankriegen des frühen 20. Jahrhunerts und früher als natürliches Bollwerk eine wichtige Rolle bei der Verteidigung von Istanbul gespielt.

Gegen Istanbul erniedrigt sich die Rumpfplatte auf etwa 70 m und zeigt sich zugleich zum Bosporus und zum Marmara-Meer hin zertalt, woraus sich das kräftige Relief im Inneren der Stadt Istanbul ergibt. Östlich des Bosporus setzt sich die Landschaft mit entsprechenden Strukturen und Formen in lediglich etwas höherer Lage fort.

Quer durch die Ostthrakisch-Voranatolische Landbrücke zieht die Wasserstraße des Bosporus. Sie stellt ebenso wie die Dardanellenstraße eine ertrunkene Flußtalstrecke dar. Beide haben während der großen pleistozänen Kaltzeiten als Abflußtalstrecken des Schwarzmeerbeckens bzw. des Marmara-Beckens fungiert, als diese Becken wegen der damaligen glazialeustatischen Erniedrigung des Weltmeerspiegels zu großen Binnenseen geworden waren. Die Spiegelhöhe des pleistozän-kaltzeitlichen Schwarzmeer-Sees war durch eine Schwelle am Südausgang des Bosporus von etwa −40 m, der heutigen Wassertiefe bestimmt. Die entsprechende Schwelle in der Dardanellenstraße befindet sich östlich von Gelibolu bei etwa −60 m heutiger Wassertiefe. Bei etwa dieser Höhe stand der Spiegel des pleistozän-kaltzeitlichen Marmara-Sees. Mit etwa dieser Höhe stand dieser See noch bedeutend höher als der damalige Spiegel des Mittelmeeres bzw. des Weltmeeres, welcher auf mindestens −90 m heutiger Wassertiefe abgesenkt war (N. Güldalı 1979, Abb. 55). Die eustatischen Schwankungen gegenüber dem heutigen Meeresspiegel haben nicht nur die heutigen Meeresstraßen von Bosporus und Dardanellen, sondern auch nicht wenige untergetauchte Mündungsstrecken von ehemals auf einen tieferen Wasserspiegel eingetieften Tälern entstehen lassen, so am Bosporus das Goldene Horn, den alten Hafen von Istanbul, und den Hafen von Büyükdere, am Marmara-Meer die Buchten von Büyük- und Küçük-Çekmece. Die inneren Teile dieser ertrunkenen Talmündungsstrecken sind von den sedimentreichen Wassern ihrer Bäche gewöhnlich zu Alluvialebenen aufgeschüttet worden, welche z.T. in wertvolles Anbauland oder in sonstige Nutzflächen umgewandelt werden konnten.

Auf der Halbinsel von Istanbul, östlich des Çatalca-Rückens rückt die Wasserscheide der zertalten Rumpfplatte mit Höhen um 100 m hart an die Schwarzmeerküste heran. Sie wird hier von einem großen, gut gepflegten Eichenmischwald, dem Belgrader Wald überdeckt, in dem Kaiser Hadrian im 2. Jahrhundert einen ersten Aquädukt zur Wasserversorgung von Byzanz anlegen ließ, welcher durch den Aquädukt des Valens im 4. Jahrhundert und im 6. Jahrhundert von Justinian sowie nach der Eroberung durch die Türken im 15. bis 17. Jahrhundert durch die türkischen Sultane erweitert und verbessert wurde. Der Name Belgrader Wald geht auf ein Dorf Belgrad zurück, das von türkischen Flüchtlingen aus der Belgrader Gegend gegründet, aber wegen der Wasserversorgung von Istanbul später wieder aufgelassen wurde. Diese Wasserleitung führte über die nach S schwach geneigten Riedeloberflächen der Rumpfplatte zum Taksim-(Verteiler)Platz in Beyoğlu, dem Ostteil des heutigen Istanbul in etwa 70 m Höhe östlich der tief eingeschnittenen Talsysteme von Kâğıt Hane und Ali Bey Dere, die ins Goldene Horn einmünden.

Von der Wasserscheide des Belgrader Waldes führen steile Hänge nach Norden zu dem von Stranddünen begleiteten Küstensaum des Schwarzen Meeres hinab. Diese Küste ist bis zur Gegenwart verhältnismäßig einsam, obwohl der Sandstrand und der während der sommerlich herrschenden Nordwinde starke Wellenschlag gute Voraussetzungen für Seebad-Kurorte geben würden, besonders da diese Küste bisher recht verkehrsentlegen ist.

Die lange, zertalte Rumpfplatte der Südabdachung der Halbinsel von Istanbul wird von zahlreichen Bächen zerfurcht und ist dicht besiedelt. Hier wird in intensiven Obst- und Gemüsekulturen ein großer Teil der diesbezüglichen Versorgung des Istanbuler Marktes gewonnen. An der Südküste der Halbinsel von Istanbul reihen sich von Yeşil Köy an bis 40 km westlich der eigentlichen Stadt die Badeorte am Marmara-Meer. Hier gibt es unter einer Steilküste von Tertiärgesteinen einen meist schmalen Sandstrand. Die Leeseite gegenüber den sommerlichen Nordwinden und die ruhigere See scheint von der türkischen Bevölkerung gegenüber der Schwarzmeerküste deutlich bevorzugt zu werden. An der Küste um Bakır Köy nahe dem alten Istanbul drängen sich Fabrikanlagen besonders der Maschinenindustrie, Metallverarbeitung sowie der Textilindustrie.

Das alte Istanbul[21] liegt auf der Halbinsel zwischen dem Tal des Goldenen Horns und dem Marmara-Meer. Nach Westen wird es durch die gewaltige Mauer des Kaisers Theodosius II. aus dem 5. Jahrhundert begrenzt. Das vordem offene Land westlich der Mauer wurde erst in jüngster Zeit mehr und mehr durch Vorortsiedlungen besetzt. Innerhalb des alten Istanbuls findet sich auf der Nordostspitze der Halbinsel das Top Kapı Saray, d.h. die Bauten und Gärten des einstigen Sultansschlosses, außerdem die Hagia Sofia, die Sultan Ahmet Camii und das Hippodrom. Dieser Bereich bildet den Haupthügel des alten Byzanz und trägt das Zentrum des alttürkischen Istanbul. Das große Geschäftsviertel mit dem überdachten und abschließbaren Bazar, einem Vorbild unserer modernen Warenhäuser sowie der Bereich der Süleymaniye Camii und weitere Moscheen liegen in der Nähe der Galata-Brücke. Die alten Wohnviertel der Stadt befinden sich auf dem Riedel zwischen den beiden Hauptstraßen, die nach Westen zum Top Kapı (Kanonentor) und Edirne Kapı (Edirne-Tor) führen, außerdem an den Abhängen, die nach Nordosten zum Goldenen Horn, dem alten Hafen von Istanbul und nach Süden zum Marmara-Meer hinunterführen. Von den einstigen, malerischen Fachwerkhäusern mit Holzverschalung des alten Istanbul ist wegen der Feuersgefahr wenig erhalten geblieben, aber in den engen Gassen der Wohnviertel mit ihren oft noch mit Holzgittern versehenen Fenstern der Haremliks geht das türkische Leben mit vielen laut ihre Waren anpreisenden Straßenhändlern, mit den schwer beladenen, geschickt trippelnden Eseln im Straßenverkehr und mit laut hupenden Autos und vielen spielenden Kindern seinen altgewohnten Gang.

Auf dem Hochflächenriedel im Nordosten, der durch das Goldene Horn abgetrennt ist, liegen die einstigen Europäerquartiere von Galata und Pera, das heutige Beyoğlu. Hier überwindet in der Nähe des alten Galata-Turmes, eines Turmes der genuesischen Stadtmauer von Galata des 14. Jahrhunderts, die von hier einerseits zum Goldenen Horn, andererseits zum Bosporus hinabführte, die Tunnel-Seilbahn den Höhenunterschied von etwa 60 m zum Tunnelplatz. Hier oben haben sich im 19. Jahrhundert die Geschäftspaläste von Pera entwickelt, die bis heute den Handel mit hochwertigen Konsumgütern aus Mittel- und Westeuropa stark beherrschen. An den Abhängen zum Bosporus und zum Goldenen Horn dehnen sich dichtgedrängte türkische, und auch griechische und armenische Wohnviertel. In den letzten Jahrzehnten ist die Stadt auf der Hochfläche gegen Şişli und Arnavutköy durch neue Siedlungen weiter sehr kräftig gewachsen, und dieses Wachstum setzt sich auch gegenwärtig an allen Rändern der Stadt ununterbrochen fort. Dabei spielen weithin

---

21 Vgl. Hütteroth, 1982, Fig. 114, bei S. 482.

ärmliche Gece Kondu-Wohnstätten ohne behördliche Erlaubnis und Planung eine große Rolle. Ein besonders bevorzugter Siedlungsraum von Istanbul sind seit alter Zeit die Ufer des Bosporus. Hier reihen sich zu beiden Seiten, besonders in der südlichen Hälfte, Schlösser und Wohnsitze der Wohlhabenderen, auch ausländische Vertretungen wie der Sommersitz der Deutschen Botschaft in Tarabya bis über die im 14. Jahrhundert zur Eroberung von Konstantinopel erbaute Festung Rumeli Hisar und Yeniköy hinaus. Auf der Ostseite des Bosporus liegen Erholungsorte wie Moda und Kadıköy, ferner Haydarpaşa, der Anfangspunkt der Anatolischen Bahn, außerdem die Stadt Üsküdar, die gemeinsam mit den vorher genannten Orten ein zusammenhängendes Siedlungsgebiet von mehreren Hunderttausend Bewohnern mit lebhaftem Gewerbe bildet.

Weiter nördlich folgen auf der Ostseite des Bosporus die Wohnorte Vaniköy und Kandilli sowie Anadolu Hisar, das einst zur Vorbereitung für die Eroberung von Konstantinopel errichtet wurde. Noch weiter nördlich liegen das stark wachsende Beykoz und auch auf der Westseite der kleine, aber lebhafte Werfthafen von Istinye sowie die Wohnorte Sarıyer und Rumeli Kavağı, sowie gegenüber Anadolu Kavağı. Dann erst wird die Besiedlung der Bosporusufer nordwärts spärlicher, bis bei Rumeli Feneri und Anadolu Feneri der Nordeingang des Bosporus erreicht ist.

Die Siedlungen an den Bosporusufern sind durch eine ganze Schar von Fährdampfern, die mit wechselnden Anlegepunkten die Orte bedienen und in Istanbul ihre Liegeplätze an der Galatabrücke haben, verbunden. Es herrscht ein ständiges Kommen und Gehen der Dampfer und der Menschenmassen, besonders am Beginn und am Schluß der Geschäftstage. Auf diese Weise sind beide Ufer des Bosporus sehr eng miteinander verbunden. Die neue großartige Europabrücke über den Bosporus zwischen den Stadtteilen Ortaköy auf der Istanbuler Seite und Beylerbeyi auf der Üsküdar-Seite dient am meisten dem Fernverkehr nach Anatolien. Die geschlossene Besiedlung reicht an der Marmara-Küste nach SE fast bis Pendik, mehr als 20 km SW von Haydarpaşa. Aber Kartal und Pendik sind durchaus noch Vororte von dem 20 bis 30 km entfernten Istanbul, und beide Orte sind durch Vorortzüge mit Haydarpaşa verbunden. Alle diese Orte haben eine lockere, seebadartige Villenbesiedlung, in deren Gärten mediterrane Bäume das Bild bestimmen.

Istanbul hat wegen des Luftaustausches zwischen dem Schwarzen Meer und dem Mittelmeer ein windreiches, zugiges Klima. Die Luft ist im Sommer bei hohen Temperaturen sehr feucht und erschlaffend, daher weniger arbeitsgünstig als etwa in dem trockenen Ankara.

Im Bosporus findet wegen der Dichteunterschiede zwischen dem salzreichen Mittelmeer- und Marmara-Wasser gegenüber dem salzärmeren Oberflächenwasser des Schwarzen Meeres ein ständiger Wasseraustausch durch einen südwärts gerichteten Oberflächenstrom und einen zum Schwarzen Meer gerichteten Tiefenstrom statt. Das schafft im Bosporus sehr günstige Lebensbedingungen für Fische, nämlich sauerstoffreiches Oberflächenwasser und nährstoffreiches Tiefenwasser. Deswegen ist der Bosporus sehr fischreich und Durchzugsgebiet vieler Fischarten zwischen ihrem Hauptaufenthalt im Marmara-Meer und ihren Laichplätzen nahe der Küste im Schwarzen Meer. Infolgedessen herrscht am Bosporus lebhafte Fischerei, und Istanbul erfreut sich einer reichlichen Versorgung mit Fischen und anderen Meerestieren.

Die Hafenverhältnisse von Istanbul sind sehr günstig. Die starken Strömungen verhindern fast ohne menschliches Zutun eine Zufüllung und Verlandung des Hafens und der Wasserstraße. Der Hafen von Istanbul ist der wichtigste Importgüterhafen der Türkei. Von ihm aus wird das ganze Land bedient. Als Anlegeplatz dient das Ufer unmittelbar nördlich der Galatabrücke.

5. Die Landschwelle von Kocaeli

Der östlich des Bosporus anschließende, voranatolische Teil der Ostthrakisch-Voranatolischen Landbrücke, d.h. die Landschwelle von Kocaeli, zeigt die gleichen Formen einer sanftwelligen, zertalten Rumpfplatte mit inselbergartig aufsitzenden Rücken und Buckeln wie der Westteil, d.h. wie die Halbinsel von Istanbul. Aber die Wasserscheide zwischen Schwarzmeer und Marmara-Meer tritt hier im Osten nahe an den Südrand der Schwelle, an das Marmara-Meer. Die Südküste fällt daher zum Golf von Izmit meist etwa 100 m hoch, steil und zumeist felsig ab, während die Nordküste zwar auch eine Felsenküste aufweist, aber nur bescheidene Höhen besitzt. Ähnlich wie in der Halbinsel von Istanbul wird auch die Rumpfplatte von Kocaeli aus im wesentlichen NS-streichend gefalteten, paläozoischen und teilweise triassischen und oberkretazischen, auch alttertiären Gesteinen aufgebaut. Der ziemlich verwickelte geologische Bau wird aber von dem Rumpfplattenrelief und seinen inselartig aufsitzenden Kuppen und Rücken, die vereinzelt bis 500 m Höhe erreichen, überspannt. Die mit der Gesteinsbeschaffenheit wechselnd teils geräumigen, teils engen Täler wenden sich der Nordküste zu. Von Natur decken artenreiche Laubwälder mit halbmediterranem Unterholz das Land. Aber im Westen, im weiteren Umkreis von Istanbul gibt es große Rodungsflächen und zahlreiche Dörfer. Das Milchwirtschaftsgebiet von Alemdağı östlich von Istanbul liefert einen ansehnlichen Teil der Frischmilch und der Milchprodukte für den großstädtischen Markt. Gegen Osten werden längs der Nordküste von Kocaeli die Dörfer seltener, die Wälder zusammenhängender. An der felsigen Küste liegt der Badeort Şile und der Fischereihafen Ağva, mehr im Hinterland der kleine Ilçe-Hauptort Kandıra.

Wesentlich anders ist das Siedlungsbild an der Südküste von Kocaeli. Hier reihen sich an der Fernstraße nach Ankara fast ununterbrochen bis Izmit eine Fabrik oder Gewerbeanlage an die andere. Unternehmen der Fahrzeugindustrie, der Metallverarbeitung, der chemischen Industrie sind besonders vertreten, aber auch Eisenverhüttung in Yarımca und Erdölraffinerie in Ipraz. Die Städtchen Gebze und Hereke sind von dieser Entwicklung stark beeinflußt.

Das gleiche gilt von Izmit, das als Kriegshafen der Türkei zusammen mit dem gegenüberliegenden Werfthafen Gölcük für die Türkei eine besondere Bedeutung hat. Die Stadt Izmit, das Nikomedia der Antike, ist am Abhang gegen den Golf hoch emporgewachsen. Ihre Eigenheit als Garnisonsstadt wird im Stadtbild deutlich. Da die Stadt an einer geologischen Hauptstörungslinie des Landes liegt, ist sie immer wieder von schweren Erdbeben betroffen worden. Ihre Gebäude sind daher überwiegend junge Neubauten. Die Stadt ist zugleich ein sehr großes Marktzentrum für mehr als 100 Dörfer der weiteren Umgebung bis nach Gebze und Kandıra.

6. Die Ebene von Adapazarı und die Furche des Sapanca-Sees

Östlich der Landschwelle von Kocaeli, bevor die Nordanatolischen Randgebirge im Gebiet von Hendek und Düzce im Kaplandede Dağ mit Höhen von über 1000 m unmittelbar an die Schwarzmeerküste herantreten, breitet sich die große Ebene von Adapazarı aus als gemeinsame Aufschüttung des unteren Sakarya, des Mudurnu Suyu und des Biçki Dere südlich von Hendek. Die Ebene von Adapazarı weist Randterrassen von um 50 m Höhe auf, und diese dürften dem erhöhten Meeresspiegel eines älteren pleistozänen Interglazials entsprechen. Sie haben zur Folge, daß die durch mehrere Flüsse sehr wasserreiche Ebene gute Möglichkeiten künstlicher Bewässerung bietet und deswegen eine ausgezeichnete Fruchtebene mannigfaltiger Anbaugewächse und in den besonders wasserreichen Teilen eine gute Gründland- und Viehwirtschaft darstellt. Diese Bedingungen haben in Adapazarı ein landwirtschaftliches und dörfliches Marktzentrum von jetzt weit über 100 000 E. entstehen lassen. Es beherrscht die ganze Schwemmkegelebene einschließlich von Akyazı und Hendek, die selbst große Dorfmärkte besitzen, und reicht am Sakarya aufwärts bis Geyve.

Zur Zeit des erwähnten altinterglazialen Hochstandes des Meeresspiegels muß die Ebene von Adapazarı überflutet gewesen sein. Aber auch durch die Furche des Sapanca-Sees müssen Schwarzmeer und Marmara-Meer miteinander in Verbindung gestanden haben. Eine Reliktfauna von Meeresfischen im Sapanca-See und Randterrassen ringsum den See sind Folgeerscheinungen dieses einstigen Zustandes, den M. Pfannenstiel (1944) einst als Sakarya Bosporus bezeichnet hat.

Die sandige Ebene von Selimiye in etwa 50 m Höhe auf der Wasserscheide zwischen Sapanca-See und Golf von Izmit dürfte ebenfalls zur Zeit dieses erhöhten Meeresspiegels gebildet worden sein. Auf ihr haben an der Straße nach Ankara bereits weitere Industrieanlagen Fuß gefaßt und bezeugen die starke von Istanbul ausgehende Industrieentwicklung.

Die Uferböschung des Sapanca-Sees und sein mildes Klima bieten ein ausgezeichnetes Anbaugelände für Obstkultur. Sie sind dicht besiedelt. Traditionell werden den Eisenbahnreisenden an der Station Sapanca ausgezeichnetes Obst, besonders Äpfel angeboten.

7. Das Südmarmara-Gebiet und Bursa

Südlich der Ostthrakisch-Voranatolischen Landbrücke ergänzt sich der Ostthrakien-Marmara-Bereich durch das Südmarmara-Gebiet. Dieses umfaßt die südliche Randzone des Marmara-Meeres, nämlich die Westausläufer der Nordanatolischen Randgebirge, d.h. die Yalova-Kette am Südufer des Golfes von Izmit, benannt nach Yalova, einem vielbesuchten Naherholungsort von Istanbul, die Mudanya-Kette am Südufer des Iznik-Sees und des Golfes von Gemlik und die Gruppe der westlichen Marmara-Inseln sowie die Halbinsel von Karabiga samt den Furchenzonen, die zwischen diesen Ketten bzw. Inselreihen liegen. Dazu gehört auch die Furchenzone von Biga und Bursa zwischen der Mudanya-Kette und dem Nordabfall der Westanatolischen Gebirgsschwelle.

Am Aufbau aller dieser Kettenzüge und Glieder von Kettenzügen, die Höhen bis etwa 1000 m erreichen, sind altgefaltete Metamorphite und Granitintrusionen im Sockelbereich beteiligt. Dazu kommen gefaltete und alttertiäre Gesteine mannigfacher Art sowie endlich zu ziemlich großen Höhen emporgehobene kaum gefaltete jungtertiäre Sedimente. In den Furchenzonen wechseln unter den Meeresspiegel gesunkene Partien mit z.T. seegefüllten Niederungen und Schwellen von weniger tief abgesunkenen Schollen miteinander ab.

Das Südmarmara-Gebiet hat bis etwa 200 m Höhe Anteil am mediterranen Küstenklima mit kälteempfindlicher Vegetation bzw. entsprechenden Kulturen besonders von Oliven, Feigen und Zierpflanzen, die aber gelegentlich durch kalte Winter geschädigt werden. Die höheren Lagen sind natürliches Waldland, das aber weitgehend in Flächen der Obst- und Gemüsekultur umgewandelt wurde. Besonders im Bereich der trockenen aber bewässerbaren Beckenböden von Bursa und der kleineren Nachbarstädte ist dies der Fall. Diese Kulturen haben die landwirtschaftliche Grundlage für die kräftige Entwicklung der städtischen Siedlungen des Gebietes, besonders von Bursa gegeben.

Bursa, das antike Prusa, war schon im Mittelalter wegen seiner Seidenmanufaktur und durch mannigfaltiges Gewerbe der Keramik- und Metallverarbeitung eine regional hervorragende Stadt. Am Nordabhang des Ulu Dağ erhöht zwischen tief eingeschnittenen Tälern gelegen, war es gut zu verteidigen und ist von den frühen osmanischen Sultanen zu ihrer ersten festen Hauptstadt erkoren worden. Durch die gute Seeverbindung mit Istanbul über den Fährhafen von Mudanya hat Bursa sich in der neuen Türkei zu einer sehr bedeutenden Industriestadt mit mannigfachen Industrien, besonders der Automobilindustrie und mit mehr als 500 000 E. entwickelt.

Die sakralen und funeralen Prachtbauten aus der frühosmanischen Zeit sind ein starker Anreiz für den Tourismus. Schwefel- und eisenhaltige, heiße Quellen begründen seinen alten Ruf als Heilbad. Bursa besitzt außerdem durch eine Straße auf den Ulu Dağ, die bis in 2000 m Höhe führt, ein großartiges Gebiet des Alpinismus und des Wintersports mit Hotelanlagen in seinem Bereich.

Die kleineren Städte in den Längsfurchen der Südmarmara-Ketten wie Iznik, das antike Nikäa, und Izmit (Nikomedia) liegen unmittelbar auf großen Störungslinien. Sie haben wegen ihrer Lagegunst im Raum der Mediterrankulturen früh eine große kulturelle Bedeutung erlangt. Aber diese Städte sind nach den Forschungen von W. Salomon-Calvi (1940) während der letzten 2 Jahrtausende je etwa alle 200 Jahre einmal gründlich durch Erdbeben zerstört worden.

Die Städte der Furchenzone von Biga und Bursa, nämlich Biga selbst, Gönen, Manyas, Karacabey, Mustafa-Kemalpaşa sind wichtige landwirtschaftliche Zentren. Denn auf den etwas erhöhten Schotterplatten zwischen den Senkungsfeldern des Manyas- und des Apolyont-Sees gibt es großräumigen Getreidebau, in den feuchten Niederungen eine ausgedehnte Viehwirtschaft, besonders Rinderzucht. Die gut bewässerbaren Ebenen nördlich von Bursa weisen ergiebige Gemüsekulturen auf. Auf grundwasserreichen Schwemmkegeln gibt es Haine von Maulbeerbäumen für die Seidenraupenzucht vor allem am Südsaum der Furchenzone von Biga und Bursa bis gegen Inegöl hin, bzw. an ähnlichen Standorten des Gebietes. Entwicklungs- und Verpuppungsscheunen für die Seidenraupen sind in vielen Dörfern als Merkmale der Seidenraupenzucht anzutreffen.

8. Zur Verwaltungsgliederung im Nordwesten der Türkei

Der Nordwesten der Türkei umfaßt mit den Provinzen Edirne, Kırklareli, Tekirdağ, Istanbul, Kocaeli und Sakarya sowie den Norden der Provinzen Çanakkale, Balıkesir und Bursa in guter Annäherung denjenigen Teil des türkischen Staates, den man als den Ostthrakien-Marmara-Bereich zusammenfassen kann. Er liegt zur Hauptsache außerhalb unseres naturgeographischen Anatoliens, greift aber auf die nördliche Gebirgsumrahmung des naturgeographischen Anatoliens über. Er bildet so den Nordwesten der Türkei.

Die Provinz Edirne überdeckt den Westteil des Istranca-Gebirges und die Ebene des unteren Meriç (Marica) östlich des Flusses samt den Rändern des die Ebene östlich begleitenden Tertiärhügellandes. Dieser Flächenkomplex ist lediglich das Überbleibsel eines durch die Staatsgrenzen stark beschnittenen, einst viel größeren Einflußbereiches von Edirne. Die Provinz Kırklareli besteht aus dem Ostteil des Istranca-Gebirges und dem südlich anschließenden Plattenland des Ergene bis zu diesem Fluß. Sie fügt Gebirge und Vorland zusammen, die in einem gewissen Güteraustausch stehen. Südlich hiervon und ostwärts bis Çorlu und Marmara Ereğlisi bildet das aus Tertiärschichten aufgebaute Platten-, Hügel- und Bergland bis zur Marmaraküste die naturgeographisch ziemlich einheitliche Provinz Tekirdağ. An diese schließt mit den Ilçe Silivri und Çatalca die schon stark von Istanbul selbst beeinflußte Provinz Istanbul an. Diese Provinz greift nach Osten mit mehr als einem Drittel ihres Areals über den Bosporus hinweg auf die Halbinsel Kocaeli über und schließt die Ilçe Kartal und Şile in sich ein. Dieser Sachverhalt macht unmittelbar deutlich, wie abwegig es ist, in der Wasserstraße des Bosporus ein Stück Erdteilgrenze zwischen Europa und Asien sehen zu wollen. Nicht einmal als örtliche Provinzgrenze zeigt sich der Bosporus geeignet.

Als weitere Abweichung der Provinzengliederung im Nordwesten der Türkei von der naturgeographischen Umgrenzung Anatoliens ist zu verzeichnen, daß die Provinz Sakarya (Adapazarı) östlich der Sakarya-Mündung und südlich der Aufschüttungsebene ein Stück weit auf die Hänge der Nordanatolischen Randgebirge hinaufreicht, und daß im Sakaryatal noch das Ilçe Geyve der Provinz Sakarya zugehört. Dies ist wiederum ein Beispiel dafür, daß Verwaltungsgrenzen und Grenzen der wirtschaftlichen Zusammenhänge nur ziemlich selten am Fuße eines Gebirges verlaufen, weil zwischen dem Gebirge und seinem Vorland gewöhnlich ein gesteigerter wirtschaftlicher Austausch stattfindet. Dieser läßt eine verwaltungsmäßige Zusammengehörigkeit als vorteilhaft erscheinen.

Eine zusätzliche Besonderheit der Verwaltungsgliederung im Nordwesten der Türkei besteht in dem Ausgreifen der Provinz Istanbul nicht nur auf die benachbarten kleinen Prinzeninseln im Marmara-Meer, sondern auch noch über den Westteil des Golfes von Izmit hinweg bis zur Kammlinie der Yalova-Kette. Die Prinzeninseln erheben sich aus der Flachsee des nördlichen Marmara-Meeres in nur wenigen km Entfernung vor der Küste. Ihre Zugehörigkeit zur Provinz Istanbul ist naheliegend. An der Nordabdachung der Yalova-Kette liegt aber der Badeort Yalova, der seit langem ein beliebter Erholungsort der wohlhabenderen Bevölkerung von Istanbul ist. Der Provinzverwaltung von Istanbul ist es gelungen, dieses Gebiet von Yalova wegen seiner starken im Personenverkehr begründeten Bindung an die Stadt Istanbul in ihre Verwaltungshoheit mit einzubeziehen.

Mit dem Nordsaum der Provinzen Çanakkale, Balıkesir und Bursa sind die westlichen Ausläufer der Nordanatolischen Randgebirge, d.h. die lückenhaften Stränge der Yalova-Kette mit der Marmara-Insel, der Kapı Dağ-Halbinsel und ihren kleinen Nebeninseln ebenso wie die Mudanya-Kette und außerdem die Tiefenfurche von Biga und Bursa mit in den Nordwesten der Türkei einbezogen. Diese Gebiete gehören aber eben durch ihre gute Zugänglichkeit vom Marmara-Meer her in allen Beziehungen durchaus zum Marmara-Bereich. Dadurch sind sie ohne Frage Teil des Nordwestens der Türkei. Die südlich der Tiefenfurche aufragenden Gebirge des Karası-Berglandes im Westen bis zum Ulu Dağ bei Bursa im Osten sind dagegen bereits Teile der Gebirgsumwallung von Anatolien. Zu ihnen hin greifen die Provinzen Çanakkale und Balıkesir lediglich der bequemeren Straßenverbindungen wegen vom Südmarmara-Gebiet über, während umgekehrt die Provinz Bursa weit nach Süden über den Ulu Dağ hinwegreicht, nur weil die beschwerlichen Straßen von dort nach Bursa immer noch in kürzerer Zeit zu überwinden sind als jene nach der nächst südlicher gelegenen Provinzhauptstadt Kütahya.

III. MITTEL-NORDANATOLIEN

1. Übersicht

Mittel-Nordanatolien ist ein sehr ausgedehntes Gebirgsland. Es gliedert sich in eine große Zahl von etwa W–E-streichenden Gebirgskörpern und in zwischen diesen dahinziehende bzw. eingebettete Längstalungen und Becken. Doch hinzu kommt noch eine bedeutende Querigliederung in eine größere Westhälfte und eine kleinere Osthälfte des Gebietes. Die Grenze zwischen beiden ist etwa durch das Durchbruchstal des Kızıl Irmak gegeben.

Die Westhälfte von Mittel-Nordanatolien reicht so vom unteren Sakarya bis zum unteren Kızıl Irmak und ist damit in W–E-Richtung mehr als 400 km lang und von N nach S bis zu 200 km breit. Sie besteht grob gesehen aus drei verschiedenen Längszonen, einer nördlichen Randgebirgszone längs der Küste, einer diese südlich begleitenden Zwischengebirgszone und einer südlichen Randgebirgszone, dem Köroğlu-Gebirge.

Die nördliche Randgebirgszone ihrerseits gliedert sich in der Westhälfte von Mittel-Nordanatolien in mehrere deutlich verschiedene Untereinheiten.
1. Längs der Küste erstrecken sich zwischem dem unteren Sakarya und dem Küstenstädtchen Cide eine Reihe von Küstengebirgen. Durch begleitende Tiefenfurchen

und durch Einwalmungsgebiete sind diese Küstengebirge deutlich voneinander und von der landeinwärts folgenden inneren Flucht der nördlichen Randgebirgszone abgesetzt. Es sind von WSW nach ENE das bis 1486 m hohe Akçakoca-Gebirge zwischen dem unteren Sakarya und dem Alttertiär-Hügelland von Alaplı, weiter das bis 1000 m aufragende Zonguldak-Gebirge zwischen Ereğli am Schwarzen Meer und etwa der Filyos-Flußmündung, endlich das etwa 1100 m Höhe erreichende Bartın-Cide-Gebirge zwischen den beiden im Namen enthaltenen Ilçe-Hauptorten.

Auch die landeinwärts folgenden inneren Stränge der nördlichen Randgebirgszone sind in ihrem westlichen Teil etwa bis zum Durchbruchstal des Filyos-Flusses in zwei deutlich gesonderte Gebirgszüge gegliedert. Es sind von der Unter-Sakarya-Ebene an bis zum Bolu-Paß westlich von Bolu ein gut 70 km langes und bis 1780 m hohes Gebirge, das nach einem seiner Teilbereichsnamen als Elmacık-Gebirge bezeichnet werden kann. Ostwärts des Bolu-Passes schließt sich bis zum Filyos-Fluß ein rund 150 km langer Gebirgszug an, den wir nach zweien seiner bedeutenderen Teilbereiche als Sünnice-Megri-Gebirge bezeichnen. Auf türkischen Atlaskarten findet sich auch der Name Bolu-Gebirge. Doch bezieht er sich auf älteren Ausgaben auf den südlichen Gebirgsrahmen des Bolu-Beckens. Um hier die Möglichkeit von Verwechslungen zu vermeiden, wird der Name Bolu-Gebirge von uns nicht verwendet. Dieses Sünnice-Megri-Gebirge wird von dem aus dem Bolu-Becken kommenden Devrek Irmak durchbrochen. Es erreicht in seinen beiden Teilen Höhen von mehr als 1800 m.

Nordöstlich vom Durchbruchstal des Filyos-Flusses setzt sich die innere Flucht der nördlichen Randgebirgszone von Mittel-Nordanatolien mit einer rund 300 km langen, 20 bis 30 km breiten Zone fort, die meist aus mehreren parallelen Gebirgsrücken von 1100 bis 1500 m Höhe besteht, die aber an einigen Stellen Höhen von 1800 bis 2000 m erreicht. Von Cide an ostwärts tritt diese Gebirgsflucht unmittelbar an die Küste. Nach dem für den mittleren Abschnitt dieses Gebirges in der Türkei geläufigen Namen Isfendiyar-Gebirge, der auf ein im 13./14. Jahrhundert in diesem Gebiet herrschendes Fürstengeschlecht zurückgeht, fassen wir die gesamte innere Flucht der nördlichen Randgebirgszone, die aber östlich von Cide zur Küstengebirgszone wird, vom Filyos-Fluß bis zum Kızıl Irmak als Isfendiyar-Gebirge zusammen. Wir unterscheiden in ihm einen Westabschnitt, der wirklich noch innere Gebirgsflucht ist, bis zum Durchbruch des Devrekâni-Flusses unterhalb von Azdavay. Dann folgt ein mittlerer Abschnitt von dort ostwärts bis zum Zından Dağ-Paß südlich des Ilçe-Ortes Türkeli und ein Ostabschnitt von dort bis zum Kızıl Irmak. Die beiden letztgenannten Abschnitte begleiten unmittelbar die Küste.

Auf die Zone der Nördlichen Randgebirge folgt in der Westhälfte von Mittel-Nordanatolien eine weniger regelmäßig gestaltete Zwischengebirgszone. In ihr liegen in einem verzweigten, geräumigen Becken die Provinzhauptstadt Kastamonu sowie weiter östlich am Gök Irmak die Becken von Taşköprü und Boyabat. Westlich und nordwestlich von Kastamonu erheben sich einige kleinere Gebirgskörper auf Höhen von 1500 bis 1600 m. Südlich und südöstlich von Kastamonu bildet die sehr große Hochscholle des Ilgaz-Gebirges bis zum Kızıl Irmak hin mit Höhen bis zu 2500 m den Süd- und Ostsaum dieser Gebirgszone.

Die Zwischengebirgszone in der Westhälfte von Mittel-Nordanatolien reicht südwärts bis an eine schmale, fast geradlinige Furche, die vom Bolu-Paß im Westen über Bolu, Gerede, Ilgaz und Tosya bis zum spitzwinkligen Knie des Kızıl Irmak bei Kargı mehr als 250 km weit zu verfolgen ist. Diese Bolu-Kargı-Furche knüpft sich ohne Zweifel an eine der großartigen tektonischen Störungslinien, die ebenso wie die Kelkit-Erzincan-Störung den anatolischen Landblock in ungefähr west-östlicher Richtung durchsetzen. Die Bolu-Kargı-Störung kann sogar über das Becken von Düzce und die Sapanca-Furche bis zum Marmara-Graben weiter verfolgt werden. Für Mittel-Nordanatolien spielt die Bolu-Kargı-Tiefenfurche auch als bevorzugter Siedlungsraum und als natürlicher W–E-Verkehrsweg eine erhebliche Rolle. Die Westhälfte von Mittel-Nordanatolien wird im Süden durch einen rund 400 km langen mächtigen Gebirgswall abgeschlossen. Er bildet zugleich die Grenze gegen Zentralanatolien. Nach einem alttürkischen Volkshelden, nach dem der 2378 m hohe höchste Gipfel des ganzen Gebirges genannt ist, hat sich für das ganze Gebirge der Name Köroğlu-Gebirge eingebürgert, obwohl dessen Aufbau durchaus nicht durchgehend einheitlich ist.

Etwa östlich des Durchbruchstales des Kızıl Irmak beginnt die Osthälfte von Mittel-Nordanatolien. Hier setzt sich das Isfendiyar-Gebirge unter dem Namen Canik-Gebirge, der ebenfalls auf ein örtliches Fürstengeschlecht des 13./14. Jahrhunderts zurückgeht, als Küstengebirgszone von nunmehr 40 bis 50 km Breite und gut 150 km Länge nach Südosten fort mit Höhen, die südostwärts von etwa 1100 m beiderseits des Kızıl Irmak allmählich bis auf etwa 1800 m ansteigen. Südlich von Ordu etwa bei Mesudiye schwingt sich die Küstengebirgszone sehr rasch zu Gipfelhöhen von mehr als 3000 m empor. Damit endet das Canik-Gebirge Mittel-Nordanatoliens, und es beginnt das Küstenhochgebirge von Nordostanatolien.

Das Canik-Gebirge wird landeinwärts durch eine große, sehr geradlinig vom unteren Gök Irmak oberhalb Boyabat über Durağan und das Becken von Vezirköprü nach Südosten ziehende Längsfurche begrenzt, die längs des Kelkit-Flusses und über Suşehiri, Refahiye und Erzincan nach E weiterzieht. Diese Kelkit-Erzincan-Furche knüpft sich an eine der großen Störungslinien Anatoliens, an der, von schweren Erdbeben begleitet, horizontale Schollenverschiebungen stattgefunden haben und wie große Erdbeben bei Erzican 1939, bei Erzurum 1983 zeigen, weiter stattfinden.

Südlich der Kelkit-Erzincan-Furche schließt sich die innere Gebirgszone der Osthälfte von Mittel-Nordanatolien an. Sie bildet den großen von SE nach NW sich etwas aufspreizenden Gebirgsfächer, den wir als Yeşil Irmak-Gebirgsfächer bezeichnen, weil der Yeşil Irmak im Osten bei dem kleinen Ort Şerefiye zwischen zwei parallelen Rippen dieses Gebirgsfächers entspringt, und weil der Fluß weiterhin alle nördlich folgenden Rippen des Fächers in Durchbruchstalstrecken quert. Die südlichste dieser Gebirgsrippen kann unter dem Namen Tokat-Gebirge zusammengefaßt werden, weil die Provinzhauptstadt Tokat sich in ein Tälchen der Nordflanke dieses Gebirges einfügt. Das Tokat-Gebirge ist fast 200 km lang. Es erhebt sich mehrfach auf wesentlich über 2000 m Höhe und trägt in seinem bis fast 1900 m hohen Westabschnitt den Namen Deveci Dağları (Kamelzüchtergebirge).

Nördlich vom oberen Yeşil Irmak-Tal zwischen diesem und dem Kelkit-Tal entwickelt sich die zweite Rippe des Gebirgsfächers. Sie kann als Turhal-Gebirge bezeichnet werden, weil der Yeşil Irmak dieses Gebirge bei dem Industrieort Turhal durchschneidet. Das Turhal-Gebirge ist fast ebenso lang wie das Tokat-Gebirge. Es erreicht Höhen von 1600 bis 1800 m und setzt sich bis in die Gegend von Ortaköy SE von Çorum fort.

Die dritte Rippe des Yeşil Irmak-Gebirgsfächers hebt sich am Nordsaum des Turhal-Gebirges westlich von Niksar empor und wird bei Amasya vom Yeşil Irmak durchbrochen. Sie kann daher als Amasya-Gebirge bezeichnet werden. Dieses ist gut 150 km lang. Es endet am Becken von Çorum und erreicht bei Amasya Höhen um 1500 m.

Ein vierter Strang des Yeşil Irmak-Gebirges steigt westlich von Taşova über der Kelkit-Erzincan-Furche empor und ist über das Durchbruchstal des Tersakan-Baches (des umgekehrt, nämlich landeinwärts fließenden Baches) bei Havza bis in das spitzwinklige Knie des Kızıl Irmak von Kargı hinein verfolgbar, d.h. mehr als 100 km lang und erreicht südlich von Lâdik mehr als 2000 m Höhe. Nach der Stadt Merzifon, die sich an den Südfuß dieses Gebirges schmiegt, kann dieser Gebirgszug als Merzifon-Gebirge bezeichnet werden.

Die Verkehrsverbindungen in Mittel-Nordanatolien sind wegen des sehr gebirgigen Reliefs durch viele starke Steigungen behindert, trotz eines ziemlich gut ausgebauten Straßennetzes. Aber es gibt z.B. längs der steilen Gebirgsküste auf längere Strecken keine Küstenstraße, weil die Gefährdung durch Hochwasserverschüttung aus den zahlreichen Schluchten, die zur Küste ausmünden, groß ist. Die Verbindung mit dem Zentrum Ankara, d.h. nach dem Verkehrsland Zentralanatolien läßt zu wünschen übrig. Zwar gibt es die Strecke von Ankara nach dem Kohlenrevier von Zonguldak, aber diese ist sehr steigungsreich, und sie läßt Kastamonu, das Zentrum von Mittel-Nordanatolien weit abseits liegen. Die Eisenbahnverbindung von Ankara mit dem wichtigen Hafen von Samsun aber macht gewaltige Umwege über Kayseri und Sıvas und ist ebenfalls mit großen unwirtschaftlichen Steigungen verbunden. Deshalb wird zur Verbindung von Ankara nach Samsun ganz überwiegend der Autobusverkehr benutzt.

2. Die Reihe der Küstengebirge in der Westhälfte von Mittel-Nordanatolien

Die Reihe der Küstengebirge in der Westhälfte von Mittel-Nordanatolien beginnt, wie schon angedeutet, östlich vom unteren Sakarya mit mehreren Gebirgskörpern, die von W nach E hintereinander als Çamdağ, Kaplandede Dağ und Orhan Dağ aufgereiht sind, und die zusammenfassend nach dem Küstenort Akçakoca als Akçakoca-Gebirge bezeichnet wurden. Sie bestehen hauptsächlich aus gefalteten paläozoischen Schiefern und Sandsteinen sowie aus mit diesen verschweißtem Kreide- und Eozänflysch. Das Gebirge erstreckt sich mit Höhen zwischen 1100 und 1600 m und ist vom unteren Sakarya bis zu seinem Ende am niedrigen Alttertiär-Hügelland von Alaplı und am oberen Devrek Irmak rund 100 km lang. Auf seinen Höhen trägt es ausgedehnte Abtragungsverebnungen, die wahrscheinlich im Miozän vor der pliozänen Gesamthebung von Anatolien angelegt worden sind. Wegen der guten Beregnung ist das Gebirge weithin mit Nadel- und Laubwäldern bedeckt und stark zerschluchtet. Die meist kleinen Dörfer sind recht verkehrsentlegen und treiben zur Hauptsache eine agrarisch mannigfaltige Subsistenzwirtschaft, in der Kleinviehhaltung und Holznutzung eine erhebliche Rolle spielen. Im Çam Dağ nördlich von Hendek befinden sich hochwertige Eisenerzlager, die in Zukunft einen lohnenden Abbau versprechen.

Nordöstlich der erniedrigten Gebirgseinwalmung von Alaplı, die zu einem kleinen dichter besiedelten Raum geworden ist, erhebt sich unmittelbar an der Küste bis zur Mündung des Filyos Çay das rund 50 km lange bis fast 800 m hohe Zonguldak-Gebirge. In ihm kommen unter dem Kreideflysch gefaltete produktive Karbonschichten an die Oberfläche und haben in dem tief zerschluchteten Gebirge zur Entstehung eines bedeutenden Steinkohlenbergbaus geführt. Zonguldak mit über 10 000 E. und das benachbarte Ereğli sind Indstrieorte geworden, in denen vor allem Eisenverhüttung und Stahlerzeugung, aber auch Möbel- und Fahrzeugbau u.a. sich entwickelt haben. Eine Reihe von Bergmannssiedlungen, von denen Kozlu, Kilimli und Çatalağzı die größten sind, schmiegen sich in das waldige Steilgelände. Der erst bescheiden ausgebaute Hafen von Zonguldak dient vor allem der Kohleverschiffung. Auch auf den Riedeln des Zonguldak-Gebirges sind Reste von einst größeren Abtragungsverebnungen zu beobachten.

Nordöstlich der Filyos-Mündung erniedrigt sich das Küstengebirge auf gut 10 km Erstreckung zu Höhen von wenig über 200 m. Gleichzeitig taucht hier der Kreideflysch unter jungvulkanische Gesteine unter. Erst 10 km westlich von Bartın tauchen die altpaläozoischen Schichten wieder auf und bilden allmählich höher werdend das Südwestende des Bartın-Cide-Gebirges. In diesem kommen an einigen Stellen auch Schichten des produktiven Karbons an die Oberfläche, ohne daß aber bisher ein größerer Kohleabbau entstanden ist. Am Aufbau des bis 1100 m hohen Bartın-Cide-Gebirges nehmen auch Jurakalke in größerem Ausmaß teil. Das flache Abtragungsrelief, das auf dem Gebirge ausgebildet ist, zeigt unter Waldbedeckung Karstformen wie vor allem Karren und auch größere Dolinen.

An der Küste nördlich von Bartın liegt auf einer felsigen Halbinsel der freundliche Badeort Amasra mit gutem Sandstrand. Das Städtchen weist eine mittelalterliche Burg und einige antike Baureste auf. Der kleine Hafen bietet Schutz vor starken auflandigen Winden.

Südlich bzw. südöstlich hinter den Küstengebirgen erstreckt sich eine Tiefenzone von Alttertiärflysch, in der die Orte Hendek, Düzce, Yiğlice, Devrek, Çaycuma und Bartın liegen, bis zum Tal des Koca-Irmak, der bei Bartın ins Meer mündet. Diese Tiefenzone innerhalb des waldigen Gebirgslandes ist stärker besiedelt. Vor allem das große Senkungsfeld von Düzce ist eine intensiv angebaute Fruchtebene mit dem lebhaften Zentralort Düzce, welcher einen sehr großen dörflichen Markt besitzt. Auch Bartın ist Marktort für ein Gebiet von mehr als 100 Dörfern der Umgebung.

3. Die inneren Stränge der nördlichen Randgebirgszone in der Westhälfte von Mittel-Nordanatolien

Landeinwärts der Tiefenzone von Hendek-Düzce-Devrek-Bartın erheben sich, von der Unter-Sakarya-Ebene bis zum Tal des Filyos Çay bei Yenice reichend, innere Stränge der nördlichen Randgebirgszone. Sie bilden bis zum Bolu-Paß westlich von Bolu das bis 1800 m hohe Elmacık-Gebirge, in welchem altkristalline Gesteine und granitische Intrusiva den mit paläozoischen und mesozoischen Schichten verfalteten Kern des Gebirges bilden. Es wird durch die tiefe Einsattelung des Bolu-Passes von dem rund 100 km weit von W nach E gestreckten, bis über 1900 m aufragenden Sünnice-Megri-Gebirge geschieden. Dieses Gebirge ist ähnlich gebaut wie das Elmacık-Gebirge. Es enthält aber besonders in seinem Ostteil einen mächtigen granitischen Intrusivkörper. Westlich von Mengen wird das Gebirge durch den aus dem Bolu-Becken kommenden Devrek-Fluß durchbrochen. Neben dem Durchbruchstal verläuft etwa ost-westlich die tiefe Paßfurche von Mengen, die möglicherweise einem älteren Flußdurchbruch ihre Entstehung verdankt. Zwischen dem Mengen-Paß und dem Filyos-Tal liegt der Megri Dağ-Bereich des Sünnice-Megri-Gebirges. Er wird von den Zuflüssen des bei Yenice mündenden Ince Dere mit seinen Verzweigungen tief zertalt. In diesem Megri Dağ-Gebiet des Gebirges treten granodioritische Intrusiva und eingefaltete Ophiolithe weithin an die stark zertalte Oberfläche des Gebirges. Alle diese inneren Stränge der nördlichen Randgebirgszonen sind weithin bewaldet und ziemlich siedlungsarm. Aus den Gebirgen um Bolu kamen bis in die 1940er Jahre im Winter öfters lange Rädergestellkolonnen mit mächtigen Schwarzkiefernstämmen, von Ochsen gezogen, als Bauholz nach Ankara.

Nordöstlich der über 30 km langen Durchbruchsschlucht des Filyos Çay unterhalb von Karabük erhebt sich, aus gefaltetem Oberkreideflysch mit stellenweise kleinen Aufbrüchen aus Jurakalken und Permokarbonschichten aufgebaut und etwa 80 km weit bis zum Durchbruch des Devrekâni-Flusses reichend, von Abtragungsverebnungen überspannt, der Westteil des Isfendyar-Gebirges. Östlich des Devrekâni-Durchbruchstales treten Jurakalke und ältere Gesteine in weit stärkerem Maße an die Oberfläche. Die Gipfel erreichen 1700 bis fast 2000 m. Dieser mittlere und östliche Abschnitt des Isfendyar-Gebirges ist bis zum Durchbruchstal des Kızıl Irmak etwa 200 km lang. Von Cide an ostwärts tritt er an die Küste heran. Das Gebirge erreicht in seinem mittleren Abschnitt bis zum Zindan-Paß südlich von Türkeli Höhen von 1500 bis über 1800 m und trägt besonders über Kalkgesteinen ausgedehnte Abtragungsverebnungen. Südwestlich von Cide liegen diese in mehr als 1000 m Höhe, südlich von Sinop in 1200 bis 1400 m. Diese Einebnungsflächen sind wahrscheinlich miozänen Alters und sind erst durch die pliozäne Gesamthebung Anatoliens in ihre heutige Höhenlage gebracht worden. Das Isfendyar-Gebirge stellt sich wie auch die übrigen langgestreckten Gebirgsstränge Mittel-Nordanatoliens als relativ schmale, großfaltenartige Hebungswelle dar, die von den im Inneren wurzelnden großen Flüssen, dem Sakarya, dem Filyos Çay, dem Bartın-Fluß, dem Devrekâni-Fluß, dem Kızıl Irmak in antezedenten Durchbruchstälern gequert wird.

Die südlich anschließende Zwischengebirgszone ist überwiegend gegenüber der Küstengebirgszone merklich abgesenkt. Sie enthält Becken, die mit Neogenablagerungen erfüllt sind. Das von der Küste her infolge der Gesamthebung des Landes tief zerschluchtete Isfendiyar-Gebirge ist weithin noch bewaldet und dünn besiedelt. Hier wird noch erheblich Waldweide und Holznutzung getrieben. Hier und da finden sich Holzkohlenmeiler. Wo die Verebnungen sehr ausgedehnt werden, wie etwa südlich von Sinop, sind sie größtenteils gerodet und in Getreidefelder umgewandelt, die von den in Quellmulden angesiedelten Dörfern her bewirtschaftet werden. Beim Hausbau herrscht Fachwerk mit Bretterverschalung und Schindeldächern vor, aber selbst Blockbauweise ist noch anzutreffen.

Im Isfendiyar-Gebirge ist ein Yayla-Bauerntum bis in die jüngste Zeit verbreitet, bei welchem Bauerndörfer der Küstenabdachung im Sommer mit dem größten Teil der Familien und dem Kleinvieh auf die Sommerweide, die Yayla, hinaufziehen und dort bis zum Herbst bleiben. Die gewöhnlich in Blockbauweise errichteten großen Sommerdörfer sind im Laufe der Zeit nicht selten zu Dauersiedlungen geworden. Aber bis in die Gegenwart sind oft auch die Dorfverwaltungen mit ins Sommerdorf hinaufgezogen, und es sind dort selbst in der Höhe große Märkte zum Austausch zwischen der Küste und dem Hinterland abgehalten worden.

4. Die Zwischengebirgszone in der Westhälfte von Mittel-Nordanatolien

Zwischen dem Isfendiyar-Gebirge an der Küste und der großen Tiefenfurche von Bolu-Kargı im Süden dehnt sich etwa von Safranbolu im Westen bis nach Durağan am Kızıl Irmak im Osten ein bis mehr als 50 km breites Zwischengebirgsland, in welchem annähernd W–E-gestreckte Gebirgskörper aus kristallinen Schiefern von 1500 bis 1800 m Höhe mit gerundeten Oberflächenformen zwischen mehr oder weniger breiten Furchen und Becken anzutreffen sind. Im Ilgaz-Gebirge erreicht ein Hochrücken sogar 2500 m. Die Becken sind überwiegend in gefaltete alttertiäre Schichten eingebettet. Sie enthalten außerdem mehr oder minder große Reste von flachliegenden Neogeneinlagerungen. Es sind vor allem die Furche von Araç in 400 bis 800 m Höhe zwischen beiderseits begleitenden bis 1500 m hohen Gebirgen und die Becken von Daday, von Devrekâni und jene von Kastamonu, von Taşköprü und Boyabat in der weiten Talfurche des Gök Irmak.

Doch das um 900 m hoch gelegene Becken des kleinen Ilçeortes Eflâni am Innensaum des Westabschnitts des Isfendiyar-Gebirges besteht aus einer ziemlich flach nach S geneigten, mäßig zertalten Platte aus Eozänflysch, der anscheinend mit einem Bruchrand gegen die älteren Gesteine des südlich umrahmenden Beckenrandes angrenzt. Weiter südlich am Innensaum des Isfendiyar-Gebirges sinkt die Platte des Eozänflysches gegen Safranbolu und die Araç-Furche bis auf etwa 300 m Höhe bei Karabük ab. Sie wurde dabei von bis weit über 100 m tiefen, äußerst engen Schluchten zerschnitten.

Auf einem Sporn zwischen diesen Schluchten sitzt bei etwa 400 m Höhe hoch über den Schluchten, von denen eine mit etwa 50 m hohen, fast senkrechten Wänden durch eine kaum mehr als 10 m lange Brücke überquert wird, die alte Stadt Safranbolu. Sie birgt ein großes Bazarviertel (Çarşı) und einen sehr großen alten

Han, der von ihrer einstigen Handelsbedeutung zeugt. Heute liegt die 1980 fast 20 000 E. zählende Stadt abseits der Eisenbahn, die im Soğanlı-Tal nach Karabük führt. Das Leben hat sich stärker in die neuen Gartenhaussiedlungen verlagert, die bis auf mehr als 500 m Höhe zum Fuß des Isfendiyar-Gebirges hinaufgehen.

Zertalte Hochschollen aus kristallinen Schiefern mit abgeflachten Gipfelformen rahmen das um 900 m hohe W–E-gestreckte Becken von Daday im Norden und Süden ein. Mangels zusammenfassender Namen können sie als das fast 1200 m hohe Norddaday-Gebirge und das bis über 1600 m Süddaday-Gebirge bezeichnet werden. Eine weitere Hochscholle aus kristallinen Schiefern erhebt sich mit SW–NE-Erstreckung aus dem etwas über 1000 m hohen Becken von Devrekâni. Dieser Çangal Dağ ist ebenfalls randlich stark zertalt und erreicht 1500 m Höhe. Alle diese Hochschollen tragen noch größere Buschwaldreste. Die bei weitem größte Hochscholle der Zwischengebirgsregion ist aber das Ilgaz-Gebirge. Es erstreckt sich als tief zertalte Masse von kristallinen Schiefern, die von einer weithin um 1500 m hohen Rumpffläche überspannt wird, vom Gök Irmak-Tal im Norden rund 50 km weit nach Süden bis an die große Bolu-Kargı-Tiefenfurche. Das Gebirge reicht bis über 80 km weit vom Becken von Kastamonu nach Osten bis zum Durchbruchstal des Kızıl Irmak. Doch setzen sich die gleichen Gesteine und ähnliche Oberflächenformen auch östlich des Flusses noch fort.

Die breite Masse des Ilgaz-Gebirges erniedrigt sich im Nordosten gegen Durağan bei Saraydüzü in der Nähe des dort bis auf etwas unter 300 m Höhe eingetieften Kızıl Irmak mit weiten Abtragungsverebnungen bis auf etwa 800 m. Wenig tiefer liegen dem Flachrelief nördlich von Kızıloğlan flach lagernde Neogenschichten auf.

Dies zeigt, daß die ausgedehnten Flachreliefreste auf den Höhen des Ilgaz-Gebirges wohl von einer großen flachrelief-schaffenden Abtragungsepoche herrühren müssen, die im wesentlichen ins ältere Neogen fällt. Das große Durchbruchstal des Kızıl Irmak ist erst nach dieser Abtragungsepoche in das Ilgaz-Gebirge antezedent eingearbeitet worden, wohl infolge der Gesamthebung von Anatolien im Pliozän. Es wurde im Kap. B I bereits erwähnt, daß nördlich von Durağan wahrscheinlich ein älterer Talverlauf des Kızıl Irmak westlich vom heutigen quer über das Isfendiyar-Gebirge hinweg existiert hat.

Südlich vom Gök Irmak-Tal steigen die Flachformen des Ilgaz-Gebirges über kristallinen Schiefern sehr allmählich bis auf fast 2000 m Höhe an. Gegen die Bolu-Kargı-Furche hin ist den alten Gesteinen auf mehr als 50 km Länge mit SW–NE-Streichen ein schmaler Streifen aus Eozänflysch und Oberkreidekalken eingefaltet. In diesen Gesteinen liegen die höchsten Gipfel des Gebirges von mehr als 2500 m. In sie sind an ihrer Nordwestseite große Kare durch einstige pleistozäne Hanggletscher eingearbeitet worden. Die Hochregion des Ilgaz-Gebirges ragt bei rund 2100 m Höhe über die obere Waldgrenze auf. Aber die Flanken des Gebirges und auch weite Teile der Hochflächenregion im Norden sind noch dicht, vor allem mit Schwarzkiefern-Wäldern bestanden. Die niedrigeren Teile der Hochflächen sind stärker gerodet und mit Dörfern besetzt.

Die Zwischengebirgszone in der Westhälfte von Mittel-Nordantolien endet an ihrer Südseite östlich von Bolu mit einem schmalen fast 100 km langen Gebirgszug aus gefaltetem Kreideflysch. Er erreicht bei Gerede noch Höhen von fast 1900 m, ermöglicht aber in einer Einbiegungsstrecke in der Höhe von wenig über 1000 m der Eisenbahnlinie von Ankara nach Zonguldak die Querung. Hier ist auch Raum für den kleinen Ilçe-Hauptort Eskipazar. Nach ihm kann der Gebirgszug zwischen dem Nordostende des Beckens von Bolu und dem Durchbruchstal des Soğanlı Çay, des Oberlaufes des Filyos-Flusses, zusammenfassend als Eskipazar-Gebirge bezeichnet werden. Das sicherlich antezedente Durchbruchstal des Soğanlı Çay, das aus der Tiefenfurche von Bolu-Kargı in die Tiefenfurche des Araç Çay hinüberführt, liegt an einer Stelle, an der nördlich von Kurşunlu Verebnungen den Durchbruch begleiten. In etwa 1600 m Höhe, d.h. etwa 500 m über der hier zertalten Sohle der Tiefenfurche von Bolu-Kargı tragen diese Verebnungen flachliegende Neogenschichten. Wenig weiter östlich heben sich dann die kristallinen Schiefer des Ilgaz-Gebirges empor, die bei Ilgaz um rund 800 m zur Bolu-Kargı-Tiefenfurche abfallen.

Die Randgebirge von Mittel-Nordanatolien dürften im ganzen als ein Bündel längsstreichender Aufwölbungen aufgefaßt werden. Das lehren vor allem die hin und her pendelnden Teilstrecken der großen Durchbruchstäler von Sakarya, Kızıl Irmak, Filyos-Sofanlı Çay und Yeşil Irmak, sowie seines großen Nebenflusses Çekerek Irmak. Diese Richtungsänderungen der Flüsse können wohl kaum anders erklärt werden, als durch ein antezedent angelegtes Umfließen von einzelnen, in gebündelter Anordnung sich hebenden Gebirgssträngen. In diesem Sinne liegt also hier ein Kettengebirgscharakter vor. Gleichzeitig aber tragen die Höhen der Gebirgskörper Kappungsverebnungen, welche andeuten, daß einst die gesamte Region von Abtragungsebenheiten überspannt war, welche älter sein müssen als die neogenen, wohl vor allem im Pliozän eingetieften Durchbruchstäler. Die Verebnungen dürften bis ins Miozän (Karte O. Erol, 1982) angelegt und später wellenartig deformiert worden sein.

5. Die Tiefenfurche von Bolu-Kargı

Der Boden, der auf weite Strecken mit flach eingelagerten Neogen- und Quartärschichten bedeckten Tiefenfurche von Bolu-Kargı folgt, ist, wie schon erörtert, einer erdbebenreichen Hauptstörungslinie Anatoliens. Dieser Boden hat durchaus nicht gleichsinniges Gefälle. Seine Höhe nimmt im Bolu-Becken von etwa 1000 m Höhe nach Osten bis auf etwa 900 m längs des Oberlaufes des Devrek-Flusses oberhalb von dessen Durchbruchstal an Höhe ab. Aber bei Ericek westlich von Gerede liegt in etwa 1100 m Höhe eine Wasserscheide innerhalb der Tiefenfurche gegen das unter 1000 m hohe Becken des Çağa Gölü, welches selbst mit dem schwachen Abflußbächlein des Sees in nördlicher Richtung das Eskipazar-Gebirge in einer bis zu 700 m tiefen Schlucht durchbricht, wahrscheinlich ebenfalls in einem antezedent angelegten Durchbruch. Zwischen dem Çağa Gölü-Becken und dem Ilçe-Städtchen Gerede liegt in etwa 1000 m Höhe eine zweite Talwasserscheide innerhalb der großen Tiefenfurche, die zum Gerede-Bach, einem Oberlaufstrang des Soğanlı-Filyos-Flusses hinüberführt. Mit dem Gerede-Bach geht es in der Tiefenfurche abwärts bis zu seiner Einmündung in den Soğanlı Çay in 900 m Höhe südlich von Eskipazar oberhalb vom Durchbruchstal des Soğanlı. Weiter ostwärts hebt sich der Boden der

Tiefenfurche abermals bis zu einer dritten Talwasserscheide innerhalb der Tiefenfurche. Sie liegt in etwa 1200 m Höhe westlich des Ilçe-Ortes Kurşunlu. Erst von dort an geht das Gefälle in der Tiefenfurche mit dem Devrez-Fluß 100 km weit ununterbrochen nach Osten abwärts bis zur Mündung des Devrez in den Kızıl Irmak bei Kargı in etwa 300 m Höhe. Bei diesen Gefällsverhältnissen ist klar, daß die große Tiefenfurche von Bolu-Kargı eine grabenartige Senkungsfurche sein muß, die durch ihr allmähliches Absinken eine alte Abdachung, welche im Frühneogen noch von dem südlich begleitenden Köroğlu-Gebirge nach Norden führte, unterbrochen hat. Dadurch sind einige ihrer nordwärtsgerichteten Abflüsse zu antezedentem Einschneiden in die nördlich der Grabenflucht stehenbleibende oder aufsteigende Hochscholle veranlaßt worden.

Die Tiefenfurche von Bolu-Kargı ist verständlicherweise ein bevorzugtes Siedlungsgebiet innerhalb von Mittel-Nordanatolien. In ihr liegt im Westen an der Hauptstraße von Istanbul nach Ankara die kleine Provinzhauptstadt Bolu mit 1980 fast 40 000 E. Der Ort besitzt in weniger unter 1000 m Höhe, umrahmt von waldreichen Gebirgen ein angenehmes Klima und verfügt über nahe heiße Quellen, die an der großen Störungslinie auftreten und einen ansehnlichen Badebetrieb ermöglichen. So wird die Stadt sich allmählich zu einem beliebten Erholungsort entwickeln. Der Holzreichtum der benachbarten Gebirge ist Grundlage einer gewissen Holzverarbeitung. Die ansehnliche Tierhaltung nicht nur von Schafen, sondern in dem wasserreichen Gebiet auch von Rindern, ermöglicht etwas Woll- und Lederindustrie.

Ostwärts von Bolu reihen sich in der Tiefenfurche je in Abständen von etwa 30 bis 50 km voneinander ein halbes Dutzend Ilçe-Hauptorte, nämlich Gerede, Çerkeş, Kursunlu, Ilgaz, Tosya und Kargı. Sie machen deutlich, daß die Tiefenfurche auf ihrer ganzen Länge ein verdichteter Siedlungsraum und jeweils örtlich die zentrale Verkehrsader der beiderseits begleitenden Gebirgslandschaften ist. Der Boden der Furche birgt besonders in seinen tiefer gelegenen, sehr sommerwarmen Teilen um Ilgaz und Tosya in Ausnutzung seines Wasserreichtums ausgedehnte Naßreiskulturen.

Diese auf weite Strecken mit flach eingelagerten Neogen- und Quartärschichten bedeckte Tiefenfurche sammelt zwischen Bolu und dem Kızıl Irmak die Verkehrswege.

6. Das Köroğlu-Gebirge

Südlich der großen Senkungsfurche von Bolu-Kargı erhebt sich zwischen den Durchbruchstälern von Sakarya und Kızıl Irmak die langgestreckte Hebungszone des Köroğlu-Gebirges, die den Nordrahmen von Zentralanatolien bildet. Das Gebirge ist von W nach E etwa 400 km lang und wird nach seiner höchsten Erhebung, dem 2378 m hohen Köroğlu Tepe, Köroğlu-Gebirge genannt. Es besteht aus mehreren recht verschieden aufgebauten Teilabschnitten. Es beginnt im Westen bei Bilecik noch etwas westlich des Sakarya-Durchbruches mit kräftig in westöstlichem Streichen gefalteten Schichten der Kreide und des Alttertiärs, deren besonders widerständige Schichtglieder zu Schichtkämmen herauspräpariert sind, und Höhen von mehr als 1500 m erreichen. Diese Schichtkämme und ihr Faltungsbau tauchen im Gebiet von Seben südlich von Bolu unter mächtige, wahrscheinlich miozäne Andesitmassen, das sogenannte galatische Andesitgebiet der Geologen unter. Damit endet der mehr als 100 km lange und 40 bis 50 km breite Westabschnitt des Köroğlu-Gebirges.

Das Andesitgebirge gipfelt im Köroğlu Tepe mit 2378 m Höhe und weist anscheinend stellenweise noch Restformen von Eruptionskratern auf. Die Andesitmasse bildet den gut 150 km langen und bis über 50 km breiten Mittelabschnitt des Köroğlu-Gebirges. In besonders tiefen Taleinschnitten des Andesitgebietes kommt der gefaltete Unterbau des Gebirges aus Kreide und Alttertiär zum Vorschein. Das mittlere Köroğlu-Gebirge ist großenteils noch stark mit Schwarzkiefern bewaldet. Aber es weist auf seiner Höhe auch größere relative Senkungsfelder, wie das von Seben südlich von Bolu in etwa 800 m Höhe, die von Kıbrısçık und Peçenek südlich von Gerede in fast 1000 m, sowie das von Orta südlich von Kurşunlu in etwa 1200 m Höhe auf. Diese Becken enthalten stellenweise eingelagerte Pliozänschichten, welche die neogene Entstehung dieser Senken bekunden.

Sie sind ziemlich dicht mit Dörfern besetzte Siedlungsinseln in dem im allgemeinen siedlungsarmen waldigen Gebirgsland. Gut 40 km östlich von Orta bei Çankırı tauchen die gefalteten mesozoischen und alttertiären Schichten wieder auf und setzen den gut 100 km langen, jetzt nur noch 10 bis 30 km breiten Ostabschnitt des Köroğlu-Gebirges zusammen. Nördlich von Iskilip erreicht dieser nochmals mehr als 2000 m Höhe.

Der Ostteil des Köroğlu-Gebirges ist stärker besiedelt als das große Andesitgebiet. So versteht sich, daß Çankırı, Iskilip und Osmancık am Kızıl Irmak je ziemlich große Marktzentren der umgebenden Dörfer sind. Außer dem Hartweizen-Anbau, zu dem hier auch etwas Einkornweizen kommt, treiben viele Gebirgsdörfer hier auch ansehnlichen Obstbau und einige Gartenkultur. Daneben spielen die Holzwirtschaft und die Kleinviehhaltung eine erhebliche Rolle in der bäuerlichen Wirtschaft.

7. Die Küstengebirgszone in der Osthälfte von Mittel-Nordanatolien

Die östliche Hälfte von Mittel-Nordanatolien besteht aus stärker seitlich zusammengedrängten langgestreckten Gebirgszügen als die Westhälfte. Östlich des unteren Kızıl Irmak setzt sich das Küstengebirge mit den entsprechenden Faltungsstrukturen, wie sie das Isfendiyar-Gebirge kennzeichnen, aus Oberkreideflysch und Eozänflysch bestehend, mit Höhen meist zwischen 1000 und 1500 m und mit ESE-Streichen etwa bis zum unteren Yeşil Irmak fort. Die 30 bis 40 km breite Gebirgszone trägt aber hier den Namen Canik-Gebirge. Schon im Hinterland von Samsun treten Vulkanitserien in dem Oberkreideflysch auf. Östlich des Yeşil Irmak und bis zum Ostende des Gebirges werden die Vulkanite mehr und mehr vorherrschend. Das Canik-Gebirge reicht stark zertalt, aber mit Flachformen in der Höhe, die von etwa 1300 m im Hinterland von Samsun allmählich bis auf etwa 1800 m Höhe im Hinterland von Ordu ansteigen, ostwärts bis etwa zum Tal des bei Ordu mündenden Kızıl Dere. Östlich dieses Tales setzt dann der eindrucksvolle Aufschwung des Küstenhochgebirges von Nordostanatolien mit granitischen Gipfeln von mehr als 3000 m Höhe ein. Die zertalten Plateauformen des Canik-Gebirges, dessen hohe Einebnungsflächen wahrscheinlich auf die in ganz Anatolien wirksame frühneogene Abtragungsperiode zurückgehen, sind ziemlich dicht besiedelt. Die Dichte der Besiedlung und des wirtschaftlichen Lebens in den beiden Deltas von Kızıl Irmak und Yeşil Irmak kommt darin zum Ausdruck, daß die Kreisstädte Bafra (50 000 E.) und Çarşamba (30 000 E.) am Yeşil Irmak und weiter östlich auch die Hafenstädte Fatsa (20 000 E.) und Ordu (50 000 E.) je einem Umkreis von mehr als 100 Dörfern als zentrale Märkte dienen.

Der sehr geradlinigen Steilküste sind in diesem Raum die beiden großen Deltas des Kızıl Irmak und des Yeşil Irmak vorgelagert. Mit diesen Deltaebenen besitzt das Land zwei äußerst wertvolle Kulturgebiete, die aber bis zur Gegenwart noch nicht vollständig ausgenutzt sind. Diese Deltas bestehen nämlich aus je zwei in 30 bis 40 m Vertikalabstand übereinander liegenden Aufschüttungsebenen, von denen die obere offensichtlich einem hohen interglazialen Spiegelstand des Meeres zugehört, die untere etwa auf den heutigen Meeresspiegel eingestellt ist. Während die oberen der beiden Ebenen noch kaum zerschnitten sind und ausgezeichnetes Anbauland mit viel Mais- und Tabakkulturen bieten, liegen die unteren sehr niedrig und befinden sich weithin im Überschwemmungsbereich der nicht seltenen starken Hochwasser. In sie dringt langsam eine bedeutende Neukolonisation vor, die vor allem Entwässerungsgräben anlegen muß. Die weiß getünchten Fachwerkhäuser dieser Ebenen mit Schindel- oder Ziegel-Walmdach stehen oftmals auf etwa meterhohen Stelzen aus Holz oder aus Mauerwerk, offenbar zum Schutze vor Hochwasser und vor Ratten und Mäusen. In das Kulturbild dieser von den Flußläufen und von vielen Wassergräben durchzogenen Ebenen gehören große Gänseherden und oftmals Wasserbüffel, die sofern sie nicht arbeiten müssen oder weiden, in der Suhle liegen und von denen nur Augen und Nüstern über die Wasseroberfläche aufragen. Die Haltung von Schafen und Ziegen ist hier meist nur mäßig groß.

Die zertalten, ursprünglich mit Mischlaubwald bedeckten Hänge, mit denen das Canik-Gebirge von der Küste aufsteigt, sind bis Hunderte von Metern hoch über und über von Rodungsflecken durchsetzt. In diesen zeigen sich Einzelhöfe und kleine Weiler aus Fachwerkhäusern mit Vollwalmdächern aus Schindeln oder Ziegeln, eingebettet zwischen Feldern von Mais und Bohnen und Gärten mit Gemüsen und Obstbäumen sowie zwischen ausgedehnten Haselkulturen, die die hauptsächlichen Markterträge liefern.

Das wirtschaftliche Zentrum des Gebietes ist die Hafenstadt Samsun mit 1980 etwa 200 000 E. Mit ihrem im Ausbau befindlichen Hafen an der den Nord- und Westwinden gegenüber wenig geschützten Schwarzmeerküste spielt die Stadt eine wichtige Rolle für die Ausfuhr der türkischen Haselnußernte. Durch ihre relativ guten Eisenbahn- und Straßenverbindungen über eine Einwalmungsregion des Küstengebirges hinweg ins Landesinnere besitzt der Hafen zusätzliche Verkehrsbedeutung für das Land. Samsun versorgt als Marktort eine sehr große Zahl von Dörfern im Umkreis von mehr als 50 km.

8. Die innere Gebirgszone in der Osthälfte von Mittel-Nordanatolien

Die innere Gebirgszone in der Osthälfte von Mittel-Nordanatolien wird von dem großen Yeşil Irmak-Gebirgsfächer gebildet. Bei Şerefiye nördlich von Zara liegt die Konvergenzstelle dieses Fächers am obersten Yeşil Irmak. Die Rippen des Fächers sind nach Westen etwa bis zu einer Linie, von Osmancık am Kızıl Irmak über Çorum gegen Sorgun auseinanderspreizend, verfolgbar. Da der Yeşil Irmak in seinem Verlauf nach je mehr oder weniger langen Längstalstrecken alle Gebirgsstränge des Fächers mit Ausnahme des südlichsten in Durchbruchsstrecken quert, kann man ihn zusammenfassend als Yeşil Irmak-Gebirgsfächer bezeichnen. Seine Gebirgszüge bestehen überwiegend aus W—E bis SW—NE längsgefalteten kristallinen Schiefern, mesozoischen Kalken und alttertiären Vulkaniten. Zwischen diesen ziehen schmale Tiefenfurchen hin, welche mindestens streckenweise flachliegende Neogen- und Quartärablagerungen enthalten. Da Reste von Neogenablagerungen z.B. nördlich von Çamlıbel (nordwestlich von Sıvas) in hoher Lage auf dem südlichsten der Gebirgsstränge und nordwestlich von Amasya um Suluova auf einem der nördlichen Stränge erhalten geblieben sind, so ist anzunehmen, daß auch die Gebirgszüge des Yeşil Irmak-Fächers als großfaltenartige neogene Hebungsstränge, die Tiefenfurchen als schmale relative Senkungszonen angelegt worden sind.

Im einzelnen kann man von Süden nach Norden die folgenden, schon früher erwähnten Gebirgsstränge unterscheiden. Der südlich des oberen Yeşil-Irmak mit Gipfeln bis über 2400 m (Asmalı Dağ) hinziehende Tokat-Gebirgszug ist etwa 200 km lang und reicht nach Westen unter dem Namen Deveci Dağ etwa bis zum Ilçeort Çekerek. Der nächst nördliche Gebirgszug beginnt im E südlich von Koyulhisar am Kelkit. Er ist bis gegen Ortaköy westlich vom Durchbruch des Çekerek Irmak, des größten südlichen Nebenflusses des Yeşil Irmak zu verfolgen. Er ist ebenfalls etwa 200 km lang und erreicht Höhen bis 1800 m. Wir haben ihn als Turhal-Gebirgszug bezeichnet. Der dritte Gebirgsstrang, das Amasya-Gebirge, beginnt im Osten bei Niksar südlich der Kelkitfurche und reicht über die Provinzhauptstadt Amasya bis fast nach Çorum. Er erreicht Gipfelhöhe von 1900 m. Über den Kalkmassen südlich der Stadt Amasya sind in 950 m Höhe deutliche Abtragungsverebnungen ausgebildet. Sie bestärken die Auffassung, daß die Durchbruchstalstrecke des Yeşil Irmak bei Amasya antezedent angelegt wurde. Das gleiche gilt entsprechend auch für die verschiedenen Durchbruchsstrecken des Çekerek Irmak und gehört zu der Vorstellung, daß der Yeşil Irmak-Gebirgsfächer durch relative Hebung seiner Gebirgsstränge nach einer lang dauernden Abtragungsepoche mit großen Einebnungsvorgängen erst im Neogen in seiner heutigen Gestaltung ausgebildet wurde.

Die vierte, gleichfalls noch mehr als 100 km lange Kette des Yeşil Irmak-Gebirgsfächers, reicht von Taşova am Yeşil Irmak westwärts bis in das spitze Knie des Kızıl Irmak bei Kargı. Sie erreicht südlich von Lâdik noch Höhen von 2000 m und wurde nach der an den Südhängen ihres noch bis 1900 m hohen Westabschnittes gelegenen lebhaften Stadt Merzifon (30 000 E.) als Merzifon-Kette bezeichnet. Merzifon ist gleichfalls ein großes Marktzentrum für die umliegenden Dörfer.

Die Tiefenfurchen zwischen den Strängen des Yeşil Irmak-Gebirgsfächers, soweit sie westlich von Niksar und westlich von Almus verhältnismäßig breit sind, bieten zumeist hochwertige Anbauflächen, auf denen außer Getreide viel Zuckerrüben, Tabak, Gemüse, Obstbäume und auch etwas Mohn kultiviert werden. Besonders hervorzuheben sind die Kazova am Yeşil Irmak zwischen Tokat und Turhal und die Umgebung von Zile, dem Zela der Antike, bei dem Caesar 47 v.Chr. kam, sah und den örtlichen Fürsten, einen Sohn des Mithridates besiegte. Die Städtchen Erbaa und Niksar in der Kelkitfurche, Tokat und Turhal am Yeşil Irmak, ebenso Zile sind jeweils Marktzentren einer großen Zahl von mehr als 50 benachbarten Dörfern. Hauptort des Gebietes ist die Provinzhauptstadt Amasya (50 000 E.). Sie befindet sich in malerischer Lage in der Durchbruchsschlucht des Yeşil Irmak. Die historisch bedeutende Stadt enthält Baudenkmäler der selçukischen und osmanischen Zeit. In eine Kalkfelswand sind einstige Felsengräber der pontischen Könige eingearbeitet.

9. Zur Verwaltungsgliederung von Mittel-Nordanatolien

Mittel-Nordanatolien umfaßt im wesentlichen die Provinzen Bolu, Zonguldak, die Nordhälfte von Çankırı, ferner Kastamonu, Sinop, Samsun, Ordu, Amasya und Tokat. Von diesen reicht die Provinz Bolu von der Schwarzmeerküste über die Küstengebirge hinweg und schließt sogar noch große Teile des Westabschnittes des Köroğlu-Gebirges in sich ein. Da das ganze Gebiet sehr gebirgig ist, sind die inneren Verbindungen der randlichen Ilçe mit dem Zentrum Bolu zwar nicht übermäßig, nämlich zumeist weniger als 100 km weit, aber steigungsreich und deswegen beschwerlich. Das ist in einem Gebirgsland kaum anders möglich. Dafür liegt Bolu wenigstens in einem weiten Becken innerhalb der großen Längsfurche von Bolu-Kargı und erscheint deswegen als örtliches Zentrum eines großen Teiles dieses Gebirgslandes durchaus geeignet.

Die Provinz Zonguldak reicht von der Küste über das Zonguldak-Gebirge und über die Düzce-Devrek-Çaycuma-Bartın-Tiefenfurche und das Isfendiyar-Gebirge hinweg bis in die Becken von Safranbolu und Eflâni. Auf diese Weise werden das Bergbau- und Eisenhüttengebiet von Zonguldak und Ereğli und das Eisenhüttenwerk von Karabük in einer Provinz zusammengefaßt, was sicherlich verwaltungsmäßig von Vorteil ist, wenn auch die Verkehrsverhältnisse in diesem stark gebirgigen Bereich Schwierigkeiten mit sich bringen.

Östlich von der Provinz Zonguldak und nördlich an die Provinzen Çankırı und Çorum grenzt die Provinz Kastamonu. Sie nimmt von der Küste an den Raum ein, in dem sich Mittel-Nordanatolien von N nach S am meisten verbreitet und besitzt in der großen Talweitung von Kastamonu am oberen Gök Irmak und den Talverzweigungen gegen Daday und Araç einen zusammenhängenden großen Bereich erhöhter Bevölkerungsverdichtung, der als zentraler Schwergewichtsraum des gesamten Westteils von Mittel-Nordanatolien anzusehen ist. Schon bei der Betrachtung der Verwaltungsgliederung von Zentralanatolien wurde darauf hingewiesen, daß die Nordsäume der in Zentralanatolien ihre Hauptanteile besitzenden Provinzen Çankırı und Çorum mit den Ilçe Eskipazar, Ovacık und Kargı bei entsprechend ausgebautem Straßennetz eigentlich bequemer an Kastamonu anzugliedern wären als an die zur Hauptsache zentralanatolischen Nachbarprovinzen Çankırı und Çorum. Durch eine solche Veränderung könnte die Provinz Kastamonu wahrscheinlich an Bedeutung sehr gewinnen, und dieser noch gut beregnete und daher von Natur landwirtschaftlich begünstigte Bereich von Mittel-Nordanatolien könnte, wenn er verstärkt gefördert würde, mit einer hohen landwirtschaftlichen Produktion erheblich mehr zur Versorgung der Millionenstadt Ankara beitragen, als dies bisher der Fall ist. Die osmanischen Sultane, die durch längere Zeit die Verwaltung von Kastamonu in die Hände der in Aussicht genommenen Kronprinzen legten, um diesen Gelegenheit zur Übung in staatlicher Verwaltung zu geben, haben wahrscheinlich wohl gewußt, warum sie diese Provinz auswählten.

Die östlich an Kastamonu anschließende Provinz Sinop reicht von der Küste über das Isfendiyar-Gebirge und über die Talfurche des Gök Irmak hinweg mit dem Ilçe Boyabat bis auf die nordseitigen Hänge der Ilgaz-Gebirgsmasse hinauf. Es wiederholen sich hier die gebirgsbedingten Erschwerungen der Verbindung zwischen der Provinzhauptstadt und ihren Randgebieten. Immerhin bleiben die Entfernungen zu den Provinzrändern im ganzen unter 100 km. Die Provinzhauptstadt Sinop besitzt zwar einen ausgezeichnet gegen Nord- und Nordweststürme geschützten Hafen. Aber dieser wird zumeist nur als Fluchthafen bei gefährlichen Stürmen genutzt. Abgesehen davon ist die Bedeutung von Sinop gering wegen seiner beschwerlichen Verbindungen mit dem Hinterland. Das Städtchen hatte 1980 noch erst weniger als 20 000 E.

Die östlich auf Sinop folgende Provinz Samsun ist der Verwaltungsbereich der bedeutendsten Hafenstadt der türkischen Schwarzmeerküste. Diese Bedeutung ist in dem vergleichsweise leichten Zugang über das Canik-Gebirge am Paß von Kavak zu den Längstalfurchen des Yeşil Irmak-Gebirgsfächers und nach Zentralanatolien begründet. Die Provinz reicht über das Canik-Gebirge und die Furche von Vezirköprü-Lâdik, einen Teilabschnitt der großen Kelkit-Erzincan-Furche bis auf den nördlichsten Strang des Yeşil Irmak-Gebirgsfächers hinauf und umfaßt im Westen und Osten die wirtschaftlich bevorzugten Küstensäume und die Deltagebiete von Kızıl Irmak, Yeşil Irmak und Terme Çay.

Wo das Canik-Gebirge sich weiter im Osten gegen Ordu zu bedeutender Hochflächenentwicklung verbreitet, da reicht die Provinz Ordu von der Küste nur bis zum Abfall gegen die Kelkit-Erzincan-Furche landeinwärts. Da aber im Hinterland der Provinzen Samsun und Ordu der stark verbreitete Gebirgsraum des Yeşil Irmak-Gebirgsfächers gelegen ist, ergibt sich hier im Bereich der Ketten und Längsfurchen des Gebirgsfächers Raum für die beiden Provinzen Amasya und Tokat. Er gehört noch zur Osthälfte von Mittel-Nordanatolien. Die beiden südlich anschließenden Provinzen Yozgat und Sıvas bilden, wie früher ausgeführt wurde, mit ihren Hauptbereichen Teile von Zentralanatolien. Sie greifen aber mit ihren randlichen Ilçe mehr oder weniger nach Norden, nach Mittel-Nordanatolien hinein. In der Osthälfte von Mittel-Nordanatolien dürfte die Verwaltungseinteilung den schwierigen Reliefverhältnissen im wesentlichen zweckmäßig angepaßt sein.

IV. NORDOSTANATOLIEN

1. Übersicht

Im Hinterland von Ordu und Giresun erhebt sich das Küstengebirge ziemlich unvermittelt auf Höhen von mehr als 3000 m und bleibt so gegen Osten kaum unterbrochen auf rund 400 km Entfernung bis zum Karçal Dağ östlich der Durchbruchsschlucht des unteren Çoruh-Flusses. Unter den vulkanischen Oberkreideschichten des Hinterlandes von Ordu kommen ostwärts mehr und mehr granitische Intrusivmassen an die Oberfläche und bilden die höchsten Gipfel. Im Hinterland von Rize und Pazar endlich baut eine gewaltige granitische Intrusivmasse tertiären Alters fast allein das Küstenhochgebirge auf. Der Höhenaufschwung erreicht hier in den Tatos-Bergen im Hinterland von Rize und Ardeşen Gipfelhöhen von mehr als 3900 m.

Dieses Küstenhochgebirge schirmt östlich von Ordu das Hinterland so stark von den niederschlagbringenden, auflandigen Winden ab, daß der Landschaftscharakter des Hinterlandes deutlich verändert ist. Es erscheint daher geboten, das Küstenhochgebirge als einen besonderen Hauptteilraum von Anatolien anzusehen, den wir als Nordostanatolien bezeichnen. Er umfaßt nur das Küstenhochgebirge und den Küstensaum. Das Hinterland gehört unabhängig von den strukturellen Zusammenhängen landeskundlich bereits zu Inner-Ostanatolien. Davon hat mich mein Freund Prof. Dr. Cevat R. Gürsoy, Ankara, auf unseren gemeinsamen Reisen im Gebiet überzeugt.

Durch die Einschnitte des Harşıt-Tales und des Çoruh-Tales gliedert sich das Küstenhochgebirge Nordostanatoliens in fünf deutlich verschiedene Unterteile, erstens in das Giresun-Gebirge westlich des Harşıt-Tales, zweitens in das Harşıt-Tal selbst, drittens in das Trabzon-Rize-Gebirge, viertens in das Durchbruchstal des unteren Çoruh und fünftens in das Karçal-Gebirge östlich des Çoruh-Durchbruchs.

2. Das Giresun-Gebirge

Das Giresun-Gebirge erhebt sich an der Straße von Şelbin-Karahisar nach Giresun in der Nähe des Passes von Eğri Bel (ca. 2000 m) mit breiten, sanft nach Norden geneigten Riedelflächen auf über 2000 m. Es erreicht im Karataş westlich der Straße 3095 m und wird dort nordseitig durch geräumige Kare gegliedert. Das sanfte Relief der Hochweiden mit zahlreichen Yaylas endet küstenwärts meist in etwas unter 2000 m Höhe über scharfen Taleinschnitten, die mit steilflankigen Tälern zur Küste hinabführen. Sie sind mit Wäldern von Schwarzkiefern bedeckt, die unterhalb von etwa 1500 m in dichte Wälder von orientalischen Buchen übergehen. In unter 700 m Höhe sind die einstigen Buchen-Mischlaubwälder weitgehend durch Haselkulturen ersetzt. Auf kleinen Hangverflachungen liegen auch oft zwischen Maisfeldern Einzelhöfe und lockere Weilersiedlungen. Sie nutzen jeden Sattel oder flacheren Hangabsatz der steilen zutalziehenden Riedel als Siedlungsplatz. Auf einem hügeligen Küstenvorsprung liegt die Hafenstadt Giresun, das Kerason der einstigen griechischen Kolonisten, das 1980 45 000 E. überschritten hat. Die eng gedrängte Stadt mit einem hohen Burgberg ist ein wichtiger Exporthafen für Haselnüsse und zugleich Marktzentrum einer großen Zahl von umliegenden Dörfern. Das Giresun-Gebirge reicht ostwärts bis zu dem mächtigen Taleinschnitt des Harşıt-Tales, welcher eine eigene größere Landschaftseinheit darstellt.

3. Das Harsıt-Tal

Das Harsit-Tal ist ein steilflankiges, bis zu mehr als 1000 m tiefes Tal mit ebenso steilflankig zerschnittenen Seitenhängen, dessen Hauptfluß eine bis 1 km breite Talsohle aus grobem Schotter aufgeschüttet hat. Nur schmale Terrassenabsätze erheben sich hochwasserfrei an den Steilhängen über dem Talboden. Sie weisen einen tiefgründig zersetzten, vergrusten, bräunlichen Waldboden auf und sind dicht bewaldet, soweit nicht Haselkulturen und auf flacheren Absätzen Mais- oder Bohnenfelder angelegt sind. Einzelne kleine Weiler haben in der Höhe auf kleinen Hangverflachungen Raum für ihre Fachwerkhäuser gefunden.

So geht es beiderseits des Flusses aufwärts, bis in mehr als 1000 m Höhe etwas größere Hangverflachungen und mit ihnen einzelne Dörfer sich einstellen. Nahe dem kleinen Ilçeort Torul in etwa 1000 m Höhe zweigt die Straße nach Trabzon von der Gümüşane-Straße ab und windet sich mit zahlreichen Kehren durch offenes Gelände zum 2100 m hohen Zigana-Paß empor, über den einst Xenophon mit seinen Zehntausend die Schwarzmeerküste erreicht haben dürfte.

Der obere Teil des Harşıt-Tales oberhalb von Torul hat mäßig steile Formen. Hier liegt das Städtchen Gümüsane, eine kleine Provinzhauptstadt, bei der einst etwas Silberbergbau umging. Über Kovans Kale und einen 2200 m hohen Paß am Vavuk Dağ kann man nach Osten durch schüttere Reste von Kiefernwäldern und dünn besiedeltes Gebiet zur Hartova bei Bayburt am oberen Çoruh und damit bereits deutlich in den Bereich des Windschattens des Küstenhochgebirges, d.h. nach Inner-Ostanatolien gelangen. Der Hauptmarktort des Harşıt-Tales ist das Hafenstädtchen Tirebolu nahe der Mündung des Harşıt-Flusses. Es liegt etwas westlich der durch Hochwasser gefährdeten Flußmündung in der Nachbarschaft von felsigen Küstenvorsprüngen, auf denen Ruinen einer byzantinischen Befestigung stehen.

4. Das Trabzon-Rize-Gebirge

Östlich des Harşıt-Tales erhebt sich das Trabzon-Rize-Gebirge schnell auf 2000 m und erreicht im Çakırgöl Dağ südlich von Trabzon, einem nach einem Karsee benannten Gipfel bereits 3063 m. Die Nordabdachung des Trabzon-Rize-Gebirges ist wie die des Giresun-Gebirges tief und steilflankig zertalt und stark bewaldet. Doch sind die Täler etwa von 1000 m an abwärts weiträumiger. Sie weisen Hangverflachungen auf und enthalten Dörfer. Von 500 m an abwärts werden die Hangverflachungen ausgeprägter und neigen sich, von den zur Küste strebenden Tälern zerschnitten, als einstige Küstenverebnungen gegen das Meer.

Besonders ausgeprägt ist eine solche Küstenverebnung am Boz Dağ in etwa 250 m Höhe südlich von Trabzon mit Spuren von marinem Jungtertiär. Weitere Verebnungen treten längs der Küste bei Arsin, Araklı, Solaklı und bis Pazar und Ardeşen auf, wo bis zu 400 m Höhe Pliozänablagerungen auf den Küstenterrassen eine sehr junge Hebung des Gebirges bezeugen. Die Fußregion des Küstengebirges ist sehr dicht besiedelt mit Bevölkerungsdichten von wesentlich über 100 E./km². Diese Dichte beruht auf den Intensivkulturen, die hier auf den unteren Hangteilen gepflegt werden. An dem Küstenstreifen westlich von Trabzon, insbesondere an den nach SE geneigten, von den NW-Winden abgekehrten Talhängen und Talsohlen ist es Tabakkultur, sonst im ganzen Bereich der Haselanbau. Im Hinterland, von Rize ausgehend, haben sich seit den 1920er Jahren Teekulturen derartig ausgebreitet, daß die Türkei, ein einstiges Land des Kaffeegenusses, sich in wenigen Jahrzehnten vollständig in ein Teetrinkerland umgewandelt hat, weil so die Devisen für Kaffeeeinfuhr gespart werden konnten. Heute ist sogar ein Tee-Export in Ostblockländer vorhanden. Die Teekulturen gehen im Hinterland von Rize selbst an steilen Hängen bis auf gut 800 m hinauf.

Der dicht besiedelte Küstensaum ist stark mit kleinen Hafenorten besetzt, die jeweils einem ziemlich großen, mehr als 50 Dörfer zählenden Umkreis als Marktorte dienen. Hierzu zählen an der Küste des Trabzon-Rize-Gebirges Görele, Akçaabat und die alte Stadt Trabzon (Trapezunt), die inzwischen mehr als 100 000 E. zählt und eine Universität erhalten hat. Die auch wirtschaftlich aufstrebende Stadt enthält eine Reihe von Bauwerken, die an ihre historische Bedeutung als einstige Hauptstadt des Kaiserreiches Trapezunt im 13. Jahrhundert und nach ihrer Eroberung durch Sultan Mehmet II. als wichtigen Hafen des Osmanischen Reiches erinnert. Der Hafen ist in neuerer Zeit entsprechend den Bedürfnissen größerer Schiffe ausgebaut worden.

Im Tatos-Hochgebirge selbst zeigen sich ab etwa 3000 m Höhe überall deutliche Spuren eiszeitlicher Karbildung. Die höchsten Gipfel der Kaçkar-Gruppe von 3800 bis 3900 m Höhe bergen noch kleine Kargletscher und perennierende Schneeflecken. Sie entsandten in den pleistozänen Kaltzeiten nordseitig ansehnliche Talgletscher.

Dichter Laubmischwald überdeckt die Flanken des Gebirges soweit nicht Kulturflächen ihn verdrängt haben. An den Hängen des Tales von Ikizdere z.B. lassen sich bis etwa 1500 m Höhe Rodungsgehöfte verfolgen. Oberhalb von etwa 1000 m an geht der Buchenwald (Fagus orientalis) mit Rhododendron ponticum und Rh. flavum im Unterholz allmählich in einen kräftigen Wald von Bornmüller-Tannen über. Dieser erreicht seine obere, wahrscheinlich durch Weidebetrieb erniedrigte Grenze ungefähr bei 2100 m. Darüber liegt eine sehr ausgedehnte alpine Region, in der nahe der oberen Waldgrenze besonders viel Rhododendron flavum anzutreffen ist. Hier herrscht ein weithin nur mäßig geböschtes Höhenrelief, das als Sommerweide genutzt wird mit Yaylahütten in Blockbauweise und mit Schindeldächern. Hier werden wegen der reichlichen Feuchtigkeit außer Schafen und Ziegen in größerer Menge Rinder gehalten. Aber noch in 1850 m Höhe gibt es vereinzelte Gerstenfelder, die mit der Sichel geerntet werden. Über dem mäßig verflachten Höhenrelief zwischen etwa 2000 und 2300 m liegt die wieder steilere Gipfelregion mit Gipfeln von mehr als 3000 bis über 3500 m. In dieser Gipfelregion gibt es nordseitig geräumige Kare mit Karseen und hohen Karwänden.

Auf der Südseite des Gebirges ändert sich das Landschaftsbild grundlegend. Die steilen Hänge des Çoruh-Tales um und oberhalb von Ispir sind fast völlig entwaldet, obwohl die Gebirge noch Höhen von 2800 bis 3000 m erreichen. Damit ist man in Inner-Ostanatolien eingetreten. Dieses ist aber bis nach Bayburt und Erzurum mit der Schwarzmeerküste wirtschaftlich stark verbunden. Denn die Hochregion liefert große Mengen von Heu. Diese werden jeweils nach der Heu- und Grummet-Ernte mit Hilfe zahlloser, gefährlich hoch beladener Lastkraftwagen, oft in waghalsiger, schwankender Fahrt zur Schwarzmeerküste hinuntergefahren, wo das Trockenfutter im sehr dicht besiedelten, an Viehfutter armen Land zu hohen Preisen abgesetzt werden kann. Auf den alpinen Matten mit würzigen Blüten der Käuter wird auch hier und da Imkerei betrieben, so daß einzelne der Lastkraftwagen auch Blechkanister mit Honig zur Küste befördern. Das Trabzon-Rize-Gebirge reicht ostwärts bis zum Durchbruchstal des unteren Çoruh.

5. Das Durchbruchstal des unteren Çoruh

Zwischen Artvin und Batum, auf türkischem Staatsboden nur bis Muratlı nördlich von Borçka, durchbricht der Çoruh in mehr als 2000 m tiefem, zweifellos antezedent angelegtem Durchbruchstal das Trabzon-Rize-Gebirge und trennt das nochmals 3000 m Höhe erreichende Karçal-Gebirge von jenem ab. Die Talflanken sind steil und bis in 2500 m Höhe mehr oder weniger dicht bewaldet, und zwar vornehmlich mit Laubmischwald der orientalischen Buche mit wenig beigemischten Silvestris-Kiefern. Die Kultur verschiedener Getreide, besonders von Mais und auch etwas Reisbau sowie einige Teepflanzungen gehen bis Muratlı. Der Wein- und Obstbau, besonders die Pfirsiche leiden öfters an zu viel Regen. Aber jede Hangverflachung ist bis in große Höhe zur Anlage kleiner Felder ausgenutzt. Das Flachrelief in der Höhe, in dem einst der antezedente Durchbruch des Çoruh angelegt worden ist, ist in sanften Reliefresten von heute mehr als 2000 m Höhe zu suchen. Darüber erhebt sich das eiszeitlich stark vergletschert gewesene Gipfelrelief mit Karformen und kühnen Gipfelgestalten in der hochalpinen Zone des Gebirges, z.B. im Tıryal Dağ (2600 m), der hauptsächlich aus vulkanischen Serien der Oberkreide aufgebaut ist. Hier liegt in einem nach Norden gegen Borçka gerichteten steilen Tal in etwa 1000 m Höhe die seit langem ausgebeutete Kupfererzlagerstätte von Murgul.

Die kleine Provinzhauptstadt Artvin mit 1980 etwa 15 000 E. steigt am Eingang der Schlucht an der steilen linken Talseite des Çoruh neben einem überragenden, jäh abfallenden Burgfelsen mehrere Hundert m hoch empor. Auf dem unteren Çoruh sieht man gelegentlich ein größeres leeres Boot, das von Männern flußauf getreidelt wird, offenbar zur Flußabverfrachtung von Waren.

6. Das Karçal-Gebirge

Der durch den Çoruh-Durchbruch vom Trabzon-Rize-Gebirge abgeschnittene Gebirgsstock des Karçal Dağ (3000 m) ist schwer zugänglich. Er scheint hauptsächlich aus tertiären und quartären basischen Vulkaniten aufgebaut zu sein. Bis über 2000 m Höhe ist die Bewaldung noch dicht und nur von kleineren Rodungsflächen unterbrochen. In über 2500 m liegt auch hier ein durchaus von den Spuren einer kräftigen eiszeitlichen Vergletscherung geprägtes alpines Relief. Zwischen 2000 und 2500 m Höhe liegen zahlreiche Yaylas und Obas der Sommerweidewirtschaft. Im Ilçeort Şavşat (1300 m) im oberen Berta-Tal, das das Karçal-Gebirge an seiner Südostflanke begleitet, besitzt das Gebiet ein kleines, aber eine große Zahl von mehr als 50 Dörfern bedienendes Marktzentrum.

7. Zur Verwaltungsgliederung in Nordostanatolien

Der Nordosten Anatoliens umfaßt im wesentlichen die Provinzen Giresun, Trabzon, Gümüşane, Rize und Artvin (Çoruh). Von diesen reicht Giresun trotz des 2000 m hohen Eğri Bel-Passes südlich von Tamdere über das Küstenhochgebirge hinweg und geht mit den Ilçe Şebin-Karahisar und Alucra, von denen Şebin-Karahisar einmal Hauptort einer eigenen Provinz war, sogar bis in die Kelkit-Furche hinab. Gümüşane umfaßt die Hochbecken am obersten Kelkit, am obersten Çoruh und obersten Harşıt um Bayburt und reicht von dort in die betreffenden Täler hinab, bis diese sich besonders stark schluchtartig verengen.

Die Provinzen Trabzon und Rize beschränken sich auf die Schwarzmeerabdachung des hier besonders hohen Küstengebirges, dessen Pässe, abgesehen von dem randlich gelegenen nur etwa 2100 m hohen Zigana-Paß alle über 2500 m hoch sind. Die Provinz Çoruh (Artvin) endlich greift von der Küste und der türkischen Staatsgrenze her beiderseits des Çoruh, das Karçal-Gebirge einschließend, bis zum Rande des Hochlandes von Kars hinauf und geht im Çoruh-Tal aufwärts bis zum Ilce Yusufeli, welches einige Kilometer oberhalb von Yusufeli durch eine starke Verengung seine natürliche Grenze erhält. Die Verwaltungsgliederung im Nordostbereich von Anatolien ist überwiegend den sehr schwierigen Reliefverhältnissen des Gebietes möglichst gut angepaßt.

V. INNER-OSTANATOLIEN

1. Übersicht

Inner-Ostanatolien ist das große Gebirgsland, das sich, vom Klimaeinfluß des Schwarzen Meeres durch das Nordostanatolische Küstenhochgebirge stark abgeschirmt, südlich des Küstenhochgebirges in einer N–S-Breite von mehr als 300 km südwärts bis an den Nordfuß des Äußeren Osttaurus erstreckt. Dieser selbst bildet ja eines der Hauptglieder von Gesamtanatolien und wird daher in einem besonderen Kapitel darzustellen sein. Von W nach E erstreckt sich Inner-Ostanatolien etwa 500 bis 600 km weit von der Ostgrenze von Zentralanatolien bis an den Abfall von Leninakan-Urumiye (Urmia), der den Ostrand des geographischen Anatoliens bildet. Dieses große Gebirgsland wird durch im wesentlichen W–E-streichende orographische Züge in eine Reihe von W–E-gerichteten Zonen gegliedert.

Eine erste dieser Zonen kann als die Kelkit-Oltu-Zone bezeichnet werden. Sie weist strukturelle Ähnlichkeiten mit dem Yeşil Irmak-Gebirgsfächer auf und wird hauptsächlich von Gebirgen aus intensiv gefalteten, kalkreichen, mesozoischen Sedimenten aufgebaut. Die Strukturen dieser Zone können ostwärts bis zu einer Linie von Şavşat nach Şenkaya verfolgt werden. Dort tauchen sie unter eine mächtige Decke von jungtertiären und quartären Basalten unter, die das 1600 bis über 2000 m hohe Hochland von Kars aufbauen.

Die Kelkit-Oltu-Gebirgszone wird im Süden von Fortsetzungen der nordanatolischen Zone ophiolithischer Gesteine begleitet, in der alttertiärer Flysch, hauptsächlich kretazische Ophiolithserien und Serpentine den Hauptanteil am Aufbau haben. Nach den beiden Flüssen, die hauptsächlich dieses Gebiet entwässern, dem oberen Euphrat (Fırat), der den Teilnamen Karasu trägt, und dem oberen Aras, dem Araxes der Antike, kann diese Zone als Karasu-Aras-Zone bezeichnet werden.

Im westlichen Teil der Karasu-Aras-Zone Inner-Ostanatoliens sind dem Südsaum dieser Zone einige Antiklinalketten alttertiärer Gesteine, teilweise von Neogen ummantelt, in W–E-Streichen parallel angefügt. Diese Ketten können nach einem Lokalnamen als Buzbel-Ketten bezeichnet werden. Sie enden im Osten bei Kemah am oberen Euphrat dadurch, daß von SW her die gewaltige Munzur-Kette, ein Glied des Inneren-Osttaurus, heranstreichend sich im Gebiet des Beckens von Erzincan mit W–E-Streichen unmittelbar an die Zone der ophiolithischen Gesteine anschmiegt.

Damit ist die große Längszone des Inneren-Osttaurus erreicht, die vom Ostwinkel der Adana-Ebene her bis zum Çakmak-Aşağı-Gebirge bei Karaköse (Ağrı) zu verfolgen ist.

Der Raum zwischen dem Inneren und dem Äußeren Osttaurus wird von einer sehr mannigfaltig strukturierten „Zwischenzone des Osttaurus" erfüllt, welche ostwärts bis in das Gebiet des Van-Sees reicht. Jede der genannten Landschaftszonen Inner-Ostanatoliens ist auf ihrem meist mehr als 500 km langen Längsverlauf in verschiedene landschaftliche Untereinheiten gegliedert. Diese sollen im folgenden etwas näher gekennzeichnet werden.

Die Türkei hat aber im Osten noch einen kleinen Anteil an dem großen Mittel-Aras-Becken. Dieses beginnt im Osten mit dem großen Abfall von Leninakan-Urumiye (Urmia), an dem u.E. das geographische Anatolien endet.

2. Die Kelkit-Oltu-Gebirgszone

Die Kelkit-Oltu-Gebirgszone Inner-Ostanatoliens gliedert sich in einen westlichen, den Kelkit-Abschnitt etwa zwischen Suşehri, Refahiye und Bayburt. In ihm bestimmen ziemlich kurze, z.T. gewundene Gebirgsrücken mit im allgemeinen W–E-Streichen als Çimen Dağ, Otluk Dağ, Kop Dağ u.a. und sehr gerade gestreckte Längstaltungen mit WNW–ESE- bis W–E-Streichen wie die von Suşehri-Refahiye und die Kelkit-Furche das Landschaftsbild. Selten überragen hier die rundlichen Gipfel die Talgründe um mehr als 1000 m. Ziemlich viele Waldreste haben sich an den Berghängen erhalten.

Während der Talboden des Kelkit flußaufwärts bis auf 1700 m Höhe an der Wasserscheide zum Çoruh an der Bayburt-Ebene ansteigt, bleibt die Besiedlungsdichte ziemlich hoch. Im Anbau kommen zum Hartweizen mehr und mehr andere Getreide, Kartoffeln, auch manche Gemüse, ein erheblicher Anbau besonders von Äpfeln und Birnen sowie eine sehr große Tierhaltung namentlich auch von Rindern, aber hauptsächlich von Schafen. Dementsprechend ist der Ilçeort Kelkit zugleich Marktzentrum einer großen Zahl von Dörfern. Das schon im oberen Çoruh-Gebiet gelegene Bayburt hat sogar einen ungewöhnlich großen Marktbereich. Seine Marktverbindungen reichen bis Gümüşane und bis Erzurum.

Östlich von Bayburt werden die Taleinschnitte des Çoruh und seines großen Nebenflußsystems des Oltu tiefer, der Talcharakter wird schluchtartig. Die Gipfel erheben sich nicht selten auf 2900, ja 3000 m. So erreicht die große tertiäre Andesitmasse des Mescit Dağ, von der auf 30 km Längserstreckung mehrere der Faltungsstränge der mesozoischen Gesteine völlig überdeckt werden, 3255 m Höhe. An der Nordostseite des Mescit Dağ kommen diese Faltungsstränge wieder zum Vorschein und ziehen, von tiefeingeschnittenen Längstalschluchten begleitet, nach NE weiter, bis die Strukturen dieses Oltu-Abschnitts der Kelkit-Oltu-Gebirgszone an der Linie Şavşat-Şenkaya unter den Steilabfällen verschwinden, an denen die mittelmiozäne bis spätpliozäne Basaltdecke des Hochlandes von Kars die Kelkit-Oltu-Längszone unter sich begräbt.

Die zwischen 2800 bis 3000 m hohen Gebirge, wie dem Oltu-Ak Dağ und seinen Nachbarkämmen verlaufenden tiefen Talgründe des Oltu- und Tortum-Gebirgssystems sind warm und wasserreich. Hier gedeiht ein sehr mannigfaltiger Anbau. Hier hat sich besonders Tortum zu einem großen Marktzentrum für die umliegenden Dörfer entwickeln können.

Am unteren Ende des etwa 8 km langen Tortum-Sees, rund 40 km nördlich von Tortum, stürzt der Tortumfluß mehrere Zehner von Metern hoch über einen Felsriegel hinab. Der großartige Wasserfall wird hydroelektrisch für das Stromverbundsystem des Erzurum-Gebietes ausgenutzt.

3. Die Karasu-Aras-Zone

Südlich der Kelkit-Oltu-Gebirgszone folgen in Inner-Ostanatolien mit Streichrichtungen, die gleichfalls mehr oder weniger zwischen NW—SE und SW—NE schwanken, mächtige Gebirgsglieder der schon in Mittel-Nordanatolien angetroffenen Zone ophiolithischer Gesteine und bedeutender Längstalfluchten zwischen ihnen. Nach dem Karasu, dem Oberlauf des Euphrat und dem oberen Aras sprechen wir von der Karasu-Aras-Zone Inner-Ostanatoliens. Die ophiolothischen Gesteine erlangen bereits südlich des Kelkit in der Gegend von Suşehri mit Serpentinmassen und längsgefalteten vulkanischen Gesteinen sowie paläozoischen Metamorphiten große Verbreitung. Sie bilden hier langgestreckte nicht besonders hohe Ketten, die gegen Refahiye hinziehen. Die granitische Intrusivmasse des Köse Dağ ragt mit 2577 m auf, und eine Masse eingefalteter paläozoischer Metamorphite des Kızıl Dağ erhebt sich in diesem Bereich sogar bis auf 2950 m.

An diesen etwa von Suşehri bis Refahiye reichenden Abschnitt der Karasu-Aras-Zone schließt sich nach ESE der Erzincan-Erzurum-Abschnitt dieser Zone an. Er beginnt mit der gewaltigen bis 3030 m hohen Serpentinmasse des Kara Dağ, welche das Becken von Erzincan auf seiner Westseite begrenzt. Der Kara Dağ trägt bis in mehr als 2000 m Höhe Reste von Jungtertiärschichten, die in weit tieferer Lage entstanden sein müssen und die beweisen, daß hier gewaltige Hebungen im Jungtertiär erfolgt sind.

Noch höher erhebt sich auf der Nordseite des Beckens von Erzincan die Serpentinmasse des Keşiş Dağ (3537 m) mit bedeutenden Karformen einer eiszeitlichen Vergletscherung. Auf dem westlich anschließenden Sipikör Dağ nördlich von Erzincan konnte in 2500 m Höhe, wie früher erwähnt wurde, durch Fossilien belegt, marines Burdigal, also Untermiozän nachgewiesen werden. Hier muß also seit dem Miozän eine Hebung des Gebirges um mehr als 2500 m eingetreten sein. Weitere sehr hohe Serpentin-Rücken, wie der Bağırpaşa Dağ (3282 m) und der Karagöl Dağ (3171 m) leiten weiter zum Palandöken Dağ (3124 m) bei Erzurum. Dann tauchen nach Osten bei Hasankale im Aras-Gebiet die Strukturen der ophiolithischen Gesteinszone unter die mittelmiozänen und spätpliozänen Basalt-Lavadecken des Hochlandes von Kars unter. Sie kommen aber im Kağızman- und im Çamak-Gebirge (Aşağı-Gebirge) des Inneren-Osttaurus nördlich von Karaköse (Ağrı) wieder zum Vorschein.

Innerhalb der Kelkit-Oltu-Gebirgszone verläuft die große nordanatolische Längsstörung längs des Kelkittales schnurgerade von Erbaa über Niksar, Reşadiye und Koyulhisar grabenartig von WNW nach ESE bis Suşehri. Bei Suşehri tritt sie in die Karasu-Aras-Zone der ophiolithischen Gesteine über und verläuft in gleichbleibender Richtung über Refahiye bis ins Becken von Erzincan. Auch östlich dieses Beckens läuft die Störungslinie noch geradlinig am oberen Euphrat und dem Piri-Nebenfluß Elmalı Dere geradlinig weiter, bis sie im Gebiet des Şeytan Dağ (2653 m) undeutlich wird.

Gleichzeitig setzt aber 60 km weiter nördlich bei Aşkale ein neuer mächtiger Graben innerhalb der Karasu-Aras-Zone ein und zieht in W–E-Richtung sich verbreiternd gegen Erzurum und von dort über Pasinler (Hasankale) längs des oberen Aras, Horasan, Kağızman, Tuzluca zum großen Becken des mittleren Aras. Die Sohlenhöhe dieser Grabenzone liegt bei Suşehri in 950 m, bei Erzincan in 1350 m, bei Aşkale in 1400 m, bei Erzurum in 1900 m Höhe.

Das enge Kelkit-Tal, das zwischen Niksar und Koyulhisar von etwa 400 m auf etwa 700 m Höhe ansteigt, enthält nur wenige Dörfer und kleine Weiler, die Verflachungen an den steilen Talhängen ausnutzend. Aber die Anbaubedingungen sind wegen des Wasserreichtums gut. Dies gilt auch noch für die verbreiterten Grabenabschnitte mit hügeligem Boden zwischen Suşehri und Refahiye, die mit 800 bis 1200 m Höhe noch sehr warme Sommer besitzen. Hier wird außer Getreide viel Kartoffel-, Gemüse- und Obstbau getrieben. Im Becken von Erzincan, dessen Aufschüttungsboden schon 1200 bis 1300 m hoch liegt, ist noch vielseitiger, aber durch Winterkälte etwas eingeschränkter Anbau möglich. Gleiches gilt auch für die Beckenregion um Tercan.

Die weiter östlich gelegenen Grabensohlen zwischen Aşkale und Erzurum in 1500 bis 1900 m Höhe haben sehr lange Winter. Daher wird mehr und mehr die Gerste zum Hauptgetreide. Daneben gibt es Kartoffelanbau und Anbau widerständiger Gemüse. Die große Wärme des kurzen Sommers ermöglicht sogar Zuckerrübenbau. Vor allem aber gibt es eine ansehnliche Viehhaltung nicht nur von Kleinvieh, sondern auch von Rindern und Pferden. Im Herbst sieht man meist auf den Flachdächern der Bauernhäuser viele Meter hohe Türme von Heu als Winterfutter, das von sehr ausgedehnten Mähwiesen geerntet wird.

Hauptort des Gebietes ist Erzurum in 1950 m Höhe mit 1980 fast 200 000 E. Die Stadt wurde von den erobernden Selçuken Arz ar Rum (Land der Römer) genannt. Die Stadt wird von einer mächtigen byzantinischen Zitadelle überragt. In der Altstadt gibt es einige schöne selçukische Baudenkmäler. Erzurum hat eine Universität am Westrande der Stadt und ist zugleich eine große Garnisonstadt und Festung. Dicht östlich der Stadt wird nämlich die Sohle des Grabens von Erzurum-Pasinler (Hasankale) durch ein neogenes, quer über den Graben verteiltes Hügelland aus neogenen Vulkaniten, wie durch einen Sperriegel von mehr als 100 m Höhe gleichsam verschlossen. Dieser Sperriegel bildet ein leicht zu verteidigendes Hindernis, das den Ort zum natürlichen Befestigungs- und Überwachungspunkt für die Ost-Weststraße vom Mittel-Aras-Becken nach Anatolien hinein macht. Die Straße ist außerdem nicht leicht zu umgehen, weil im Süden das begleitende Palandöken-Gebirge auf über 3000 m ansteigt, und weil im Norden die tiefen Taleinschnitte des Çoruh und seiner Nebentäler bis in die Nähe von Erzurum heraufgreifen. Erzurum hat außer dem für eine Stadt dieser Größe nötigen Maschinenbau- und Fahrzeugbaugewerbe, Druckerei und Nahrungsmittelgewerbe, auch eine Zucker- und Lederfabrik. Erzurum ist außerdem zentraler Marktort für weit mehr als 200 Dörfer des Umlandes, die allerdings zumeist nicht sehr groß sind. Aber seine Marktverbindungen reichen weit über 100 km weit bis nach Ispir und Bayburt im Çoruh-Gebiet, bis Oltu und Şenkaya im Oltu-Gebiet und bis Tekman und Hınıs im oberen Murat-Gebiet. Außer Hınıs und Ispir sind auch Horasan und Tortum große Marktzentren der umliegenden Dörfer.

4. Das Hochland von Kars

Das Hochland von Kars schwankt in welligem Auf und Ab seiner teils mittelmiozänen, teils spätpliozänen Basalt- und Aschendecken zwischen Höhen von 1600 m und etwas mehr als 2000 m. Außerdem wird das Hochland von breiten SW–NE-gestreckten Aufwölbungen, nämlich dem bis 3000 m hohen Yalnızçam-Rücken am Nordsaum, auf dem es sogar ein Sphagnum Moor gibt, ferner dem bis 3125 m hohen Allahüekber-Rücken in der Mitte und dem bis 2800 m hohen Suphan-Hacıhalil-Rücken nahe am Südrande des Hochlandes überragt. Zwischen dem Yalnızçam- und dem Allahüekber-Rücken liegt das weite flache Becken der obersten Kura mit den Ilçeorten Göle und Ardahan. Zwischen dem Allahüekber-Rücken und dem Suphan-Hacıhalil-Rücken sammelt um Selim und Kars der nach NE gerichtete Karsfluß in weitem Flachgelände seine Wasser. In entgegengesetzter Richtung schneidet der

Bach von Sarıkamış zum Arastal hin in das Basalthochland tief ein. Außerdem wird das Hochland von mächtigen pleistozänen Einzelvulkanbergen überragt, z.B. am Çıldır Gölü vom Kısır Dağ 3150 m und vom Akbaba Dağ, über 3000 m.

Das Basalthochland von Kars reicht südwärts bis zur grabenartigen Talfurche des oberen Aras und wird im Osten durch den nördlichen Teil des Abschwunges begrenzt, mit dem der Abfall von Leninakan-Urumiye (Urmia) zum großen Mittel-Aras-Becken hinunterführt. Im Norden, ein Stück weit unterhalb von Ardahan, schneidet die obere Kura nach und nach tief in das Basalthochland ein. Sie legt mit ihrem von Posof kommenden, bis unter 1000 m sehr tief eingeschnittenen Zufluß die gefalteten Tertiärschichten der Kelkit-Oltu-Zone wieder bloß.

Auf dem Hochland von Kars nimmt die Gerste unter den Getreiden den ersten Platz ein. Daneben gibt es etwas Kartoffel- und etwas Obstbau. Im Vordergrund steht aber die Tierhaltung, in dem wasserreichen Gebiet besonders von Rindern und von Schafen. Bemerkenswert sind ausgedehnte Schwarzkiefernwälder westlich von Göle und in der Umgebung von Sarıkamış. Hauptort des Gebietes ist die Stadt Kars in etwa 1750 m Höhe mit 1980 etwa 60 000 E. in malerischer Lage von einem Festungsberg überragt, gelegen. Es gibt hier und in der Umgebung Erinnerungen an die einstige armenische Zeit in Gestalt von Überresten oder von in Moscheen umgewandelter einstiger Kirchen, hin und wieder auch einen Samowar in Haushalten als Nachwirkung der vorübergehenden russischen Besetzung von Kars im 19. Jahrhundert. Kars ist zugleich ein sehr großes Marktzentrum der Dörfer des gesamten Hochlandes.

Das Hochland von Kars mißt von N nach S fast 150 km und verbreitert sich in der WE-Richtung von etwa 20 km bei Hanak auf mehr als 60 km bei Sarıkamış und Digor. Es reicht im Osten bis an den Abfall von Leninakan-Urumiye (Urmia). Dieser führt in seinem nördlichen Teil mehr als 500 m tief zum Aras hinunter, obwohl der riesige Alagöz Vulkan (4094 m), im Mittel-Aras-Becken stehend, mit seinen unteren Hangteilen den Beckenboden aufgehöht hat. An dieser Stelle reicht das türkische Staatsgebiet mit dem Ilçe Iğdır (über 20 000 E.) in etwa 900 m Höhe rund 50 km weit bis in die Mitte des Mittel-Aras-Beckens hinein und umfaßt auch noch den gewaltigen 5165 m großen Ararat, der als riesiger Vulkanberg aus dem Mittel-Aras-Becken aufsteigt. Hier kann in einem großen Staatsgut ein gewisser Bewässerungsgetreidebau betrieben werden, obwohl viele der vom Ararat kommenden Wasser einen störenden vulkanbedingten Mineralgehalt aufweisen. Das Schwergewicht der Wirtschaft liegt aber auf der Viehhaltung.

5. Die Zone des Inneren-Osttaurus

Der Innere-Osttaurus beginnt, wie schon angedeutet wurde, über der Adana-Ebene dadurch, daß zwischen dem Ceyhan-Fluß und der Ilçe-Stadt Kozan (Sis) mit nördlichem Streichen der Faltungsstrukturen vor allem paläozoischer Kalke nahezu unvermittelt mächtige Gebirgsketten sich erheben, die rasch Gipfelhöhen von etwa 2000 bis 3000 m erreichen. Nach dem inmitten dieser Ketten gelegenen Ilçeort Saimbeyli kann man diesen Abschnitt des Inneren-Osttaurus als den Saimbeyli-Taurus bezeichnen. Die Längstäler zwischen seinen Parallelketten haben sich zumeist zu 1000 m und tiefer eingeschnittenen Schluchten entwickelt. Eine dichte Bewaldung ist größtenteils für den Saimbeyli-Taurus kennzeichnend.

Im Gebiet von Mağara (Höhle) nördlich von Saimbeyli schwenken die Parallelketten des Inneren-Osttaurus mehr in nordöstliche Richtung. Gleichzeitig liegen die Talgründe höher, die relativen Taltiefen halten sich nur noch um 500 m und der Wald wird schütter, um bald bis auf spärliche Reste zurückzutreten.

Hier verschwinden die paläozoischen Gesteine unter gefalteten meist kretazischen und eozänen Kalken von milderen Rückenformen. Ein örtlicher Rücken heißt Tahtalı-(Balken)Gebirge und weist damit auf die ehemals starke Bewaldung hin. Nach ihm kann dieser Abschnitt des Inneren-Osttaurus etwa zwischen Sarız und dem Durchbruchstal des Tohma Çay als Tahtalı-Taurus bezeichnet werden. Der Tahtalı-Taurus ist ziemlich dünn besiedelt. Hier trifft man aber im hohen Gebirge im Sommer auf größere Zeltlager halbnomadischer Schafhirten mit ihren Herden.

Am Durchbruchstal des Tohma Çay ziehen Jungtertiärschichten in über 1800 m Höhe über das Gebirge hinweg und zeigen damit, daß der Durchbruch antezedent angelegt sein muß und zwar erst während des Jungtertiärs. Östlich des Durchbruchstales kommen wieder ältere mesozoische Gesteine an die Oberfläche und bauen die 1750 m hohe Paßregion von Alacahan auf, in welcher die Eisenbahn Sivas-Malatya den Inneren-Osttaurus in flachwelligem Gelände überschreitet. Weiter östlich tauchen die Faltungsstrukturen unter die riesigen Andesitmassen des 2693 m hohen Yama Dağ unter. Östlich vom Yama Dağ aber erhebt sich gegen die Durchbruchsschlucht von Kemaliye des Euphrat (Fırat) mit Massen von gefalteten Jura- und Permokarbon-Kalken der Gebirgssporn von Arapkır, während jenseits des Durchbruchstales das gewaltige Munzur-Mercan-Gebirge hauptsächlich aus Jura- und Kreide-Kalken sich aufbaut.

Dies Gebirge erreicht im Mercan Dağ mehr als 3400 m Höhe. Die Täler seiner zum oberen Euphrat-Tale gerichteten Nordflanke haben zur Eiszeit Gletscher bis in die bei 1200 bis 1300 m Höhe gelegene Fußregion des Gebirges entsandt. Wahrscheinlich ist der nochmals 3000 m Höhe überschreitende Gebirgszug des Aşağı Dağ oder Çakmak Dağ weiter im Osten nördlich von Karaköse (Ağrı) ebenfalls noch als Glied des Inneren-Osttaurus aufzufassen. In ihm biegt das Streichen der Faltungsstränge mehr nach E und SE um. Die lange Gebirgsflucht des Inneren-Osttaurus ist im ganzen dünn besiedelt, in ihren höchsten Teilen unbesiedelt. Aber sie birgt ausgedehnte Hochweiden, die im Sommer vor allem von Schafherden ausgenutzt werden.

6. Die Osttaurus-Zwischenzone

Die Zwischenzone des Osttaurus in Inner-Ostanatolien erstreckt sich zwischen den Gebirgsfluchten des Inneren und des Äußeren Osttaurus als eine mannigfaltig struierte Zwischenzone. Sie bildet einen bedeutenden Teilraum von Inner-Ostanatolien. Sie beginnt im Winkel zwischen dem Tahtalı-Taurus und der nördlichen Fußregion des Äußeren-Osttaurus.

Etwa nördlich einer Linie, die von Akçadağ westlich von Malatya nach SW zum Ceyhan-Durchbruch südlich von Elbistan führt, und die dann etwas südlich dieses Durchbruchstales nach SW gegen das Ende des Ceyhan-Durchbruchs weiterläuft, liegt der höchste und zugleich gebirgigste Teil der Osttaurus-Zwischenzone. Nach den beiden Ilçe-Hauptorten Göksun und Elbistan kann man ihn als das Göksun-Elbistan-Zwischengebirge bezeichnen. Andererseits liegt dieses Elbistan-Göksun-Zwischengebirge südlich einer Linie, die von Akçadağ westwärts ziehend etwa das Einzugsgebiet des oberen Ceyhan-Flusses nordseitig umschließt, und die darauf südwärts über Kireç und westlich vom Toklu Dağ bis etwas östlich von Kozan verläuft. Sein südlichster Teil besitzt als Taurus von Andırın eine gewisse Selbständigkeit. Er besteht aus SSW–NNE-streichenden bis 2400 m hohen Parallelketten hauptsächlich aus Kalken der Kreide und des Miozäns. Südöstlich von Göksun tauchen aber mächtige Massen basischer Intrusiva und eingefalteter Kreideschichten sowie jungpaläozoischer Metamorphite unter den jüngeren Gesteinen empor und bilden die SW–NE-streichende, mehr als 3000 m hohe Beritkette. Außerdem heben sich südlich, westlich und nördlich von Göksun Gebirgskörper aus SSW bis NNW-streichendem, nach R. Brinkmann, nicht-metamorphem Paläozoikum auf Höhen bis über 2500 m, im Binboğa Dağ bis über 2800 m empor. Sicherlich bestehen alle diese Teile des Zwischengebirges aus Strukturen des Inneren Osttaurus. Aber sie divergieren im Gebiet von Elbistan nach Osten und Nordosten und setzen sich nicht als Kettengebirgskörper über das Einzugsgebiet des oberen Ceyhan hinaus fort, während die von uns als Innerer und Äußerer Osttaurus zusammengefaßten Gebirgsglieder sich deutlich in der Längsrichtung fortsetzen. Deshalb erscheint es angebracht, diesen Gebirgsteil als Göksun-Elbistan-Zwischengebirge besonders zu kennzeichnen.

Nordöstlich des Zwischengebirges von Göksun-Elbistan stellt sich die Zwischenzone des Osttaurus als eine Art Bruchschollenland dar, in welchem meist in W–E bis SW–NE-Richtung streichende Faltungsstrukturen als zertalte Rumpfschollen oder unter einer Decke fast flachliegender Tertiärschichten, oder auch unter Basaltdecken ein Gefüge verschieden hoch gelagerter Schollen und auch von sanften Aufwölbungen und Senkungsfeldern sowie Becken bilden.

Zwischen dem Tahtalı-Taurus im NW und einem von Akçadağ nach NNE bis gegen Arguvan verfolgbaren sehr geradlinigem und bis weit über 100 m hohen Bruchrand, der das Becken von Malatya im W begrenzt, bleiben die Faltungsstrukturen aller älteren Gesteine unter einer mächtigen, in sich sanft gewellten Schichttafel aus Oberkreide und Eozänkalken verborgen. Streckenweise liegen ihr noch marine Miozänschichten auf. Nach den Ilçe-Hauptorten Darende und Gürün, die in dem geräumigen Tal des Südzweiges des Tohma Çay liegen, kann man dies Tafelland als Tafelland von Darende-Gürü bezeichnen. Im Gebiet dieser Schichttafel sind öfters Schichtstufen entwickelt, z.B. nach Süden gegen das sanft emportauchende Zwischengebirge von Göksun-Elbistan. Die hohen Oberflächen des Tafellandes von Darende-Göksun sind nur dünn besiedelt und dienen vorzugsweise als Schafweiden. Aber die tief eingeschnittenen Täler sind ziemlich wasserreich und sommerwarm. Sie ermöglichen Bewässerungskulturen und guten Obstbau.

Das Becken von Malatya ist dichter besiedelt und weist einen mannigfaltigen Anbau von verschiedenen Getreiden, von Kartoffeln und Gemüse, auch von etwas Mohn und ziemlich vielen Äpfel- und Birnbäumen auf. Daneben steht eine mäßige Tierhaltung vor allem von Kleinvieh. Es war Kern der antiken Kommagene.

Die Provinzhauptstadt Malatya hatte 1980 fast 200 000 E. Sie wurde erst 1835 von dem bei inneren Kämpfen zerstörten, 12 km nördlich gelegenen Eski Malatya (Altmalatya) an den heutigen Ort verlegt. Die Stadt besitzt vielseitige Industrie, besonders Textilindustrie und versorgt einen sehr großen, weit über 100 km weit reichenden Umkreis von Dörfern und Kleinstädten als zentraler Markt. Einen großen lokalen Markt besitzt auch der 30 km weiter westlich gelegene Ilçeort Akçadağ.

Es ist wahrscheinlich, daß das Senkungsfeld von Malatya über Störungslinien, die zwischen Doğanşehir, Gölbaşı und Pazarcık den Äußeren Osttaurus in SW-Richtung durchsetzen, genetisch mit dem großen Hatay-Graben in Beziehung steht. Das Senkungsfeld von Malatya ist endlich als eine mit Jungtertiär erfüllte Furchenzone, deren Boden nach NE über 1000 m ansteigt und entsprechend zertalt ist, über Arguvan hinaus bis Ağın am Westrand des Berglandes von Tunceli zu verfolgen.

Östlich des Senkungsfeldes von Malatya, d.h. östlich des dort verlaufenden Abschnittes des Fırat (Euphrat) liegt ein durch die großen Täler von Murat- und Piri-Fluß in drei größere Teileinheiten gegliederter stark zertalter Berglandbereich. Die nördliche und zugleich größte dieser Teileinheiten ist das zwischen der Munzur-Kette und dem Piri- und Murat-Fluß gelegene tief zertalte unübersichtliche Bergland von Tunceli (früher Dersim) mit dem kleinen Provinzhauptort Kalan. Sowohl paläozoische wie mesozoische und alttertiäre Gesteine, vor allem Flysch, aber auch granitische und basische Instrusiva sowie Basalte nehmen mit überwiegend E–W-streichenden Schichtfalten an seinem Aufbau teil. Vereinzelt ist flachliegendes Jungtertiär in erheblichen Höhen vorhanden. Durch das tief zertalte Bergland nimmt mit ziemlich breiten, aber im Flysch auch zerrachelten Talflanken, der Munzur-Fluß seinen Lauf. In Höhen um 1500 m gibt es Reste von Flachrelief. Das Land ist ziemlich dicht mit Einzelhöfen und Kleinweilern einer großenteils kurdisch sprechenden Bevölkerung besetzt. Diese treibt in dem gut bewässerten Land vielseitigen Anbau auch von Obst und starke Viehwirtschaft, auch von Rindern. Die Hänge tragen ausgedehnte Reste von degradiertem Laubmischwald.

Südlich des Berglandes von Tunceli, d.h. südlich des unteren Piri und Murat bis zum großen Bogen des Fırat unterhalb von Keban erhebt sich mit Sanftreliefresten in 1500 bis 1600 m Höhe das stark zertalte Bergland von Baskil. Es dehnt sich mit seinen überwiegend WS–NE-streichenden Faltungsstrukturen aus Alttertiärflysch und mannigfaltigen Intrusivgesteinen, aber auch mit z.T. auftauchenden kristallinen Kalken und mit Überlagerungen durch Basalte ostwärts bis zu einer breiten Absenkung der Faltungsstrukturen auf unter 1000 m westlich von Elazığ. Hier werden die älteren Gesteine großenteils von Jungtertiärschichten überdeckt. Nur zwei schmale Gebirgsrücken aus zwischen 1100 m und 1400 m hohen Einzelkuppen, zwischen denen das um 1000 m hohe Becken von Elazığ eingelagert ist, führen weiter ostwärts bis zu einer 10 km langen Quertalstrecke des Murat, in der der Fluß diesen nur etwa 15 mal 25 km großen bis 1600 m hohen Gebirgsteil, der als Bergland von

Elazığ bezeichnet werden kann, von seiner östlichen Fortsetzung dem ebenfalls großenteils aus Alttertiärflysch und basischen Intrusiva aufgebauten Bergland von Karakoçan abtrennt. Nördlich und nordöstlich von Palu am Murat verschwinden weitere Fortsetzungen des Flysch- und Serpentin-Berglandes unter einer mächtigen Decke von Basalten, welche den Charakter des Mittel-Murat-Hochlandes bestimmt.

Das Bergland von Elazığ fällt mit einem etwa 1600 m hohen, breiten Rücken steil nach S zu dem nur 900 m hohen, großen Becken von Harinket ab, einem großen, gut angebauten Siedlungsfeld der Provinz Elazığ. Die nahe benachbarte Provinzhauptstadt Elazığ hatte 1980 fast 150 000 E. Sie ist Marktzentrum einer sehr großen dörflichen Umgebung von mehr als 100 km Radius. Die Stadt birgt außerdem mannigfaltige Industriebetriebe, deren Tätigkeit von der Nahrungsmittelverarbeitung über Textilgewerbe und Fahrzeugbau bis zur Metallverhüttung reicht. Die Entwicklung der Stadt wird durch die Errichtung der Keban-Talsperre, die den Murat bis oberhalb von Palu und den Fırat (Euphrat) bis in die Schlucht von Kemaliye hinein aufgestaut hat, und die damit große, dichtbesiedelte Strecken wertvollen Anbaulandes opfern mußte, wahrscheinlich nicht nur positiv beeinflußt worden sein. Denn die Verkehrsverbindungen besonders nach Tunceli sind wahrscheinlich erschwert worden, und ein großer Teil der einstigen Marktbereiche ist verloren gegangen, bzw. er muß sich vollständig neu einrichten. Die endgültigen Wirkungen des Talsperrenbaus auf die Stadt wird man erst in Zukunft abschätzen können.

Unterhalb von Kiğı ist das breite Tal des Piri-Flusses bis in mehr als 1500 m Höhe mit marinen Miozänschichten erfüllt. Über diese legen sich aber weithin andesitische Vulkanite und noch höher auf den mehr als 2000 m hohen Karaboğa-Bergen nordöstlich von Karakoçan stellen sich mächtige Basaltdecken ein. Mit ihnen ist auch hier das Mittel-Murat-Hochland erreicht.

Dieses Basalthochland reicht ostwärts bis an eine Linie, die die bis 3250 m hohe flache Basaltkuppel des Bingöl Dağ im N und E umfährt, und die dann südwärts bis Kızıl Ağaç westlich von Muş zum Nordfuß des Äußeren-Osttaurus und dann über Genç und Gökdere am Murat-Fluß gegen Akpazar am Piri-Fluß weiterzieht. Das Basalthochland steigt von seinem westlichen Ende bei Lahan südwestlich von Karakoçan von etwa 1500 m Höhe in meist W—E-gestreckten sanften Wellen, bzw. Aufwölbungen rasch auf über 2000 m Höhe und dann langsamer zum Şerafeddin Dağ (2500 m) und bis zum Bingöl Dağ an. Durch das von NE kommende, bei Genç in den Murat mündende Göynük Dere wird die gesamte Mächtigkeit der Basaltdecken in einem bis mehr als 500 m tiefen Tale ganz durchschnitten, sodaß die liegenden, W-E-streichenden Metamorphite bloßgelegt sind. In den zahlreichen Seen (Bingöl = 1000 Seen) der Hochregion der Bingöl Dağları dürften Spuren der Einwirkung eiszeitlicher Gletscher erhalten geblieben sein. Das Mittel-Murat-Hochland ist nur dünn besiedelt, hauptsächlich von Viehzüchterbauern mit sehr großen Herden von Ziegen, Schafen, auch von Rindern. Im östlichen Teil um Solhan gibt es noch ausgedehnte Kiefernwälder. Der Provinzhauptort Bingöl mit 1980 knapp 30 000 E. ist noch ein bescheidener Ort am Nordrand einer größeren Beckenebene.

Östlich vom Bereich des Mittel-Murat-Hochlandes und nördlich vom Van Gölü dehnt sich das gewaltige Hochland des oberen Murat. Auch dieses ist überwiegend von Basalten bedeckt, die zur Hauptsache vom Muratbaşı Dağ stammen dürften. Aber auch jüngere pleistozäne Vulkanberge, wie der 4434 m hohe Suphan Dağ und der 2400 m hohe Nemurt Dağ, der den Van-See im Westen abdämmt, ragen über das Hochland auf. Außerdem durchragen Faltungsstrukturen die Decke der Basalte. Es sind im Norden südöstlich von Tekman die etwa 80 km lange Reihe der breiten, bis 2600 m hohen Karakya-Marmorberge, die aus wahrscheinlich recht altem Kristallin bestehend und von basischen Intrusiva durchsetzt, bis östlich von Karaçoban zu verfolgen sind. Sie gehören vermutlich noch zu den Faltungsstrukturen des Inneren-Osttaurus, fügen sich aber nicht in die Flucht von dessen beschriebenen Teilgliedern ein. Eine deutliche Antiklinalzone aus alttertiären und untermiozänen Schichten bildet mit WNW-ESE-Streichen nördlich des Beckens von Muş das Drahovi-Gebirge. Es erreicht 2300 m Höhe und wird vom Murat in einem etwa 20 km langen, bis 200 m tiefen, zweifellos antezedenten Durchbruchstal gequert. Spuren dieser Antiklinalzone lassen sich ostwärts bis zum Nordufer des Van Gölü bei Ahlat, Adilcevaz und Erciş verfolgen und westwärts in der sanften, bis 2300 m hohen Schwelle aus Basaltdecken des Şerafeddin Dağ vermuten. Zwischen den Ostausläufern des Inneren-Osttaurus nordwestlich und nördlich von Tekman, Karayazı und Karaköse einerseits und dem Äußeren-Osttaurus im Süden andererseits, und zwar zwischen den genannten Aufragungen vorbasaltischer Gesteine im Hochland des oberen Murat sind eine Reihe von flachen Becken mit jungen Aufschüttungsböden entstanden. Es sind vor allem die Becken von Karaköse (Ağrı) und Eleşkirt am obersten Murat und seinem westlichen Zufluß dem Sargan Cay, ferner die Becken von Tekman und Hınıs, von Tutak und Patnos, von Varto und Muş, die alle im Einzugsgebiet des Murat-Flusses liegen, bis auf das Becken von Tekman, das schon zum obersten Arassystem gehört. Überall wird Getreide und auch etwas Gemüsebau und Obstbau getrieben. Aber das Schwergewicht der Wirtschaft liegt auf der Tierhaltung, vor allem der Schafzucht. Hınıs ist Marktort für eine besonders große Zahl von Dörfern.

Eine Sonderstellung nimmt das Becken des Van-Sees ein. Der See erfüllt offenbar ein großes, tiefes Senkungsfeld, das durch den Nemrut Dağ-Vulkan an seinem Westende abgedämmt worden ist. Seine Spiegelhöhe wird nach verschiedenen Karten mit 1646 bis 1720 m NN angegeben. Der See ist heute abflußlos. Er hat aber anscheinend ehemals einen Abfluß nach Süden über die durch vulkanische Tuffe seither beträchtlich aufgehöhte, in talartigem Einschnitt gelegene, heute etwa 1800 m hohe Wasserscheide bei Kotum, 10 km SSE von Tatvan zum Güzelsu und über den Pınarca Çay quer durch den Bitlis-Taurus zum unteren Bitlis-Fluß gehabt. Eine weitere ehemalige Abflußbahn des Beckens könnte im Bereich des heute westlich von Tatvan in etwa 1900 m Höhe gelegenen Passes zum Tal von Bitlis geführt haben, bevor der Nemrut Dağ mit seinen Eruptivmassen und mit einem jungen ins Bitlis-Tal gelaufenen Lavastrom die Umrahmung des Sees hier stark aufgehöht hat.

Uferlinien alter, höherer Spiegelstände des Sees sind in verschiedenen Höhen bis um 80 m über dem heutigen Spiegel zu beobachten. Als Flachformen über Aufschüttungsmassen vor den Talausgängen der Zuflüsse des Sees bieten sie geeignete Anbauflächen auch für Gemüse und Obstbau, besonders am Nordufer. Denn der See verleiht seiner Umrahmung ein merklich wärmebegünstigtes Sonderklima. Am

Nordufer liegen in geringen Abständen voneinander die Ilçeorte: Ahlat, Adilcevaz und Erciş, sonst nur Tatvan am Westeck, Gevaş am Südosteck und die Provinzhauptstadt Van nahe dem Ostufer.

Die Provinzhauptstadt Van hatte nach ihrer völligen Zerstörung im Ersten Weltkrieg, von der nur noch Reste der Lehmziegelhäuser Zeugnis ablegen, 1980 wieder fast 100 000 E. Nördlich der Stadt liegen auf einem Felshügel die Ruinen der Burg der einstigen Hauptstadt Tuspa des Reiches von Urartu. Auf einer kleinen Insel Aktamar im Van-See nordwestlich von Gevaş liegt eine interessante einstige armenische Kirche. Das Wasser des Sees hat starken Gehalt an Natrium-Karbonat (Soda), so daß mit dem Wasser ohne Seife gewaschen werden kann. Der See liegt in einem offenbar recht tiefen Senkungsfeld vor dem Fuß des Bitlis-Abschnitts des Äußeren-Osttaurus. Am Westzipfel des Sees in Tatvan befindet sich die Anlegestelle eines Personen-, Eisenbahn- und Lastwagen-Fährschiffes, das nach Van hinüberfährt. Van ist zugleich zentraler Marktort einer größeren Zahl von Dörfern.

7. Das Hochland von Özalp

Östlich vom Van-See setzen sich die Faltungsstrukturen der Osttaurus-Zwischenzone, hier hauptsächlich aus Oberkreide und Alttertiärgesteinen mit Serpentineinschaltungen bestehend, in mehreren etwa W–E-streichenden Gebirgsrücken von 2200 bis 2900 m Höhe und mit zwischen ihnen verlaufenden Längsfurchen mit Bodenhöhen um 2000 m bis zum Abfall von Leninakan-Urumye (Urmia) fort. Dieses gebirgige Hochland östlich des Van-Sees kann nach dem Ilçeort Özalp als Hochland von Özalp bezeichnet werden. Dieses Hochland endet, wie angedeutet, im Osten an dem hier mehr als 1000 m hohen Abschwung, mit dem der Landblock des geographischen Anatoliens über dem Becken des Urumiye-Sees (Urmia-Sees) an einer recht deutlichen natürlichen Grenze hier sein östliches Ende erreicht.

Das Hochland von Özalp ist dünn besiedelt. Aber in den überwiegend W–E-gestreckten Furchen, die zwischen den höher aufragenden Gebirgsrücken hinziehen, gibt es trotz der großen Meereshöhe von meist über 1900 m einigen Anbau, vor allem aber Weidewirtschaft mit Schafen und Ziegen der überwiegend kurdisch sprechenden Bevölkerung.

8. Zur Verwaltungsgliederung von Inner-Ostanatolien

Inner-Ostanatolien umfaßt im wesentlichen die Provinzen Erzincan, Erzurum, Kars, Ağrı, Tunceli, Bingöl, Muş und die Nordhälften von Bitlis und Van, endlich die Nordhälfte von Malatya und Elazığ. Von diesen kann die Provinz Erzincan als das Gebiet des Beckens von Erzincan samt seiner Gebirgsumrahmung und einschließlich der Becken, Gebirge und Längsfurchen beiderseits des Euphrats (Firat) zwischen Tercan und der Durchbruchsschlucht von Kemaliye bezeichnet werden. Die sehr große Provinz Erzurum gruppiert sich um die Furche des obersten Euphrat (Fırat, Karasu) und schließt die beiderseits begleitenden Gebirge mit ein. Sie greift aber nach Norden in die tiefen Schluchtgebiete des Oltu- und des Tortum-Flusses ein, so weit, bis diese einerseits bis an die Steilabfälle des Hochlandes von Kars, andererseits unterhalb von Olur mit Engstellen des Oltu-Tales an die Provinz Çoruh angrenzen. Auch nach Osten reicht die Provinz Erzurum weit in die Furche des obersten Aras-Tales und über die beiderseits begleitenden Gebirge hinüber. Sie schließt das bis zu 100 km entfernte Ilçe Horasan ein, bevor die Grenzen der Provinzen Kars und Ağrı erreicht werden. Im Süden umschließt die Provinz Erzurum mit den Ilçe Tekman, Karayazı und Hınıs sogar noch das ganze oberste Aras-Gebiet und reicht bis ins oberste Murat-Gebiet hinüber.

Die Ursache für die riesige Ausdehnung der Provinz Erzurum, die Wege zu den randlichen Ilçeorten z.B. nach Olur von weit über 100 Straßenkilometern und sehr großen Steigungen bewirkt, liegt einerseits daran, daß Erzurum hier weit und breit die einzige wirklich bedeutende Stadt ist. Andererseits ist Erzurum, wie ausgeführt wurde, ein sehr wichtiger natürlicher Festungsort mit starker Garnison. Dies hat sicher dazu beigetragen, die Provinzgrenze namentlich im Osten in einen beträchtlichen Abstand von Erzurum zu verlegen, um den jeweils nötigen Kontakt zwischen der Militärbehörde und der Zivilverwaltung zu vereinfachen. Aus diesen Gründen ist die bestehende Ausdehnung der Provinz Erzurum verständlich. Sie dürfte der Aufgabe von Erzurum im Gesamtgefüge des türkischen Staates angemessen sein.

Die Provinz Kars dehnt sich über das gesamte Hochland von Kars aus. Sie umfaßt aber außerdem auch den gut 1000 m tiefer gelegenen und zum Kurasystem entwässernden Talwinkel von Posof, mit dem der türkische Staat hier etwas über die naturgeographische Grenze von Anatolien hinausreicht, dazu die Ilçe Iğdır und Aralık im Mittel-Aras-Becken östlich des Abfalls von Leninakan-Urumiye (Urmia), die daher gleichfalls bereits außerhalb unseres geographischen Anatoliens liegen.

Die Provinz Tunceli besteht im wesentlichen aus dem stark zertalten Gebirgsland südlich des Munzur-Mercan-Taurus bis zum Piri-Fluß. Die Provinz Bingöl deckt sich zur Hauptsache mit dem großen Basalthochland des mittleren Murat-Flusses zwischen Muş und dem Städtchen Bingöl. Der Hauptteil der Provinz Muş erstreckt sich beiderseits des Murat-Flusses zwischen Malazgirt und Muş mit dem Schwerpunkt in der Beckenebene von Muş. Der Nordteil der Provinz Bitlis umgreift die nordwestlichen Gestade des Van-Sees. Die Provinz Ağrı erfüllt das Becken von Karaköse am obersten Murat-Fluß und die diesem zugewandten beiderseitigen Gebirgsabdachungen. Mit dem Ostteil des Ilçe von Doğu Bayazıt reicht auch diese Provinz nach Osten etwas über den Abfall von Leninakan-Urumiye (Urmia) hinaus ins Mittel-Aras-Becken und damit in den Bereich der Becken von Azerbaycan.

Die Provinz Van nimmt mit ihrer Nordhälfte das Hochland von Özalp und die Ost- und Nordostgestade des Van-Sees ein, während der Südteil der Provinz weit in den Äußeren Osttaurus hineinreicht. Dies ist dadurch bedingt, daß dieser Gebirgsteil erst geringe Ansätze zur Entwicklung städtischer Zentren aufweist. Die Ostgrenze der Provinz Van hält sich recht genau an den Abfall von Leninakan-Urumiye (Urmia) und damit an die geographische Ostgrenze von Anatolien. Im ganzen wird man die Verwaltungsgliederung von Inner-Ostanatolien als den gegenwärtigen wirtschaftlichen, verkehrsmäßigen und kulturellen Verhältnissen des Landes angemessen entsprechend bezeichnen dürfen.

VI. WESTANATOLIEN

1. Übersicht

Es wurde dargelegt (S. 7 u. 11 f.), daß das Binnenhochland von Zentralanatolien im Westen an den großen Landesteil Westanatolien angrenzt, und daß dieser mit der Westanatolischen Gebirgsschwelle einsetzt, welche sich über das Binnenhochland erhebt. Der Aufschwung der Westanatolischen Gebirgsschwelle beginnt im Norden am Ulu Dağ (2543 m) bei Bursa. Bei Inönü erreicht er den Nordwestwinkel Zentralanatoliens und bildet dessen Westgrenze bis zum Emir Dağ (2241 m) bei Bolvadin. Die Südostgrenze der Gebirgsschwelle zieht dann über Dinar zum Ostrand des Beckens von Denizli und läuft von dort ziemlich geradlinig als Südwestgrenze der Schwelle nach Akhisar. Die West- bzw. Nordabfälle der Gebirge längs einer Linie von Akhisar über Kepsut und Mustafa Kemalpaşa nach Bursa bilden schließlich die West- und Nordgrenze der westanatolischen Gebirgsschwelle.

Diese besteht aus mehreren, im wesentlichen NW–SE-streichenden breiten Erhebungszonen, in denen oft 1500 m, mehrfach auch 2000 m überschritten werden, und aus breiten, mit gleicher Hauptrichtung zwischen jenen verlaufenden Erniedrigungszonen. Deren Höhen werden von mehr als 1000 m im Nordosten gegen SW geringer. Den Untergrund der Gebirgsschwelle bilden stark gefaltete Gesteine, Metamorphite und nicht-metamorphe, paläozoische und mesozoische Gesteine sowie mannigfaltige Tiefengesteine. Mehr oder weniger flache Abtragungsoberflächen kappen den alten Faltenbau, und wenig gestörte jungtertiäre Deckschichten, stellenweise auch pleistozäne, vulkanische Gesteine überkleiden weithin den gefalteten Untergrund. Vielfach ist die Gebirgsschwelle unregelmäßig von grabenartigen Absenkungen zerstückt. Flüsse zertalen die Westanatolische Gebirgsschwelle nach allen Seiten. Der Abfall der Gebirgsschwelle nach NE gegen das obere Sakarya-Becken ist streckenweise nur 100 bis 200 m hoch, aber markant. Die Südwestabdachung führt mit mäßigem Durchschnittsgefälle, aber tief zertalt zu dem zwischen den Städten Denizli und Akhisar fast geradlinig verlaufenden, meist mehrere 100 m hohen Bruch- oder Flexurrand hinunter, mit dem die Westanatolische Gebirgsschwelle an die Grabenflucht von Akhisar-Denizli und damit an das Ege-Gebiet angrenzt. Obwohl weithin gerodet, wäre die Westanatolische Gebirgsschwelle wegen ihrer Höhe und ihrer Nähe zur Ägäis von Natur aus ein Waldland. Sie unterscheidet sich dadurch wesentlich von dem natürlichen Steppenland von Zentralanatolien.

Der Westanatolischen Gebirgsschwelle ist im Westen das Ege-Gebiet vorgelagert. Dieses ist ein Schollengebirgsland. Horstartige Gebirgskörper aus altkristallinen und teilweise auch paläozoischen und mesozoischen Gesteinen in mehr oder weniger rhombisch sich kreuzender Vergitterung mit breiten Grabensenken haben hier ein sehr gebirgiges und dennoch weiträumiges und durchgängiges Gesamtrelief erzeugt. Sind doch in diesem bis in 150 km Küstenabstand stellenweise sowohl weniger als 150 m wie auch mehrfach mehr als 2000 m Meereshöhe zu verzeichnen. Außerdem wird die Mannigfaltigkeit der Formen dadurch erhöht, daß in den Grabensenken außer Schwemmkegeln, Flußniederungen und Terrassenflächen z.T. ansehnliche Säume von stark zertaltem Hügelland aus Jungtertiärablagerungen vorhanden sind. Von der Ägäis her dringen die mediterrane Luft und die mediterranen Niederschläge tief in das Land ein und bewirken, daß es zu einem landwirtschaftlich besonders wertvollen Gebiet der Türkei werden konnte.

Der Westanatolischen Gebirgsschwelle ist im Nordwesten gegen die Dardanellen hin ein gebirgiger Landesteil vorgelagert, der abweichend gestaltet ist, das Karasi-Gebirgsland. Es umfaßt rings um Balıkesir ein ausgedehntes Flach- und Hügelland von 100 bis 300 m Höhe, das zwar zum Marmara-Meer hin entwässert, das aber, abgesehen von einem schmalen Auslaß bei Susurluk durch 600 bis 800 m hohe NE–SW streichende Gebirgszüge, stark von der südlichen Randsenke des Marmara-Bereiches abgeschieden wird. Auch dieses Gebirgsland und die Weitung von Balıkesir werden von alten, metamorphen Gesteinen, von vorwiegend granitischen Tiefengesteinen, und stellenweise von normalen Sedimentiten paläozoischen und mesozoischen Alters gebildet. In erheblichem Umfang sind auch andesitische Vulkanite am Aufbau beteiligt. Die Gesteine sind kräftig gefaltet und haben starke Abtragung erfahren, welche zu Flachformen geführt hat, bevor jungtertiäre Deckschichten in größerer Ausdehnung auf diesen Flachformen abgelagert und teilweise durch nachfolgende Krustenbewegungen auch zu ansehnlichen Höhen emporgehoben worden sind. Die Gebirgszüge erreichen im Madra Dağ NE von Bergama 1300 m, im Kaz Dağ, dem Ida-Gebirge der Antike NE von Edremit, werden sogar 1700 m überschritten.

Dieser nördlich vom Bakır-Fluß und westlich von der Westanatolischen Gebirgsschwelle gelegene gebirgige Landesteil war im frühen 14. Jahrhundert Hoheitsgebiet des Beyliks der Karasi. Deshalb kann er zusammenfassend als Karasi-Gebirgsland bezeichnet werden. In der Antike war, allerdings mit stark wechselndem Geltungsumfang, der Name Troas üblich.

Die Westanatolische Gebirgsschwelle, das Karasi-Gebirgsland und das Ege-Gebiet sind allesamt recht gebirgig und dennoch reich an Flachformen. Sie heben sich gemeinsam ab sowohl von dem weit weniger reliefstarken Hochland von Zentralanatolien wie von den am Marmara-Meer aufragenden Südmarmara-Ketten des Nordwestbereiches der Türkei, wie auch von dem schroffen Hochgebirge des westlichen Taurus. Gemeinsam bilden sie orographisch das an Zentralanatolien westwärts anschließende Westanatolien. Zeigen wird sich auch, daß Gemeinsamkeiten der klimatischen und vegetationsgeographischen Verhältnisse sowie kulturgeographische Zusammenhänge dieses Westanatolien von Zentralanatolien unterscheiden.

Trotzdem ist eine zusätzliche Begründung dieser Landesgliederung gegenüber einer anderen angebracht, die einst A. Philippson vorgeschlagen hat.

Er hat aufgrund der Verwandtschaft von Bau, Oberflächenformen und Klimaverhältnissen nur den durch WE gestreckte tektonische Gräben aufgegliederten westlichen Teil Anatoliens, d.h. das Ege-Gebiet zusammen mit den Ägäis-Inseln mit Griechenland und Makedonien als Ägäischen Raum zusammengefaßt und hat ihn einem, die Westanatolischen Gebirgsschwelle mitumschließenden Zentralanatolien gegenübergestellt. Aber der so gefaßte Ägäische Raum ist zum größten Teil unter den Meeresspiegel getaucht. Seine festländischen Randgebiete sind durch die bestehenden breiten Landverbindungen einerseits in den Länderkomplex der Balkanhalbinsel, andererseits in denjenigen Anatoliens auf das innigste eingefügt. Wichtige Züge des naturgeographischen ebenso wie des kulturgeographischen Charakters sind daher in den westlichen Randgebieten der Ägäis durch den Zusammenhang mit der inneren Balkanhalbinsel, in den östlichen durch die Verschweißung mit dem Inneren von Anatolien bestimmt. Diese Sachverhalte werden durch die Vorstellung „Ägäischer Raum" nicht ins Blickfeld gebracht.

Hierin wird deutlich, daß die geographischen Eigenschaften eines Landraumes gewöhnlich von zwei sehr verschiedenen Standpunkten aus gesehen werden können. Man kann, gewissermaßen aus größerer Entfernung betrachtend, das öfter oder oft wiederholte Auftreten bestimmter Erscheinungen oder Eigenschaften eines Landes unter Hinwegsehen über kleinere Besonderheiten als für den betreffenden Raum typisch erkennen und festhalten. Man pflegt eine so gerichtete Untersuchung als landschaftskundlich zu bezeichnen. Ihrer hat sich A. Philippson (1922) bei der Behandlung des Ägäischen Raumes in seinem Gesamtwerk über das Mittelmeergebiet vorzugsweise bedient. Die andere, gleichsam aus näherer Sicht erfolgende Betrachtungsweise bemüht sich mit Entschiedenheit, gerade um die einmaligen Besonderheiten des untersuchten Landraumes. Solche Blickrichtung ist im engeren Sinne landeskundlich.

Sicherlich kann keine ausgewogene Landeskunde auf reichliche Verwendung der landschaftskundlichen Kennzeichnung des Typischen verzichten. Denn die Hervorhebung der wirklich wichtigen, einmaligen Besonderheiten eines Landraumes kann angesichts der unendlichen Fülle der Einzelerscheinungen nur gelingen, wenn die Erscheinungen, soweit ihre Einzelzüge nicht übermäßig bedeutungsvoll sind, in typisierender Vereinfachung dargeboten werden. Im ganzen ergibt sich jedenfalls, daß der Anteil an individualisierender Untersuchung ebenso wie die Größenordnung der so zu behandelnden Erscheinungen im Vergleich zu einer im wesentlichen nur typisierenden Kennzeichnung von der Größe des untersuchten Landraumes bzw. vom Größenmaßstab, in dem der betrachtete Landraum gesehen wird, abhängig sein muß.

Für eine landeskundliche Untersuchung von Landkomplexen erweisen sich außerdem größere Meeresflächen, welche den Landzusammenhang unterbrechen, wohl stets als wichtige Bereichsgrenzen. Denn die beiden Gegengestade eines Meeres mögen geographisch manchmal große Ähnlichkeit aufweisen. Sie sind dennoch die Randsäume verschieden gelagerter Landmassen, und als Lebensräume des Menschen pflegen die Säume innig mit dem eigenen Hinterlande verbunden zu sein. Nicht selten stehen Gegengestade in mannigfaltiger Hinsicht mehr in gegenseitigem Wettbewerb, als daß sie sich wirklich zu einem innerlich zusammenhängenden größeren Gesamtlebensbereich zusammenfügen. So ist selbst in den langen Zeiten, in denen beide Seiten der Ägäis von Griechen bewohnt waren, für die westlichen Küstengebiete immer das Verhältnis zu ihren balkanischen Hinterlandschaften, für die östlichen die Berührung und Auseinandersetzung mit Inneranatolien von grundlegender, lebensbestimmender Bedeutung gewesen.

Eine geographische Landeskunde, die das türkische Staatsgebiet hinsichtlich seiner Lebenszusammenhänge und seiner Beziehungen zu den Nachbarländern untersuchen möchte, muß außer den Verschiedenheiten der allgemeinen geographischen Ausstattung, welche allenthalben zwischen dem Binnenhochland von Zentralanatolien einerseits und seinem gebirgigen Rahmen andererseits bestehen, auch die aus individuellen Gegebenheiten der Lage hervorgehenden Beziehungen zwischen diesen, ja benachbarten Bereichen im Gesamtraum wesentlich mitberücksichtigen. Bei solcher Zielsetzung stößt man zwangsläufig auf die engen Bindungen, die seit langer Zeit zwischen Zentralanatolien und allen Landschaften seiner gebirgigen Umrahmung bestehen, gerade weil die Verschiedenheit der geographischen Ausstattung in diesen beiden einen gegenseitigen Austausch und auch Wünsche nach Abhängigmachung des einen vom anderen auslöst. Dies wiederum bezeugt, daß ein geographisches Anatolien in unserem Sinne wirklich vorhanden ist, d.h. daß Wirkungen von ihm ausgegangen sind und von ihm ausgehen.

Eine solche Betrachtung lehrt zugleich, daß die Beziehungen der beiderseitigen Randbereiche des Ägäischen Raumes zu ihren angrenzenden Hinterländern erheblich verschieden sind. Als Nachbarbereich zu dem kleingekammerten Inneren der Balkanhalbinsel, in dem nur selten große politische Machtgebilde entstanden sind, hat Griechenland während seiner langen Geschichte in weit höherem Maße ein unabhängiges und noch in sich selbst stark differenziertes Dasein zu führen vermocht, als dies den östlichen Randbereichen der Ägäis möglich war. Die Letztgenannten haben von der Frühantike an bis heute mit relativ kurzen Unterbrechungen in mehr oder weniger deutlicher Abhängigkeit von Machtgebilden gestanden, die im Inneren von Anatolien wurzelten, oder deren Einfluß sich auf Herrschaft im Binnenhochland gründete. Danach kann es für eine landeskundliche Betrachtung keinen Zweifel darüber geben, daß das westliche Küstenland von Anatolien trotz seiner vielen Gemeinsamkeiten mit den westlichen Gestaden der Ägäis einen integrierenden Bestandteil des geographischen Anatoliens bildet. Dieses küstennahe Land, das Ege-Gebiet, bildet zusammen mit dem Karası-Gebirgsland und der Westanatolischen Gebirgsschwelle den großen Landesteil Westanatolien.

2. Das Ege-Gebiet im ganzen

Der Graben des Bakır Çay (des Kaikos der Antike) mit Bergama, dem antiken Pergamon als Hauptort, ist der nördlichste, mehr als 60 km weit landeinwärts eindringende Graben des Ege-Gebietes. Die nördlich folgende Tieflandsbuch am Golf von Edremit ist zwar gleichfalls durch eine Grabensenke verursacht. Sie wird im Norden begrenzt durch den im Kaz Dağ, dem Ida der Antike, bis 1767 m aufragenden Hauptrücken des hauptsächlich aus Metamorphiten, sauren Tiefengesteinen und tertiären Vulkaniten mit SW–NE-streichenden Faltungsstrukturen aufgebauten Ege-Marmara-Gebirges auf der Halbinsel von Çanakkale. Dieser Hauptrücken des Ege-Marmara-Gebirges besitzt bisher keinen zusammenfassenden Namen. Da der im wesentlichen gleich gebaute südöstlich der Dardanellen hinziehende Parallelrücken, der wenig über 800 m Höhe erreicht, im Büyük-Atlas von Faik Sabri Duran nach dem an seinem Nordostende gelegenen Städtchen Biga den Namen Bigadağları erhalten hat, so kann der erwähnte Hauptrücken nach der entsprechend gelegenen Stadt Gönen gut als Gönen-Gebirge bezeichnet werden, dies um so mehr, als der Gönen-Fluß mit seinen Oberlaufverzweigungen den größeren Teil dieses Gönen-Gebirges entwässert. Über der Grabensenke des Golfes von Edremit steigt im Südosten das, abgesehen von einer stärkeren Beteiligung mesozoischer Gesteine wiederum ähnlich aufgebaute bis 1300 m hohe Madra-Balya-Gebirge auf, das sich von nördlich Bergama gegen Balya erstreckt. Die NE–SW-streichenden Kämme des Ege-Marmara-Gebirges und des Madra-Balya-Gebirges können als nach SE abbiegende Fortsetzungen der Südmarmara-Ketten aufgefaßt werden. Sie sind mit diesen strukturell verwandt. Über die Inseln Lesbos, Chios und die Halbinsel von Izmir setzen sich nach Süden umbiegende Faltungsstrukturen als lückenhafte Umrahmung der altkristallinen Menderesmasse Anatoliens sogar noch weiter fort.

Die Bucht von Edremit wird durch das Madra-Balya-Gebirge von den Grabenebenen des Ege-Gebietes kräftig abgetrennt. Sie gehört fraglos zum Bereich des Karası-Gebirgslandes. Sie zeigt nicht die untereinander bestehende Durchgängigkeit der Grabenebenen, die für das Ege-Gebiet kennzeichnend ist. Nur durch die Küstenstraße hat sie Verbindung mit der Ebene des Bakır Çay. Diese besitzt in ihrem inneren Winkel zwischen Soma, Kırkağaç und Akhisar bereits Verbindung mit der schon erwähnten grabenartigen Furche, die auf 200 km Länge von NW nach SE ohne Rücksicht auf vorhandene ältere Faltungsstrukturen das Land durchschneidet, d.h. die Grabenflucht von Akhisar-Denizli. Da diese Furchenzone offene Verbindung mit fast allen weiter südlich von der Küste her ins Land eindringenden Grabensenken hat, trägt sie zu der allgemeinen Durchgängigkeit des Ege-Gebietes wesentlich bei. Diese trotz der hohen bis über 2000 m aufragenden Gebirge bestehende Durchgängigkeit ist, wie bereits angedeutet, ein besonders kennzeichnender Zug des Ege-Gebietes. Die Akhisar-Denizli-Grabenzone enthält an ihrem Grunde ausgedehnte Aufschüttungsböden und niedrige Hügellandschaften. Diese bieten weithin bevorzugte Anbauflächen. Am Nordostrand dieser Grabenzone liegt, wie bereits betont wurde, die sehr deutliche Landschaftsgrenze des Ege-Gebietes gegen die ostwärts aufsteigende Westanatolische Gebirgsschwelle.

Man wird sich das ursprüngliche Pflanzenkleid des Ege-Gebietes als Mischwald aus Pinus brutia und immergrünen Eichen mit zahlreichen immergrünen Gewächsen im Unterwuchs vorzustellen haben. Aber die Bewirtschaftung durch den Menschen seit mindestens 5 Jahrtausenden, wahrscheinlich schon seit wesentlich längerer Zeit, hat nicht viel von dem ursprünglichen Vegetationscharakter übriggelassen. Das Land ist ein dicht besiedelter, zu mannigfaltiger mediterraner Feld-, Gemüse- und Obstkultur ausgenutztes Kulturland mit begleitender Viehwirtschaft sowohl mit Rindern und Wasserbüffeln, vor allem aber mit Schafen und ganz besonders mit Ziegen umgewandelt worden. Dabei weisen die verschiedenen Teile des Ege-Gebietes im einzelnen Unterschiede der wirtschaftlichen Betätigung auf.

Die starke Aufgliederung des Landes in überwiegend W–E-gestreckte Horstgebirge und tief ins Land eindringende Grabensenken ist weitgehend unabhängig von den Faltungsstrukturen des Gebietes. Diese bestehen vor allem aus den altkristallinen Gesteinen der Lydisch-Karischen Masse von A. Philippson, der Menderesmasse der heutigen Geologen. In dieser herrscht nord-südliches bis nordost-südwestliches

Schichtstreichen vor. Dazu kommen Faltenzüge mit ungefähr der gleichen Streichrichtung aus paläozoischen und mesozoischen, vor allem kretazischen Schichten im küstennahen Bereich, die eine freilich lückenhafte Umrahmung der Menderesmasse an deren Westseite andeuten. Endlich beteiligen sich auch in erheblichem Umfang tertiäre und quartäre vulkanische Gesteine am Aufbau. Infolge der Vertikalbewegungen, die die Horstgebirge und die Grabensenken entstehen ließen, sind in den Gräben, besonders in dem des Gediz (Hermos) und dem des Büyük Menderes (des großen Mäander) durch Abtragung von den Gebirgen jungtertiäre Fluß- und Wildbachablagerungen (Tmolos Schutt v. A. Philippson) in großer Mächtigkeit entstanden. Sie sind an den Grabenrändern weithin bis mehrere 100 m über die heutigen Grabensohlen gehoben und dann durch die vom Gebirge herabkommenden Bäche zu badlandartigen Formen zerrachelt worden. Die hohe Lage dieser Schuttmassen, die oft auf über 500 m, am Salihli-Gebirge SE von Turgutlu bis über 800 m hinaufgehen, spricht dafür, daß dort noch im jüngsten Tertiär und bis ins Pleistozän hinein kräftige Vertikalbewegungen stattgefunden haben.

Die wichtigsten dieser Grabensenken sind außer den schon erwähnten Furchen des Bergama-Flusses und der Furche von Akhisar-Denizli jene des Gediz-Flusses, also des Hermos der Antike, des Küçük Menderes (des kleinen Mäanders, des Kaystros der Antike) und die des Büyük Menderes (des großen Mäanders, des Mäanders der Antike). Zwischen Gediz-Graben und Küçük Menderes-Graben erhebt sich als Horstgebirge bis zu 2157 m das Boz Dağ-Gebirge der türkischen Karten, das aber der Eindeutigkeit wegen besser nach der an seinem Nordfuß gelegenen Ilçestadt Salihli als Salihli-Gebirge zu bezeichnen sein wird, weil der Name Boz Dağ (grauer Berg) im türkischen Sprachgebiet sehr oft wiederkehrt. Für das bis 1828 m hohe Horstgebirge zwischen Küçük- und Büyük-Menderes ist der eingebürgerte türkische Name Aydın-Gebirge nach der Provinzhauptstadt Aydın in Gebrauch.

3. Das nördliche Ege-Gebiet

Das Gitterwerk der Grabensenken und Horstgebirge nimmt im Ege-Gebiet von Norden und von Süden zur Mitte und zur Küste hin an Ausgeprägtheit und an siedlungsgeographisch günstigen Besonderheiten zu. Die kleine Hochscholle des Karadağ (781 m) bei Çandarlı an der Küste, die größere des Yunt Dağ (1084 m) südlich der Bergama-Ebene sowie die kleine Scholle von Gölmarmara (1040 m) ENE von Manisa, spielen wegen ihrer nur mäßigen Höhen als Wasserspender für die benachbarten Tiefgebiete nur eine bescheidene Rolle. Daher sind die Gebiete rings um den Yunt Dağ mit den Marktorten Zeytindağ, Kınık, Kırkağaç, Akhisar, Saruhanlı und die Küstenstriche nördlich des Gediz-Flusses nicht so reichlich mit Bewässerungswasser ausgestattet wie der Nordfuß des Salihli-Gebirges. Trotzdem ist im nördlichen Ege-Gebiet, d.h. im weiteren Umkreis des Yünt Dağ eine intensive und sehr mannigfaltige mediterrane Landwirtschaft entwickelt mit Oliven- und Feigenkultur, auch mit bitteren Orangen, mit Gemüse- und Weingärten und auch mit Baumwollfeldern. Nach dem im frühen 14. Jahrhundert bestehenden türkischen Lokalfürstentum (Beylik) der Saruhan, an das der Ortsname Saruhanlı noch erinnert, kann dieser nördliche Teil des Ege-Gebietes auch als das Bergland von Saruhan bezeichnet werden. Sein wirtschaftlicher Vorort ist gegenwärtig Manisa (das antike Magnesia), eine Stadt mit lebhaftem Geschäftsverkehr, die gegenwärtig fast 100 000 E. zählt. Sie liegt auf einem großen Schwemmkegel am Fuße des Manisa Dağ (des antiken Sipylos, 1517 m) eines mächtigen Kreidekalkklotzes, der in der Höhe Reste eines Magna Mater-Heiligtums trägt und damit auf eine uralte Bedeutung von Manisa hinweist. Die heutige Intensität des wirtschaftlichen Lebens wird darin deutlich, daß Manisa zentraler Marktort für mehr als 100 Dörfer der Umgebung ist, und daß eine ganze Reihe von lokalen Marktorten an den Rändern des Berglandes sich haben entwickeln können. Von diesen zählen Akhisar und Turgutlu bereits über 50 000 E. Ahkisar ist sogar selbst zentraler Marktort für mehr als 100 Dörfer.

4. Das mittlere Ege-Gebiet

Von der Ebene des Gediz-Grabens im Norden bis zur Ebene des Büyük Menderes im Süden reicht das mittlere Ege-Gebiet, das man auch als das engere Hinterland von Izmir bezeichnen kann. Es ist der von Natur am meisten begünstigte und am intensivsten bewirtschaftete Teil des Ege-Gebietes, der zugleich außer durch das Straßennetz auch durch Eisenbahnlinien am besten mit Izmir verbunden ist.

Hier erhebt sich, wie schon angedeutet, mit westöstlichem Streichen ohne Rücksicht auf das Streichen der alten Faltungsstrukturen der metamorphen Gesteine des sogenannten Menderesmassivs das Salihli-Gebirge. Parallel zu diesem erstreckt sich nördlich vom Graben des Büyük Menderes das Aydın-Gebirge. Beide Gebirge schließen zwischen sich den Graben des Küçük Menderes ein. An das Salihli-Gebirge fügen sich im Westen um Manisa und Izmir weitere, durch tiefe Paßdurchgänge abgetrennte Hochschollen an. Die höchsten von ihnen sind der schon erwähnte Manisa Dağ (1517 m) und der Kemalpaşa Dağ (1510 m).

Zwischen dem Salihli-Gebirge und dem Südrand der Westanatolischen Gebirgsschwelle liegt als bedeutendes Teilstück der Akhisar-Denizli-Grabenzone der Gediz-(Hermos)Graben, der aber auch noch gabelförmig Ausläufer nach Westen gegen Manisa und Kemalpaşa entsendet.

Am Nordfuß des Salihli-Gebirges unterhalb der schon erwähnten Vorzone aus jungtertiärem Tmolos-Schutt, welche von den Gebirgsbächen tief zerschnitten, stellenweise geradezu zerrachelt ist, erstreckt sich die junge Aufschüttungsebene des Gediz, bzw. oberhalb von Salihli die des Sarıgöl-Flusses. Sie ist in das Hochwasserbett und niedrige Terrassenflächen gegliedert. Deutlich unterscheiden sich die nördlich des Flusses befindlichen Teile der Ebene von den südlichen. Die nördlichen werden von dem nur mäßig hohen und sonnseitig exponierten Rande der Westanatolischen Gebirgsschwelle her nur dürftig mit Wasser versorgt. Die südlichen sind von der Schattenseite des hohen Salihli-Gebirges reichlich mit Bewässerungswasser versehen und daher für Besiedlung und bewässerten Gartenbau bevorzugt.

Hier liegt das Gebiet intensivster Bewässerungskultur der kernlosen, weißen Weintrauben, der sogenannten Sultaninen, die nur durch Stecklinge fortgepflanzt werden können, und deren Züchtung, wie Fachleute versichern, sehr lange Zeit, wahrscheinlich mehrere Jahrtausende in Anspruch genommen haben dürfte. Dies weist dieses Gebiet daher als sehr altes Weinbaugebiet aus. In ihm liegen der große Marktort Alaşehir und das sogar sehr große Marktzentrum Salihli mit Zulauf von mehr als 100 Dörfern. Einige km westlich von Salihli liegt das Dorf Sart an der Stätte des antiken Sardes, des Sitzes des Königs Kroisos von Lydien. Hier sind westlich des ca. 200 m hohen Burgberges von Sardes, der einst die Akropolis trug, auf einem kleinen Hügel einige Reste des einst berühmten Artemistempels erhalten. Beim Ilçestädtchen Menemen in etwa 20 m Höhe beginnt der rund 30 km lange, gut einen Quadranten umfassende Deltaschwemmkegel des Gediz, der die innere Bucht von Izmir zuzuschütten drohte, und der deswegen 1886 künstlich an den Nordrand seines Schwemmkegels verlegt wurde.

Südlich vom Salihli-Gebirge liegt, wie schon erwähnt, der Graben des kleinen Mäander (Kaystros). Er erstreckt sich mit einer unter 200 m hoch gelegenen Aufschüttungssohle nur etwa 70 km weit nach Osten. Dann aber setzt er sich als Sattelregion von Kiraz zwischen den beiderseits höheren Horstgebirgen mit einem zertalten Grabenstück fort. Hier sind gemäß dem Schichtstreichen schräg zur Richtung des Grabens verlaufende Bergrippen aus besonders festen Gesteinen von 500 bis 1000 m Höhe und zwischen ihnen ausgearbeitete Talstrecken entstanden. 30 km weiter nach Osten wird die Verbindung mit dem Akhisar-Denizli-Graben erreicht.

Der tiefliegende Teil der Aufschüttungssohle des Küçük Menderes-Grabens ist ähnlich wie die Sohle des Gediz-Grabens in niedrige Terrassenstufen gegliedert. Nur im südwestlichen Teil durchragen niedrige Hügel aus alten Gesteinen die jungen Flußaufschüttungen. Jungtertiäre Ablagerungen, wie sie am Nordfuß des Salihli-Gebirges auftreten, scheinen hier zu fehlen, was für ein besonders spätes, nachtertiäres Absinken des Grabens sprechen würde. Da die Grabenränder beiderseits über 1000 m hoch sind, liefern sie auf beiden Seiten reichlich Wasser für Bewässerungsanbau. Darauf gründet sich beiderseits gute Bewässerungskultur. Aber in der Sattelregion von Kiraz östlich der großen Grabenebene ist das Gelände unruhig, die Anbauflächen klein und die Anbaubedingungen daher wesentlich bescheidener.

Im Graben des kleinen Mäander liegen auf beiden Seiten auf großen Schwemmkegeln zahlreiche große Dörfer und kleine Städte. Torbalı, Bayındır und Ödemiş am Südfuß des Salihli-Gebirges und Büyükkale, Tire, Gökçen und Kaymakcı am Nordfuß des Aydın-Gebirges sind alle in Obstgärten eingebettet und von ausgedehnten Bewässerungsgärten umgeben, in denen eine sehr vielseitige Kultur fast aller mediterranen Kulturgewächse getrieben wird. Ödemiş, Tire und Torbali sind zugleich große Marktorte für je mehr als 50 Dörfer. Die benachbarten Gebirgshöhen sind die Weidegebiete der großen zugehörigen Kleinviehherden. Große, niedere Terrassenflächen in der Mitte der Ebene beiderseits des kleinen Mäander tragen Getreidefelder. Die Überschwemmungsaue des Flusses dient fast im Naturzustand als Weidefläche für Rinder.

Das südlich des kleinen Mäandergrabens aufragende Aydın-Gebirge erreicht 1657 m Höhe. Auch ihm heften sich, durch tiefe Paßfurchen bzw. durch eine Meerenge abgeteilt, kleinere Gebirgsglieder an. Im Osten ist es die Selimova-Gebirgsmasse, welche in der Selimova eine bis 1832 m hohe plateauartige Gipfelregion besitzt, und welche die Sattelregion von Kiraz auf der Südseite überragt. Im Westen setzen der mehr als 1200 m erreichende Samsun-Gebirgszug bei Söke und die Insel Sisam (Samos) den Höhenzug des Aydın-Gebirges noch weit in die Ägäis fort.

Am Südfuß des Aydın-Gebirges ist ebenso wie am Nordfuß des Salihli-Gebirges eine Vorzone von jungtertiärem Tmolos-Schutt ausgebildet. Sie reicht zumeist bis mehrere 100 m am Gebirgssaum empor. Von den Gebirgsbächen wird sie tief zerschluchtet. Diese Schuttmassen geben Zeugnis von der starken Abtragung, die das Gebirge infolge seiner Emporhebung erlitten hat. Durch die stellenweise um 500 m erreichende Höhenlage deuten die alten Schuttmassen auch hier an, daß die Hebung des Gebirges noch erheblich über die Zeit der Entstehung dieser Ablagerungen hinaus angedauert haben dürfte.

An den Fuß der jungtertiären Schuttmassen schließt sich der junge Aufschüttungsboden des Büyük Menderes an. Über dem Hochwasserbett des Flusses liegen höhere Terrassen. Im oberen Teil des Grabens sind sie einige Fünfer von Metern, in den unteren einige Meter höher als der Fluß. Die Fußzone des Gebirges und die hochwassersicheren Terrassen stellen mit guten Bewässerungsmöglichkeiten eine reiche Gartenbaulandschaft dar.

Besonders die nördliche Talseite, an welcher viele kleine Bäche vom Gebirge herabkommen und nicht nur wenige große wie an der Südseite, ist hierin deutlich bevorzugt.

Die Fußregion der jungtertiären Schuttmassen am Südsaum des Aydın-Gebirges ist der Standort einer dichten Reihe von Siedlungen, von denen die Provinzhauptstadt Aydın 1980 75 000 E., die Textilindustriestadt Nazilli 60 000 E. erreicht haben. Beide Städte sind zugleich Marktorte einer großen dörflichen Umgebung. Die Städtchen Sarayköy, Kuyucak, Sultanhisar und Germencik sind vorerst kleiner geblieben. Alle diese Orte liegen in Obstbaumhainen, in denen je weiter nach Westen um so mehr die Feigen vorherrschend werden. Dazu kommen Tabakpflanzungen auf den ebenen Terrassenflächen. Längs des Büyük Menderes dehnen sich weite Baumwollkulturen und im Hochwasserbett des Flusses ausgedehnte Weideflächen namentlich für Rinder.

5. Der Küstensaum des mittleren Ege-Gebietes und Izmir

Längs der Ägäisküste wird im mittleren Ege-Gebiet das Mosaik kleiner Hochschollen und zwischengelagerter Senkungsfelder besonders verwickelt. Dadurch ergibt sich eine gestaltenreiche Mannigfaltigkeit von Küstenbergen, bergigen Inseln und Halbinseln sowie von fluvialen oder marinen Aufschüttungsgebieten und von flachen oder tiefer eindringenden Meeresbuchten. Einige Meeresbuchten, wie die von Efez (Ephesus) und Milet, sind in historischer Zeit soweit aufgefüllt worden, daß die einstigen Häfen längst verlandet sind. Bei Izmir (Smyrna) ist der gleiche Vorgang nur durch eine künstliche Verlegung der Mündung des stark aufschüttenden Gediz im Jahre 1886 für lange Zeit hintan gehalten worden. Diese abwechslungsreiche Küstenzone des Ege-Gebietes ist ein sehr dicht besiedeltes und intensiv angebautes Gebiet mediterraner Kulturen mit Olivenhainen, Feigen und Tabakpflanzungen als hervorstechenden Merkmalen. Der Badeort Kuşadası bei Selçuk am kleinen Mäander nahe dem antiken Ephesus, ebenso Seferihisar an der Küste, ferner Urla und Çeşme auf der Halbinsel von Çeşme, die fast schon zu Vororten von Izmir geworden sind, können als die wichtigeren Punkte dieser an Kleinstädten reichen Zone angesehen werden. Menemen am Gediz und der kleine Hafen von Foca, der bescheidene Nachfolger des frühantiken Phokäa folgen nördlich von Izmir. Der kleine Mäander hat seit der Frühantike seine Mündung um rund 10 km seewärts vorgebaut. Der große Mäander hat im Quartär die rund 40 km lange und um 15 km breite Balat-Ebene aufgeschüttet, so daß das alte Milet heute etwa 8 km vom Meere entfernt liegt.

Das Zentrum des gesamten mittleren Ege-Gebietes mit starkem wirtschaftlichem Einfluß auf ganz Westanatolien ist die Hafenstadt Izmir, das antike Smyrna. Es liegt am inneren Ende der etwa 70 km weit ins Innere des Ege-Gebietes eingreifenden Bucht von Izmir, deren Wassertiefe, weil es sich um ein Senkungsgebiet handelt, in das heute nur noch kleine Bäche einmünden, ausreichend groß ist, um Seeschiffen unmittelbar am Kai des Hafenplatzes, des Konak Meydanı (eigentlich Palastplatz) das Anlegen zu ermöglichen. Die Gefahr der Zufüllung der Bucht durch den Gediz wurde, wie vorher erwähnt, durch künstliche Verlegung der Flußmündung für lange Zeit beseitigt.

Die Stadt baut sich malerisch am Westabhang des 379 m hohen Kalabak Tepe auf, auf dessen Westsporn die alte Zitadelle Kadife Kale einst erbaut worden ist. Dicht hinter dem Konak Meydanı liegt in erhöhter Lage der Ortsteil Konak, in dessen engem Gassengewirr auch der alte Bazar sich befindet. Die neueren Geschäftsviertel liegen mehr am Hafenplatz am Bulvar Atatürk, wo auch die Vertretungen der Schiffahrtsgesellschaften ihren Sitz haben und in der Umgebung des Bahnhofs am Nordhang des Zitadellensporns. Dort befanden sich auch bevorzugt die Griechenviertel, die durch den Brand nach der Eroberung von 1923 vernichtet wurden. Die Brandfläche ist größtenteils in eine Parkanlage, den Kulturpark, umgewandelt worden. Izmir ist eine große Industriestadt. Die großen Industrieanlagen befinden sich in der Mehrzahl am Gestade der inneren Bucht von Izmir, nördlich der eigentlichen Stadt.

Dort liegt auch am Nordufer der Bucht gegenüber Izmir die Wohnstadt Karşıyaka, ein bevorzugter Wohnvorort von Izmir. An der Westseite der Stadt ist die Wohnbesiedlung von Izmir am Südsaum der Bucht viele km weit nach Westen gegen Urla vorgewachsen, und selbst das Städtchen Urla und der Badeort und Fischereihafen Çeşme können bereits als entferntere Vororte von Izmir angesehen werden. Nach Nordosten reicht die städtische Besiedlung schon fast bis Bornova, nach Süden bis Gaziemir.

Die Geräumigkeit und Tiefe des Hafens von Izmir und seine Lage, von der aus die vielen Durchlässe zwischen den verschiedenen Hochschollen des Ege-Gebietes leicht erreichbar sind, bietet sehr gute Hinterlandverbindungen. Auf diese Weise ist Izmir zum bedeutendsten Exporthafen der Türkei für hochwertige landwirtschaftliche Erzeugnisse, vor allem für Tabak, Sultaninen, Feigen und Oliven geworden. In Bornova, etwas nordöstlich der Stadt, liegt die aufstrebende Universität von Izmir. Großizmir stellt einen Siedlungskomplex von 1980 fast einer Million Menschen dar.

6. Das südliche Ege-Gebiet

Südlich der Grabensenke des Büyük Menderes beginnt das südliche Ege-Gebiet. In diesem Bereich ist die Richtung der auch hier vorhandenen Horstgebirge und Gräben nicht mehr überwiegend westöstlich, sondern nordwest-südöstlich gestreckt. Damit öffnen sich hier die Gräben nicht zum Meere, sondern zum Graben des Büyük Menderes. Außerdem ist die allgemeine Durchgängigkeit hier geringer als im mittleren Ege-Gebiet, weil südlich des Büyük Menderes große durchlaufende W—E-Furchen fehlen, bzw. wie in der Tavas-Ebene vor dem Fuße des Westtaurus und der anschließenden schmalen Längsfurche von Kale nur auf eine beschränkte Strecke und nur in der großen Höhe von um 800 bis 1000 m ausgebildet sind. Von der Küste an folgen in fast mathematischer Regelmäßigkeit die SE—NW-gerichteten Horste und Gräben des Laba Dağ (1073 m) und der Senke von Milas, des Beşparmak-Gebirges (1367 m), und der Çine-Senke, des Madranbaba Dağ (1792 m), und der Bozdoğan-Senke, des Karıncalı Dağ (1699 m) und der Karacasu-Senke, des Babadağ-Gebirges (2308 m) und des Beckens von Denizli aufeinander. Alle diese Horste und Gräben sind im Bereich der altkristallinen Menderes-Masse und ihres Mantels aus gefalteten Schichten jungpaläozoischer und mesozoischer Gesteine ausgebildet und sind von deren Streichrichtung weitgehend unabhängig. Die Böden der drei westlichen Gräben reichen auf unter 200 m Höhe hinab, die beiden östlichen kommen auf 300 bis 500 m. Auf den Grabenböden gibt es größere Anbauflächen. An den Grabenrändern haben sich z.T. größere Massen jungtertiärer Fluvialablagerungen als Reste einstiger Beckenfüllungen erhalten, an manchen Stellen bis in 800, ja bis in 1000 m Höhe.

Im südlichsten Teil des südlichen Ege-Gebietes, im Raum von Yatağan, Muğla und Tavas wird das Mosaik der höheren und tieferen Bruchschollen, das zugleich von tiefen Tälern der vom Westtaurus kommenden Bäche zerfurcht wird, sehr unruhig. Aber hier hat 20 km SE vom Bozdoğan das Schluchttal des dortigen Akçay die Errichtung der großen Kemer Talsperre ermöglicht, welche einen großen Teil der vom Westtaurus kommenden Wasser sammelt.

An der Nordseite des Kerme-Golfes liegt die weit nach Westen vorspringende Halbinsel von Bodrum. Der malerische Ort Bodrum, das antike Halikarnassos mit bedeutenden antiken und mittelalterlichen Ruinen und einem örtlichen Museum, ist heute nur ein kleiner entlegener Ort (1980 27 000 E.). In der Antike waren weit ins Meer vorgeschobene Halbinseln in buchtenreichen, d.h. hafenreichem, bergigem Gelände, wie die von Halikarnossos bevorzugte Siedlungsplätze, weil sie dem Handel lange Verkehrswege auf sicherem Festlandsgrund und der gefährlichen Seeschiffahrt entsprechend kürzere Seewege von relativ sturmsicheren Häfen aus ermöglichten.

Die Erzeugung sehr vielseitiger mediterraner Anbauprodukte, vor allem von Tabak, hält auch im südlichen Ege-Gebiet an, das etwa dem türkischen Beylik Menteşe des 14. Jahrhunderts, dem Karien der Antike entspricht. Aber die Produktionsgebiete sind klein. Immerhin hat jede der kleinen Kammern bzw. Talschaften des Gebietes ihren kleinstädtischen Marktort, so die schon genannten Orte Karacasu, Bozdoğan und Çine in den verschiedenen Zweigbecken des Büyük Menderes-Grabens. Die in einem Hochbecken über 600 m hoch gelegene Provinzhauptstadt Muğla hat

30 000 E., das in einem zum Meere geöffneten Becken liegende Milas 20 000 E. Aber Milas hat als Markt von mehr als 100 Dörfern die Provinzhauptstadt als Marktzentrum um ein Mehrfaches überflügelt.

7. Die Westanatolische Gebirgsschwelle im ganzen

Die Westanatolische Gebirgsschwelle ist im ganzen genommen, wie schon erwähnt, eine in der SE–NW-Richtung etwa 250 km lange, in der SW–NE-Richtung etwa 200 km breite Landschwelle zwischen der ägäischen Abdachung Westanatoliens einerseits und der Zentralanatolischen Abdachung andererseits. Die sehr ausgeprägte SW-Begrenzung der Schwelle wird durch den Bruch bzw. den Abbiegungsrand gebildet, mit dem es in die große Tiefenfurche von Akhisar-Denizli auf zumeist unter 200 m Höhe hinabgeht. Der ebenfalls deutliche NE-Rand der Schwelle führt als meist nur wenige 100 m, im NW aber als viele 100 m hoher Abfall zu dem unter 1000 m hoch gelegenen Beckenraum von Zentralanatolien hinab. Er verläuft ungefähr längs einer Linie von Bursa über Inegöl, Inönü und Seyitgazi zum Städtchen Emirdağ, bevor er dann an dem wahrscheinlich ebenfalls durch einen Bruch bestimmten SE-Rand des 2241 m hohen Emir Dağ fast rechtwinklig umbiegt. Am SE-Rand des Emir Dağ ist die südöstliche Grenze der Westanatolischen Gebirgsschwelle an Çay, Dinar vorbei über das Becken des Acı Göl mit einem Bayonettknick südlich von Çardak zum Becken von Denizli zu verfolgen.

Im Nordwesten folgt die Umgrenzung der Westanatolischen Gebirgsschwelle etwa den bruchbedingten Abfällen, die nach W mit kleinen Knicken von Akhisar über Sındırgı, Bigadiç, Kepsut, Susurluk und dann nach Norden gerichtet über M. Kemalpaşa nach Bursa führt, wo sie Anschluß an die NE-Grenze der Gebirgsschwelle erreicht.

Auf der Westanatolischen Gebirgsschwelle ist eine Dorsalzone zu unterscheiden, die sich mit Gipfelhöhen von über 2000 m von NW nach SE erstreckt. Sie ist in sich deutlich in einen nordwestlichen, einen mittleren und einen südöstlichen Abschnitt untergliedert. Von der Dorsalzone führen breite ägäische Abdachungsteile zum Ege-Gebiet hinab, die gleichfalls in mehrere unterschiedliche Abschnitte gegliedert sind. Auf der Nordseite wird die Dorsalzone des Westanatolischen Gebirgsschwelle zunächst von einer breiten, um 1000 bis 1100 m hoch gelegenen Furchenzone begleitet, der Furchenzone von Kütahya und Afyon Karahisar. Dann erst bildet das Türkmen-Emirdağ-Gebirge mit Höhen von über 1500 m den Nordostsaum der Gebirgsschwelle gegen die Beckenlandschaften von Zentralanatolien.

Die Westanatolische Gebirgsschwelle ist von Natur als ein Waldland zu denken, in welchem auf der ägäischen Abdachung bis etwa 1000 m Höhe mäßig winterharte Eichenmischwälder aus sommergrünen wie immergrünen Eichenarten die Hauptbestandteile gebildet haben müssen. Das ist aus den stark herabgewirtschafteten Resten erkennbar. Über 1000 m Höhe dürften winterharte Wälder aus Schwarzkiefern, Silvestris-Kiefern und Baumwacholdern an die Stelle der Eichenmischwälder getreten sein. Von diesen Wäldern sind in den hohen Gebirgen noch größere Bestände vorhanden. Auf der Ostabdachung der Westanatolischen Gebirgsschwelle gehen Reste der Wälder von Schwarzkiefern und Baumwacholdern bis etwa 1300 m Höhe herab, Reste von sommergrünen Eichenbeständen sogar bis etwa 1100 m. Daraus ist zu entnehmen, daß winterharte Trockenwälder aus Schwarzkiefern, Baumwacholdern und sommergrünen Eichen auf der nach Zentralanatolien gerichteten Abdachung der Gebirgsschwelle ehedem bis etwa 1300 m Höhe hinabgestiegen sein dürften, und daß sie alle höheren Aufragungen ziemlich zusammenhängend überdeckt haben dürften (H. Louis, 1939, S. 45ff.). Nur die Furchenregion von Kütahya und Afyon Karahisar, soweit deren Höhenlage sich unter 1100 m befindet, dürfte wohl als natürliches Steppengebiet im Bereich der Westanatolischen Gebirgsschwelle anzusehen sein.

Die natürlichen Waldgebiete der Gebirgsschwelle sind sehr alt besiedelt, d.h. stark gerodet. Es wird in ihnen, besonders auf der ägäischen Abdachung ein mannigfaltiger Anbau betrieben. Neben den Getreidearten spielt Zuckerrübenanbau eine erhebliche Rolle. Fast alle Dörfer pflegen außerdem auch einen reichhaltigen Gemüse- und Obstbau. Daneben steht ausgiebige Kleinviehwirtschaft besonders Ziegenhaltung, die außer der Brennholzentnahme sehr zur Schädigung der Waldbestände beiträgt.

8. Die Dorsalzone der Westanatolischen Gebirgsschwelle

Die Westanatolische Gebirgsschwelle besitzt, wie angedeutet, eine Scheitelregion, eine Dorsalzone, die sich von NW nach SE erstreckt. Hier wölbt sie sich mit flach auflagernden Neogenschichten in den Pässen bei Gediz südwestlich von Kütahya, bei Dumlupınar westlich von Afyon-Karahisar sowie bei Sincan südwestlich dieser Provinzhauptstadt auf etwa 1300 m Höhe empor. Sie erhebt sich damit um mehr als 1000 m über die Böden der Grabensenken des Ege-Gebietes und immer noch um mehr als 300 m über die Beckensohlen im Westteil von Zentralanatolien. Doch über diese Wölbung ragt im Mittelabschnitt dieser Dorsalzone mit dem Murat Dağ noch ein ansehnlicher Gebirgskörper bis 2312 m Höhe auf. Außerdem weist die genannte Dorsalzone der Gebirgsschwelle sowohl in ihrem nordwestlichen wie in ihrem südöstlichen Abschnitt noch eine ganze Reihe weiterer Erhebungen von über 2000 m auf.

Im Nordwesten sind es die von kleineren, aber tiefen Grabensenken zerstückten, in der Höhe aber abgeflachten und bewaldeten Gebirgsstöcke des Eğrigöz-Gebietes, in welchem der Saphane Dağ 2121 m, der Eğrigöz Dağ 2181 m und der Simav-Akdağ 2089 m erreichen. Im Südosten sind es die Gebirgsgruppen von Sandıklı, von denen das Sandıklı-Gebirge östlich des Beckens von Sandıklı sich auf 2250 m, der südwestlich des Beckens aufragende Homa-Akdağ sich auf 2448 m erhebt.

Die Dorsalzone der Westanatolischen Gebirgsschwelle ist wegen ihrer Höhe und der Bewaldung ihrer Gebirge nur dünn besiedelt. Aber das Ilçestädtchen Gediz in der Paßlage mit guten beiderseitigen Verkehrswegen hat sich zu einem Marktort für mehr als 50 Dörfer der Umgebung entwickeln können.

9. Die ägäische Abdachung der Westanatolischen Gebirgsschwelle

Südlich der Egrigöz-Gebirgsstöcke dringt von Westen her der 700 bis 800 m tiefe Graben von Simav rund 80 km weit längs der Dorsalzone in die Westanatolische Gebirgsschwelle ein. Dieser Graben und das kräftig eingearbeitete, breite Tal des oberen Gediz, welches vom Murat-Gebirge nach Südwesten gerichtet ist, gehören bereits zur ägäischen Abdachung der Gebirgsschwelle. Sie lassen diesen Teil der ägäischen Abdachung zu einem tief zertalten, großenteils stark bewaldeten Hochland werden, welches nach dem durch seine Teppichknüpferei bekannten Städtchen Gördes als Hochland von Gördes bezeichnet werden kann. Im obersten Teil des östlichen Nachbartales liegt das Städtchen Demirci, das sich mit dem Färben von Wollgarnen für die Teppichknüpferei beschäftigt. Südwestlich des Gediz-Tales schließt sich das flachwellige um 1200 m hohe Hochland von Uşak an, benannt nach der Provinzhauptstadt Uşak, die mit 70 000 E. und einer Zuckerfabrik eine rührige Geschäftsstadt ist.

Der Westausläufer des Hochlands von Uşak zwischen dem Gediz-Tal und dem Gediz-Graben nördlich von Alaşehir ist durch jungvulkanische Basalt- und Tuffausbrüche in der Umgebung des Städtchens Kula ausgezeichnet, die dem flachen Hochland aufsitzen. Es ist das Katakekaumene der Antike. Hier sind vulkanische Formen wie Krater, Aschenkegel und hohle Lavastromoberflächen, deren Inneres ausgelaufen ist, sehr frisch erhalten. Etwas oberhalb seines Eintritts in den Gediz-Graben ist der Fluß durch die große Demirköprü-Talsperre zu einem verzweigten, 20 km langen und mehrere km breiten Stausee aufgestaut, der der Elektrizitätsgewinnung und der künstlichen Bewässerung im Gediz-Graben dient.

Das Hochland von Uşak endet im Gebiet des oberen Büyük Menderes bei Çal, bei Çivril, Dinar und Çardak mit geradlinigen, fast rechteckig aneinander grenzenden Steilabfällen über dem nur 800 bis 900 m hoch gelegenen Aufschüttungsboden des oberen Büyük Menderes und der kleineren Nebenbäche. Das Senkungsfeld von Dinar und Çardak, in welchem der Acı Göl (826 m, Bittere See) liegt, wo aber auch mehrere 100 m hohe Erhebungen aufragen, schließt sich südostwärts an. Dieses Senkungsfeld von Dinar und Çardak muß erst in geologisch sehr junger Zeit abgesunken sein. Denn der obere Büyük Menderes fließt bei Çal in nur etwa 850 m Höhe in das dort um 1400 m hohe Hochland von Uşak hinein, um in sicherlich antezedentem Durchbruchstal bei etwa 750 m Höhe die dort etwa 300 m tief in das Hochland von Uşak eingeschnittene Schlucht des Banaz-Flusses zu erreichen und mit diesem vereinigt in den Graben von Akhisar-Denizli hinauszutreten.

Fast 200 m hoch über der Sohle des Beckens von Denizli in der Grabenzone von Akhisar-Denizli liegen die berühmten Thermen von Pamukkale (Baumwollburg, die Ruinen des antiken Hierapolis) und lassen ihre Wasser in stufenförmig übereinander angeordneten, schneeweißen Kalksinterschüsseln in das Becken von Denizli hinabspringen. Die Thermen werden auch heute noch als Thermalschwimmbad eifrig benutzt. Bei ihnen stehen noch ansehnliche Ruinen.

Die Provinzhauptstadt Denizli (1980 135 000 E.) liegt in 450 m Höhe auf einer Vorstaffel der hier vom großen Mäander durchflossenen Grabenzone von Akhisar-

Denizli. Die benachbarten Ebenen sind dicht besiedelt und pflegen außer Getreidebau u.a. viel Gerstenanbau, eine mannigfaltige Obst- und Gemüsekultur besonders von Kirschen, Pflaumen, Granatäpfeln und Melonen, dazu eine ansehnliche Tierhaltung besonders von Schafen und Ziegen. Denizli hat mannigfaltige Industrie, vor allem Baumwollindustrie und ist Marktzentrum von weit mehr als 50 umliegenden Dörfern bis zu mehr als 50 km im Umkreis.

10. Die zentralanatolische Seite der Westanatolischen Gebirgsschwelle

Auf ihrer Nordostseite wird die Furche von Kütahya und Afyon Karahisar vom Türkmen-Emir-Gebirge begleitet, dessen Höhen weithin 1500 m übersteigen und im Emir Dağ sogar 2066 m erreichen. Dieses Gebirge ist größtenteils mit Eichenbuschwald bedeckt, dem stellenweise Reste von Schwarzkiefern- und Baumwacholderbeständen beigemischt sind. Es bildet, wie früher ausgeführt wurde, die Grenze gegen das Steppenland, welches nur mit den unter etwa 1100 m hohen Teilen der Furchenregion von Kütahya und Afyon Karahisar buchtartig in den Bereich der Westanatolischen Gebirgsschwelle vordringt. Das Türkmen-Emir-Gebirge scheint, wie bedeutende Reste Phrygischer Kultur andeuten, einstmals einen Schwerpunkt der phrygischen Besiedlung gebildet zu haben (Yazılı Kaya, Midasgrab).

Die Provinzhauptstadt Kütahya, am Rande einer vom Porsuk durchflossenen Ebene in etwa 900 m Höhe, wird von einer gut erhaltenen mittelalterlichen Burg mit zahlreichen Türmen um mehr als 100 m überragt. Die Stadt hatte 1980 100 000 E. und ist berühmt durch ihr Keramik- und Fayence-Gewerbe. Sie besitzt außerdem mannigfaltige andere Gewerbebetriebe und ist Marktzentrum von mehr als 100 Dörfern. Diese treiben Anbau von Getreide, z.T. von Zuckerrüben, Kartoffeln, Hanf und mannigfachem Gemüse und Obst. Sie haben ziemlich starke Viehhaltung besonders von Schafen und Ziegen. Die Provinzhauptstadt Afyon-Karahisar liegt 1000 m hoch am Rande einer weiten Aufschüttungsebene des Akar Çay, der dem Eber Gölü zuströmt. Bei Afyon-Karahisar ragen eine Reihe von Trachyt-Kegeln auf. Einer von ihnen trägt mehr als 200 m über der Stadt eine Burg, deren erste Anlage bereits in frühhistorische Zeiten zurückgeht. Die Stadt besitzt ein archäologisches Museum und treibt mannigfaltiges Gewerbe. Die dörfliche Umgebung pflegt außer Getreidebau ziemlich mannigfaltigen Gemüse- und Obstbau, besonders von Äpfeln und Sauerkirschen sowie eine bedeutende Viehwirtschaft namentlich von Schafen. Sie dient einem sehr großen Umkreis von bis zu mehr als 100 km Entfernung als Marktzentrum.

11. Das Karası-Gebirgsland

Den dritten größeren Teilbereich von Westanatolien bildet, wie weiter oben ausgeführt wurde, das Gebirgsland von Karası. Es ist der Westanatolischen Gebirgsschwelle im Nordwesten vorgelagert und setzt am Fuße von deren nordwestlichen Abfällen an einer Linie von Akhisar über Sındırgı, Biğadiç, Kepsut, Susurluk mit einem unruhigen Hügelland in erheblich tieferer Lage ein. In diesem ragen mit meist

NE-SW-Streichen niedrige Rücken älterer Faltungsstrukturen über flachliegenden Neogenschichten und jungvulkanischen Gesteinen auf. Man kann dieses Hügelland nach dem Namen der Provinzhauptstadt Balıkesir als das Hügelland von Balıkesir bezeichnen. In ihm herrschen Höhen um etwa 500 m. Nur im Süden zwischen dem nordwestlichen Vorsprung des Hochlandes von Gördes und dem Madra-Balya-Gebirge wird das Hügelland von Balıkesir durch einen rund 30 mal 30 km großen und bis zu 950 m hohen Gebirgsklotz, den Gebirgsklotz von Savaş Tepe mit NE-SW-streichenden Faltungsstrukturen aus paläozoischen und mesozoischen Sedimenten im Kern und mit jüngeren Vulkaniten von dem tiefen Graben des Bakır Çay geschieden. Es führen aber am westlichen wie am östlichen Rande dieses Gebirgsklotzes tiefe Talfurchen vom Hügelland von Balıkesir zum Bakır Çay-Graben. Sie werden von Eisenbahn und Straße als Durchgänge benutzt. An der Westseite wird das Hügelland von Balıkesir durch den Aufschwung des Madra-Balya-Gebirges begrenzt, welches vom Madra Dağ (1338 m) mit Höhenrücken von um 600 m nach NE über Balya bis in die Gegend von Manyas verfolgbar ist. Im Kern des Madra-Balya-Gebirges kommen außer kristallinen Schiefern und sauren Tiefengesteinen in langem Zuge Permschichten unter den überdeckenden Andesiten zum Vorschein. Zum Madra-Balya-Gebirge hin erfolgt aus dem um 300 m hohen Becken von Balıkesir ein allmählicher Anstieg in mehreren Stufen, möglicherweise in Bruchstufen. Im Norden wird das Hügelland von Balıkesir durch mehrere um 500 m hohe aus NE-SW-streichenden Faltungsstrukturen mesozoischer und älterer Gesteine bestehenden Erhebungen von der großen Furchenzone von Biga-Bursa geschieden. Man kann diese Erhebungen unter dem Namen eines ihrer Teilstücke als Sularya-Rücken zusammenfassen. Sie gehören anscheinend wie das Ege-Marmara-Gebirge und das Madra-Balya-Gebirge zu den durch Lücken unterbrochenen Südwestfortsetzungen der Südmarmara-Ketten. Nur der Durchlaß von Susurluk gewährt hier einen bequemen Zugang zu der großen Tieflandfurche von Biga-Bursa, d.h. zum Südmarmarabereich.

Der Südteil des Madra-Balya-Gebirges dacht sich mit breiten Riedeln nach NW zum nur gut 30 km langen Havran Çay ab, der in die Grabensenke des Golfes von Edremit mündet. Aber schon gut 30 km weiter östlich geht es über den Sakarkaya-Paß ins Einzugsgebiet des Kocaafşar Dere hinüber, dessen Bach auf seinem gut 80 km langen Lauf unter wechselnden Namen die abgeflachten Höhenrücken des Madra-Balya-Gebirges sowohl begleitet, wie auch bei Ivrindi von W nach E und danach bei Balya wieder von E nach W durchschneidet, um alsdann den Nordwestsaum des Madra-Balya-Gebirges zu begleiten und schließlich in den Manyas-See zu münden. Dieser Lauf des Kocaafşar-Baches ebenso wie der des Simav-Susurluk-Flusses, der nördlich von Kepsut einen Bogen nach E in die Westanatolische Gebirgsschwelle hinein macht, weisen darauf hin, daß das Karası-Bergland mit seinen recht einheitlichen SW-NE-streichenden Faltungsstrukturen ehemals, vermutlich im Frühneogen, eine flache, nach Norden geböschte Abtragungsoberfläche besessen hat, auf der die Flüsse angelegt waren. Infolge der pliozänen Gesamthebung Anatoliens und wahrscheinlich von SW-NE-streichenden wellenartigen Verbiegungen des Landes beeinflußt, dürfte dann die anschließende Zertalung das heutige Formenbild mit seinen ungewöhnlichen Flußläufen geschaffen haben.

Das nordwestlich begleitende Ege-Marmara-Gebirge besteht, wie früher ausgeführt, aus zwei NE–SW-streichenden Gebirgsrücken aus alten Metamorphiten und granitischen Intrusivgesteinen, an deren Flanken jüngere, hauptsächlich tertiäre Vulkanite am Aufbau beteiligt sind. Zwischen den beiden Gebirgsrücken, dem Biga-Gebirge im Nordwesten und dem südöstlich parallelen Gönen-Gebirge, dem Kaz Dağ-Gebirge der türkischen Karten, dem Ida-Gebirge der Antike mit bis 1767 m Höhe, verläuft die mit Jungtertiär erfüllte Furche von Bayramiç und Çan. Bei Çan gibt es etwas Braunkohlenabbau und darauf gegründet einiges Gewerbe. Das Ege-Marmara-Gebirge wird noch heute weitgehend von mäßig winterhartem Buschwerk überdeckt. Dieses besteht aus sommergrünen Eichen, denen immergrüne beigemischt sind. In den höchsten Teilen des Gebirges gibt es Kiefernwälder aus Pinus silvestris und Pinus nigra. Ziegenbeweidung hat die einstigen Laubwälder stark degradiert. Der Biga-Gebirgsrücken dacht sich nach NW gegen die aus gefalteten Alttertiärschichten bestehenden Dardanellen-Höhenzüge ab, die beiderseits der Wasserstraße liegen und sich auf der Insel Imroz (Imbros) fortsetzen. Hier sind die westlichsten Ausläufer der Nordanatolischen Randgebirge erreicht.

Als Siedlungsfelder des Karası-Gebirgslandes treten vor allem das Hügelland von Balıkesir, die Grabenzone des Golfes von Edremit und die Furchenzone von Bayraniç-Çan, außerdem der Küstensaum von Ayvalık-Dikili hervor. Im Hügelland von Balıkesir wird ein mannigfaltiger Getreidebau und Gemüsebau namentlich von Hülsenfrüchten betrieben. Dazu kommt im Küstengebiet von Edremit und von Ayvalık-Dikili erheblicher Anbau von Ölbäumen und auch von Valoneeneichen. Die Provinzhauptstadt Balıkesir (1980 etwa 125 000 E.) ist ein lebhafter Geschäftsort mit mannigfaltigen Betrieben, besonders von Textilgewerbe, Maschinenbau- und Fahrzeugindustrie sowie der Lederbearbeitung. Es ist zugleich zentraler Marktort für mehr als 100 Dörfer der Umgebung. Edremit (30 000 E.), Ayvalık (1980 20 000 E.) und Dikili sind kleine Hafenstädte mit einem bescheidenen, aber örtlich wichtigen Hafenverkehr. Bei Balya im Madra-Balya-Gebirge befindet sich eine ehemals bedeutende Bleierzlagerstätte.

12. Zur Verwaltungsgliederung von Westanatolien

Westanatolien umfaßt im wesentlichen die südlichen Teile der Provinzen Çanakkale, Balıkesir und Bursa. Dazu kommen die Provinzen Izmir, Manisa, Uşak, Kütahya und die überwiegenden Teile der Provinz Afyon-Karahisar, endlich die Provinzen Aydın, die Westhälfte von Muğla und die nördlichen Teile von Denizli.

Soweit nur Teile dieser Provinzen zu unserem geographischen Westanatolien gehören, wie dies bei den Provinzen Çanakkale, Balıkesir, Bursa, Muğla, Denizli und Afyon Karahisar der Fall ist, da ist die Ursache offensichtlich darin zu sehen, daß die nicht mehr zum engeren Westanatolien gehörenden Bereiche dieser Provinzen zu der betreffenden Provinzhauptstadt dennoch die bequemeren Verkehrsverbindungen besitzen. Für die im Bereich der Westanatolischen Gebirgsschwelle gelegenen Teile der Provinz Bursa, deren Zentrum selbst eindeutig dem Marmara-Gebiet der nordwestlichen Türkei angehört, gilt entsprechend das gleiche. Im übrigen halten sich die Provinzen Kütahya, Uşak, Aydın und Manisa recht gut an naturgegebene Teileinheiten von Westanatolien. Auffallend ist nur, daß die Provinz Manisa aus dem Hügelland von Saruhan und dem Gediz-Graben des Ege-Gebietes noch beträchtlich auf die Südwestabdachung der Westanatolischen Gebirgsschwelle hinaufgreift. Das dürfte mit deren tiefer, nach SW gerichteter Zertalung in Zusammenhang stehen, welche den Verkehr dieser Gebiete nach der an sich näher gelegenen Provinzhauptstadt Uşak erschwert.

Endlich ist der stark zerlappte Umriß der Provinz Izmir außergewöhnlich. Die Provinz reicht längs der Küste nordwärts über den Bakır Çay-Graben von Bergama hinweg bis auf den Südteil des Madra-Balya-Gebirges, d.h. bis zum Karası-Bergland und macht dadurch die Provinz Manisa zur reinen Binnenlandprovinz. Die Provinz Izmir umfaßt andererseits im Süden die Küstengebiete bis zum kleinen Mäander und das gesamte Einzugsgebiet dieses Flusses im Küçük Menderes-Graben. Diese Provinzgestaltung ist wahrscheinlich von den Handelsinteressen der schon frühzeitig sehr mächtigen Stadt Izmir her zu verstehen als Zusammenfügung aller von Izmir aus besonders leicht zugänglichen Landschaften des Ege-Gebietes unter seiner Verwaltungshoheit.

VII. SÜDWESTANATOLIEN

1. Übersicht

Südöstlich der schon genannten Begrenzungslinie der Westanatolischen Gebirgsschwelle und des Ege-Gebietes, die von Çay über Dinar, den Südostrand des Acı Göl-Beckens, der Becken von Denizli und Tavas über Kale und Ula zum Kerme-Golf der Ägäis führt, erhebt sich meist sehr geschlossen ein gewaltiges Gebirge mit sehr verwickelten, jungmesozoischen bis tertiären Faltungs- und Deckenbaustrukturen. Es ist das Taurus-Gebirgssystem, und zwar hier sein Westabschnitt, der Westtaurus.

In diesem lassen sich recht gut drei Teilbereiche unterscheiden. Im Westen liegt ein Gebiet vorherrschender Serpentine und verwandter Gesteine. Es wird zum großen Teil vom System des Dalaman-Flusses entwässert und kann daher als Dalaman-Taurus bezeichnet werden.

Östlich der Bucht von Fethiye beginnt aber ein Gebirgsbereich, für den große Kalkhochgebirge kennzeichnend sind und zwischen ihnen N–S bis NE–SW-gestreckte Längsfurchen im Bereich leichter abtragbarer Gesteine. Nach dem größten und zugleich zentral gelegenen Ort dieses Gebietes, dem Ilçestädtchen Elmalı mit 1980 etwas über 10 000 E. kann man diesen Gebirgsteil zusammenfassend wohl am besten als Elmalı-Taurus bezeichnen. Der Elmalı-Taurus besteht aus vier Gebirgssträngen und drei zwischen ihnen entwickelten Längsfurchen. Südöstlich von Fethiye beginnt am Meer als westlichste die Boncuk-Kette, benannt nach einem besonders hohen Gipfel (2225 m) in der Mitte dieses Gebirgsstranges. Darauf folgt nach Osten einer der vielen Ak Dağ (weißer Berg) Gebirgszüge der Türkei, d.h. wieder ein Kalkgebirge, dessen Hauptgipfel sogar mehr als 3000 m hoch ist. Nach einem etwas niedrigeren Nachbargipfel, dem Yumru Dağ (2741 m, etwa Knollenberg), sollte dieses

Gebirge unverwechselbar als Yumru-Kette bezeichnet werden. Der dritte der vier Kalkgebirgsstränge trägt ebenfalls einen in der Türkei oftmals wiederkehrenden Namen, nämlich Bey Dağları (etwa Herrengebirge). Der Eindeutigkeit wegen sprechen wir von der Elmalı Bey-Kette. Sie erreicht sogar 3086 m Höhe. Der vierte und östlichste Strang dieser Kalkgebirge erhebt sich mit mehr als 2000 m Höhe über dem Westsaum des Golfes von Antalya. Er ist im Yeni Türkiye Atlası (1977) als Görece-Kette bezeichnet.

Die Ketten des Elmalı-Taurus sind nordwärts bis zum Südostsaum des Beckens von Tefenni und bis zum Nordsaum des Beckens von Bucak zu verfolgen. Den Ostrand des Elmalı-Taurus bilden die mit Neogenschichten erfüllte Furche des Kırkgeçit Çay und die Ebene von Antalya sowie die Westküste des Golfes von Antalya.

Einen dritten Teilbereich des Westtaurus kann man nach der Provinzhauptstadt Isparta als Isparta-Taurus bezeichnen. Er umfaßt die meist gedrungenen Gebirgskörper und zwischengeschalteten Becken, die zwischen der Südwestgrenze der Westanatolischen Gebirgsschwelle, d.h. der von Bolvadin über Dinar zum Acı Göl-Becken ziehenden Tiefenfurche im Westen und der Furche des Eğridir-Sees und seines Abflusses, des Aksu, im Osten sowie nördlich der Becken von Tefenni und Bucak liegen. Hier findet aus der vorwiegend SW—NE-Erstreckung ein allmähliches Umbiegen des allgemeinen Streichens in die NW—SW-Richtung des angrenzenden Mitteltaurus statt.

2. Der Dalaman-Taurus

Der Dalaman-Taurus setzt östlich vom Kerme-Golf mit einer etwa 50 bis 80 km breiten Flucht von etwa SW—NE-streichenden Gebirgskörpern ein, die aus kompliziert gestörten, hauptsächlich nach SE fallenden Strukturen von Kalken und ophiolithischen Serien, besonders aus Serpentinen mesozoischen Alters und aus Alttertiärschichten aufgebaut sind. Den Gebirgskörpern sind unregelmäßig umrissene Becken zwischengeschaltet, wie die von Barza, Tefenni, Acıpayam, Gölhisar und Çameli, deren Böden mit jungtertiären und quartären Fluß- und Seeablagerungen erfüllt sind und die zwischen 800 und 1000 m hoch liegen. Die Gebirge erheben sich hier oft auf über 2000 m und erreichen im Sandras Dağ im Hinterland von Köyceğiz fast 2300 m. Nach dem Dalaman-Fluß, der einen großen Teil dieses Raumes entwässert, haben wir diesen von SW nach NE über 100 km langen und mehr als 50 km breiten Teil des Taurus als den Dalaman-Taurus bezeichnet.

Die meist waldreichen Gebirge des Dalaman-Taurus sind dünn besiedelt. Ihre Dörfer liegen hauptsächlich in den genannten Beckenebenen. Sie treiben einen bescheidenen, aber mannigfaltigen Anbau von Getreiden, Gemüsearten und Obst. Dazu kommt eine sehr große Tierhaltung namentlich von Ziegen. Die Ilçe- und Bucak-Orte in den Becken sind alle nur klein und bilden jeweils den Markt der unmittelbaren Umgebung. In der Nachbarschaft der Serpentine des Dalaman-Taurus gibt es an einer ganzen Reihe von Stellen Chromerze, die abgebaut werden, außerdem auch Schmirgelvorkommen. Die Abbauprodukte werden zumeist über den Hafen von Fethiye (1980 etwa 15 000 E.) verschifft und exportiert.

3. Der Elmalı-Taurus

Der westlichste Strang des Elmalı-Taurus, die schon genannte Boncuk-Kette besteht aus einer Flucht von mehrfach durch Einsattelungen durchbrochenen klotzartigen mesozoischen Kalkmassen, die wiederholt Höhen von mehr als 2000 m erreichen. Sie ist vom Dumanlı Dağ bei Kalkan am Meer nach N bis zum Koca Dağ und Kemer Dağ nordwestlich von Korkuteli rund 150 km weit zu verfolgen. In den Einsattelungen tauchen meist basische Intrusiva auf, im nördlichen Teil ist auch Eozänflysch am Aufbau beteiligt. Das Gebirge ist noch stark bewaldet und siedlungsarm. Nur die nördlichen Teile sind weithin kahl.

Auf seiner Ostseite wird das Boncuk-Gebirge von der Längsfurche des Koca Çay (des großen Flusses) von Esen begleitet. Hier sind Alttertiärschichten zwischen dem Boncuk-Gebirge und der östlich benachbarten Yumru-Kette eingebettet. Der südlichste Teil der Esen-Koca Çay-Furche besteht aus der quartären Aufschüttungsebene des Flusses, mit der dieser eine einstige Meeresbucht bis auf einen einige km langen, versumpften Restsee, den Ova Göl, zugeschüttet hat.

Die Esen-Koca Çay-Furche birgt zahlreiche Dörfer namentlich an den Rändern der Aufschüttungsebene. Dort wird Getreidebau und etwas mediterrane Garten- und Baumkultur betrieben. Auch die Holzwirtschaft spielt eine Rolle. Nordöstlich von Kemer am Esen-Koca Çay setzt sich die Furche nach NE über das kleine Becken von Seki und das des Söğüt Gölü (Weiden-See) bis in die Einsattelung zwischen dem Koca Dağ und dem Domuz Dağ NW von Korkuteli fort. Östlich bis südöstlich der Esen-Koca Çay-Längsfurche folgt als nächster Gebirgsstrang des Elmalı-Taurus, wie schon angedeutet, die Yumru-Kette. Auch diese Kette, die vom Dumanlı Dağ an der Küste bei Kalkan bis zum Domuz Dağ nordwestlich von Korkuteli verfolgt werden kann, ist weit über 100 km lang. Sie besteht aus einer Reihe stockartiger Gebirgskörper aus mesozoischen Kalken, die durch tiefe, mit Alttertiärschichten erfüllte Einsattelungen von einander getrennt sind. Diese jüngeren Gesteinsserien ummanteln auch weithin die Ostflanken der Kalkstöcke und leiten hinunter zu einer zweiten Längsfurche des Elmalı-Taurus, der Furche von Elmalı und Korkuteli. Von der Esen-Koca Çay-Furche unterscheidet sich die Furche von Elmalı und Korkuteli durch ihre große Meereshöhe von weithin mehr als 1100 m und die besonders bei Korkuteli und Elmalı vorhandene Ausweitung zu ziemlich großen Karstpoljen.

Die Furche von Elmalı und Korkuteli bietet zwischen ausgedehnten Buckeln und Rippen aus Kalkstein auf Böden von Dolinen, Uvalas und Poljen Anbauflächen, auf denen hauptsächlich Hartweizen und Gerste gezogen werden. Bedeutende Karstschwinden, so die Bachschwinde des Abflusses des Karagöl im Polje von Elmalı und Schwinden am Avlan Gölü in etwa 1950 m Höhe sind bemerkenswert. Das Polje der Kazova NE von Korkuteli in etwa 1100 m Höhe, und das nördlich folgende sehr ausgedehnte Kestel Polje in etwa 800 m Höhe, gehören des weiteren zu den besonders eindrucksvollen Karstformen des Elmalı-Taurus und zu den dortigen Siedlungsfeldern.

An der Ostseite der Furche von Elmalı und Korkuteli erhebt sich die mächtige Kalkkette des Elmalı Bey-Gebirges, die im Süden im Kızlar Sivrisi 3086 m erreicht.

An ihrer Westflanke zum Avlan Gölü steigt Baumwacholderwald bis gegen 2000 m empor. Höher, ab etwa 2200 m wird der kahle Hang von guirlandenförmigen Schuttwülsten bedeckt, die als Zeugen von lebhafter kaltzeitlicher Solifluktion zu deuten sind. Unter dem Kızlar Sivrisi sitzt in Nordwestexposition ein geräumiges Kar. Weitere mehr als 2500 m hohe Gipfel weisen ebenfalls Spuren eiszeitlicher Vergletscherung auf.

Auf der Höhe der Kette mit Höhen um 2500 m ist überdies in 4–8 km Breite ein welliges Sanftrelief entwickelt, in welchem sehr große bis zu 2 km breite und bis über 100 m tiefe Dolinen und viele kleine Dolinen ein sehr unruhiges Spezialrelief schaffen. Die durch Verwitterungslehm abgedichteten Dolinenböden enthalten vielfach Tümpel oder Feuchtstellen von der Schneeschmelze des letzten Winters, die als Tränken für die Schafherden eine erhebliche Bedeutung haben.

Gegen Norden erniedrigt sich das von Dolinen durchsetzte Sanftrelief auf um 2000 m Höhe. Außerdem ist das beschriebene, dolinenreiche Sanftrelief auch an der Westflanke der Kette offenbar an längsstreichenden Störungen auf Höhen um 2000 m relativ abgesunken.

Weiter nördlich im Bereich östlich von Korkuteli erniedrigt sich die Elmalı Bey-Kette auf Höhen um 1500 m und ist dort noch ziemlich gut bewaldet. Sie ist z.T. in Parallelstränge gegliedert, bis zum 1600 m hohen Katran Dağ bei Bucak zu verfolgen. Auch gegen Südwesten, gegen Kaş gliedert sich die Elmali Bey-Kette in Parallelzüge auf. Von dort bis Bucak ist sie gut 150 km lang. Am Westsaum der Kette sind von südlich Korkuteli an nordwärts langgestreckte Karstpoljen entwickelt, deren um 900 m hohe, bis mehrere km breite Böden die hauptsächlichen Anbauflächen des Ilçe Korkuteli bilden.

Im Osten grenzt die Elmalı Bey-Kette an die dritte der großen Längsfurchen des Elmalı-Taurus. Sie ist von längsgefalteten ophiolithischen Serien erfüllt und von steilflankigen Tälern tief zerfurcht. Sie kann nach dem in ihr gelegenen Bucakort Gödene als Gödene-Furche bezeichnet werden. Das Gebiet ist ebenso wie die Südausläufer der Elmalı Bey-Kette noch weitgehend mit Pinus Brutia-Wäldern bestanden, die bis etwa 1000 m Höhe reichen. Darüber stellen sich Baumwacholder ein. In den Tälern und auf kleinen Hangverflachungen der Gödene-Furche sitzt eine schüttere Besiedlung, vorwiegend von Kleinweilern und Einzelgehöften mit ihren bescheidenen Anbauflächen, die aber eine mannigfaltige Mediterrankultur erlauben. Die Gödene-Furche ist recht verkehrsentlegen. Denn sie wird von der Küste des Golfes von Antalya durch die 4. Kette des Elmalı-Taurus, die Görece-Kette geschieden.

Diese besteht wiederum hauptsächlich aus Kalkmassen, zwischen denen aber in schmalen, tief ausgearbeiteten Talzügen Gesteine der Ophiolithischen Serie eingefaltet sind. Östlich von Gödene steigt einer der bleichen Kalkgipfel der Görece-Kette bis 2375 m auf, sonst aber werden nur um 1400 bis 1800 m erreicht. Das Gebirge ist überwiegend bewaldet und nur dünn besiedelt. Der Fuß des Gebirges am Golf von Antalya ist teilweise Steilküste. An einigen Stellen sind aber durch Bäche, von denen einige die Görece-Kette queren, kleine Aufschüttungsebenen am Küstensaum aufgebaut. Hier gibt es einzelne Dörfer und den Bucakort Kemer. Die Faltungsstrukturen der Ophiolithischen Serien der Längsfurche von Gödene sind nordwärts bis in die weithin von Neogen erfüllte Furche des Kovada-Sees südlich von Eğridir und des Aksu von Antalya zu verfolgen, welche dort die Ostgrenze des Westtaurus andeuten.

4. Der Isparta-Taurus

Nördlich einer Linie, die etwa vom Südrand des Beckens von Yeşilova zum Nordrand des Beckens von Bucak verläuft, fügt sich das dritte Teilglied des Westtaurus an, der Isparta-Taurus. Er wird aus stark gefalteten mesozoischen Kalken, aus Serpentinen und Ophiolithen sowie aus Alttertiärschichten aufgebaut. Als besonderer Teil des Westtaurus ist dieser Isparta-Taurus deswegen zu bezeichnen, weil etwa an der vorher genannten Linie das Vorwiegen von SW–NE bis S–N-Streichen der Strukturen der südlich gelegenen Teile des Westtaurus allmählich in ein mehr west-östliches Streichen übergeht, und weil damit namentlich am Barla Dağ im Gebiet des Eğridir-Sees eine Überleitung zum Mitteltaurus erfolgt. Der Isparta-Taurus ist ein Gebirgsland von bis gut 50 km NW–SE-Breite und 100 km Länge, in dem meist gedrungene NE–SW bis W–E-gestreckte Gebirgskörper von über 2000 m Höhe und zwischengeschaltete, z.T. mit Seen und Jungtertiärschichten erfüllte Becken und Beckenebenen von um 850 bis 900 m Meereshöhe der Beckensohle das Landschaftsbild bestimmen. In den Becken herrscht ein mannigfaltiger Getreidebau, an den Rändern auch einiger Obstbau und Rebkultur. Wie überall im Westtaurus wird eine starke Viehwirtschaft mit Schafen und Ziegen betrieben.

Die höchsten Gipfel, wie der 2976 m hohe Ak Dağ südlich von Isparta zeigen noch Spuren einstiger Vergletscherung.

Die Provinzhauptstadt Isparta liegt in etwas über 1000 m Höhe am oberen Saum eines großen Schwemmfächers, der sich vor dem Nordfuß des dortigen 2275 m hohen Akdağ ausbreitet. Sie ist ein aufstrebender Ort mit 1980 fast 90 000 E. und mit mannigfaltigem Gewerbe, besonders der Druckerei, Textil- und Chemischen Industrie. Sie ist zugleich ein großes Marktzentrum mit einem Einzugsgebiet von mehr als 50 Dörfern.

Eine Besonderheit bildet hier der ca. 5 km SE der Stadt gelegene, stellenweise bis 1300 m aufragende Rand des hauptsächlich aus Aschen und Bimssteintuffen, im Ostteil aber auch aus festen Laven aufgebaute Krater des Gölcük. Dieser 2–3 km breite Krater birgt am Nordsaum seines Bodens einen noch 1 km langen und mehrere hundert Meter breiten, oberflächlich abflußlosen See, den namengebenden Gölcük (Seechen), der Spuren von Spiegelschwankungen aufweist. Mächtige Schwemm-Massen, die aus Talanfängen innerhalb der südlichen Kraterumrahmung stammen, haben den Kraterboden zu einem stark nordwärts geneigten Schwemmfächer gemacht, der den Gölcük an den Nordrand des Kraters gedrängt hat, und aus dessen Aufschüttungen mehrere kleine Aschen- und Schlackenkegel bis zu 100 m hoch aufragen. Etwas unter der Spiegelhöhe des Gölcük treten am Nordhang der Kraterumrahmung Quellen aus, die offensichtlich von Sickerwasser gespeist werden, welche die Aschen und Tuffe des Kraterrandes durchdringen. Diese Wasser zerfurchen den nördlichen Rand des Kraterrandes. Sie versorgen Isparta nicht nur mit gut gefiltertem Trink- und

Nutzwasser, sondern ermöglichen auch eine intensive Gartenkultur, hauptsächlich von Bohnen und in der Nähe der Stadt von Weinreben. Beides dehnt sich auch ziemlich weit auf dem Schwemmfächer nördlich von Isparta aus.

Weitere altbesiedelte Becken des Isparta-Taurus sind jene von Burdur, Senirkent, Eğridir, Ağlasun und Bucak, deren genannte Ilçeorte auch jeweils die örtlichen Marktzentren bilden.

Die Provinzhauptstadt Burdur liegt in dem etwa 50 km langen, SW–NE-gestreckten Becken des Burdur-Sees, in dem zwischen beiderseits begleitenden, bis 1800 m hohen Gebirgszügen aus mesozoischen Kalken und Alttertiärschichten Neogenablagerungen eingebettet sind. Die Stadt hatte 1980 fast 45 000 E. Sie befindet sich, von Obstbaumgärten umgeben, in nahe 1000 m Höhe an der Spitze eines Schwemmkegels, den der Kurnabach in das Becken des heute abflußlosen Sees vorgebaut hat. Doch besaß dieser See, dessen Spiegel heute bei etwa 850 m Höhe liegt, auf der flachen, talartigen Wasserscheide von Baradis im NE des Beckens einen spätglazialen Hochstand von fast 930 m Höhe (1000 m Höhe der Türkischen Karten 1 : 200 000 und 1 : 800 000), mit Abfluß zum Eğridir-See. Das beweisen massenhafte Vorkommen von Dreissensien-Schalen auf dieser Wasserscheide. Zugleich gab es damals, wie zahlreiche Funde von Mikrolithen längs der Uferlinie des alten Seehochstandes zeigen, prähistorische Bewohner, die offenbar jene Muscheln als Nahrungsquelle ausgenutzt haben (H. Louis, 1938). Ferner ist auch eine sehr bedeutende spätneolithische Siedlung nahe bei dem etwa 1000 m hoch gelegenen Hacılar, 20 km SW von Burdur, d.h. nahe dem Rande des alten Seehochstandes gefunden worden. Sie hat nach Radiokarbondatierung um die Mitte des 6. Jahrtausends v.Chr. bestanden (U. B. Alkım, 1968) und bezeugt die alte Gunst der Lebensbedingungen in diesem Bereich. Das Land muß von Natur ein Eichenmischwaldgebiet gewesen sein. Von dem einstigen Wald sind aber nur hier und da herabgewirtschaftete Reste übrig geblieben.

5. Der Küstensaum des Westtaurus

Der Küstensaum des Westtaurus beginnt im W mit der bergigen Halbinsel Reşadiye, an deren äußerstem Westende einst das antike Knidos lag. Von Knidos sind aber nur spärliche Ruinen noch erkennbar. In einem mit Pliozänschichten ausgekleideten, im Schichtstreichen eingesunkenen schmalen Graben, der die Halbinsel schief quert, liegt zwischen mehrere 100m hohen Kalkklötzen das Ilçestädtchen Datça. Etwas größer ist das reizvolle Ilçe- und Hafenstädtchen Marmaris an einer von waldigen, bis über 900 m aufragenden Bergen umgebenen kleinen Hafenbucht mit engem Auslaß. Dieses Städtchen ist zu einem bevorzugten Erholungsort für das nahe benachbarte Izmir geworden. Die gebirgige, sehr durch Vorsprünge und kleine Buchten gegliederte Küste läuft weiter bis zur Ebene des aufstrebenden Ortes Köyceğiz. Diese bis 20 km tief und mit 5 bis 10 km breite ins Gebirge eingreifende Ebene ist durch quartäre Auffüllung einer verzweigten ehemaligen Meeresbucht entstanden. Die Ebene ist an den Bergrändern gut angebaut. Ein schilfumgürteter, gut 10 km langer bis mehrere km breiter Restsee ist noch übrig geblieben. Die Ebene trägt außer Weizenfeldern mediterrane Gemüsegärten und Baumkulturen. Östlich einer bis 600 m aufragenden Erhebung folgt eine weitere mehr als 7 km breite und etwa 15 km ins Gebirge eingreifende quartäre Aufschüttungsebene, die vom Dalaman-Fluß geschaffen worden ist. Auch diese Ebene ist mit einer ganzen Reihe von Dörfern besetzt und großenteils gut kultiviert, u.a. wird Baumwolle angebaut. Das enge Tal des Dalaman-Flusses ist in einer mehrstufigen Treppe von Talsperren aufgestaut. Sie schützen die Ebene gegen Hochwasser und liefern elektrische Energie und Bewässerungswasser. Der Charakter der feingliedrig zertalten Gebirgsküste mit kleinen Schwemmfächern und Schwemmebenen am Küstensaum hält weiter ostwärts an bis zur Bucht der Ilçe- und Hafenstadt Fethiye mit etwa 15 000 E. Der für den Export von Chromerzen und Schmirgel aus den umliegenden Bergwerken dienende Hafenort hat darüber hinaus in Fethiye und seiner Nachbarschaft eindrucksvolle Zeugen einer frühhistorischen Blüte des antiken Lykiens in Gestalt von Resten eines Theaters und einer Reihe lykischer Felsengräber bzw. von Steinsarkophagen in Hausform aufzuweisen. Die landschaftlich reizvolle, mit Pinus brutia-Wald bestandene Gebirgsküste macht den Ort zugleich zu einem beliebten Badeort.

Östlich von Fethiye bis nach Finike schließt sich eine steile Gebirgsküste an, die die Küstenstraße mehrfach zum Verlassen der Küste und zu Aufstiegen ins gebirgige Hinterland zwingt. Auch an dieser Strecke gibt es noch erhaltene lykische Steinsarkophage. Der Küstensaum ist aber sehr spärlich besiedelt, abgesehen von der Mündungsebene des Esen Koca Çay und den malerischen kleinen Hafenbuchten von Kalkan, Kaş und Kale. Eine größere Küstenebene, die von den Abflüssen der Elmalı Bey Kette, der Furche von Gödene und der Görece-Kette aufgebaut wurde, ist dort die Ebene der Ilçestädtchen Finike und Kumluca. Diese Ebene ist dicht besiedelt und betreibt eine gute mediterrane Landwirtschaft mit Garten- und Baumkulturen, auch von Agrumen.

Die Westküste des Golfes von Antalya ist verkehrsmäßig erst wenig erschlossen; hier liegen außer einem kleinen Bezirksort Kemer auf flacheren Hangteilen in Talgründen sowie auf kleinen Schwemmkegeln an der Küste einige Dörfer.

Städtisches Hauptzentrum für einen großen Teil des Westtaurus ist die Provinzhauptstadt Antalya. Da aber deren Einfluß und Provinzbereich sich erheblich weiter nach Osten über den Mitteltaurus erstreckt als nach Westen, und da am Ostfuß des Westtaurus die Landschaftsgrenze zwischen West- und Mitteltaurus sehr deutlich ist, wird die Stadt Antalya hier erst im Zusammenhang mit dem Abschnitt über den Mitteltaurus behandelt.

6. Zur Verwaltungsgliederung von Südwestanatolien

Südwestanatolien, bzw. der Westtaurus umfaßt die Osthälfte der Provinz Muğla, den Südteil von Denizli, Burdur, Isparta und den Westteil von Antalya. Hierbei erstreckt sich die Provinz Muğla über die Küstenbereiche zwischen dem Golf von Kerme und dem Tal des Esen-Koca-Flusses mit dem näher benachbarten gebirgigen Hinterland. Mit den Ilçe Muğla, Yatağan und Milas hat, wie schon erwähnt, die Provinz Muğla aber auch erheblichen Anteil an dem Bruchschollenland des südlichen Ege-

Gebietes, d.h. an Westanatolien. Im Hinterland der Provinz Muğla werden die Längsbecken und Gebirgsstränge, teils noch des südlichen Ege-Bruchschollenlandes, teils des Westtaurus, von den südlichen Ilçe der Provinz Denizli eingenommen. Die relativ gute Zugänglichkeit von Denizli her ist hier sicherlich der Grund für die Zugehörigkeit der Ilçe Tavas, Acıpayam, Kale und Çameli zur Provinz Denizli.

In entsprechender Weise bildet das weiter östlich anschließende Hinterland der Provinz Muğla mit seinen Längsbecken und den begleitenden Gebirgshängen den Bereich der Provinz Burdur.

Da hier in naher Nachbarschaft von Burdur die bedeutendere Stadt Isparta sich hat entwickeln können, besteht hier im Umkreis des Eğridir-Sees und der benachbarten Becken von Senirkent, Yalvaç und Şârki-Karaağaç samt deren Gebirgsumrahmungen die Provinz Isparta. Sie greift nach E schon in den Mitteltaurus über.

Den beiden Städten Isparta und Burdur und dem nahe am Gebirge gelegenen Denizli auf der Binnenlandseite des Taurus steht auf der Küstenseite nur Antalya als wirklich bedeutende Stadt gegenüber. Deswegen besteht hier die unverhältnismäßig große und vor allem überaus langgestreckte Provinz Antalya. Sie erstreckt sich im Westen und Osten bis auf mehr als 60 km Küstenabstand auf die besonders schwer wegsamen Gebiete des Elmalı-Taurus und des Akseki-Abschnitts des Mitteltaurus. Gleichzeitig erreichen die Entfernungen zur westlichen Provinzgrenze fast 200 Straßenkilometer, zur östlichen immer noch mehr als 180 Straßenkilometer. Das bringt große Erschwerungen für die Bewohner der weit entfernten Ilçe mit sich, besonders für Kaş und Gazipaşa. Auch mit Hilfe der bisher bestehenden Seeverbindungen können diese kaum gemindert werden. In diesem Gebiet ist die Stadtferne großer Teile des Taurusgebirges sehr deutlich.

VIII. MITTEL-SÜDANATOLIEN

1. Übersicht

Im Gebiet des Eğridir-Hoyran-Sees, besonders z.B. am Barla Dağ (2734 m) findet ein Umbiegen der Faltungsstrukturen des Taurussystems in die W—E-Richtung statt und am Südostufer des Eğridir-Sees herrscht bereits deutliches NW—SE-Streichen. Damit setzt der Mitteltaurus ein und mit ihm Mittel-Südanatolien. Als Grenze gegen den Westtaurus kann gut die Furche des Eğridir- und Kovada-Sees und ihres Abflusses, des Aksu angesehen werden, in der, wie vorher angedeutet, die Neogenschichten weit nordwärts reichen.

In diese Furche hinein ziehen auch nordwärts, wie schon erwähnt, die Ophiolithschichten der innerhalb des Elmalı-Taurus angelegten Furche von Gödene. Der Mitteltaurus bildet dem Areal nach den Hauptbestandteil von Mittel-Südanatolien. Ihm sind aber die als Siedlungs- und Wirtschaftsräume besonders wichtigen Küstenvorländer von Antalya, Manavgat und Silifke sowie vor allem die Adanaebene, die Çukurova des türkischen Sprachgebrauchs vorgelagert. Diese Aufschüttungsebenen und Hügelländer werden genauer zu würdigen sein. Zunächst ist es aber notwendig, von der komplizierten Gestaltung des Mitteltaurus ein zusammenfassendes Bild zu geben.

Im großen läßt sich der mehr als 400 km lange Gebirgsbogen des Mitteltaurus, der 100 bis 150 km breit wird, in drei Hauptabschnitte gliedern, in den Westflügel, ein Kettengebirgsland, in den Plateautaurus, das Mittelstück des Gebirgsbogens, und in den Ostflügel, in welchem der Mitteltaurus wieder Kettengebirgscharakter besitzt.

2. Der Westflügel des Mitteltaurus

Der Westflügel des Mitteltaurus setzt sich aus mehreren annähernd parallellaufenden Teilgliedern zusammen. Es gibt erstens eine Innenzone aus paläozoischen Metamorphiten, die die bis über 2300 m hohen Marmor- und Schieferberge des Sultan Dağ aufbaut. Das Gebirge macht durch die tiefe Zertalung seiner Nordostflanke von Zentralanatolien her einen imponierenden Eindruck. Diese Zone taucht aber nordöstlich von Beyşehir unter die bis 2319 m Höhe aufragenden Vulkanite des Erenler Dağ unter und wird erst südlich vom Çarşamba-Fluß im Kartal-Gebirge (2182 m) durch wiederauftauchende Faltungsstrukturen paläozoischer und mesozoischer Gesteine fortgesetzt. Diese Innenzone des westlichen Mitteltaurus endet bei Karaman unter einer Decke von marinen, untermiozänen Kalken, die den gesamten Mittelabschnitt des Mitteltaurus, den Plateautaurus überspannt.

Die so beschriebene Innenzone des westlichen Mitteltaurus wird durch eine gut 200 km lange Senke von Yalvaç, Şarkî-Karaağaç von Beyşehir- und Suğla-See über Bozkır mit einem Ausläufer bis Hadım sehr deutlich von der Zentralzone des westlichen Mitteltaurus getrennt.

Diese Zentralzone besteht aus mächtigen Faltungssträngen mesozoischer Kalke, unter denen sowohl am nordöstlichen wie am südwestlichen Saum wie auch in der Mitte paläozoische Kalke auftauchen, so daß die Zentralzone eine Art muldenförmiger Gesamtstruktur besitzt. Der Nordostrand dieser Mulde wird durch eine sehr gestreckte, schmale Folge von Gebirgsgliedern mit verschiedenen Namen gebildet. Wir bezeichnen diese Folge nach den Namen beiderseitigen Endgliedern als die Çarşaf-Karakus-Kette (Çarşaf = Schleier der türkischen Frauen, Karakus = Adler). Der Carşaf Dağ (1950 m) liegt südlich von Beyşehir, der Karakuş Dağ (2000 m) liegt SW von Hadım. In der Çarşaf-Karakuş-Kette tauchen paläozoische Kalke auf.

Der Mittelstreifen der Zentralzone des westlichen Mitteltaurus besteht aus einem im Nordwesten und Südosten sich verschmälernden, dazwischen aber auf bis zu 40 km Breite anschwellenden Bündel von gefalteten mesozoischen, hauptsächlich wohl kretazischen Kalken. Auch hier gibt es keine zusammenfassenden Namen. Dieses Kettenbündel reicht von NW vom Anamas Dağ (2100 m) bei Gelendost am Eğridir-See bis zum Geyik Dağ (2900 m) Gebiet nördlich von Gündoğmuş und taucht nach SE gleichfalls unter die Decke der Untermiozänkalke unter. Es ist ein sehr eindrucksvolles Karsthochgebirge mit vielen eingebetteten Poljen und großen Dolinen. Mitten in diesem Gebiet liegt das Ilçe-Städten Akseki in 1100 m Höhe am Rande eines großen Poljes. Nach den beiden Endgliedern des großen Kettenbündels kann man diese Zentralzone des westlichen Mitteltaurus auch als Anamas-Geyik-Gebirgszone des westlichen Mitteltaurus bezeichnen. In ihr haben sich neben weiten Kahlstellen auch größere Gebiete mit Busch aus einstigem Eichenmischwald erhalten. In den Gipfelregionen gibt es Restbestände von Baumwacholdern und Schwarzkiefern.

Gegen Westen fällt die Anamas-Geyik-Gebirgszone anscheinend mit einer großen Bruchstufe zum Tale des Köprü Irmak von Beşkonak ab. In diesem Tale dringt marines Untermiozän als zertaltes Bergland mit Höhen bis 2000 m 50 km weit nach Norden ins Gebirge am Außensaum der Anamas-Geyik-Gebirgszone vor.

Marine, sandig-mergelige Untermiozänschichten bilden dann zusammen mit streckenweise auftauchenden Faltungsstrukturen mesozoischer Gesteine nach Osten bis fast nach Alanya reichend, ein 10 bis 20 km breites, stark zertaltes Vorgebirgsland des westlichen Mitteltaurus, das Höhen bis mehr als 1500 m erreicht und nach den Ilçeorten Sütçüler und Manavgat als Taurusvorzone von Sütçüler-Manavgat bezeichnet werden kann. Erst am Fuße dieser Vorgebirgszone erstreckt sich zwischen Manavgat und Serik eine schmale Küstenebene aus quartären Alluvionen. Westlich von Alanya endlich hebt sich an der Küste ein besonderer Strang des westlichen Mitteltaurus heraus, der Küstentaurus von Alanya-Silifke. In diesem tauchen in etwa 20 km breitem Zuge altkristalline und nichtmetamorphe paläozoische Gesteine östlich von Anamur, gegen Silifke schmaler werdend, unter dem Karstgebirge der Anamas-Geyik-Zone auf. Dieser Küstentaurus erreicht Höhen bis mehr als 2000 m und ist von der Küste her tief zertalt. Östlich von Anamur setzt sich dieser Küstentaurus als schmale Zone paläozoischer Gesteine mit Höhen bis 2000 m am Südsaum des Plateautaurus unter der Decke der dortigen Miozänkalke noch bis Silifke fort. Dort verschwindet auch er unter dieser Decke.

Der Westflügel des Mitteltaurus ist siedlungsarm. Er birgt aber mehrere ziemlich gut bevölkerte Siedlungsfelder. Das bedeutendste ist die Längsfurche von Yalvaç, Şarkî-Karaağaç, Beyşehir-See, Suğla-See und Bozkır mit ihrem Ausläufer bis nach Hadım. Sie liegt durchweg in 1000 bis 1200 m Höhe und enthält ziemlich viele Dörfer. Die Ilçeorte Yalvaç und Bozkır zeichnen sich in diesem Raum dadurch aus, daß sie je einer recht großen Zahl von Dörfern als Marktzentren dienen. Die Dörfer betreiben einen mannigfaltigen Getreidebau und vielfach auch mit künstlicher Bewässerung Gemüse- und Obstbaumkultur. Eine große Rolle spielt die Kleinviehwirtschaft mit Schafen und namentlich Ziegen.

Ähnlich, aber bescheidener in den Anbauerträgen sind Besiedlung und Wirtschaft in den Karstpoljen der Anamas-Geyik-Gebirgszone, besonders im Polje des Ilçestädtchens Akseki. Auch in den Tälern der Vorgebirgszone von Sütçüler und Manavgat liegen eine ganze Anzahl von Dörfern.

3. Der Plateautaurus

Der Mittelabschnitt des Mitteltaurusbogens ist dadurch gekennzeichnet, daß in ihm die gefalteten Strukturen der mesozoischen und der älteren Gesteine unter einer mächtigen Decke aus marinen, untermiozänen, genauer aus burdigalen Kalken verschwinden. Auf diese Weise entsteht hier ein Plateau-Gebirge, der Plateautaurus. Seine sanften Plateauflächen gehen bis zu Höhen von mehr als 2000 m (Büyük Eğri Dağ, 2025 m) nordöstlich von Mut empor, westlich von Arslanköy, NW von Mersin sogar bis über 2400 m. Dies beweist, daß mehr als 2400 m Höhe des Mitteltaurus nicht durch Schichtfaltung, sondern durch eine sehr sanfte nachmiozäne Aufwölbung des älter gefalteten Untergrundes emporgetragen worden sind. Der Mitteltaurus, der gewöhnlich zu den Musterbeispielen von Faltengebirgen gerechnet wird, ist also in Wahrheit kein durch Schichtfaltung „aufgefaltetes" Gebirge, sondern ein Gebirge, dessen vorher enstandene Faltungsstrukturen nachträglich durch sanfte Wölbungsbewegungen zu einem langgestreckten Kettengebirge geworden sind. Dieser Sachverhalt dürfte für die meisten der sogenannten Faltengebirge der Erde zutreffen. Er ist nur am Mitteltaurus besonders offenkundig. Er nötigt zur Unterscheidung wirklicher Faltengebirge mit steilflankigen, mehr oder weniger einfachen Antiklinalstrukturen gegenüber solchen Kettengebirgen, in denen komplizierte ältere Faltungsstrukturen erst weit später langgestreckt sanft aufgewölbt wurden.

Der Plateautaurus gliedert sich, obwohl im Grunde gleichartig, den Oberflächenformen nach dennoch in zwei recht verschiedene Teilbereiche. Der westliche Plateautaurus, den man nach dem Ilçestädtchen Ermenak auch den Ermenak-Taurus nennen kann, ist von den bis weit über 1000 m eingeschnittenen Tälern des Göksu (des Kalikadnos der Antike) und seiner Verzweigungen großartig zerschluchtet. Der östliche Plateautaurus, den man nach dem Bezirksort Mağara (Höhle), 40 km östlich von Mut, auch den Taurus von Mağara nennen kann, ist nur gering zertalt. In ihm spielen Dolinen und Einbruchsbecken eine besonders große Rolle.

Der Ermenak-Taurus wird, wie schon erwähnt, ostwärts bis Silifke von dem aus paläozoischen Schichten aufgebauten Küstentaurus gesäumt, der ein sehr bergiges, stark zertaltes Relief mit Höhen bis 2000 m besitzt. Östlich von Silifke dagegen steigen die ungefalteten Miozänkalke des Plateautaurus in mäßiger Neigung bis zur Küste hinunter.

Die Hochflächen des Plateautaurus sind des Wassermangels wegen sehr spärlich besiedelt. Aber das tief eingeschnittene Talsystem des Gök Çay, besonders wo es, wie durch den Ermenak-Zweig des Flusses bis auf nichtkalkige Untergrundgesteine des Miozänkalkes eingetieft ist, oder wie im Becken von Mut untere Mergelschichten des Miozäns bloßgelegt hat, birgt eine ganze Anzahl von Dörfern. Der Ilçeort Ermenak spielt hier sogar als Marktzentrum einer ziemlich großen Zahl von Dörfern eine erhebliche Rolle.

Im Mağara-Taurus gibt es an wenigen bescheidenen Wasserstellen, die z.T. am Grunde von Dolinen, auch von tiefen Einsturzdolinen liegen, einige kleine Dörfer. Ihre Wirtschaft ist bescheiden und gründet sich neben kleinen Anbauflächen vor allem auf Ziegenhaltung.

In der Antike war eine stärkere Besiedlung vorhanden. Bei dem heutigen Uzuncaburç (Recepli) etwa 25 km nördlich von Silifke, lag in etwa 1150 m Höhe die Stadt Olba, aus deren hellenistischer Blütezeit zahlreiche Ruinen erhalten sind. Rund 15 km nordöstlich von Silifke liegen bei Akkum Limanı in etwa 200 m Höhe zwei riesige Einsturzdolinen Cennet Cehennem Obruğu, die in der Antike als korükische Grotten mythologisch ausgedeutet wurden. Die größere der beiden ist etwa 200 m lang, fast 100 m breit und wohl 80 m tief mit einer großen weiter abwärtsführenden Karströhre am Boden. In frühchristlicher Zeit enthielt sie eine Kapelle; in der Umgebung der Einsturzkessel liegen verschiedene antike Ruinen.

4. Der Ostflügel des Mitteltaurus

Der Ostflügel des Mitteltaurusbogens, östlich von Karaman am Nordfuß des Gebirges und von Erdemli an der Küste, stellt sich in etwas anderer Konfiguration dar als der Westflügel. Hier entwickeln sich die Faltungsstrukturen kristalliner und nichtkristalliner paläozoischer Kalke, die im Westflügel des Mitteltaurus besonders am Aufbau von dessen innerer Randzone teilhaben, zum Hauptkamm des Gebirges. Dieser hat hier auch einen leidlich zusammenfassenden Namen Bolkar-Gebirge, was so viel wie reichlich Schnee-Gebirge bedeutet. Allerdings besteht dieser Hauptkamm genau genommen aus zwei Parallelkämmen, von denen eigentlich nur der südliche, etwas niedrigere den Namen Bolkar-Gebirge besitzt. Es ist aber sinnvoll, diesen Namen in der Form Bolkar-Taurus auch mit für den wirklichen Hauptkamm zu verwenden, dem der Aydos Dağ (3488 m) und der Medesiz Dağ (3585 m) als höchste Gipfel angehören. An der Südflanke des östlichen Mitteltaurus, d.h. an der Küste zwischen Erdemli und Mersin steigen die Miozänkalke, die sich weiter westlich sanft zum Plateautaurus von Mağara emporheben, steiler aufwärts. Hier haben sich tiefe Täler in die Flanke der dem Gebirge aufliegenden Miozänkalke eingefressen. Am Grunde dieser Täler kommen die gefalteten mesozoischen Schichten, die die Zentralzone des Ostflügels des Mitteltaurus aufbauen, und dazu mesozoische Ophiolithe zum Vorschein. Sie ziehen unter der Miozändecke bis zum Ausgang der Gülek-Schlucht durch. Deren obere Nebenbäche werden in den, dem Gebirge parallelen Abschnitten dieser Täler weithin von einer Schichtstufe der Miozänkalke gegen den Hauptkamm des Gebirges begleitet. Die älteren Gesteine schwingen sich jenseits der Çakıt-Schlucht im Hacin Dağ auf über 2000 m auf, ja sie bilden weiter nordöstlich mit dem Demirkazık des Aladağ von Çamardı mit 3773 m Höhe nochmals ein extrem hohes Glied des ganzen Taurus. Dieser Gebirgsteil sollte zur Unterscheidung von den in der Türkei sehr häufigen anderen Aladağ-Bergen oder Gebirgen nach dem an seinem Westfuß gelegenen Becken des Ilçeortes Çamardı als Çamardı-Taurus bezeichnet werden.

Von der Zone des Bolkar-Taurus wird der Çamardı-Taurus durch einen etwa 50 km langen von NNE nach SSW-streichenden Graben, den Tekir-Graben scharf abgeschnitten. Der Çamardı-Taurus endet im Norden bei Yahyalı am Becken von Develi.

Westlich des Längsbeckens von Çamardı ist dem Çamardı-Taurus bis gegen Niğde hin eine etwa 25 km breite und ebenso lange Gebirgsmasse aus metamorphen Gesteinen, namentlich aus kristallinen Kalken vorgelagert, welche Höhen von mehr als 2600 m erreicht. Sie bildet das nördlichste Teilstück eines hier dem Ostflügel des Mitteltaurus vorgelagerten Vorgebirgszuges, welcher sich südwestlich von Çamardı noch gut 80 km weit bis gegen Ereğli nordöstlich von Karaman, wenn auch mit stark verändertem Aufbau, fortsetzt. Dies nördliche Teilstück des Vorgebirgszuges kann als Vortaurus von Çamardı bezeichnet werden. Das südwestlich anschließende Mittelstück des Vorgebirgszuges bis zum Tal des oberen Çakıt, das bei Ulukışla seinen Anfang nimmt, besteht hauptsächlich aus alttertiärem Flysch und andesitischen Vulkaniten, die in der Längsrichtung gefaltet sind und miteinander wechsellagern.

Es hat überwiegend zugerundete Gipfel bis zu mehr als 2000 m Höhe, aber keinen zusammenfassenden Namen. Nach dem bei Çiftehan in den Çakıt mündenden Kırkgeçit Dere, das mit seinen Nebenbächen den größten Teil dieses Abschnittes des Vorgebirgszuges durchschneidet und entwässert, kann dieser als Kırkgeçit-Vortaurus bezeichnet werden.

Im westlichen Abschnitt des Vorgebirgszuges zwischen Ulukışla und Ereğli treten außer den Faltungssträngen alttertiärer Gesteine auch Serpentinbänder und Faltenzüge älterer Schichten, sowie in erheblichem Umfang gipsführende Oligozänschichten auf. Hier erreichen die Gipfelkämme wiederum mehr als 2000 m Höhe. Nachdem in einem Längstal dieses Teils des Vorgebirgszuges gelegenen und durch ein hethitisches Felsrelief bekannten Bezirksort Zanapa kann er als Zanapa-Vortaurus bezeichnet werden.

Der so beschriebene Vorgebirgszug am Rande des Ostflügels des Mitteltaurus hat eine erhebliche orographische Bedeutung. Er trägt um Çamardı und Ulukışla die Hauptwasserscheide zwischen Zentralanatolien und dem Mittelmeer. Denn der Hauptkamm des Mitteltaurus wird hier von dem bei Çamardı wurzelnden Gürgün Irmak und vom Çakıt-Fluß vollständig durchschnitten. Es ist wohl vorläufig nicht zu entscheiden, ob auch diese beiden, nicht sehr weit landeinwärts zurückreichenden Durchbruchstäler antezedent angelegt sind, oder ob sie durch rückschreitende Tiefenerosion der beiden Flüsse vom Mittelmeer herauf entstanden sind.

An der Ostflanke des Çamardı-Taurus gliedern sich dem Gebirge weitere Faltungsstrukturen mit fast süd-nördlichem Streichen an. Sie bestehen längs des Çataksu von Saimbeyli hauptsächlich aus permokarbonen Kalken, längs der Bäche von Kadirli hauptsächlich aus Kreidekalken. Diese Ketten, die vielfach 2000 m übersteigen, erstrecken sich nicht mehr längs der Küste. Sie streichen vielmehr nach Norden ins Landesinnere hinein. Damit beginnt hier der Innere-Osttaurus.

Am Nordende des Çamardı-Taurus, an seinem Abbruch zum Senkungsfeld von Develi erreicht der Mitteltaurusbogen sein östliches Ende.

Im Ostflügel des Mitteltaurus bilden die großen Täler, vor allem ihre Ausweitungen im oberen Teil oberhalb der Schichtstufe, mit der die Decke der Miozänkalke über ihnen einsetzt, leidlich günstige Siedlungsmöglichkeiten. Hier liegen zahlreiche Dörfer und sogar die Bezirksorte Namrun in 1250 m Höhe und Arslanköy in etwa 1700 m Höhe. Der Anbau dieser Dörfer ist trotz ihrer Höhenlage ziemlich mannigfaltig. Er wird im wesentlichen als Subsistenzwirtschaft betrieben. Eine bedeutende Rolle spielt auch hier die Kleinviehhaltung vor allem von Ziegen.

Eine besonders wichtige Stelle im Ostflügel des Mitteltaurus ist bei Pozantı die Lücke zwischen dem Bolkar-Taurus und dem Çamardı-Taurus. Hier quert, wie erwähnt, der Tekir-Graben eine schmale Zone von an Störungen eingesunkenen Oligozänschichten das Gebirge. Hier durchschneidet auch der von Ulukışla und vom Horoz Dağ des Bolkar-Taurus kommende Çakıt-Fluß unterhalb von Pozantı das Südende des Çamardı-Taurus. Seinem Lauf folgt die Eisenbahn. Sie benutzt die unterhalb von Pozantı in die mesozoischen Kalke des Çamardı-Taurus sehr tief eingeschnittene Çakıt-Schlucht in schwieriger, äußerst tunnelreicher Strecke, um über das hier bis auf mehr als 1000 m Höhe emporreichende Vorbergland des Taurus aus Miozänschichten schließlich nach Adana hinunterzuführen.

Die Paßstraße durch den Taurus verläßt dagegen südlich von Pozantı das Çakıt-Tal und wechselt unter Benutzung der Tekir-Grabenfurche über den etwa 1250 m hohen Tekirpaß zum Gülek-Fluß im Flußgebiet des Tarsus Çay hinüber. Das Çakıt-Tal zwischen Ulukışla und Pozantı enthält eine ganze Reihe von Dörfern und Weilern und bietet an vielen Stellen kleine Anbauflächen sogar von Reisfeldern.

Unterhalb der breiten Paßregion der Tekir Yayla am Tekir-Paß durchschneidet auch der Gülek-Fluß in mehreren hundert Metern tiefer, äußerst enger Schlucht, der Gülek Boğazı, die mesozoischen Kalke des Südendes des Çamardı-Taurus. Diese Schlucht ist im engeren Sinne die leicht zu sperrende Kilikische Pforte, die in der Geschichte der Kriegszüge seit der frühen Antike immer wieder eine große Rolle gespielt hat. Flußaufwärts der Schlucht liegt in etwa 1250 m Höhe, wie angedeutet, die Hochfläche der Tekir-Yayla. Auf ihr steht am Rande von Zedernbeständen eine ganze Siedlung von Sommerhäusern und Laubhütten als Sommerfrische wohlhabender Bürger des rund 100 Straßenkilometer entfernten sommerheißen Adana, aber auch von Bewohnern vieler Dörfer der Çukurova, die mitsamt ihren Familien der Sommerhitze des Tieflandes nach Möglichkeit für einige Zeit entfliehen.

Auch das Gülek-Tal, das schließlich zum Tarsus Çay ausmündet, enthält unterhalb der Gülek Boğazı, der Kilikischen Pforte eine Reihe von kleinen Weitungen, in denen Dörfer ihre wirtschaftliche Grundlage finden, u.a. der kleine Bezirksort Gülek.

Die Eisenbahnlinie durch den Taurus im Çakıt-Tal und die an sich uralte Straße im Gülek-Tal sind für Adana und Mersin von größter Bedeutung. Auf diesen Verkehrswegen gelangen die Produkte der Çukurova z.B. Frühgemüse und Orangen sowie namentlich auch in meist dichter Aufeinanderfolge von Tanklastwagen die Treibstoffe von der Raffinerie Ataş bei Mersin nach Zentralanatolien.

5. Der Küstensaum des Mitteltaurus

Der Küstensaum des Mitteltaurus beginnt im Westen mit der Platte von Antalya, einer gewaltigen quartären Kalksinterterrasse, die in 15 bis 20 km Breite von der Küste bei Antalya von etwa 25 m Höhe 25 bis 30 km weit landeinwärts bis auf etwa 250 m Höhe ansteigt. Die Travertine sind offensichtlich Ausscheidungen der kalkreichen Wasser, die während des Quartärs aus dem vom Elmalı-Taurus kommenden Karstquellen ausgefällt wurden, und die zuletzt auf einen interglazialen Meeresspiegel von etwa 30 m Höhe eingestellt waren. Durch Brandungswirkung ist der Terrassenrand zurückverlegt worden, so daß er jetzt mit steilem Kliff zum Meere abbricht, wobei zugleich die kleine, von Steilwänden umgebene Hafenbucht von Antalya gebildet wurde.

Etwa 30 km NW von Antalya liegt westlich vom Dorf Yeniköy (Döşemealtı) am Gebirgsrand die Höhle von Karain, in der Kılıç Kökten (1963) Spuren des paläolithischen Menschen, die bis ins frühe Altpaläolithikum zurückreichen, ausgegraben hat.

Die Travertin-Platte von Antalya ist, besonders auf ihrer südlichen Hälfte dicht besiedelt und vielfältig angebaut. Außer den Getreiden werden mediterrane Gemüse, Hülsenfrüchte und Baumkulturen wie Äpfel, Feigen, Granatäpfel, Mispeln, Mandeln,

Walnüsse und sogar Bananen gezogen. Die letztgenannten bleiben allerdings kleiner als in ihrer tropischen Heimat. Noch intensiver besiedelt und genutzt ist die tiefliegende breite Talsohle des Aksu, besonders an den beiderseitigen Rändern.

Die Provinzhauptstadt Antalya hatte 1980 fast 200 000 E. Sie blickt auf eine lange Geschichte zurück. Nach der wahrscheinlich schon frühhistorischen Besiedlung wurde sie in hellenistischer Zeit als Attaleia neu gegründet und sowohl in der römischen Kaiserzeit wie unter Byzanz stark befestigt. Eindrucksvolle Bauwerke aus römischer, selçukischer und osmanischer Zeit, wie das Hadrianstor, das Festungstor und mehrere Moscheen, z.T. umgebaute byzantinische Kirchen sind erhalten. Der Stadtpark hoch über dem zum Meer abfallenden Kliff bietet eine reiche subtropische Vegetation und gewährt einen herrlichen Blick nach Westen über den Golf von Antalya zum Görece-Taurus. Der kleine Hafen in einem nach Westen geöffneten Winkel unter den mehr als 20 m hohen Steilabfällen der Travertinterrasse ist nur für kleine Schiffe zugänglich. Die Größeren müssen außerhalb ankern. Die Stadt wird regelmäßig von der türkischen Küstenschiffahrt angelaufen. Sie hat ein lebhaftes gewerbliches Leben besonders in der Möbel-, Maschinen-, Textil- und Chemischen Industrie. Antalya ist zentraler Marktort für eine sehr große Zahl von Dörfern und der kleineren Städte im Umkreis von weit über 100 km.

Eine weitere Zone dichter Besiedlung und starken mediterranen Anbaus bildet die schmale Küstenebene von der Aksu-Mündung an ostwärts bis östlich von Manavgat mit den beiden Ilçeorten Manavgat und Serik. Eine bedeutende Entwicklung hat auch in jüngerer Zeit der steile, bergige Küstensaum zwischen Alanya und Silifke genommen. Dort liegt das alte Ilçestädtchen Alanya am Fuße eines weit ins Meer vorspringenden, etwa 100 m hohen Kalkberges, der von einer fast intakten selçukischen Festung gekrönt wird. Alanya ist auch durch die ziemlich gut erhaltene Altstadt und eine unterirdisch in den Fels eingearbeitete selçukische Werftanlage sehenswert. Der Ort wird wegen seines wintermilden Mediterranklimas als Kurort und wegen eines guten Strandes auch als Seebad geschätzt. Deshalb wird der kleine Hafen auch von den Dampfern der türkischen Küstenschiffahrt angelaufen.

In der Nachbarschaft liegen, soweit das Grundwasser nicht zu tief steht oder künstliche Bewässerung möglich ist, Fruchthaine, namentlich von Orangen. Kleine Siedlungen mit Fruchtgärten und Gewächshäusern, in denen Frühgemüse und selbst Bananen gezogen werden, reihen sich hier und da an der östlich gegen Silifke anschließenden Steilküste. Die Ilçeorte Gazipaşa und mit gut erhaltener Mauer einer mittelalterlichen Burg Anamur am Rande von kleinen Schwemmkegelebenen an der Küste gelegen, bilden örtliche Markt- und Gewerbeorte des Küstensaums. Größere Bedeutung als Marktzentrum hat erst Silifke, an der Stelle des antiken Seleukaia tracheotis, das am oberen Ende des mehr als 10 km weit ins Meer vorgebauten Deltas des Gök Irmak gelegen ist. In der weiteren Umgebung der Stadt liegen zahlreiche Ruinen antiker und frühchristlicher Bauten.

Der Küstensaum zwischen Silifke und Mersin ist reich an antiken und mittelalterlichen Bauresten. Unter diesen ragen besonders hervor die zu einem Heiligtum ausgebaute große und 70 m tiefe Einsturzdoline Cennet Obruğu und die Ruine des Schlosses Kız Kalesi, das auf einer kleinen Felsinsel bei Akkum Limanı vor der Küste liegt, ferner die Ruinen von Viranşehir 8 km SW von Mersin. Mersin, die Hauptstadt der Provinz Içel, hatte 1980 mehr als 200 000 E. Sie ist zu einer bedeutenden Hafen- und Industriestadt geworden, von der aus Baumwolle, Holz, Zitrusfrüchte aus der Adanaebene und Chromerze vom Ostflügel des Mitteltaurus exportiert werden. Die Stadt hat eine vielseitige Industrie, darunter vor allem eine große Erdölraffinerie im benachbarten Ataş.

Östlich von Mersin beginnt die Çukurova (hohle Ebene) der Türken, die wahrscheinlich so genannt wird, weil sie im Winkel des Golfes von Iskenderun zwischen Mitteltaurus und Amanos gelegen ist. Es ist die Deltaebene der beiden großen Taurusflüsse Seyhan und Ceyhan, dazu des kleineren Flusses von Tarsus. Zum Bereich der Çukurova wird aber gewöhnlich auch noch das aus Unter- und Mittelmiozänen Kalken und Mergeln aufgebaute, tief zertalte Vorbergland des Taurus gerechnet, das den Gebirgssaum in 20 bis 30 km Breite und bis zur Höhe von meist etwa 500 m vorgelagert ist. Hier befindet sich als Folge von hauptsächlich wohl quartären Ausfällungen aus den kalkreichen Wassern des Taurus als schmaler Landstreifen vor dem Fuß des Vorberglandes, eine Zone von Travertinablagerungen, die schon bei Erdemli westlich von Mersin beginnt, und die sich östlich vom Seyhan-Fluß vorsprungartig bis zum Ceyhan nördlich der Stadt Ceyhan bis auf etwa 20 km verbreitert. Hier liegen am Austritt der jeweils zugehörigen Bäche aus dem Vorbergland am Taurus-Fuß die sehr alte Stadt Tarsus mit 1980 über 100 000 E., und am Seyhan Adana. Tarsus ist ein lebhafter Handels- und Gewerbeort mit großer Bedeutung als Marktort der Umgebung. Als Zeugen ihrer alten Geschichte ist aber bis auf ein römisches Stadttor wenig erhalten, bzw. ihre Reste liegen noch, erst wenig ausgegraben, unter erheblichen Aufschüttungen des Tarsus Çay verborgen.

Am Seyhan liegt Adana mit 1980 fast 600 000 E., die heute wirtschaftliche Hauptstadt des ganzen Gebietes. Weiter nordöstlich von Adana befinden sich an Zuflüssen des Ceyhan die Ilçeorte Kozan und Kardirli mit je etwa 40 000 E. sowie am Ceyhan selbst der Ilçeort Ceyhan mit großen Marktbereichen von je mehr als 100 zugehörigen Dörfern. Das ebenfalls sehr alte Adana stand ehemals an Bedeutung gegenüber Tarsus offenbar weit zurück. Immerhin war es, wie die auf römische Zeit zurückgehenden Fundamente der Seyhan-Brücke zeigen, ein wichtiger Straßenübergang über den gewaltigen Fluß. Der große Aufschwung von Adana stammt erst aus der jüngsten Zeit seit der Entwicklung des Anbaus hochwertiger Baumwolle in der Umgebung. Die Stadt verfügt gegenwärtig über eine sehr mannigfaltige Industrie, besonders über Spinnereien, Webereien, Maschinenfabriken, Eisenbahnwerkstätten und vielerlei Genußmittel- und Verbrauchsgüter-Produktion. Die Stadt besitzt auch eine Universität, ein Archäologisches Museum und mehrere höhere Schulen. An alten Bauwerken ist aber außer der Seyhanbrücke wenig erhalten. Etwas oberhalb von Adana ist der Seyhan durch eine Talsperre aufgestaut, deren verzweigter Stausee etwa 20 km talauf reicht. Sie dient der Stromerzeugung und der künstlichen Bewässerung in der Ebene. Die Deltaebene ist ein ausgezeichnetes Ackerland, auf dem außer Getreide und Gemüsebau vor allem Baumwolle und hier und da auch Zuckerrohr gezogen wird. Vorzugsweise am Rande des Vorberglandes finden sich ausgedehnte Agrumenkulturen. Obst jeder Art und Frühgemüse aus der Adanaebene gehören zu den wichtigen Versorgungsgütern für ganz Zentralanatolien. Natürlich ist die Stadt auch ein sehr bedeutendes örtliches Marktzentrum.

Am Südostsaum des Ceyhan-Deltas erhebt sich zu Höhen von etwas mehr als 100 m der aus gefalteten Alttertiärschichten aufgebaute, mehr als 50 km lange Misis Dağ. Am Ende einer nördlichen Abzweigung dieses Höhenzuges am Ceyhan-Fluß liegt als Brückenort die Ilçestadt Ceyhan mit etwa 60 000 E. In diesem Winkel der Çukurova gibt es einige Ruinen aus der Zeit des dortigen mittelalterlichen Armenierstaates, so die Yılan Kale (Schlangenburg) einige km westlich von Ceyhan und die Troprakkale (Erdburg) etwa 10 km westlich von der wachsenden Ilçestadt Osmaniye, die am Fuße des Amanos liegt. In der Nähe befinden sich auch Reste der Hethiterstadt Karatepe nahe dem Austritt des Ceyhan aus dem Gebirge. In der Nähe von Dörtyol im inneren Winkel der Bucht von Iskenderun ist das Schlachtfeld von Iossos von 333 v.Chr. zu suchen. Dies alles sind Zeugen der schon in der Antike großen Bedeutung der Çukurova, der kilikischen Ebene. Zwischen Dörtyol und dem weiter südlich gelegenen Payas dehnen sich vom Amanos her künstlich bewässerte, ausgezeichnete Orangengärten.

6. Zur Verwaltungsgliederung von Mittel-Südanatolien

Mittel-Südanatolien umfaßt die Osthälfte der Provinz Antalya, die Provinz Içel (Mersin) und den größten Teil der Provinz Adana. Die Städtearmut des Mitteltaurus ist bereits bei der Betrachtung der Verwaltungsgliederung von Zentralanatolien erwähnt worden. Insbesondere wurde darauf hingewiesen, daß eine Minderung der durch die großen Entfernungen von Mersin bedingten Verwaltungsnachteile, möglicherweise durch die Einrichtung einer Provinz Karaman zu erreichen wäre, wie denn ja in der Vergangenheit bereits zeitweilig eine Provinz Içel mit Silifke als Zentralort bestanden hat.

Die Entlegenheit der Taurusgebiete im Ostteil der Provinz Antalya wurde bereits angedeutet. Gerade wirtschaftlich besonders wichtige Gebiete der Provinz Antalya, wie die Küstenstriche von Manavgat, Gazipaşa, Anamur sind vom Zentrum Antalya erheblich weit entfernt.

Den wirtschaftlichen Hauptbereich der Provinz Adana bildet naturgemäß die Aufschüttungsebene der Çukurova samt dem umrahmenden Tertiär-Hügel- und Bergland. Aber die Provinz umfaßt auch die der Çukurova zugewandten Abhänge und Talstrecken des Mitteltaurus und des Amanos. Sie reicht am Göksu weit aufwärts mit den Ilçe Saimbeyli und Mağara noch bis in den dünn besiedelten südöstlichen Bereich des Inneren-Osttaurus hinein. Dies ist darin begründet, daß der Schluchtcharakter des Göksu-Tales bereits oberhalb der Weitung von Mağara zwischen dieser und dem Neogenbecken von Sarız einsetzt.

IX. DER ÄUSSERE OSTTAURUS, DIE HOCH-ZAP-GEBIRGE UND DER ZAGROS-BEREICH ANATOLIENS

1. Übersicht

Wie eingangs hervorgehoben wird, findet die Landgestalt Anatoliens im Südosten ihren Abschluß durch die äußerste südöstliche Flucht von Gebirgskörpern, die aus Faltungsstrukturen aufgebaut sind, und die zur südlichen Gebirgsumwallung Anatoliens gerechnet werden müssen. Diese Gebirgsflucht besteht zur Hauptsache aus dem Äußeren Osttaurus. Sie setzt an der Ostseite des Golfes von Iskenderun mit dem Amanos-Gebirge ein. Dieses beginnt am Mittelmeer bei dem Ilçeort Samandağı südwestlich von Antakya mit Massen basischer Intrusiva und zieht weithin mit paläozoischen Schichten im Kern und mit mesozoisch-alttertiären Gesteinen an den Gebirgsflanken rund 180 km weit nach N bis zum unteren Durchbruchstal des Ceyhan südwestlich von Kahraman-Maraş. Dort beginnt ein weiterer Abschnitt des Äußeren Osttaurus. Er baut sich hinter einer Vorkette aus Eozänkalken, aus paläozoischen Metamorphiten und Kreidegesteinen auf und reicht bis zu den an Störungslinien gebundenen Gebirgseinschnitten, die die Eisenbahn Malatya-Pazarcık benutzt. Nach der Provinzhauptstadt Kahraman-Maraş kann dieser bis mehr als 3000 m hoch aufsteigende, fast 100 km lange Abschnitt des Äußeren Osttaurus als Maraş-Taurus bezeichnet werden. An ihn schließt sich ostwärts bis ins Gebiet von Çüngüş der aus sehr mannigfaltigen alttertiären, mesozoischen und paläozoischen, z.T. metamorphen Gesteinen aufgebaute Malatya-Taurus an. Er ist etwa 150 km lang und erreicht mehrfach Höhen von 2600 m. Auf den Malatya-Taurus folgt im Gebiet des Hazar Gölü über Ergani und Eğil (Piran) hinaus eine rund 60 km lange Strecke der Erniedrigung des Gebirges, in der die älteren Gesteine unter Oberkreideschichten abgetaucht sind und mit Gipfelhöhen von nur noch 1500 bis 1700 m. Dies ist der Ergani-Taurus, der für die Querung des Gebirges vom Zweistromland her seit den ältesten Zeiten eine wichtige Rolle gespielt hat, und der jetzt der Eisenbahn von Malatya nach Diyarbakır Durchlaß gewährt.

Etwa 15 km östlich von Palu am Murat-Fluß hebt sich ostwärts der Kern des Gebirges aus altpaläozoischen Metamorphiten wieder empor. Das Gebirge erreicht schnell Höhen von mehr als 2000 m. An seinen Flanken sind paläozoische, mesozoische und alttertiäre Gesteine am Aufbau beteiligt. Das Gebirge erreicht südlich von Muş Höhen von mehr als 2800 m. Es setzt sich über das Quertal des Bitlis-Flusses hinaus mit Gipfeln von mehr als 3000 m bis ins Gebiet von Çatak südöstlich vom Van-See fort. Dieser gut 250 km lange Abschnitt des Äußeren Osttaurus kann nach der Provinzhauptstadt Bitlis als Bitlis-Taurus bezeichnet werden. Denn seine Kristallinmassen werden in der Geologie Bitlismasse genannt. Etwa N–S-gestreckte, sehr hohe Gebirgsrücken aus Oberkreidegesteinen mit zwischengeschalteten Längstalungen sind dem Bitlis-Taurus an seinem Ostende vorgelagert, bevor der Leninakan-Urumiye-(Urmia)Abfall zum Urmia-See erreicht wird.

Diese Gebirge, die geradezu quer zum Bitlis-Taurus streichen, können diesem nicht zugerechnet werden. Wir bezeichnen sie als Hoch-Zap-Gebirge, weil der oberste große Zap in ihnen seine Wasser sammelt. Die Hoch-Zap-Gebirge schwenken nördlich der Yüksekova nach SW ab. Der Äußere Osttaurus ist aber am Ostende des Bitlis-Taurus bei Çatak noch nicht zu Ende. Vielmehr entwickelt sich aus Faltungssträngen, die schon weit von Westen her an der Südflanke des Bitlis-Taurus heranziehen, etwa von Pervari an auf der Südseite des Botan-Flusses eine mächtige W–E-streichende, hauptsächlich aus kretazischen Kalken aufgebaute Hochgebirgskette, die mehrfach 3000 m Höhe überschreitet, und die im Osten jenseits des Durchbruchstales des großen Zap im Cilo Dağ mit 4168 m den höchsten Gipfel des gesamten Taurussystems enthält. Dies ist der Hakkâri-Cilo-Taurus, der bis zum Südostzipfel des türkischen Staatsgebietes zu verfolgen ist.

Der Hakkâri-Cilo-Taurus bildet das südöstlichste Glied des Taurus-Gebirgssystems. Er ist nach Süden auf eozäne Kalke aufgeschoben. Mit ihm ist aber im Südosten noch nicht der äußerste Wall der Gebirgsumrahmung von Anatolien erreicht. Vielmehr erheben sich südlich von Siirt am unteren Botan-Fluß nach SE im Gebiet von Eruh mehrere relativ einfach antiklinal gebaute Parallelketten aus alttertiären und kretazischen Gesteinen, die Ketten von Eruh. Im Herakol Dağ (2943 m) erreichen sie ihre größte Höhe. Ihres Baues wegen müssen sie zum System der Zagros-Ketten gerechnet werden. Gegen ESE entwickeln sich aus den Eruh-Ketten zwei ebenfalls verhältnismäßig einfach gebaute parallele Antiklinalketten, in denen aber ältere, paläozoische Gesteine unter jungpaläozoischen und mesozoischen Mantelgesteinen auftauchen. Es sind die bis 3000 m hohe Tannin-Tannin-Kette, die die Hakkâri-Cilo-Kette an der Südseite begleitet und die bis 2700 m hohe Cudi-Çukurca-Kette. Diese beiden sind wegen der ziemlich alten, in ihrem Kern entblößten Gesteine als innere Glieder der Zagros-Gebirgszone anzusehen. Die Cudi-Çukurca-Kette trägt streckenweise die Staatsgrenze gegen Irak. Diesen beiden Ketten sind aber außerdem aus mesozoischen und tertiären Schichten aufgebaute weitere Antiklinalketten vorgelagert, die als äußere Zagros-Ketten zu bezeichnen sind. Mit den Namen Obere und Untere Misori-Ketten sind sie den inneren Zagros-Ketten vorgelagert, bevor das Flachland Mesopotamiens am Tigris um Musul (Mosul) erreicht wird. Diese Zagros-Ketten gehören hier eindeutig noch zur Gebirgsumwallung von Anatolien. Sie werden daher hier, obwohl z.T. jenseits der türkischen Staatsgrenze liegend, als Zagrosbereich der südlichen Gebirgsumrahmung von Anatolien noch kurz mitbehandelt.

2. Das Amanos-Gebirge und das Hatay

Das Amanos-Gebirge besitzt, vereinfacht gesehen, einen antiklinalen Bau, bei dem ein Kern von gefalteten altpaläozoischen Schichten von mesozoischen und tertiären Gesteinen ummantelt wird. Doch sind auch basische Intrusiva besonders im südlichen Teil des Gebirges stark am Aufbau beteiligt. Außerdem ist das Gebirge, das im Süden Gipfel von 1700 bis 1900 m erreicht und im mittleren und nördlichen Teil auf mehr als 2200 m kommt, am Belen-Paß südlich von Iskenderun aber auf etwa 700 m und am Paß von Bahçe im Norden auf 650 m erniedrigt ist, an seinem Nordende, am Durchbruch des Ceyhan-Flusses in wenig über 500 m Höhe durchschnitten. Diese Erniedrigungen knüpfen sich mindestens z.T. an Brüche, an denen Teile des Gebirges abgesunken sind. Da in diesen Einsattelungen Mittelmiozänschichten erhalten sind, so ist zu schließen, daß die Einsattelung auf mindestens jungtertiäre Vertikalbewegungen zurückgehen. Das gilt besonders für das Durchbruchstal des Ceyhan im Norden. Denn der Ceyhan hat hier ein mehr als 300 m tiefes Tal in die Miozänschichten eingetieft. Er hat seinen Lauf in dieser Einsattelungsregion aufrecht erhalten, so daß die Anlage des Flusses hier als antezedent zu bezeichnen ist. Die Hochregion des Amanos-Gebirges weist zugerundete Kuppen und Rückenformen auf und ist in erheblichem Ausmaß noch mit dichten, feuchten Laubmischwäldern bedeckt, an deren Boden Alpenveilchen den Wanderer erfreuen. Das Gebirge ist oft in Wolken gehüllt und erhält besonders im Winter reichliche Niederschläge, da es sich den winterlichen Westwinden entgegenstellt. Die Flanken des Gebirges sind tief zertalt.

An der Westseite gegen den Golf von Iskenderun reicht mediterranes Küstenklima bis mehrere hundert Meter empor. Hier liegen, wie schon erwähnt, in Bewässerungsgärten zwischen Dörtyol und Iskenderun wohl die besten Orangenkulturen der Türkei. Olivenhaine gehen auf Trockenland bis auf mehr als 500 m hinauf. An der Ostseite fällt das Gebirge steil zum Boden des Hatay-Grabens hin ab, während als Ostflanke des Grabens das Plateau von Gaziantep steil bis zu mehr als 500 m hoch ansteigt. Auch an dieser Seite ist der Amanos tief zertalt. Aber die Grabensohle ist im Windschatten des Gebirges wesentlich trockener und auch winterkälter. Hier liegen besonders im nördlichen Teil auf dem Boden des Grabens auf quartären Aufschüttungsflächen und auf Hügeln aus Serpentin, die die Aufschüttungen durchragen, weithin die Winterweiden von noch halbnomadischen Stämmen. Nur auf den Schwemmkegeln vor den Talausgängen des Gebirges haben sich große Bauerndörfer entwickelt mit mannigfaltigem Anbau von Getreiden, auch von Baumwolle und mit Bewässerungsgärten, in denen Gemüse- und Baumkultur betrieben wird. Im Süden verbreitert sich der Graben zur Ebene des Amik Gölü. Hier finden sich auch ziemlich viele Reisfelder.

Der Hatay-Graben hat große Verkehrsbedeutung. Hier quert im Norden zwischen Fevzipaşa und Bahçe die von Malatya kommende Eisenbahn in einem langen Tunnel den Amanos, um die Çukurova zu erreichen. Außerdem leitet der Graben eine Straße nach Syrien mit einer Abzweigung über den Belen-Paß nach Iskenderun. Diese Stadt hat inzwischen über 100 000 E. Sie hat mannigfaltige Industrie, besonders Fahrzeugbau-, Textil-, Maschinenbau- auch Chemische Industrie. Iskenderun hat einen guten Hafen und einen lebhaften Schiffsverkehr, besonders seit bei Aliağa, nördlich der Stadt eine Raffinerie und das Eisenhüttenwerk von Sarıseki errichtet worden sind. Es dürfte aber als Güterhafen hinter Mersin noch zurückstehen. Es ist zentraler Marktort einer großen Zahl von Dörfern.

Die Provinzhauptstadt des Hatay ist Antakya, das antike Antiochia, mit 1980 etwa 100 000 E. Antakya liegt am Rande des Asi (Orontes) in etwa 100 m Höhe am Nordwestfuß des steil auf 500 m ansteigenden, aus Serpentin und Eozänkalken aufgebauten Nacar Dağ am Nordende des syrischen Cebel Ansiriya. Die einst sehr bedeutende Stadt weist nur noch wenige Baureste aus der Antike auf. Sie hat ein archäologisches Museum, ist Garnisonstadt, hat aber auch sehr mannigfaltiges Gewerbe. Sie hat einen sehr großen Marktbereich von über 100 umliegenden Dörfern.

3. Der Maraş-Taurus

Der Maraş-Taurus besteht aus drei parallelen Ketten. Die südlichste, die Maraş-Kette stellt eine ziemlich einfach gebaute Antiklinale aus Eozänkalken dar, die im Milcan Dağ mit 2413 m gipfelt. Nördlich von ihr, jenseits des Bertiz Längstales folgt die aus jungpaläozoischen Metamorphiten aufgebaute breite Engizek-Kette mit 2168 m Höhe und noch weiter nördlich, jenseits der Längstalflucht von Nuruhak die Nuruhak-Kette mit 3090 m Höhe, welche in der Gipfelregion Oberkreidekalke trägt. Die Nordhänge dieser Kette sind in der Gipfelregion durch Kare, die Spuren kleiner eiszeitlicher Hanggletscher gegliedert. Die Südhänge der Nuruhak-Kette verkörpern weithin den Typ von durch kaltzeitliche und gegenwärtige Solifluktion geformten Glatthängen. Schüttere Bestände von Baumwacholdern sind in der Hochregion ziemlich verbreitet.

An den Südhängen der Maraş-Kette steigen Olivengärten bis etwa 900 m empor. Aber sie meiden deutlich die nach Süden gerichteten Talausgänge, die vom Binnenhochland her ins Vorland hinausführen. Denn in diesen entwickeln sich im Winter oft Bora-Luftströmungen als Luftaustausch zwischen der Kaltluft des Binnenhochlandes und der mediterranen Warmluft des Vorlandes. Nicht selten erlangen sie Sturmstärken, und mir wurde berichtet, daß bei außergewöhnlich starker Bora Kinder von Kahraman-Maraş auf dem Schulweg erfroren seien. Das größte der Boratäler ist das des Ceyhan. Der Fluß, der aus dem Becken von Elbistan kommt, zerschneidet in mehr als 1200 m tiefem Tale die Nuruhak- und die Engizek-Kette und ist anschließend bis über 900 m tief in die fast flachliegende miozäne Sandstein- und Schotterserie des Alikayası (Sentek Dağ), 1389 m) eingeschnitten. Diese Serie führt, wie der früh verstorbene Dr. Niyazi Çıtakoğlu in seiner ungedruckten Habilitationsschrift gezeigt hat, Gerölle aus dem Elbistan-Gebiet. Außerdem liegen marine Miozänschichten bei Çokak nördlich von Andırın im Toklu Dağ bei Andırın in 2397 m Höhe. D.h., das Gebirge ist hier in nachmiozäner Zeit um mehr als 2400 m gehoben worden. Dies alles beweist, daß der Ceyhan-Durchbruch sowohl im Maraş-Taurus wie im Bereich des Amanos antezedent angelegt sein muß. Es zeigt sich hier die gleiche nachmiozäne Emporhebung des Äußeren Osttaurus zum Gebirge, wie sie vorher für den Mitteltaurus erläutert wurde.

Die Längstäler des Maraş-Taurus sind ziemlich dünn besiedelt. Sie enthalten immerhin die Bezirksorte Bertiz und Nuruhak. Am Südfuß der Maraş-Kette auf einer aus Neogenschichten aufgebauten Vorstufe liegt in etwa 700 m Höhe die Provinzhauptstadt Kahraman-Maraş, die sich früher einfach Maraş nannte. Die Stadt liegt hoch über der wasserreichen Grabenebene des Ergenez Suyu und Aksu, die als eine Art Ostausläufer des Hatay-Grabens hier zwischen den Äußeren Osttaurus und das Plateau von Gaziantep zwischengeschaltet ist. Die Stadt Kahraman-Maraş ist Marktmittelpunkt einer sehr großen Zahl von Dörfern. Ihre regelmäßigen Marktverbindungen reichen nach allen Seiten mehr als 100 km weit.

4. Der Malatya-Taurus

Der Malatya-Abschnitt des Äußeren Osttaurus beginnt östlich der Querstörung von Doğanşehir, südwestlich der Provinzhauptstadt Malatya. Er besteht wie der Maraş-Taurus aus drei Parallelketten mit ENE-Streichen. Die nördlichste der Parallelketten entwickelt sich östlich der Querstörung von Doğanşehir als Malatya Bey Dağ (2591 m). Sie besteht aus Fortsetzungen der jungpaläozoischen Metamorphite, die nach R. Brinkmann (1971) die Engizek-Kette des Maraş-Taurus aufbauen. Diese jungpaläozoischen Metamorphite tauchen aber SE von Malatya unter Oberkreideschichten unter. Das Gebirge bildet dort eine schmale Kette von mehr als 2200 m Höhe (Şakaşak Dağları), welche den Beckenraum von Malatya um mehr als 1000 m überragt.

Die zweite Parallelkette des Malatya-Taurus ist breiter gebaut. Sie ragt im Karlık Dağ zu Höhen von mehr als 2600 m empor. Sie besteht aus gefalteten, wahrscheinlich recht alten Metamorphiten, z.T. aus Marmoren, die im Gebiet von Çelikhan zwischen der mittleren und der südlichen Parallelkette des Malatya-Taurus unter den jüngeren Gesteinen auftauchen. Zwischen der nördlichen und der mittleren Parallelkette ist die etwa 30 km lange Längstalung von Pütürge entwickelt. Sie enthält am Grunde pliozäne und quartäre Ablagerungen und bildet ein bevorzugtes Siedlungsfeld in diesem Abschnitt des Taurus.

Die südlichste der drei Parallelketten des Malatya-Taurus dürfte als Fortsetzung der Maraş-Kette des Maraş-Taurus aufzufassen sein. Sie besteht aus gefalteten Alttertiärschichten und Oberkreide, aber auch aus mesozoischen Ophiolithen und erreicht im Ulubabadağ 2600 m. Auch zwischen dieser mittleren und südlichen Parallelkette des Malatya-Taurus sind Längstalabschnitte entwickelt, so der von Çelikhan südlich von Malatya und der von Sinan SW von Pütürge. Der Malatya-Taurus reicht ostwärts bis zu der großen Quereinwalmung des Gebirges, an der südlich des Hazar Gölü fast alle älteren Gesteine unter Oberkreideschichten verschwinden.

Alle die genannten Längstalstücke sind von einer großen Anzahl meist kleiner Dörfer besetzt. Von diesen nehmen Çelikhan und Pütürge sogar den Rang von Ilçe-Hauptorten ein. Die Dörfer haben gewöhnlich einen mannigfaltigen Anbau nicht nur von Getreide, sondern auch von Gemüsen, Hülsenfrüchten und Obstbäumen. Allenthalben wird viel Kleinvieh gehalten, besonders Ziegen. Quer durch die Ostausläufer der drei Parallelketten des Malatya-Taurus hindurch, jeweils mit Ausbiegungen nach Osten dort, wo die einzelnen Parallelketten durchschnitten werden, verläuft das große Durchbruchstal des Fırat (Euphrat) durch den Malatya-Taurus. Bei Çüngüş treten marine Miozänschichten in über 1200 m Höhe dicht an das Durchbruchstal heran. Sie zeigen, daß das Tal an dieser Stelle zur Zeit der marinen Ablagerungen bereits vorhanden gewesen ist, und sprechen damit für eine im wesentlichen antezedente Anlage des Euphrattales gegenüber dem Äußeren Osttaurus. Diese wird auch dadurch bestätigt, daß der Euphrat den rund 100 m tiefer gelegenen Ausweg aus dem Malayta-Becken, den der Ausfluß des Hazar Gölü mit nur 1155 m Spiegelhöhe eröffnet, nicht benutzt hat.

5. Der Ergani-Taurus

Wie schon angedeutet, verläuft südlich vom Westende des Hazar Gölü eine Störung quer durch den Äußeren Osttaurus. An ihr verschwinden alle Gesteine, die älter sind als Oberkreide nach Osten unter einer Decke gefalteter Oberkreideschichten, um erst östlich von Palu bei Gökdere am Murat-Fluß wieder aufzutauchen. Dieser Ergani-Abschnitt des Äußeren Osttaurus, kurz der Ergani-Taurus, bildet also einen rund 60 km langen deutlichen Einwalmungsabschnitt des Äußeren Osttaurus.

Wer von Süden kommt, hat zunächst eine oder zwei schmale Randketten von aufgerichteten Eozänkalken zu queren, die immerhin mehr als 1000 m Höhe erreichen. Danach tritt er in ein von basischen Intrusiva durchsetztes Flyschbergland mit Höhen bis um 1500 m ein. Dieses weist mit Annäherung an den Hazar Gölü wiederum deutlicher ausgeprägte W–E-Ketten auf. Das gesamte Bergland wird vom Maden Suyu, dem Abfluß des Hazar Gölü, einem Quellstrang des Dicle (Tigris) und seinen Zuflüssen bis zu etwa 500 m tief durchtalt. Und diese Durchtalung geht ohne Zweifel wie beim Euphrat auf eine antezedente Anlage des Maden Suyu zurück. Denn am Südufer des Hazar Gölü gibt es Neogen-Ablagerungen, die älter sein müssen als der Flußlauf. Der Abfluß des Hazar Gölü und damit des Maden Suyu konnte nur erhalten bleiben, wenn das, das Gebirge querende Gefälle längs des Maden Suyu gegen Ende des Neogens bereits vorhanden war und gegenüber Hebungsbewegungen des Gebirges sich als überdauernd erwiesen hat. Das Bergland des Ergani Taurus ist großenteils mit Waldresten bedeckt, einem stark degradierten Eichenmischwald-Busch. Der alte Kupferbergbau von Maden hat zweifellos viel zur Schädigung des Waldes beigetragen. Das Bergland ist mit gewöhnlich kleinen Dörfern ziemlich dicht besiedelt. Der Ilçeort Ergani dient einer großen Zahl von ihnen als Marktzentrum.

6. Der Bitlis-Taurus und die Hoch-Zap-Gebirge

Rund 15 km östlich von Palu kommt unter der gefalteten Serie der Oberkreideschichten die gewaltige Masse von altkristallinen Metamorphiten hervor, die, wie schon erwähnt, in wechselnder Breite von 15 bis etwa 30 km rund 250 km weit bis in die Gegend von Çatak, 60 km südlich vom Südostwinkel des Van-Sees zu verfolgen ist. Von dort an taucht das Altkristallin der Bitlismasse nach der geologischen Karte 1 : 500 00 ostwärts unter paläozoische Metamorphite und alsdann unter mäßig gestörte Oberkreideschichten unter. Diese bilden im wesentlichen vier hohe, etwa N–S-gerichtete, also quer zur Erstreckung der Bitlismasse verlaufende, annähernd parallele Gebirgsrücken mit dazwischen verlaufenden Längsfurchen, in deren östlicher entwickelt sich der Hauptstrang des obersten Großen Zap. Deswegen erscheint es zweckmäßig, diese Gebirgsrücken, für die der Yeni Türkiye Atlası nur den wenig kennzeichnenden Namen Doğusu Dağları (Ostwassergebirge) verzeichnet, unter dem Namen Hoch-Zap-Gebirge zusammenzufassen. Die Hoch-Zap-Gebirge beginnen östlich der von Gürpınar gegen Kasrık (Kırkgeçit) etwa N–S verlaufenden Längstalung von Kasrık, in der von N und von S kommend die Quellstränge des

Norduz-Flusses ihren Ursprung nehmen. Dieser selbst mündet bei Çatak in den oberen Botan-Fluß, der sich dann nach Westen gegen Siirt wendet. Der westlichste Zug der Hoch-Zap-Gebirge, das Koçkıran-Gebirge erreicht im Norden am Baset Dağ 3750 m Höhe. An seiner Ostseite folgt die Längstalung des oberen Hoşap-Güzelsu-Flusses. Östlich von dieser erhebt sich das Ispiriz-Mengene-Gebirge, das 3600 m Höhe erreicht. Die dritte Längstalung ist die des obersten Großen Zap. In ihr liegt der Ilçe-Hauptort Başkale. Dann folgt ostwärts das Grenzgebirge, das im Haravil Dağ 3600 m nochmals überschreitet. Da alle diese Gebirge nach der geologischen Karte der Türkei 1 : 500 000 im wesentlichen aus Oberkreidegesteinen aufgebaut sind und nur an wenigen Stellen eingesunkene Reste von Eozänkalken aufweisen, dürften die Gebirge und die zwischen ihnen gelegenen Längstalungen hier östlich vom Ostende der Bitlismasse in Richtung auf das Senkungsfeld des Urumia-Sees als weit gespannte vertikale Wellungen der Kruste quer zur Längsrichtung der Bitlismasse zu deuten sein.

Der Bitlis-Taurus selbst wird durch ein Quertal, das das Gebirge vollständig durchschneidet und in dem die kleine Provinzhauptstadt Bitlis liegt, in eine über 100 km lange Westhälfte, den westlichen Bitlis-Taurus und in eine etwa ebenso lange Osthälfte, den östlichen Bitlis-Taurus geteilt.

Der Bitlis-Taurus wird von seinem Westende an bis in die Längsfurche des Botan-Flusses oberhalb von Siirt, d.h. auch im östlichen Gebirgsabschnitt an seiner Südseite von einer schmalen, wenige km bis etwa 10 km breiten Zone stark gefalteter Oberkreideschichten begleitet, welche an ihrem Südsaum mehr oder weniger stark auf das Neogen des Osttaurus-Vorlandes überfaltet bzw. überschoben worden ist. Östlich des Ilçe-Hauptortes Pervari am Botan nimmt die Breite dieser Oberkreidezone rasch auf mehr als 20 km zu und im Gebiet von Beytişebap und Hakkâri bildet sie eine selbständige Hochgebirgskette, die mehrfach 3000 m Höhe überschreitet. Es ist die Hakkâri-Cilo-Kette des Äußeren Osttaurus, welche östlich vom Durchbruchstal des großen Zap mit ESE-Streichen im Cilo Dağ mit 4160 m die höchsten Gipfel des gesamten Taurussystems enthält. Hier gibt es an der Nordwestseite des Gebirges, aus geräumigen Karen kommend, gegen das um 2000 m hoch gelegene Becken von Yüksekova gerichtet, eine Reihe von kleinen Gletschern.

Der westliche Bitlis-Taurus wird auf seiner Südabdachung von den zum Osttaurus-Vorland strebenden Flüssen tief und weitreichend zertalt. Die Wasserscheide der meisten dieser Flüsse liegt nahe am Nordrand des Gebirges. Am oberen Kulp Çay NW von Sinköy führt ein Taltorso mit Talwasserscheide in wenig über 1500 m Höhe zwischen beiderseitigen Erhebungen von 2100 bzw. 2400 m quer durch das Gebirge. Hier liegt höchstwahrscheinlich ein angefangenes, aber später aufgegebenes antezedentes Durchbruchstal durch den Äußeren Osttaurus vor.

Das Basor Dere, das Quertal von Bitlis, ist zweifellos einst Abfluß des Van-Sees nach Süden durch den Bitlis-Taurus hindurch gewesen, bis dieser wahrscheinlich erst im Quartär durch einen dem Bitlisquertal folgenden Lavastrom des Nemrut Dağ am Südwesteck des heutigen Van-Beckens aufgestaut wurde. Auch am Van Gölü liegt die Wasserscheide gegen das Osttaurus-Vorland im Süden sehr nahe am See. Bei Bağ an der Bucht des Sees östlich von Reşadiye liegt sie in nur 200 m Höhe über dem Seespiegel, der auf der Karte 1 : 800 000 von 1956 zu 1646 m angegeben wird, gegenüber dem Wert von 1720 m auf den älteren Karten. Diese Abflußverhältnisse des Gebirges deuten auf eine sehr alte Südabdachung hin, auf der der Basor-Fluß ebenso der Kulp-Fluß und die anderen, wie auch die Quellstränge des Batman-Flusses ebenso wie der Garzan-Fluß und der Große Zap ehemals angelegt gewesen sind. Von diesen sammelt der Große Zap seine Wasser in 2500 m Höhe bei Kirato nur 15 km südlich von Kotur und nur 50 m unter der Wasserscheide zum Kotur-Fluß, der selbst 600 m tiefer fließend dem mittleren Aras zuströmt. Der Große Zap fließt vom Becken von Başkale über Neogenablagerungen und durchbricht dann die gewaltige Hakkâri-Cilo Dağ-Kette, danach die 3000 m hohe Tannin-Tannin-Kette der Zagros-Zone und eine ganze Reihe der niedrigeren Zagrosketten, ehe er das Vorland erreicht.

Beiderseits von Hizan (Karasu) 10 km SE von Bitlis setzt in der Masse von altkristallinen Metamorphiten eine Zone von eingefalteten jüngeren Metamorphiten mit östlichem Streichen ein und teilt die Masse des Altkristallins in zwei etwa parallele Stränge, zwischen denen Andeutungen von Längstalstrecken der Nebenbäche der Oberläufe des Kesen Dere und des Müküs Dere um Hizan und Müküs entwickelt sind.

Der sehr große Bereich des Bitlis-Taurus und der Hoch-Zap-Gebirge ist dünn, im Osten sogar sehr dünn besiedelt. Seine dörfliche Bevölkerung treibt auf meist kleinen, z.T. bewässerten Anbauflächen einen ziemlich mannigfaltigen Getreidebau und Gartenbaukultur mit zahlreichen Gemüsen und Obstbäumen. Die Kleinviehzucht ist überall sehr groß, vor allem von Ziegen. Auf eine Familie kommen meist über 10, manchmal über 20 Tiere. In geräumigeren Talzügen liegen die Provinzhauptstädte Muş und Bitlis, ebenso Siirt, von denen Muş einen Marktbereich von mehr als 100 Dörfern, die anderen etwas kleinere Bereiche beherrschen. In solchen Tälern, in Becken oder an Talausgängen liegen auch die etwa ein Dutzend Ilçe-Hauptorte, die die Bitlis-Hoch-Zap-Gebirgszone aufzuweisen hat. Die kleinste Provinzhauptstadt ist Hakkâri. Sie liegt um 1660 m hoch auf einem örtlichen Flachreliefrest der in Kreidekalke eingearbeitet ist, und der sich zwischen bis nahe 3000 m aufragenden Gipfeln rund mehr als 600 m hoch über der steilflankig eingeschnittenen Schlucht des Großen Zap befindet. Der Ort hatte 1935 nur wenig über 1500 E., er hat es aber bis 1980 auf fast 20 000 E. gebracht. Hakkâri ist zur Hauptsache Verwaltungs- und Schulzentrum, außerdem Marktort für eine gewisse Anzahl benachbarter Dörfer. Es ist ein Beispiel für die rasche Bevölkerungszunahme, die in diesem Südostwinkel der Türkei eingetreten ist.

7. Der Zagros-Bereich Anatoliens

Der Bitlis-Taurus wird östlich von Siirt an seiner Südseite durch eine große Überfaltungs- bzw. Überschiebungsstörung begleitet, welche am Südsaum der Hakkâri-Cilo-Kette von Pervari im Botan-Tal nach Südosten gegen Beytişebap und weiter über Dağlıca (Oramar) und das Neogenbecken von Kırca (Baygur) bis etwa gegen Revandiz in Irak zu verfolgen ist. Wegen der Einklemmung von verhältnismäßig leicht ausräumbaren Alttertiärschichten an dieser Störungslinie macht sich diese tektonische Grenze weithin durch eine Flucht von Längstalabschnitten bemerkbar. Südlich von ihr beginnt mit der mehrfach Höhen von über 3000 m erreichenden, WE-streichenden Tannin-Tannin-Kette, welche verhältnismäßig einfach antiklinal gebaut ist, mit einem Kern nichtmetamorpher paläozoischer Schichten und einem Mantel aus mesozoischen Kalken, die Zagros-Zone des Eurasiatischen Kettengebirgsgürtels. Zusammen mit der südlich parallelen, ganz ähnlich gebauten noch mehr als 2000 m hohen Cudi-Çukurca-Kette bildet die Tannin-Tannin-Kette eine innere Teilzone der Zagros-Zone. Die noch weiter südlich parallel laufenden Oberen und Unteren Misori-Ketten, von denen die Oberen noch 2000 m Höhe überschreiten, die Unteren aber meist nur um 1500 erreichen, sind im wesentlichen einfach gebaute Antiklinalzüge aus mesozoischen und tertiären Schichten und bilden hier die äußeren Glieder der Zagros-Zone. Sie überragen aber das hier im 500 bis 600 m hohe Flachland beiderseits des Dicle (Tigris) noch weithin um etwa 1000 m und gehören daher hier durchaus mit zur südlichen Umwallung von Ostanatolien.

Die Westausläufer der Tannin-Tannin-Kette und der Cudi-Çukurca-Kette bilden im Gebiet von Eruh und Şırnak mehrere parallele, im wesentlichen aus Alttertiärschichten antiklinal gebaute Gebirgsketten, die im Herakol Dağ südlich von Pervari sogar 2943 m Höhe erreichen, im allgemeinen aber unter 2300 m hoch bleiben. Sie verlieren sich nach Westen jenseits des unteren Botan-Flusses und des Dicle (Tigris) gegen das Becken von Diyarbakır hin. Die Gesamtheit dieser Ketten kann nach dem in ihrer Mitte gelegenen Ilçe-Hauptort als Eruh-Ketten bezeichnet werden. Der Zagros-Bereich der Randgebirge Anatoliens wird vom Hezil Çay, vom östlichen Habur, der bei Bişhabur in den Tigris mündet, vom Großen Zap und vom Semdinan Suyu in südlicher Richtung sicherlich antezedent durchbrochen.

Die beschriebenen Sachverhalte, insbesondere auch die entsprechenden antezedenten Talanlagen von Ceyhan, Euphrat und Dicle (Tigris), vom Bitlis-Fluß, vom Kesen Dere und Botan-Fluß, dazu die durchweg nahe an den Nordrand des Bitlis-Taurus gerückte Wasserscheide sprechen dafür, daß es eine alte, noch im Neogen wirksame Südabdachung in Anatolien gegeben hat, und daß erst spätneogene oder nachneogene Vertikalbewegungen hier den Äußeren Osttaurus geschaffen haben. Die Antezedenz des oberen Euphrat gegenüber dem Munzur-Gebirge des inneren Osttaurus deutet sogar an, daß die älteste noch heute wirksame Wasserscheide zwischen Nord und Süd in Ostanatolien früher einmal im Bereich der Kelkit-Oltu-Zone gelegen haben dürfte. Die gewaltige Höhe von marinen Miozänablagerungen im Keşiş Dağ-Gebiet und anderswo deutet ja auch unmittelbar auf sehr bedeutende Hebungen dieser Gebirge während des Neogens hin.

Die über 2500 m hohen Regionen weisen im Bitlis-Taurus stets Spuren kaltzeitlicher Solifluktion auf, die Gipfel von mehr als 3000 m waren überwiegend eiszeitlich vergletschert und zeigen gewöhnlich auf der Nordseite Kare.

Der früher erwähnte große Randabfall von Leninakan-Urumiye (Urmia), der das geographische Anatolien im Osten begrenzt, läuft südwärts gegen das nur um 1400 m hoch gelegene iranische Städtchen Uşnu, etwa 25 km S vom Urumiye-See aus. Westlich von Uşnu führen Pässe von wenig über 2000 m Höhe ins Gebiet des Rubar i Zene auf die Südwestseite der Randgebirge hinüber. Diese Paßregion bezeichnet den Ort einer auffälligen Einwalmung innerhalb der Südanatolisch-Südiranischen Randgebirge. Wenig nördlich dieser Paßregion werden im Uluğ Dağ bereits 3483 m erreicht, wenig südlich im Siyah Kuh sogar 3750 m.

Dies macht es einleuchtend, die geographische Grenze von Anatolien an dieser Paßregion über das Gebirge hinweg ins Gebiet des Rubar i Zene zu führen und diesem folgend durch relativ niedriges Gelände zwischen beiderseits hohen Ketten der Zagros-Zone bis zum Rubar i Revandiz sowie diesem folgend bis zum Großen Zap zu ziehen. Der letztgenannte tritt etwa 30 km westlich von Revandiz aus einem engen Durchbruchstal durch die Zagros-Ketten von Aşağı Misori hinaus in das Flachland von Musul. Hier ist nahe einer Linie von Akra über Dehük nach Zaho die Grenze zwischen dem Flachland und den jäh fast 1000 m darüber aufragenden Gebirgsketten von Aşağı-Misori und damit der Gebirgsumwallung von Anatolien zu ziehen.

Auch in den größeren Tälern der Zagros-Zone liegen einige Ilçe-Hauptorte wie Eruh, Şırnak und Çukurca im türkischen Bereich oder auf Irakischem Gebiet Zaho, Imadiye, Zebar, Dehük, Akra und Revandiz. Sie entsprechen den Bedürfnissen beider Staaten im verkehrsschwierigen Gebirgsland Verwaltungsstellen nicht zu weit von den Siedlungsplätzen entfernt einzurichten. Sie dienen in den Talzügen, je weiter südlich, um so mehr zahlreichen Dörfern. Diese sind durch das mit abnehmender Meereshöhe zunehmend sommerwärmer- und wintermilder-werdende Klima bei gleichzeitigem durch die Gebirge bedingtem Wasserreichtum begünstigt. Sie können daher außer einer starken Kleinviehzucht einen sehr mannigfaltigen, oft künstlich bewässerten gartenbauähnlichen Anbau von subtropischen Gemüse- und Nußbaumkulturen betreiben.

8. Zur Verwaltungsgliederung im Äußeren Ostraurus, in den Hoch-Zap-Gebirgen und im Zagros-Bereich Anatoliens

An der verhältnismäßig schmalen Gebirgszone des Äußeren Osttaurus haben die meisten der beteiligten Provinzen nur mit randlichen Bereichen Anteil. Dies gilt insbesondere für die Provinzen Kahraman-Maraş, Malatya, Adıyaman, Elazığ, Diyarbakır, Bingöl, Muş, Bitlis, Siirt, Van und strenggenommen sogar auch für die Provinz Hakkâri, deren Südsaum auf den Zagros-Bereich übergreift. Unterschiedlich ist jedoch das Verhältnis dieser Provinzbereiche zur örtlichen Wasserscheide des betreffenden Taurusabschnittes. Die Provinz Kahraman-Maraş reicht von ihren ausgedehnten Gebieten nördlich des Äußeren Osttaurus am oberen Ceyhan-Fluß über das Gebirge hinweg bis zu den Ilçe Türkoğlu und Pazarcık im südlichen Vorland des Gebirges. Aber der Maraş-Taurus selbst ist abseits der beiden Paßstraßen, die das Gebirge im Westen und im Osten queren, ein ziemlich entlegener, dünn besiedelter Raum mit beschwerlichen Verkehrswegen.

Etwas andere Verhältnisse herrschen im Malatya-Taurus. Hier verläuft die Grenze zwischen den Provinzen Malatya und Adıyaman ungefähr, wenn auch im einzelnen mit Abweichungen an der Wasserscheide. Doch jede der beiden Provinzen besitzt Zugänge zu den nach ihrer Seite hin sich öffnenden, siedlungsgünstigen Tälern und Längsfurchen des Gebirges.

Im ostwärts anschließenden, relativ niedrigen Ergani-Taurus, der ja vom Abfluß des Hazar Gölü, dem Quellstrang des Dicle (Tigris) vollständig gequert wird, rückt die Grenze zwischen den Provinzen Elazığ und Diyarbakır auf die zum Becken von Diyarbakır hinabführenden Abdachungen, so daß sich hier der größere Teil des verkehrsmäßig ziemlich gut zugänglichen Gebirges zusammen mit seinen Kupfer- und Chromerzvorkommen im Bereich des etwas näher gelegenen Elazığ befindet.

Stark wechselnd ist der Verlauf der Provinzgrenzen in den verschiedenen Abschnitten des Bitlis-Taurus. Zwischen den Provinzen Muş und Diyarbakır, wo die Wasserscheide nahe am Nordfuß des Gebirges liegt, weicht die Provinzgrenze z.T. südwärts von der Wasserscheide ab, offenbar weil die Weidewirtschaft in der Höhenregion hier von Norden über die Wasserscheide hinweggreift. Noch stärker weicht die Provinzgrenze im östlichen Bitlis-Taurus in den Gebieten zwischen Bitlis und Siirt vom Verlauf der Wasserscheide ab. Hier sind innerhalb des Gebirges die großen Quertalungen der Flüsse Garzan, Basor und Şırvan als bevorzugte Siedlungsbänder verkehrszugänglich entwickelt. Daher springt hier die Provinzgrenze jeweils merklich bis zu den Talverengungen in der Nähe der betreffenden Talausgänge aus dem Gebirge nach Süden vor.

Noch auffälliger ist der gewundene Verlauf der Grenze zwischen den Provinzen Bitlis, Siirt, Van und Hakkâri in dem stark verbreiterten östlichen Teil des Bitlis-Taurus durch die Windungen und Verzweigungen der größeren Täler bestimmt, in denen überwiegend die Siedlungen, und in denen zumeist auch unter Ausnützung von Schotterterrassen die Hauptzugangswege geführt sind, Platz gefunden haben. Dies gilt z.B. besonders für die Ausbuchtungen der Provinz Bitlis im Ilçe Hizan, der Provinz Siirt im Bucak Müküs, der Provinz Van im Ilçe Çatak und Bucak Narlı. Es gilt auch für die Ausbuchtungen der Provinz Hakkâri an der Staatsgrenze gegen Iran im Ilçe Şemdinli, wo eine Enge des Şemdinan-Tales die Staatsgrenze bildet.

Im ganzen ist zu sagen, daß die Verwaltungsgrenzen im Bereich des Äußeren Osttaurus, der Hoch-Zap-Gebirge und im Zagros-Bereich unter Berücksichtigung der bestehenden Verkehrswege den Reliefgegebenheiten weitgehend angepaßt sind.

X. DAS OSTTAURUS-VORLAND, DER SÜDOSTSAUM DER TÜRKEI

1. Übersicht

Zwischen dem Hatay-Graben am Ostfuße des Amanos und dem Tal des Dicle (Tigris) bzw. des Botan Çay unterhalb von Siirt dehnt sich vor dem Fuße des Äußeren Osttaurus auf rund 450 km Länge verhältnismäßig flaches Land, das sich im ganzen nach Süden gegen Mittelmesopotamien abdacht. Dies ist das Osttaurus-Vorland oder Obermesopotamien. Es reicht südwärts ungefähr bis zur türkischen Staatsgrenze. Das ist zugleich ungefähr so weit, wie das Osttaurus-Vorland einerseits durch eine leichte Wellung der dem Saum des Äußeren Osttaurus nahen Bereiche der Tafelschichten gekennzeichnet ist, die dort der arabischen Grundgebirgsplatte aufliegen, wie es andererseits auch klimatisch und siedlungsgeographisch noch deutlich von der Nähe des Äußeren Osttaurus durch erhöhte Niederschläge und damit durch Siedlungsbegünstigung beeinflußt wird.

Den Westen des Osttaurus-Vorlandes bildet die 500 bis mehr als 1000 m hohe gewellte Platte von Gaziantep. Hier werden die Oberflächenformen durch in sanfter Wellung der Schichten etwa W—E-streichende 100 bis 200 m hohe, flache bis deutlich ausgeprägte Rücken bestimmt. Sie werden aus der hauptsächlich aus alttertiären und oberkretazischen Kalken und Mergeln aufgebauten, z.T. auch von einer Basaltdecke überlagerten Schichtserie gebildet, aus welcher hier die Schichttafel besteht. Durch das kräftig eingetiefte Tal des Euphrat und seiner Zuflüsse, auch durch die zum Hatay-Graben gerichteten Täler wird die Platte von Gaziantep in nach Süden abnehmendem Maße zerfurcht.

Nordöstlich der Platte von Gaziantep, zwischen dem Rand des Taurus und dem hier nach SW gerichteten Laufstück des Euphrat, liegt die ebenfalls etwas zertalte, mit Miozän- und Quartärablagerungen erfüllte Schichtmulde des Beckens von Adıyaman und Kâhta.

Östlich des Euphrat-Tales dehnt sich die Platte von Urfa, deren Höhe zwischen 500 und etwa 800 m liegt. Sie besteht hauptsächlich aus ziemlich flach lagernden Eozänkalken, unter denen hier und da auch paläozäne Mergelschichten hervortreten und sogar Oberkreidekalke die Oberfläche bilden.

Die Platte von Urfa wird im Osten durch die riesigen, ganz sanft geneigten Ergußdecken der Basaltkuppel des Karaca Dağ (919 m) begrenzt, die allseits rund 40 km weit rings um das Zentrum, nach SW sogar etwa 70 km weit ausgedehnt sind.

Nordöstlich des Karaca Dağ liegt das große Becken von Diyarbakır, in welchem in einer leicht zertalten, flachen Mulde aus terrestren Obermiozänschichten der Dicle (Tigris) seine Wasser sammelt, bevor er unterhalb der Einmündung des Botan Çay südlich von Siirt die leicht gewellte Aufwölbung aus Kreide- und Eozänkalken durchbricht, die nach der Provinzhauptstadt Mardin als Mardinschwelle bezeichnet werden kann, und die Höhen bis etwas über 1200 m erreicht.

2. Die Platte von Gaziantep und das Becken von Adıyaman

Am Westsaum der Platte von Gaziantep gegen den Hatay-Graben im Gebiet von Murathüyüğü westlich von Gaziantep weist die Platte von Gaziantep eine mäßige Aufwölbung auf. Nach deren Abtragung ist dort der Sockel der Schichttafel von Gaziantep, die selbst hauptsächlich aus Eozänkalken und Oligozänmergeln aufgebaut ist, nämlich gefaltete Kalke der Oberkreide und mannigfaltige basische Intrusiva bloßgelegt. Die Aufwölbung nimmt Höhen von etwas über 1000 m ein, wird aber von den Tälern, hauptsächlich des Sabun Suyu-Gebietes tief zerschnitten. Diese Aufwölbung des Sockels der Schichttafel von Gaziantep wird andererseits von einer 100 m und mehr m hohen Schichtstufe in stark zerlapptem Verlauf im Norden, Osten und Südwesten kranzartig umrahmt. Das zertalte Relief dieser Aufwölbung bildet ein waldiges Bergland mit ziemlich guter Besiedlung.

Von der in etwas über 1000 m Höhe gelegenen Oberkante der beschriebenen Schichtstufe dacht sich die Schichttafel der tertiären Kalke und Mergel in sanften Wellungen nach Osten gegen das Tal des Euphrat ab, wo sie noch Höhen von 500 bis 600 m aufweist. Die Tafelschichten sind, wie gesagt, sanft gewellt. Einzelne WE-streichende Höhenzüge erreichen 1000 m Höhe und verdeutlichen die tektonische Saumzone des Äußeren Osttaurus gegen das schließlich unter pliozäne Ablagerungen untertauchende Tafelland von Mittelmesopotamien jenseits der türkischen Staatsgrenze.

Der mächtige Euphrat fließt in breitem, weithin von Schotterterrassen begleitetem Tale bis zu 300 m in die Schichttafel eingetieft dahin. Eine der wenigen Fährstellen liegt bei Birecik. Diese einst befestigte Stadt steigt malerisch über dem steilen Ostufer des Flusses auf.

Der wirtschaftliche Hauptort der Platte von Gaziantep ist aber Gaziantep selbst mit ca. 450 000 E. Die Stadt liegt in der breiten Talniederung des Sacir Suyu und wird von einem gewaltigen Hüyük überragt, der selbst eine mächtige einstige Festung trägt. Die Umgebung weist große Feld- und Gartenflächen auf, unter den Gärten fallen besonders die Baumkulturen von Oliven und Pistazien auf. Sie erreichen um den Ilçeort Nizip (40 000 E.) besondere Intensität. Gaziantep hat mannigfaltige Industrie, vor allem Lebensmittelverarbeitung, Baumwollweberei, Fahrzeug- und Maschinenbau, auch eine Brauerei. Die Stadt besitzt ein archäologisches Museum. Sie ist zentraler Marktort für mehr als 100 Dörfer und für die kleineren Städte in einem Umkreis von mehr als 50 km. An Getreiden werden hauptsächlich Hartweizen und Gerste angebaut, als Ölfrucht Sesam, dazu an Baumkulturen vor allem Oliven, Pistazien und Feigen.

Im Nordostwinkel der Platte von Gaziantep in ziemlich zertaltem Gelände zwischen dem Südrand des Malatya-Taurus und dem Euphrat-Tal, liegt das 80 km lange, 15 bis 25 km breite Becken von Adıyaman und Kâhta. Die bescheidene Provinzhauptstadt Adıyaman mit 1980 etwas über 50 000 E. ist Marktzentrum von mehr als 100 Dörfern der ziemlich dicht besiedelten landwirtschaftlichen Umgebung. Auch der nur etwa 30 km entfernte Ilçeort Kâhta hat einen großen Marktbereich von mehr als 50 Dörfern.

3. Die Platte von Urfa

Östlich des Euphrat nach der Überquerung des Flusses bei Birecik (20 000 E.) wird die Schichttafel höher. Stellenweise sitzen ihr Basaltkuppen von mehr als 800 m Höhe auf. Gleichzeitig wird das Land erheblich kahler. Die hochwertigen Baumkulturen bleiben zurück, bzw. sie beschränken sich auf die seltenen Bewässerungsgärten. Nach Süden gegen Münbiç in Syrien dacht sich die Tertiärtafel beiderseits des Euphrat merklich ab auf 500, 400 und schließlich um 300 m Höhe. Dabei wird das Land baumarm und kahl. Aber noch bis ins Gebiet von Cerablus (Karkamış) am Euphrat decken weithin unbewässerte Getreidefelder die flach geneigten Flächen. Bis hierher reicht also noch deutlich die klimatische Beeinflussung durch den mehr als 100 km weiter nördlich gelegenen Regenfänger, den Äußeren Osttaurus.

Östlich vom Euphrat wird die sanft nach Süden geneigte Eozänkalktafel außerdem durch zwei grabenartige nach Süden auslaufende Senkungsfelder gegliedert. Es sind das um 540 m hohe Senkungsfeld von Suruç ca. 40 km SE von Birecik und jenes von Urfa in 550 bis unter 400 m Höhe rund 80 km W von Birecik, welches eine Breite bis zu mehr als 50 km aufweist. Da diese Senkungsfelder Ablagerungen des Untermiozäns enthalten, die sonst auf der Hochfläche fehlen, müssen die Absenkungen wohl bis ins Untermiozän zurückgehen. Die Senkungsfelder von Suruç (20 000 E.) und Urfa (150 000 E.) sind bevorzugte Siedlungsgebiete, weil durch die Absenkung an zahlreichen Stellen der Karstwasserspiegel der großen Kalkplatte erreichbar ist. Berühmt ist der große Quellteich von Urfa (Edessa) , in dem bei einem einstigen Heiligtum der große Quellteich Abrahams mit heiligen Karpfen sich befindet. Reste einer byzantinischen Burg erinnern an die Bedeutung des uralten Urfa im Mittelalter. Die heutige Stadt hat einige Betriebe der Nahrungsmittelverarbeitung und des Maschinenbaus und ist Marktzentrum einer sehr großen Umgebung.

Die südliche Hälfte des Senkungsfeldes von Urfa enthält in etwas unter 400 m Höhe die Ebene von Harran, die schon in altmesopotamischer Zeit eine Stadt enthielt und in römischer Zeit offenbar ein bedeutendes Getreideanbaugebiet gewesen ist. An die einstige Blüte dieses heute stillen Ortes erinnern einige römische Ruinen.

Die benachbarten Dörfer sind z.T. in bienenkorbförmigen Häusern aus Lehmziegeln und mit weißem Kalkanstrich verputzt, gebaut. Diese Bauweise ist Ausdruck der besonderen Holzarmut, da sie keine Dachbalken benötigt. Sie findet sich gelegentlich auch anderswo längs der Südgrenze der südöstlichen Türkei.

Nordöstlich des Senkungsfeldes von Urfa liegt mit Höhen um 750 m ein sehr stark zerrachelter Teil der Tertiärtafel. Er trägt den kennzeichnenden Namen Tektek Dağları (Einzel-Einzel Bergland). Das Tektek-Bergland grenzt nach Süden an eine dünn besiedelte, 50 bis 100 m tief zertalte Neogentafel. Sie kann als Tektek-Platte bezeichnet werden. Sie grenzt mit deutlichem Rand nach Westen an die Ebene von Harran, nach Osten an die Ebene von Viranşehir.

4. Die Basaltkuppel des Karaca Dağ

Die Platte von Urfa wird im Osten durch eine gewaltige, sehr flache Basaltkuppel begrenzt, den Karaca Dağ (1919 m), welcher sowohl in der N–S-Richtung wie in der W–E-Richtung bis zu 100 km weit ausgedehnt ist. Abgesehen von geringen Buschresten sommergrüner Eichen in der Höhe, ist das Gebiet so gut wie baumlos. Die flachen Oberflächen der Basaltkuppel tragen Getreide-Trockenfelder oder Weiden. Das Städtchen Siverek mit 30 000 E. ist ein bedeutender örtlicher Marktmittelpunkt. Mit seinen ganz aus dunklen Basaltquadern erbauten Häusern macht es einen düsteren Eindruck.

Am Südsaum der sanft geneigten Basaltdecke des Karaca Dağ gegen eine Ebene aus marinem Neogen liegt als Zentralort eines großen Viehwirtschaftsgebietes die Stadt Viranşehir, die in den verflossenen Jahrzehnten sehr rasch von nur 5000 E. auf etwa 40 000 E. angewachsen ist. Im Basaltgebiet des Karaca Dağ werden vor allem sehr große Schafherden gehalten.

5. Das Becken von Diyarbakır

Östlich des Karaca Dag und nördlich der bis etwa 1200 m hohen Mardin-Schwelle, welche den oberen Dicle (Tigris) zu seinem großen Ostbogen veranlaßt und dem Land östlich von Diyarbakır seine Beckengestalt verleiht, dehnt sich von N nach S bis 100 km breit und von W nach E rund 200 km lang das Becken von Diyarbakır. Die Provinzhauptstadt Diyarbakır hatte 1980 fast 250 000 E. Sie liegt am unteren Ende der Ostabdachung der Basaltkuppel des Karaca Dağ in etwa 650 m Höhe und steht damit rund 100 m über dem westlichen Steilhang des Tigristales, den der von Norden kommende Fluß, in die Basaltdecke und die östlich anschließende Tafel neogener Ablagerungen eingearbeitet hat. Aus der Tatsache, daß die Basaltlagen den Fluß so gut wie nicht nach Osten überschreiten, ist wohl zu schließen, daß die Basalte mit den obermiozänen Flußablagerungen etwa gleichalt sind, daß der Fluß hier jedenfalls schon vor den Basaltergüssen seinen Lauf nahm.

Da das Becken von Diyarbakır als Hohlform durch Hebung der Mardin-Schwelle gebildet worden sein muß, und da die Füllschichten im Becken von Diyarbakır, soweit bekannt, ausschließlich neogenes Alter haben, ist zu schließen, daß die Hebung der Mardin-Schwelle ebenfalls ins Jungtertiär fällt. Die Durchbruchsschlucht des Tigris durch die Mardin-Schwelle wäre danach gleichfalls antezedent angelegt.

Das Becken von Diyarbakır ist ein bedeutendes Siedlungsfeld. Seine Höhen halten sich zwischen etwa 600 m und 900 m. Die breiten Riedelflächen, die zwischen den vom Äußeren Osttaurus zum Dicle (Tigris) in tief eingeschnittenen Tälern abwärts ziehenden Bächen des Gebirges entstanden sind, tragen weite Getreidefelder hauptsächlich von Hartweizen aber auch u.a. von Hirse. Es gibt ziemlich viel Gemüsebau, aber auch Rebkultur und Obst u.a. Quitten, dazu mäßig starke Kleinviehwirtschaft. Im Bereich von Hazro, gut 60 km nordöstlich von Diyarbakır ist der Untergrund des Beckens als Schwelle von Hazro aufgebeult und erreicht 1300 bis 1550 m Höhe. Dabei sind die Schichten der Beckenunterlage bis zur Trias entblößt. Sie umrahmen mit Schichtkämmen den Aufwölbungsbereich. Das 40 km östlich von Diyarbakır gelegene Bismil hat sich in den letzten Jahrzehnten von etwa 2000 E. bis zu einer Einwohnerschaft von 20 000 E. vergrößert. Der Industrieort Batman (Provinz Siirt) beim ehemaligen Iluh, der mit Rücksicht auf die Erdölvorkommen des benachbarten Raman Dağ und des Garzan-Gebietes mit einer Erdölraffinerie und der Petrochemischen Industrie wegen gegründet wurde, hatte 1980 bereits mehr als 80 000 E. Dies sind besonders auffällige Beispiele der starken allgemeinen Entwicklung, die im vergangenen Drittel des Jahrhunderts im Südosten der Türkei eingetreten ist.

Diyarbakır ist der zentrale Marktort für das gesamte Obertigris-Becken. Nur der Ilçeort Silvan rund 70 km NE von Diyarbakır hat bisher einen immerhin großen eigenen Marktbereich von mehr als 50 Dörfern an sich ziehen können. Diyarbakır gibt mit seiner vollständig erhaltenen mächtigen Stadtmauer und Zitadelle sowie mit zahlreichen Moscheen, Medressen und einem großen Han (Karavansaray) einen starken Eindruck von dem Bilde einer schon im Altertum und Mittelalter bedeutenden Verkehrs- und Handelsstadt. Es war Rastort der uralten Handelsstraße, die vor dem Saum des Äußeren Osttaurus, d.h. durch den an Proviantierungsmöglichkeiten reichen sogenannten „Goldenen Halbmond" vom Persischen Golf entweder über die altsyrischen Mittelmeerhäfen oder über Byzanz nach dem Abendland führte. Eine mannigfaltige Industrie der Nahrungsmittelproduktion, der Wollspinnerei und Weberei, von Fahrzeug- und Maschinenbau u.a. verleihen auch der heutigen Stadt ein lebhaftes Geschäftsleben.

6. Die Mardin-Schwelle

In der westlichen Verlängerung der Misori-Ketten der Zagros-Zone, aber mit wesentlich schwächeren Krustendeformationen setzt sich die Mardin-Schwelle mit Höhen von etwa 1000 bis etwa 1400 m, mit einer Breite zwischen 40 und 80 km und mit einer Längserstreckung von mehr als 150 km vom Durchbruchstal des Dicle (Tigris) oberhalb von Cizre bis an den Fuß des Karaca Dağ fort. Die Mardin-Schwelle besteht im wesentlichen aus einer mit W-E-Streichen sanft gewellten Tafel von eozänen Midyat-Kalken; nur an einigen Stellen, so um Gercüş nordöstlich von Mardin und von Mardin bis westlich von Derik sind paläozäne und kretazische Schichten sanft aufgewölbt. Diese zu Vertiefungen ausgeräumten Wölbungsgebiete werden von Schichtstufen der Midyatkalke umrahmt.

Die Mardin-Schwelle setzt sich mit einem versteilten Abfall nach Süden gegen eine aus marinen Jungtertiärschichten aufgebaute Ebene ab, in der der westliche, in den Euphrat mündende Habur-Fluß seine Wasser sammelt. Der Südrand der Mardin-Schwelle bildet zugleich die Südgrenze des noch merklich vom Äußeren Osttaurus her klimatisch beeinflußten Gebietes. Die Mardin-Schwelle ist ein Gebiet ergiebiger Rebkultur und trägt besonders im Osten weithin noch dichten Laubbuschwald. Aber die Wasserversorgung macht besonders auf der Platte aus Midyatkalken, so in dem Ilçestädtchen Midyat (mit 1980 20 000 E.) beträchtliche Schwierigkeiten. Die Provinzhauptstadt Mardin weist mit etwa 40 000 E. ein lebhaftes Geschäfts- und Verkehrsleben auf. Im Bereich der Mardin-Schwelle gibt es Reste von Bekennern altchristlicher Konfessionen.

7. Zur Verwaltungsgliederung im Osttaurus-Vorland

Das Osttaurus-Vorland umfaßt im wesentlichen den Südsaum der Provinz Maraş, dazu die Provinzen Hatay, Gaziantep, den Hauptteil von Adıyaman, Urfa, Diyarbakır mit Ausnahme von deren Nordsaum, Mardin und den Hauptteil von Siirt. Es wurde bereits darauf hingewiesen, daß die Provinz Maraş mit ihren südlichen Ilçe Türkoğlu und Pazarcık Anteil am Osttaurus-Vorland, nämlich am Bereich des Hatay-Grabens und seines Nordausläufers hat. Diese Gebiete, insbesondere die niedrigen Terrassenebenen am Aksu tragen sogar einen wesentlichen Teil der landwirtschaftlichen Nutzflächen der Provinz Maraş. Sie haben bessere Verkehrsverbindungen nach Maraş als nach Gaziantep oder Antakya. Die südwärts anschließende Provinz Hatay, die offiziell erst 1939 dem türkischen Staat angeschlossen wurde, erstreckt sich über einen großen Teil des Nordabschnittes des großen syrischen Grabens samt seiner Gebirgsränder. Sie schließt die südliche Hälfte des Amanos-Gebirges mit ein. Im äußersten Süden umfaßt sie außerdem noch das Nordende des Cebel

Ansiriya. Da die Staatsgrenze hier aufgrund der mehrheitlich türkischen Sprachzugehörigkeit festgelegt wurde, ist eine Anlehnung der Grenze an naturgegebene Untereinheiten des Landes hier nur teilweise erfolgt, so etwa an der Enge des Asi (Orontes) bei Babatorun und am Rande der syrischen Platte gegen das Senkungsfeld des Amik Gölü. Weiter im Osten bis zum Südrand der Mardin-Schwelle folgt die türkische Staatsgrenze in ziemlich geradlinigem Verlauf ungefähr einem Landstreifen, in dem von Norden nach Süden die Meereshöhen von über auf unter 500 m hinabgehen. Dies ist zugleich die Zone, in welcher die Jahresniederschläge von durchschnittlich mehr als 300 mm südwärts auf geringere Beträge absinken. Jenseits dieser Grenze nehmen deswegen die Möglichkeiten von Regenfeldbau mehr und mehr ab. Man kann daher mit guten Gründen hier die Grenze einer noch deutlichen klimatischen Beeinflussung durch den Äußeren Osttaurus annehmen. Das ist die naturgegebene Südgrenze des Osttaurus-Vorlandes bzw. von Obermesopotamien gegen das mehr und mehr halbwüstenhafte Mittelmesoptoamien. In diesem Sinne ist auch das Osttaurus-Vorland noch Vorland Anatoliens gegen die arabischen Trockengebiete.

Die Provinz Gaziantep nimmt den Westen der großen welligen Platte des Osttaurus-Vorlandes von seinem Westabfall gegen den Hatay-Graben bis zum Euphrat im Osten und von den nördlichsten der leicht aufgewölbten Vorhügelzüge des Äußeren Osttaurus bis zu der vorher gekennzeichneten Südgrenze des Vorlandes ein. Nördlich der südwestwärts gerichteten Laufstrecke des Euphrat, in der der Fluß einer Einmuldung vor dem Fuße des Malatya-Taurus folgt, liegt der Vorlandbereich der Provinz Adıyaman und deren Hauptort.

Östlich des Euphrat bis zu den Westabdachungen der mächtigen Basaltkuppel des Karaca Dağ erstreckt sich zwischen dem Taurusrand und der Südgrenze des Osttaurus-Vorlandes die von Trockentälern und Karsthohlformen mäßig gefurchte bzw. genarbte sowie durch von Süden eingreifende Senkungsfelder gegliederte Kalk- und Mergelplatte der Provinz Urfa.

Ungefähr die von Norden nach Süden her über die Basaltkuppel des Karaca Dağ verlaufende Wasserscheide bildet die Grenze zwischen den Provinzen Urfa und Diyarbakır. Die letztgenannte nimmt das große, mit zertalten Quartär- und Jungtertiäraufschüttungen erfüllte Becken von Diyarbakır ein und reicht im Norden am Taurusrand bis an die schon beschriebenen Grenzen der Provinzen Elazığ und Bingöl, im Osten bis zum Batman-Fluß, im Süden bis an den Nordrand der Mardin-Schwelle.

Östlich des Batman-Flusses und nördlich von dessen Mündung in den Dicle (Tigris) bis zu den Rändern des Taurus erstreckt sich der bereits ziemlich bergige Vorlandanteil der Provinz Siirt. Deren Grenzen gegen die Provinzen Bitlis, Van und Hakkâri sind bereits gekennzeichnet worden. Die Provinz Mardin umfaßt die Mardin-Schwelle bis zu deren Südsaum an der Staatsgrenze. Im Osten weist sie mit den Ilçe Cizre und Silopi einen schmalen Ausläufer über den Dicle nach Osten auf, weil hier die Staatsgrenze zwischen der Cudi Çukurca-Kette der Zagros-Zone und dem östlichen Habur-Fluß noch ein Stück Gebirgsvorland einschließt.

Im ganzen passen sich die Provinzgrenzen im Osttaurus-Vorland einleuchtend den natürlichen Gegebenheiten des Landes und der Verteilung der vorhandenen städtischen Zentren an.

D. AUSBLICK AUF MÖGLICHKEITEN KÜNFTIGER ENTWICKLUNG

Unsere Betrachtung der Türkei wollte zeigen, in welcher Weise das Land durch sein Kernstück, das geographische Anatolien, und mit den teilweise darüber hinausreichenden Randgebieten eine gut umrissene, von Natur vergleichsweise glücklich ausgestattete Landgestalt bildet. Sie hebt sich von den Nachbarräumen deutlich ab und ist im türkischen Staat sinnvoll zu einem Gesamtgefüge mit Zentralraum und Randbereichen zusammengefaßt worden. Es war dabei auch auf gewisse Unvollkommenheiten und Schwierigkeiten im Bestehenden hinzuweisen.

Zum Abschluß mögen einige Bemerkungen über die Möglichkeiten künftiger Weiterentwicklungen und Veränderungen angefügt werden.

1. Über gesellschaftliche und wirtschaftliche Zukunftsaufgaben

Die wirtschaftlichen Schwierigkeiten in denen das Land sich gegenwärtig befindet, vor allem die hohe Arbeitslosigkeit wird wahrscheinlich gewisse gesellschaftliche Veränderungen erfordern. Ein erstes Ziel wird in einer Verringerung der extrem hohen Bevölkerungsvermehrung zu sehen sein. Es kann auch nicht ausbleiben, daß die noch vorhandenen Reste sehr großen Landbesitzes allmählich in kleinere, intensiver zu nutzende Besitzeinheiten zu überführen sind. Es wird sich andererseits als notwendig erweisen, der durch die religiös mitbestimmten Erbgewohnheiten schon sehr weit vorgeschrittenen Zerstückelung des Kleinstbesitzes an Boden Einhalt zu gebieten, um ein Unwirtschaftlichwerden der Bodenbewirtschaftung einzuschränken.

Sie ist gegenwärtig eine Hauptursache der großen wirtschaftlichen Bedrängnis des Landes, insbesondere der drückenden Arbeitslosigkeit. Das Land, das am Beginn des neuen Staates Überfluß an selbst erzeugten Nahrungsmitteln besaß, und das schon durch Ausbau der Verkehrswege eine gleichmäßigere Verteilung und bessere Versorgung erreichen konnte, ist mit den gegenwärtigen Arbeitsmethoden in der Landwirtschaft an die obere Grenze der landwirtschaftlichen Eigenerzeugung gelangt. Mit diesen ist die wachsende Bevölkerung kaum noch zu ernähren. Daher sind alle Wege einzuschlagen, um die landwirtschaftliche Erzeugung zu erhöhen und zu sichern. Dazu gehört es u.a., die noch nicht allzu umfangreichen und nicht genügend fortgesetzten Schritte zur Einrichtung sogenannter Dorfinstitute fortzuführen und die von der landwirtschaftlichen Hochschule in Ankara ernsthaft begonnenen und seit der Gründung gewonnenen Erkenntnisse besser allgemein in Anwendung zu bringen. Denn diese Schritte zur Verbesserung der landwirtschaftlichen Kultur- und Ertragsfähigkeit des Bodens durch geeignete Bodenbearbeitung, Düngung und Saatzucht sind noch keineswegs allgemein von der Bauernbevölkerung angenommen. Darüber hinaus wird es auch nötig sein, z.B. die in Israel gewonnenen und praktizierten Erfolge einer mit sparsamster Ausnutzung des verfügbaren Wassers betriebenen Trockenlandwirtschaft für das eigene Land zu verwerten.

Auf die Notwendigkeiten einer vorsichtigen und pfleglichen Behandlung der Wirtschaftsflächen, insbesondere der Anbauflächen, d.h. auf eine Vermehrung der Verantwortlichkeit gegenüber den Gefahren, die die Nutzflächen gerade unter dem subtropischen Klimabereich bei unvorsichtigen Eingriffen seitens des Menschen drohen, ist in Kap. B I hingewiesen worden.

In den genannten Richtungen zu einer Verbesserung der Landwirtschaft lägen zugleich Möglichkeiten für die Weiterentwicklung der heimischen Industrie zur Erzeugung der für Wasser sparenden Bewässerungsanlagen nötigen Ausrüstungen. Durch eine vorrangige Vermehrung, Verbesserung und Sicherung der landwirtschaftlichen Produktion würde auch der Anreiz zur Weiterentwicklung von Gewerbe und Industrie, zur Weiterverarbeitung der Erzeugnisse und zur Herstellung zusätzlicher Konsumgüter zunehmen. Es könnten dabei auch jene mannigfaltigen Bodenschätze des Landes, die zur Zeit überwiegend als nur mäßig vorbearbeitete Rohstoffe in den Export gehen, für den Eigenbedarf des Landes unmittelbar ausgenutzt werden. Allerdings ist hierfür mehr als bisher eine geplante Verwendung der aus dem Auslande mit Fachkenntnissen heimkehrenden Gastarbeiter und eine Vermehrung von Fachschulen in Verbindung mit Lehrbetrieb zur gründlichen Ausbildung von Facharbeitern vonnöten.

Die hohen Ausgaben für Maschinen aller Art und für Chemikalien, die in den Importposten der Türkei vorhanden sind, zeigen deutlich, in welcher Richtung eine wünschenswerte Weiterentwicklung der Industrie zu suchen ist. Eine solche ist aber nur mit einem Bestand an gut ausgebildeten Facharbeitern möglich. Nur der hohe Bedarf an eingeführtem Erdöl als Energiequelle wird sich wohl auch in Zukunft nicht wesentlich senken lassen.

2. Über Zukunftsaufgaben der Verwaltungsgliederung

Änderungen werden sich in der Türkei wie auch in anderen Ländern in der Verwaltungsgliederung ergeben. Die Provinzen der Türkei (Il, ehemals Vilayet), die Kreise (Ilçe, ehemals Kaza) und die Bezirksorte (Bucak, ehemals Nahiye), d.h. die Verwaltungsgliederung des Landes ist offensichtlich unter Berücksichtigung der bestehenden größeren und kleineren Städte und der als Verwaltungspunkte geeignet erscheinenden, z.T. recht kleinen Siedlungsplätze eingerichtet worden. Die Ilçe-Grenzen sind dabei nach Möglichkeit so gezogen, daß die Grenzen nicht mehr als etwa 50 km vom Ilçe-Hauptort entfernt verlaufen, und daß der Ilçe-Hauptort nicht allzu exzentrisch liegt. Dieser Wert wird allerdings sowohl in den dünn besiedelten, semiariden Gebieten von Zentralanatolien, im Taurus und in den östlichen Provinzen z.T. erheblich überschritten. Ebenso liegt die Provinzhauptstadt selbst manchmal sehr exzentrisch in ihrem eigenen Il. In diesen Fällen wird aber der Nachteil der großen Entfernung vom Verwaltungsort meist durch ein überdurchschnittlich gutes

Straßennetz gemildert. Die Provinzgrenzen sind dabei offensichtlich so gezogen worden, daß die zugehörigen Ilçeorte zu ihrer Provinzhauptstadt, in Straßenkilometern ausgedrückt, näher liegen als zu allen anderen Provinzhauptstädten. Diese Straßenkilometer-Entfernungen zur Provinzhauptstadt können dabei allerdings bis etwas über 200 km groß werden, wie z.B. zwischen der Provinzhauptstadt Mersin am Rande des Mitteltaurus und dem noch zugehörigen Ilçestädtchen Anamur an der Mittelmeerküste.

Die so nach Straßenkilometer-Entfernungen umrissenen Provinzgrenzen haben dazu geführt, daß einige Provinzen physisch-geographisch außerordentlich verschieden geartete Ilçe in sich umschließen. Das gilt besonders für die Provinz Konya. Diese umfaßt mit ihrem Hauptteil zentralanatolisches Steppenland. Aber mit den Ilçe Hadım und Ermenak schließt sie auch zwei ausschließlich im Hochgebirge des Mitteltaurus gelegene Ilçe in sich ein. Für den Verwaltungsapparat ist es sicherlich keine leichte Aufgabe, sowohl die Belange der Bewohner des steppenhaften Flachlandes in Zentralanatolien als auch jene der Hochgebirgsbevölkerung gleich gut zu betreuen. Zwar sind die wirtschaftlichen Beziehungen zwischen einem Hochgebirge und seinem Vorland oftmals besonders lebhaft. Aber im vorliegenden Beispiel ist dies sicherlich nicht der Fall. Deshalb ist die große Entfernung von Hadım und besonders von Ermenak von der in gänzlich anderer Umgebung gelegenen Provinzhauptstadt Konya sicherlich ein Nachteil.

Es gibt gewiß keine Städte in der Nähe des Taurus, die sich mit Konya, Mersin, Adana oder Antalya an Bedeutung messen können. Aber es wäre wohl zu überlegen, ob nicht Ereğli mit fast 60 000 E. oder Karaman mit 50 000 E. als Randstädte des Taurus die Funktionen einer Provinzhauptstadt für Teile des Mitteltaurus übernehmen könnten, um die Entfernung großer Teile des Mitteltaurus von ihrer Provinzhauptstadt wesentlich zu verringern. Dies gilt besonders, nachdem ein früherer Versuch, diesen offensichtlichen Mangel mit Hilfe der Stadt Silifke als Provinzhauptstadt zu beheben, wegen deren allzu schwacher Entwicklung wieder aufgegeben werden mußte.

Besonders dringend dürfte eine Veränderung der Verwaltungsgliederung bei den drei nun schon zu Riesenstädten angewachsenen Provinzhauptorten der Türkei, d.h. bei Istanbul, Ankara und Izmir zu empfehlen sein. Die bestehenden Stadtgrenzen (Belediye-Gebiete) entsprechen durchaus nicht mehr dem wirklichen Umfang der betreffenden gewachsenen städtischen Organismen. Und dies bringt fast notwendig Schwierigkeiten bei der Lösung von Aufgaben der Stadtentwicklung, wie dem Ausbau des öffentlichen Nahverkehrs, der Schulen, der sanitären Einrichtungen, der Marktverhältnisse, der Erschließung von Stadterweiterungsgebieten mit sich. Denn solche Vorhaben fallen gegenwärtig oft in die Kompetenz verschiedener örtlicher Verwaltungsinstanzen. Das Bestehen örtlich verschiedener Zuständigkeiten fördert ohne Zweifel die verschiedensten Formen von Spekulantentum, aber es dient nicht einer planvollen Gesamtentwicklung der großen Städte.

Dabei bleibt fraglich, ob die in den meisten Ländern gewöhnlich betriebene Politik der Eingemeindung von Randbereichen großer Städte der allein mögliche und beste Weg zur Förderung der Entwicklung ist, oder ob andere Formen der Vereinheitlichung für bestimmte Aufgabenbereiche der Verwaltung sich günstiger auswirken. Die hier angedeuteten Probleme betreffen aber nicht nur die genannten Millionenstädte. Sie beginnen bereits bei den wirklichen Großstädten. Das sind Siedlungen, die die Größe von etwa 250 000 E. überschritten haben. Denn innerhalb von solchen Städten werden die Entfernungen zwangsläufig so groß, daß öffentliche Verkehrsmittel eingerichtet und von der Mehrzahl der Berufstätigen auch benutzt werden müssen. In der Türkei gehören z.Zt. etwa die Städte Adana, Bursa, Gaziantep, Konya, Eskişehir und Kayseri mit in diese Kategorie wirklicher Großstädte.

3. Zur Minoritätenfrage in der Türkei

Eine ernste Sorge könnte der Türkei in ihrem Südostteil aus beginnenden Autonomiebestrebungen der dortigen Staatsbürger mit kurdischer Muttersprache erwachsen. Nach der alten Zählung von 1935 bildeten die Kurdisch Sprechenden, die freilich in zahlreiche Dialekte und außerdem in verschiedene muslimische Sonderbekenntnisse aufgegliedert waren, im Raum der heutigen Provinzen Erzincan, Elazığ, Tunceli, Adıyaman und Urfa starke Minoritäten der Bevölkerung. Im Gebiet der heutigen Provinzen Bingöl, Muş, Bitlis, Ağrı, Van, Hakkâri, Diyarbakır, Mardin und Siirt besaßen sie sogar damals deutlich die Mehrheit innerhalb der Bevölkerung. Infolge eines erheblichen Zuzugs aus westlicheren Teilen der Türkei mögen die Kurdisch Sprechenden seither anteilsmäßig etwas zurück gegangen sein. Für 1935 gab die türkische Statistik 1,48 Mio. Bürger mit kurdischer Muttersprache an, also 9,2 % der damaligen Gesamtbevölkerung von 16,16 Mio. Bei der Zählung von 1965 haben sich 1,848 Mio. zur kurdischen Muttersprache bekannt. Weitere 0,681 Mio. haben damals Kurdisch als zweitbeste beherrschte Sprache angegeben. Da Türken wahrscheinlich nur selten Kurdisch lernen, die Kurdisch Sprechenden aber beim Militär Türkisch lernen müssen, sind in dieser sehr großen Zahl, die Kurdisch als zweitbeste beherrschte Sprache angegeben haben, sicherlich im wesentlichen diejenigen zu sehen, die es damals für zweckmäßig gehalten haben, ihre kurdische Muttersprache zu verleugnen und sie nur als zweite Sprache anzusehen. Danach kann man die Zahl der 1965 Kurdisch Sprechenden wahrscheinlich mit etwa 1,848 + 0,681 = etwa 2,5 Mio. oder 9,0 % der damaligen Gesamtbevölkerung von 27,77 Mio. annehmen. In den statistischen Jahrbüchern der Türkei sind nach 1970 keine Angaben über die Muttersprache der Bevölkerung mehr enthalten. Es wird aber bei dem sehr starken Geburtenüberschuß der Bevölkerung in den östlichen Teilen der Türkei anzunehmen sein, daß auch von den 44,7 Mio. der Gesamtbevölkerung der Türkei von 1980 ungefähr 9 %, d.h. 4 Mio. Staatsbürger mit einem kurdischen Dialekt als Muttersprache anzunehmen sind.

Zwar waren im ersten Viertel des Jahrhunderts die damals im Südosten der Türkei zeitweise entstandenen Unruhen wohl vor allem als Auseinandersetzungen der neuen türkischen Staatsverwaltung mit den in diesen Gebieten überkommenen Herrschaftsstrukturen des ansässigen Großgrundbesitzes aufzufassen. Sie schienen infolge der gemeinsamen Zugehörigkeit zum Islam wegen dessen Auffassung vom Staat und der vollen Staatsbürgerschaft aller Rechtgläubigen ohne Rücksicht auf deren

Sprach- oder Volkszugehörigkeit keine separatistischen Bestrebungen in sich zu bergen. Inzwischen haben sich aber solche Bestrebungen in den kurdisch besiedelten Nachbarräumen im Irak und im Iran deutlich entwickelt. Die Türkei wird damit zu rechnen haben, daß solche Bestrebungen auch im eigenen Staatsbereich Fuß gefaßt haben. Die Türkei wird daher ihren Bestand in diesem Gebiet wahrscheinlich auf die Dauer ohne Schwierigkeiten nur dann bewahren können, wenn es ihr gelingt, ihre Staatsbürger kurdischer Muttersprache zu einer Hinwendung auf die zivilisatorische Überlegenheit der türkischen Kulturgemeinschaft und des türkischen Staates zu veranlassen. Dies dürfte am ehesten durch sorgsame kulturelle Zuwendung und gleichrechtliche Förderung zu erreichen sein, jedenfalls nicht durch Geringerstellung der Andersprachigen.

Alle sonstigen sprachlichen Minoritäten in der Türkei sind zahlenmäßig und in politischer Hinsicht unbedeutend. Weniger als 30 % der Provinz Hatay hat 1965 Arabisch als Muttersprache angegeben, außerdem etwa 10 % im Süden der Provinz Urfa. Beide Gebiete zusammen zählten knapp 0,2 Mio. oder weniger als 1 % der damaligen 27,77 Mio. zählenden Gesamtbevölkerung der Türkei. Dazu kommen noch einige Arabisch sprechende Dörfer am Südsaum des Taurus bei Adana und in der Umgebung von Diyarbakır.

Ganz gering sind ländliche Bevölkerungsteile mit kaukasischer (lasischer und georgischer) Muttersprache in den Gebirgsprovinzen längs der türkischen Schwarzmeerküste. Dazu kommen über die gesamte Türkei verteilt muslimische Rückwanderer (Muhacir) mit albanischer, bosnischer, bulgarischer Muttersprache (Pomaken) sowie Abchasen und Tscherkessen aus dem Kaukasusraum. Sie zählen aber insgesamt nicht mehr als einige Zehntausende. Zu den sprachlichen und zugleich konfessionellen Minoritäten der Türkei gehören endlich die durch Bestimmungen des Friedensvertrages von Lausanne 1923 geschützte griechische und die armenische Bewohnerschaft von Istanbul und einiger kleiner Ägäisinseln. Sie zählen je deutlich weniger als 100 000 Menschen und bilden keinen politisch gewichtigen Faktor. Gelegentliche Gewaltakte armenischer Untergrundverbände haben das nicht geändert.

4. Zur Weltlage der Türkei und der Meerengen

Je weiter die menschliche Technik sich entwickelt, umso entscheidender werden Charakter und Bedeutung der Lebensbereiche von ihrer Lage auf der Gesamterde beeinflußt. Für diese kommt es in erster Linie auf das Verhältnis zu den großen Brennpunkten des menschlichen Lebens an. Anatolien befand sich von den Zeiten der altorientalischen Hochkulturen an innerhalb der Zentralgebiete des Weltgeschehens selbst. Aber seine Lage ist nicht gleichwertig geblieben. Endgültig, vor allem seit dem Anwachsen der Bedeutung der Neuen Welt und seit dem Niedergang des osmanischen Reiches, haben sich die Schwerpunkte des Weltgeschehens verlagert. Trotzdem ist die Weltlage der Türkei auch heute noch und zweifellos auch in Zukunft bedeutend.

Anatolien liegt, fast möchte man sagen mit mathematischer Genauigkeit, in der Mitte der riesigen Ländermassen der Alten Welt. Besagt dies auch für sich allein nicht so viel, so gewinnt es doch bei näherer Betrachtung großen tatsächlichen Gehalt.

Europa, Indien und Ostasien, die drei durch ihre Bevölkerungsmassen wie durch ihre kulturelle und wirtschaftliche Bedeutung in der Gegenwart gewichtigsten Großlebensräume der Alten Welt berühren sich nicht. Sie werden durch die hochgelegenen Teile von Nordasien, durch den weiten Trockengebirgsgürtel West- und Zentralasiens und durch die feuchten Hochgebirge Südostasiens, d.h. durch dünn besiedelte, wenig verkehrsgünstige Zwischenräume von einander getrennt. Deswegen haben diejenigen Erdgegenden, in denen die drei genannten Räume einander am nächsten kommen, bevorzugte Verkehrsbedeutung. Bilden sie doch die von der Natur vorgezeichneten Stellen, über die ein Austausch zwischen jenen so verschiedenen Lebenswelten sich vollziehen kann.

In derart bevorzugter Verkehrslage befindet sich Anatolien, da es an der kürzesten Landverbindungslinie zwischen Europa und Indien gelegen ist. Aufgrund seiner noch kontinuierlichen Siedlungsstreuung, die dem lückenhaften Siedlungsbilde in den arabischen Ländern ebenso wie in Iran und Turan gegenübersteht, bildet es einen nach Südosten vorgeschobenen Vorhof des dicht besiedelten Europa. Es ist in Wahrheit das Südost-Eck von Groß-Europa. Kulturhistorisch und kulturgeographisch ist diese Zurechnung geboten. Denn außer den vom Ursprung her bestehenden Gemeinsamkeiten der bäuerlichen Wirtschaftsweise hier und im alten Europa dringt heute der Einfluß der modernen Entwicklung aus den Kerngebieten von Europa nach Anatolien ebenso vor, wie in den übrigen Randgebieten von Groß-Europa.

Die räumliche Annäherung der europäischen Welt an die indische in Vorderasien bringt die Verkehrsbedeutung dieses Bereiches noch nicht voll zum Ausdruck. Durch Vorderasien schwingt sich, wie wir sahen, der große Kettengebirgsgürtel vom Mittelmeergebiet nach Hochasien. Auf diese Weise wird hier der lebensfeindliche Trockengürtel der Alten Welt von hohen Gebirgen durchsetzt. Diese wirken im Trockengebiet immer als bevorzugte Regenfänger und spenden ihren Rändern Wasser. Dadurch wird der Trockenbereich gerade in Iran besser wegsam. So ist es natürlich, daß alte wichtige Landverbindungen über Anatolien und Iran von Groß-Europa nach Monsun-Asien und umgekehrt führen.

Seit alter Zeit stehen hier Parallelwege, die sowohl durch Südrußland, durch Anatolien wie auch namentlich durch Syrien und Mesopotamien verlaufen, miteinander im Wettstreit. Nach der Umschiffung Afrikas sind sie allesamt als Quellen des Reichtums entscheidend geschwächt worden. Ganz besonders war dies der Fall, nachdem durch die Eröffnung des Suezkanals der konkurrierende Seeweg kürzer geworden und den Landwegen näher gerückt ist. Die politisch-geographische Bedeutung der Länder im Bereich der Wege zwischen Europa und Indien ist aber trotzdem nach wie vor groß, weil sie Anrainer sind.

Unter ihnen ist, wie wir sahen, Anatolien das am weitesten nach Südosten vorgeschobene Land mit noch guten Besiedlungsmöglichkeiten. Es ist daher zugleich das volkreichste unter ihnen und, da die Bevölkerung national sehr einheitlich ist, gleichzeitig auch das politisch stärkste Land in diesem für den Fernverkehr so wichtigen Bereich. Das ist eine Tatsache, die sich in der Zukunft infolge der günstigen

Naturbedingungen Anatoliens noch stärker auswirken wird als heute. Sie verleiht Anatolien und dem türkischen Staat eine über die örtlichen Verhältnisse hinausgehende weltpolitische Bedeutung.

Darüber hinaus besitzt Anatolien auch innerhalb der südöstlichen Randzone von Groß-Europa eine besonders wichtige Stellung. Die südöstliche Randzone von Groß-Europa steht als wirtschaftlich sehr abweichend beschaffener Raum den hochindustrialisierten und überbevölkerten Teilen Mittel- und Westeuropas als natürlicher Partner gegenüber. Daher vollzieht sich ein erheblicher Güteraustausch zwischen beiden. Dieser hat außer den kurzen Landwegen den längeren aber billigeren Seeweg über das Schwarze Meer, Mittelmeer und den Ozean zur Nordsee zur Verfügung. Gerade das Mittelmeer erschließt mit seinem Ostwinkel und seinen östlichen Zweigbecken Ägäis und Schwarzmeer den Südosten von Groß-Europa in ausgezeichneter Weise. Das kommt der Türkei unmittelbar dadurch zugute, daß seine mehr als 3000 km langen Küsten sämtlich an diesem Wasserwege liegen. Darüber hinaus nimmt die Türkei durch die Beherrschung der Meerengen an diesem Wasserwege eine singuläre Stellung ein. Der Seefernverkehr der Anrainerstaaten des Schwarzen Meeres vollzieht sich über türkisches Hoheitsgebiet. Diese Tatsache bedeutete in Zeiten politischer Schwäche der Türkei für diese eine gefährliche Bedrohung. Für die neue Türkei liegt darin eine bedeutende Steigerung ihrer allgemeinen politischen Bedeutung.

Die Weltlage Anatoliens besitzt so von zwei ganz verschiedenen Zusammenhängen her gesehen einen weit über ihre nahörtlichen Verhältnisse hinausragenden Rang.

Gegenüber diesen in erster Linie südwest-nordöstlich gerichteten Verflechtungen spielen die nach Norden und Süden weisenden Beziehungen des Landes eine geringere Rolle. Der Austausch über das Schwarze Meer nach der Sowjetunion ist nicht besonders groß. Aber er dürfte sich in Zukunft in dem Maße vermehren, in welchem die Sowjetunion als Lieferant von Industrieerzeugnissen in der Türkei Fuß fassen kann. Ebenso hält sich Anatoliens Verkehr mit den südlichen Nachbarländern in bescheidenen Grenzen, da deren Erzeugnisse und Bedürfnisse denen Anatoliens im ganzen ähnlich sind. Eine erhebliche wirtschaftliche Bedeutung hatte in alter Zeit die Mekkapilgerfahrt. Aber schon der Ausbau der Bağdad- und Hedschasbahn, der die Fahrt sehr vereinfachte, und neuerdings billige Flugreisen haben diese Bedeutung gemindert. Das Erlöschen des Kalifats in Istanbul und die Abschwächung der religiösen Antriebe gegenüber dem nationalen Gedanken in der neuen Türkei, vor allem bei den Intellektuellen, haben ebenfalls dazu beigetragen.

Die geschilderten Verhältnisse beziehen sich auf die Gegenwart. Diese nimmt sich für die Türkei, verglichen mit der weit zurückliegenden Vergangenheit, bescheiden aus. Gehörte doch zur Zeit der Hethiter Anatolien zu den damals bedeutendsten Kulturgebieten überhaupt. In der Frühzeit der Kulturentwicklung der Menschheit waren die feuchten und daher von Natur waldreichen Gebiete am nordwestlichen und südöstlichen Rande der Alten Welt, welche heute die größten Menschenmengen beherbergen, viel dünner besiedelt. Es bedurfte einer erheblichen Vorentwicklung der materiellen Kultur, ehe diese Waldgebiete in intensiv genutztes und dicht bewohntes Kulturland verwandelt werden konnten und ehe sie schließlich die alten Vorzugsgebiete der menschlichen Entwicklung nach und nach überflügeln und entthronen konnten. Die große Aufgabe der Schaffung ausgedehnter Kulturflächen war in der Frühzeit der menschlichen Kulturentwicklung in den trockeneren Ländern wesentlich leichter, weil dort der Kampf gegen die Wildvegetation weniger mühevoll war als in den Feuchtwaldgebieten. Daher haben in jenen Zeiten die Oasen im Trockengürtel der Alten Welt und namentlich die Randländer des Trockengürtels, zu denen Anatolien gehört, für die Besiedlung und Kulturentfaltung eine viel größere Rolle gespielt als heute. Die in der Vergangenheit höhere kulturelle und politische Bedeutung Anatoliens ist darauf zurückzuführen.

Dazu kommt ein zweites: Die Leichtigkeit, mit der die natürliche Vegetation in den Trockenländern vom Menschen umgestaltet werden kann, hat fast überall in ihnen raubwirtschaftliche Schädigungen zur Folge gehabt. Übermäßige Bewirtschaftung, ja sorglose Zerstörung besonders an den Wald- und Gehölzbeständen, aber auch in den Steppenflächen ist allenthalben eingetreten. Dadurch ist der Wasserhaushalt dieser Länder ungünstig beeinflußt worden. Bodenerosion hat Verluste an wertvollen Kulturflächen mit sich gebracht und der gesamte Kulturwert dieser Länder ist mehr oder weniger beeinträchtigt worden. Diese Erscheinungen gehören ohne Frage mit zu den Ursachen der großen Schwerpunktverlagerungen, welche seit der Antike unter den Lebensbereichen der Alten Welt eingetreten sind. Die dritte Ursachengruppe, die in der Erschließung der gesamten Erde und der Entstehung des ozeanischen Verkehrs wurzelt, wurde bei der Erwähnung der Verlagerung der Handelswege zwischen Europa und Indien bereits gestreift.

Die großen Veränderungen der allgemeinen Bevölkerungsverteilung auf der Erde, ebenso wie die Verlagerung der Welthandelswege sind nicht rückgängig zu machen. Ja, auf diesem Gebiet wird die fernere Zukunft sicherlich noch weitere Veränderungen mit sich bringen. Aber die raubwirtschaftlichen Schädigungen der Vergangenheit können, wenn auch nur langsam, mühevoll und wahrscheinlich nicht in vollem Ausmaß wieder gutgemacht werden. Denn die grundlegenden Naturbedingungen, vor allem die klimatischen, sind, soweit die Forschung dies zu ergründen vermag, in der historischen Zeit ungefähr die gleichen geblieben. Das gibt Ländern wie Anatolien die Aussicht und den Anreiz, durch sorgsame Pflege der heimischen Natur und des heimischen Bodens in geduldiger, ausdauernder Arbeit die Kultur- und Ertragsfähigkeit ihrer Erde aufs neue zu steigern und namentlich die Sicherheit der Erträge zu erhöhen.

LITERATURAUSWAHL

Akçura, T. (1971): Ankara, Türkiye Cumhuriyetinin Başkenti hakkında Monografik bir Araştırma. Orta Doğu Teknik Univ. Mimarlık Fak. Yay. 16. Ankara 1971.

Aksoy, S. (1968): Rechtliche Fragen der Agrar-Reform in der Türkei auf der Grundlage des türkischen Gesetzes über die Bodenreform vom 11. Juni 1945. Ber. üb. Landwirtschaft 3–4, 1968, S. 792–808.

Alagöz, C. A. (1938): Sur la Transhumance en Anatolie particulièrement au Nord d'Ankara. Compt. Rend. Congr. Intern. Géogr. Amsterdam, Vol. 2, Sect. 3a, S. 5–10, 1938.

–, (1967): Sıvas, Çevresi ve Doğusunda Jips Karstı Olayları (Les phenomènes karstiques du gypse aux environs et a l'est de Sıvas) Ankara Univ. DTC. Fak. Yay. Nr. 175, Ankara 1967.

Alkım, U. B. (1968): Anatolien I (Archaeologia Mundi) München, Genf, Paris 1968.

Ardel, A. u. H. Inandik (1961): Formation et évolution de la mer de Marmara pendant le Quaternaire. Rev. Inst. Géogr. Nr. 7, S. 1–18, Istanbul 1961.

Arni, P. (1939): Tektonische Grundzüge Ostanatoliens und benachbarter Gebiete. M. T. A. Publ. Reihe B. Nr. 4. Ankara 1939.

Bartsch, G. (1934/35): Der Erdschias Dagh und die Stadt Kayseri in Mittelanatolien. Jahrb. Geogr. Ges. Hannover 1934/35, S. 89–202.

Bates, D. G. (1973): Nomads and Farmers. A Study of the Yörük of Southern Turkey. Michigan, 1973.

Bazin, M. (1969): Erzurum, un centre régional en Turquie. Rev. Géogr. de l'Est 1969, S. 269–314.

Becker, F., K. H. Hottes u. E. Schultheis: Flächennutzungsplan in der Türkei. Materialia Turcica. Beiheft 2, Bochum 1978.

Bediz, D. (1935): Izmir (Smyrna) und sein wirtschaftsgeographisches Einzugsgebiet. Diss. München 1935.

Beeley, B. W. (1969): Rural Turkey, a Bibliographic Introduction. Hacettepe Univ., Inst. Population Studies. Publ. Nr. 10. Ankara 1969.

Benedict, P., E. Tümertekin u. F. Mansur (Hrsg.) 1974: Turkey, Geographic and Social Perspectives. Social. Econom. and Polit. Studies of the Middle East. Bd. 9. Leiden 1974. Mehrere einschlägige Spezialarbeiten.

Birand, A. (1960): Erste Ergebnisse der Vegetations-Untersuchungen in der zentralanatolischen Steppe. Botan. Jahrb. 79, S. 255–296, 1960.

Bittel, K. (1950): Grundzüge der Vor- und Frühgeschichte Kleinasiens. 2. Aufl. Tübingen 1950.

Blumenthal, M. M. (1941): Niğde ve Adana Vilayetleri dahilindeki Torosların Jeolojisine umumi bir Bakış. (Un aperçu de la Géologie du Taurus dans les Vilayets de Niğde et d'Adana). M. T. A. Yay. Ser. B Nr. 6, Ankara 1941.

–, (1944): Büyük Çakıt Çayı Boğazının Kurılma Diskordansları. (Les discordances de plisement dans la Grande Gorge du Çakıt Çayı, Vilayet d'Adana). T. Coğr, Derg, Nr. 5–6, S. 119–131, Ankara 1944.

–, (1948): Bolu Civarı ile Aşağı Kızılırmak Mecrası arasındaki Kuzey Anadolu Silsilerinin Jeolojisi. (Un apercu de la géologie des Chaines Nordanatoliennes entre l'Ova de Bolu et le Kızıl Irmak inférieur). M. T. A. Yay., Ser. B. Nr. 13, Ankara 1948.

Bobek, H. (1938): Forschungen im Zentralkurdischen Hochgebirge zwischen Van- und Urmia-See. (Südost-Anatolien und West-Azerbaycan). Peterm. Mitt. 84, S. 152–162 u. 215–228, 1938.

–, (1948): Soziale Raumbildungen am Beispiel des Vorderen Orients. Verh. 27. Dt. Geogr. Tag. München 1948. Landshut 1950, S. 193–206.

Brinkmann, R. (1976): Geology of Turkey. Stuttgart 1976.
Broughton, T. R. S. (1959): Roman Asia Minor. In Frank, T. (Hrsg.), An Economic Survey of Ancient Rome, Bd. 4: Africa, Syria, Greece, Asia Minor. Paterson N. J. 1959.
Butzer, K. W. (1958): Quaternary Stratigraphy and Climate in the Near East. Bonner Geogr. Abh. H. 24, 1958.
Cahen, C. (1968): Pre-Otoman Turkey. London 1968.
Chaput, E. (1936): Voyages d'études géologiques et géomorphologiques en Turquie. Mem. de l'Inst. d'Archéologie de Stamboul 2, Paris 1936.
Christiansen-Weniger, F. (1964): Gefährdung Anatoliens durch Trockenjahre und Dürrekatastrophen. Zeitschr. ausl. Landwirtsch. Jg. 3, 1964, S. 133–147.
–, (1970): Ackerbauformen im Mittelmeerraum und Nahen Osten, dargestellt am Beispiel der Türkei. Frankfurt 1970.
Çölaşan, U. E. (1960): Türkiye Iklimi. Ankara 1960.
Cuinet, V. (1890–95): La Turquie d'Asie. Géographie administrative, statistique, descriptive et raisonnee de chaque province de l'Asie-Mineure. Vol. 1–4, Paris 1890–95.
Darkot, B. (1955): Türkiyenin Coğrafî Bölgeleri hakkında. (Sur les régions géographiques de la Turquie). T. Coğr. Derg. Nr. 13–14, S. 141–150. Istanbul 1955.
–, (1963): Türkiye Coğrafyası. Lise 3. Istanbul 1963.
–, (1970): Türkiye Coğrafyası. Istanbul 1970.
Davis, P. H. (1965), 1967, 1968, 1972): Flora of Turkey. 4 Vol. Edinburgh 1965, 1967, 1968, 1972.
Dönmez, Y. (1968): A new Approach to the Problem of the Steppe of Trakya. Rev. Inst. Géogr. Istanbul Nr. 11, S. 47–67, Istanbul 1968.
Eberhard, W. (1959): Nomads and Farmers in Southeastern Turkey. Oriens. Bd. 6, S. 32–49. Leiden 1953.
Erinç, S. (1945): Kuzey Anadolu Kenar Dağlarının Ordu-Giresun Kesiminde landşaft şeritleri (Landschaftszonen in dem Ordu-Giresun-Abschnitt des nordanatolischen Randgebirges). T. Coğr. Derg. Nr. 7/8. Ankara 1945.
–, (1953): Doğu Anadolu Coğrafyası. Istanbul Univ. Ed. Fak. Yay. Nr. 572, Coğr. Enst. Yay. Nr. 15, Istanbul 1960.
–, (1960): On the Karst Features in Turkey. Rev. Inst. Géogr. Istanbul, Nr. 6, S. 1–14, Istanbul 1960.
–, (1978): Changes in the Physical Environment in Turkey since the End of the last Glacial. In Brice, W. C. (Hrsg.): The Environmental History of the Near and Middle East since the Last Ice Age. S. 87–110. London 1978.
Erol, Og. (1955): On the Geomorphology of Elma Dağı. T. Coğr. Derg. Nr. 13/14. S. 161–164. Istanbul 1955.
–, (1963): Zur Frage der Rumpfflächen in Anatolien, unter besonderer Berücksichtigung des Gebietes um Ankara. Mitt. Geogr. Ges. München 48, S. 173–191, München 1963.
–, (1970): Les hauts niveaux pleistocènes du Tuzgölü (lac salé) en Anatolie Centrale (Turquie). Ann. de Géogr. 79, S. 39–50, 1970.
–, (1973): Ankara Şehri ve Çevresinin jeomorfolojik Ana Bitimleri. (Ölçek 1 : 100 000) Ankara Univ. D. T. C. Fak. Yay. Nr. 240. Coğr. Araştırmaları Enst. Yay. Nr. 16, Ankara 1973.
–, (1978): The Quarternary History of the Lake Basins of Central and Southern Anatolia. In: Brice, W. C. (Hrsg.): The Environmental History of the Near and Middle East since the Last Ice Age, S. 11–140, London 1978.
–, (1983): Die naturräumliche Gliederung der Türkei. Beihefte z. Tübinger Atlas d. Vorderen Orients, Reihe A, Nr. 13, Wiesbaden 1983.
Franz, E. (1974): Der Streit um die Rechte am Schelf im Ägäischen Meer zwischen Griechenland und der Türkei. Orient 3, S. 116–126, 1974.
Frödin, J. (1944): Neuere kulturgeographische Wandlungen in der Türkei. Zeitschr. Ges. Erdkde. Berlin 1944, S. 1–20.

Garbrecht, G. (1968): Wasserbau in der Geschichte Anatoliens. Wasserkraftpotential und Wassernutzung. Gediz und Euphrat als Beispiele großräumiger Wasserwirtschaftsplanungen. Wasser und Boden, Jg. 20, H. 2, S. 39–32, 41–42, 1968.

Gassner, G. u. F. Christiansen-Weniger (1942/43): Dendroklimatologische Untersuchungen über die Jahresringentwicklung der Kiefern in Anatolien, Nova Acta Leopoldina N. F. Bd. 12 Nr. 80, Halle 1942/43.

Güldalı, N. (1970): Karstmorphologische Studien im Gebiet des Poljesystems von Kestel (Westlicher Taurus, Türkei). Tübinger Geogr. Studien, H. 40, Tübingen 1970.

–, (1974): Seydişehir and Akseki Bauxite Desposits and their Relation to Paleokarst Phenomena in Taurus Mountains. Congr. Earth Sciences on Occasion of the 50th Annyversary of Turkish Republik 1973, Ankara 1975.

–, (1976): Akseki Poljesi, Toroslar' in Karstik Bölgelerindeki Dağarası Ovalarının Oluşumu ve Gelişimi (Polje of Akseki, the Formation and the Development of the Intramontane Plains in the Karstik Areas in the Taurus). Türkiye Jeoloji Kurumu Bülteni 19, S. 143–148, Ankara 1976.

Güray, R. (1968): Türkische Zuckerindustrie und Zuckerrübenanbau. Türkiye Şeker Fabrikaları Anonim Şirketi, Nesr. Nr. 160, Ankara 1968.

Gürsoy, C. R. (1957): Türkiyenin Coğrafî Taksimatında Yapılan Icabeden Bazı Tashiler (Über die geographische Gliederung der Türkei und einige Verbesserungsvorschläge). Ankara Univ. D. T. C. Fak. Derg. 15, Nr. 1–3, S. 219–245, Ankara 1957.

Hammer, H. v. (1815): Des Osmanischen Reiches Staatsverfassung und Staatsverwaltung seit dem 19. Jahrhundert. Wien 1815.

Höhfeld, V. (1977): Anatolische Kleinstädte. Anlage, Verlegung und Wachstumsrichtung seit dem 19. Jahrhundert. Erlanger Geogr. Abh. Bd. 6, Erlangen 1977.

Hütteroth, W. D. (1959): Bergnomaden und Yaylabauern im kurdischen Taurus. Marburger Geogr. Schr. H. 11, 1959.

–, (1968): Ländliche Siedlungen im südlichen Inneranatolien in den letzten vierhundert Jahren. Göttinger Geogr. Abh. H. 46, 1968.

–, (1971): Fragestellungen und Ergebnisse anthropogeographischer Forschungen in Anatolien. Mitt. Geogr. Ges. München 56, 1971, S. 77–95.

–, (1982): Türkei, Wissenschaftliche Länderkunden. Bd. 21, Darmstadt 1982.

Ilkin, S. u. E. Inanç (Hrsg.), (1976): Planing in Turkey. Selected Papers. Middle East. Techn. Univ. Adminestr. Scncs. Yay. 9. Ankara 1967.

Iller-Bankası (Hrsg.) o. J. um 1970: Analitik Etüdleri. Adana, Ankara, Erzurum, Gaziantep, Izmit, Konya. Ankara o. J.

Imar Iskân Bakanlığı (1965): 13 Büyük Şehirde Gecekondu. Mesken Genel Müdürlüğü Araştırma Dairesi Yay Nr. 10. Ankara 1956.

Inalçık, H. (1960): Istanbul, Encyclop. of Islam, 2. Aufl. Leiden 1960ff., S. 224–248.

Inandık, H. (1956): La Population et l'Habitat dans la Région d'Adapazarı, NW de l'Anatolie. Rev. Inst. Géogr. Istanbul Nr. 3, S. 31–46, Istanbul 1956.

Izbırak, R. (1951): Cilo Dağı ve Hakkâri ile Van Gölü Çevresinde Coğrafya Araştırmaları. Ankara Univ. D. T. C. Fak. Yay. Nr. 67, Coğr. Enst. Yay. Nr. 4, Ankara 1951.

–, (1962): Geomorphologische Beobachtungen im Oberen Kızıl-Irmak- und Zamantı-Gebiet (Östliches Mittelanatolien). Münchener Geogr. H. 22, München 1962.

–, (1968): Türkiye Jeomorfografik Harita 1 : 1 850 000. Harita Genel Müdürlüğü, Ankara 1968.

–, (1972/73): Türkiye, Bd. 1 und 2, Istanbul 1972/73.

Jäschke, G. (1963): Wie wurde die Türkei eine Republik und Ankara ihre Hauptstadt? Mitt. Deutsch. Türk. Ges. Bonn, H. 52, S. 1–6, Bonn 1963.

Kafescioğlu, R. (1949): Orta Anadoluda Köy Evlerinin Yapısı. Istanbul Tekn. Üniv. Yay. Istanbul 1949.

Kansu, Ş. A. (seit 1935): Zahlreiche Berichte zur Prähistorie und Anthropologie der Türkei (franz. od. engl. Summ.) im Belleten des Türk Tarih Kurumu, Ankara.

–, (1976): Rassengeschichte der Türkei. Türk Tarih Kurumu Bel. XL. Nr. 159, S. 353–401.

Karaboran, H. H. (1975): Die Stadt Osmaniye in der Oberen Çukurova. Entwicklung, Struktur und Funktion einer türkischen Mittelstadt. Ein Beitrag zur regionalen Stadtgeographie und zur Landeskunde der südöstlichen Türkei. Diss. Heidelberg 1975.
Karayolları Genel Müdürlüğü (Hrsg.) (1969): Tarihî Türk Hanları. Ankara 1969.
–, (1973): Cumhuriyetin 50. Yilinda Karayollarimiz. Yay. Nr. 213, Ankara 1973.
Karnık, U. (1971): Seismicity of the European Area. Dortrecht, 1971.
Karpat, K. H. (1976): The Gecekondu, Rural Migration and Urbanization. Cambridge Univ. Press. Cambride 1976.
Ketin, I. (1966): Tectonic Units of Anatolia, M. T. A. Bull. 66, Ankara 1966.
– (1977): Main orogenic events and palaeogeographic Evolution of Turkey. M. T. A. Bull. 88, Ankara 1977.
Kirsten, E. (1956): Die griechische Polis als historisch-geographisches Problem des Mittelmeerraumes. Colloqu. Geogr. Bd. 5, Bonn 1956.
Kissling, H. J. (1956): Beiträge zur Kenntnis Thrakiens im 17. Jahrhunderts. Abh. f. d. Kunde d. Morgenlandes. Wiesbaden 1956.
Klaer, W. (1962): Untersuchungen zur klimagenetischen Geomorphologie in den Hochgebirgen Vorderasiens. Heidelberger Geogr. Arb. H. 11, Heidelberg-München 1962.
Kleiss, W. u. H. Hauptmann (1976): Topographische Karte von Urartu. Verzeichnis der Fundorte und Bibliographie. Archäol. Mitt. aus Iran, Erg.Bd. 3, Berlin 1976.
Köksal, A. (1972): Basra Ovasının Coğrafya Etüdü. Ankara Üniv. D. T. C. Fak. Yay. Nr. 220, Ankara 1972.
Kökten, I. K. (1963): Die Stellung von Karain innerhalb der Türkischen Vorgeschichte. Anatolia Vol. VII, S. 59–86, Ankara 1963.
Kraft, J. C.; Kayan, I.; Erol, O. (1980): Geomorphic Reconstructions in the Environs of Ancient Troy. Science, Vol. 209, No. 4458, S. 776–782, August 1980.
Köy Işleri Bakanlığı (Hrsg.) (1963ff.): Köy Envanter Etüdleri (67 Bände). Köy Işleri Bakanlığı Yay. 1963 ff.
Koşay, H. Z. (1951): Alaca Hüyük (Das Dorf Alaca Hüyük) Türk Tarih Kurumu Yay. Cilt 7, Nr. 21, Ankara 1951.
Krause, K. (1915): Über die Vegetationsverhältnisse des westlichen und mittleren Kleinasiens. Botan. Jb. Bd. 53, Beil. Nr. 116, S. 284–313, 1915.
Kroner, G. (1961): Die türkischen Eisen- und Stahlwerke in Karabük. Geogr. Rundschau 13, S. 241–249, 1961.
Krüger, K. (1963): Die neue Türkei. Berlin 1963.
Lebling, C. (1925): Die jüngeren Bau- und Oberflächenformen Kleinasiens. Peterm. Mitt. 71, S. 200–205, 1925.
Lehmann-Haupt, C. F. (1910–1931): Armenien einst und jetzt. 3 Bde., Berlin-Leipzig 1910, 1926, 1931.
Lettner, W. (1965): Die innerurbane Verkehrsstruktur Istanbuls. Mitt. Österr. Ges. 107, S. 45–70, 1965.
–, (1967): Der Hafen von Istanbul. In Festschr. f. Leopold Scheidl, S. 179–230, 1973.
–, (1973): Die Industrie der Türkei. Arb. Geogr. Inst. Univ. Graz Nr. 19, S. 179–230, 1973.
Lembke, H. (1939): Klima und Höhenstufen im nordostanatolischen Randgebirge. Zeitschr. Ges. Erdkde. Berlin 1939, S. 171–184.
Löffler, E. (1970): Untersuchungen zum eiszeitlichen und rezenten klimagenetischen Formenschatz in den Gebirgen Nordostanatoliens. Heidelberger Geogr. Arb. 27, Heidelberg 1970.
Louis, H. (1938): Eiszeitliche Seen in Anatolien. Zeitschr. Ges. Erdkde. Berlin 1938, S. 267–285.
–, (1939): Das natürliche Pflanzenkleid Anatoliens, geographisch gesehen. Geogr. Abh. N.F. 3, H. 12, Stuttgart 1939.
–, (1940): Die Bevölkerungskarte der Türkei. Berliner Geogr. Arb. H. 20, 1940.
–, (1944): Spuren eiszeitlicher Vergletscherung in Anatolien. Geol. Rundsch. Bd. 34, H. 7/8, S. 447–481.

–, (1948): Probleme der Kulturlandschaftsentwicklung in Inneranatolien. Erdkunde, 2. S. 146–151, 1948.
–, (1954): Über den geographischen Europabegriff, Mitt. Geogr. Ges. München, Bd. 39, S. 73–93, 1954.
–, (1955): Die junge kulturgeographische Entwicklung der Türkei. Verh. Deutsch. Geogr. Tag. Hamburg 1955, S. 59–72, Wiesbaden 1957.
–, (1956): Die Entstehung der Poljen und ihre Stellung in der Karstabtragung auf Grund von Beobachtungen im Taurus. Erdkde. 10, S. 33–53, 1956.
–, (1970): Städtische und ländliche Bevölkerungszunahme in der Türkei zwischen 1935 und 1965. In Deutsch. Geogr. Forschg. i.d. Welt v. heute, Festschr. f. E. Gentz, S. 155–166, Kiel 1970.
–, (1970): Zur Geomorphologie der Umgebung von Ankara. Ankara Üniv. D. T. C. Fak. Derg. Bd. 28, Nr. 1–2, Ankara 1970.
–, (1972): Die Bevölkerungsverteilung in der Türkei 1965 und ihre Entwicklung seit 1935. Erdkde. 26, H. 3, S. 161–177, 1972.
–, (1979): Die Stellung Anatoliens am Rande Europas. In „Die Türkei in Europa" (Hrsg.) v. K. D. Grothusen. Göttingen 1979, S. 11–19.
Lüttig, G. (1968): Stand und Möglichkeiten der Braunkohlen-Prospektion in der Türkei. Geol. Jb. Bd. 85, S. 585–604, Hannover 1968.
Mayer, R. (1943): Byzantion, Konstantinupolis, Istanbul, eine genetische Stadtgeographie. Wien u. Leipzig 1943.
Meesters, T. de (Hrsg.) (1970): Soils of the Great Konya Basin, Türkey. Agric. Research. Rep. 740. Wageningen 1970.
Mellaart, J. (1967): Çatal Hüyük, a Neolithic Town. in Anatolia. London 1967, 2. Edit.
Deutsche Ausgabe: Çatal Hüyük, Stadt der Steinzeit, Bergisch Gladbach 1967.
–, (1975): The Neolothic of the Near East. London 1975.
Merz, A. (1918): Die Strömungen des Bosporus. In Bibl. Geogr. Handbücher, Festbd. f. A. Penck, Stuttgart 1918, S. 177–195.
Merz, A. u. L. Möller (1928): Hydrographische Untersuchungen in Bosporus und Dardanellen. Veröffentl. Inst. f. Meereskde. Berlin, N.F., Reihe A, H. 18, 1928.
Messerli, B. (1967): Die eiszeitliche und die gegenwärtige Vergletscherung im Mittelmeerraum. Geogr. Helvetica 22, H. 3, S. 115–228, Berlin 1967.
Migeod, H. G. (1972): Türkei, der 3. Fünfjahresplan (1973–1977). Orient 13, S. 190–195, 1972.
Mitchell, W. A. (1971): Turkish Villages in Interior Anatolia and von Thünen's „Isolated State", a Comparative Analysis. Middle East Journ. 25, S. 355–369, 1971.
Müller-Wiener, W. (1977): Bildlexikon zur Topographie Istanbuls. Dt. Archäol. Inst., Tübingen 1977.
Munro, J. M. (1974): Migration in Turkey. Econ. Developm. and Cult. Change Vol. 22, Nr. 4, S. 634–653, 1974.
Nestmann, L. (1961): Türkische Heil- und Thermalbäder. Mitt. Dt. Türk. Ges., H. 43, S. 1–4, Bonn 1961.
–, (1972): Eingliederung und Wirkung des Menschen im Naturraum der Osttürkei. Biogeographica Bd. I, The Hague, 1972, S. 119–132.
–, (1974): Minoritäten und Ausländer. In Kündig-Steiner, W. (Hrsg.): Die Türkei. Inst. f. Auslandsbezieh. Ländermonogr. Bd. 4, S. 93–103, Tübingen-Basel 1974.
Nowack, E. (1928): Eine Reise im westpontischen Anatolien. Eine Reise längs der Südküste Kleinasiens. Zeitschr. Ges. Erdkde. Berlin 1928, S. 1–16, 302–315.
–, (1933): Die Oberflächengestaltung Anatoliens. Peterm. Mitt. 79, S. 234–236, 1933.
Oettinger, B. (1976): Die Wochenmärkte und ihre Rotation im westlichen Mittelanatolien. Erdkde. Berlin 30, H. 1, S. 19–24, 1976.
Öğretmen, J. (1957): Ankara'da 158 Gece Kondu. Ankara Üniv. Siyasal Bilg. Fak. Yay. Nr. 51–69, Ankara 1957.

Orman Bakanlığı, Milli Parklar Dairesi (Hrsg.) 1967ff.: Göreme Historical National Park. Ankara 1967.
–, (1971): Halicarnassus Seashore National Park. Ankara 1971.
–, (1971): Köprülü Canyon National Park. Ankara 1971.
–, (1971): Boğaz Köy-Alaca Höyük Historical National Park. Ankara 1971.
Osten, H. H. v.d. (1937): The Alishar Hüyük, Seasons of 1930–32, Part I, Chicago 1937.
Otten, H. (1966): Hethiter. Hurriter und Mitanni. In: E. Cassin, J. Bottero, J. Vercoutter (Hrsg.): Die Altorientalischen Reiche II. Fischer-Weltgeschichte, Bd. 3, Frankfurt 1966.
Özçörekçi, H. (1948): Untersuchungen an anatolischen Kleinstädten. Ankara Üniv. D. T. C. Fak. Derg. Cilt 6, S. 76–83. Ankara 1948.
Paklar, S. (1961): Die Sümerbank und ihr Einfluß auf die Entwicklung der türkischen Industrie. Diss. Stuttgart, Tübingen 1961.
Paschinger, H. (1962): Die Türkei als Entwicklungsland. Mitt. Österr. Geogr. Ges. 104, S. 25–42, 1962.
Penck, W. (1918): Die tektonischen Grundzüge Westkleinasiens. Beiträge zur anatolischen Gebirgsgeschichte auf Grund eigener Reisen. Stuttgart 1918.
Pfannenstiel, M. (1944): Die diluvialen Entwicklungsstadien und die Urgeschichte von Dardanellen, Marmarameer und Bosporus. Geol. Rundsch. Bd. 34, S. 342–434.
Philippson, A. (1904): Das Mittelmeergebiet. Leipzig 1904.
–, (1904): Das westliche Kleinasien. Zeitschr. Ges. Erdkde. Berlin 1904, S. 257–273.
–, (1910–1915): Reisen und Forschungen im westlichen Kleinasien. Peterm. Mitt. Erg.H. 167, 172, 177, 180, 183.
Nr. 167 (1910): Einleitung, Das westliche Mysien und die pergamenische Landschaft.
Nr. 172 (1911): Ionien und das westliche Lydien.
Nr. 177 (1913): Das östliche Mysien und die benachbarten Teile von Phrygien und Bithynien.
Nr. 180 (1914): Das östliche Lydien und südwestliche Phrygien.
Nr. 183 (1915): Karien südlich des Mäander und das westliche Lykien.
Planck, U. (1970): Die Dorfinventur in der Türkei. Orient. Jg. 11, H. 6, Hamburg 1970.
–, (1972): Die ländliche Türkei. Zeitschr. ausländ. Landwirtsch. Materialsammlung H. 19, Frankfurt 1972.
Planhol, X. de (1956): Contribution à l'étude géomorphologique du Taurus occidental et de ses plaines bordières. Rev. Géogr. Alpine 64, H. 4, 1956.
–, (1958): De la Plaine Pamphylienne aux lacs Pisidiens; Nomadisme et vie paysanne. Bibl. Arch. et Hist. de l'Inst. Français d'Arch. d'Istanbul Vol. 3, Paris 1958.
–, (1962): Carte de la limite quaternaire des neiges persistantes dans le sud-oust de l'Asie Mineure. Rev. Géogr. Alpine 50, S. 157–261, 1962.
Planhol, X. de u. T. Bilgin (1964): Glaciaire et périglaciaire quaternaires et actuels dans le massif du Karagöl (Chaines pontiques, Turquie). Rev. Géogr. Alpine 52, S. 497–513, 1964.
Ramsay, W. M. (1890): The Historical Geography of Asia Minor. Royal. Geogr. Soc. Suppl. Pap. 4, London 1890.
Rickartsen, W. (1973): Haselnüsse aus der Türkei. Mitt. Dt.Türk. Ges. H. 90, S. 15–17, Bonn 1973.
Rikli, M. (1943/48): Das Pflanzenkleid der Mittelmeerländer. 3 Bde. 2./3. Aufl. Bern 1943–1948.
Ritter, G. (1972): Landflucht und Städtewachstum in der Türkei. Erdkde. Bd. 26, S. 177–196, 1972.
–, (1972): Moderne Entwicklunsgtendenzen türkischer Städte am Beispiel der Stadt Kayseri. Geogr. Rundsch. Jg. 24, H. 3, S. 93–101, 1972.
Rother, L. (1971): Die Städte der Çukurova, Adana, Mersin, Tarsus. Tübinger Geogr. Studien, H. 42, 1971.
Roux, J. P. (1953): La Turquie; géographie, économie, histoire, civilisation et culture. Paris 1953.
Rudolph, W. (1967): Grundzüge sozialer Organisation bei den Kurden. Sociologus N.F. Bd. 17, S. 19–39, Berlin 1967.

Rummel, F. v. (1952): Die Türkei auf dem Weg nach Europa. München 1952.
Şahin, C. (1977): Göldağı (Çankırı) ve Yakın Çevresinin Jeomorfolojisi ve Yer Kaymaları. Coğr. Araşt. Derg. Nr. 8, Ankara 1977.
Salomon-Calvi, W. (1940): Erzincan yer sarıntıları. (Les tremblements de terre d'Erzincan du 21.XI. et di 27.XII.1939. M.T.A. (18), 1940, S. 25–27, 27–30.
Saraçoğlu, H. (1956): Doğu Anadolu. Türkyie Coğrafyası Üzerine Etüdler Cilt 1, Istanbul 1956.
–, (1968): Akdeniz Bölgesi. Türkiye Coğrafyası Üzerine Etüdler Cilt 3, Istanbul 1968.
Sarıbeyoğlu, M. (1951): Aşagı Murat Bölgesinin Beşeri Coğrafyası. Ankara Üniv. D. T. C. Fak. Yay. Doğu Anadolu Araştırma Istasyonu Yay. Nr. 1, 1951.
Schwarck, A. (1969): 10 Jahre türkisch-deutsches Entwicklungsprojekt Tahirova (1957–1967). Mitt. Dt. Türk. Ges. H. 78, S. 1–10, Bonn 1969.
Schweizer, G. (1975): Untersuchungen zur Physiogeographie von Ostanatolien und Nordwestiran. Geomorphologische, klima- und hydrogeographische Studien im Vansee- und Rezaiyehsee-Gebiet. Tübinger Geogr. Stud. H. 60 (Sonderband 9), Tübingen 1975.
Şen, E. (1975): Die Entwicklung der Wohngebiete der Stadt Ankara seit 1923 unter besonderer Berücksichtigung des Gecekondu-Phänomens. Diss. Saarbrücken 1975.
Shaw, S. J. (1978): The Ottoman Census System and Population 1831–1914. Intern. Journ. of Middle East Studies 9, S. 325–338, 1978.
Sinner, P. (1970): Gründung von Fabrikationsstätten in der Türkei durch Gastarbeiter aus der Bundesrepublik. Mitt. Dt. Türk. Ges. H. 81, S. 1–3, Bonn 1970.
Soysal, M. (1976): Die Siedlungs- und Landwirtschaftsentwicklung der Çukurova. Erlanger Geogr. Arb. (Sonderband 4), 1976.
Sözer, N. (1968): Erzurumda Şehirleşme Hareketleri ve Gecekondu Problemi (Le mouvement d'urbanisation et le problèm de bidonville d'Erzurum). Türk. Coğr. Dergisi Nr. 24–25, S. 194–213, Ankara 1968.
–, (1971): Types d'habitat et répartition géographique des villages dans la plaine d'Erzurum (Anatolie orientale). Rev. Inst. Géogr. d'Istanbul Nr. 13, S. 113–118, Istanbul 1971.
Späth, H. J. (1975): Bodenerosion und Bodenfeuchtebilanz in Zentralanatolien. Ein Beispiel für bewirtschaftete winterkalte Trockensteppen. Erdkde. Bd. 29, H. 2, S. 81–92, 1975.
Spreitzer, H. (1956): Untersuchungem im Kilikischen Ala Dağ im Taurus. Mitt. Geogr. Ges. Wien 98, S. 57–64, 1956.
–, (1957): Zur Geographie des Kilikischen Ala Dağ im Taurus. In: Festschr. zur Hundertjahrfeier der Geogr. Ges. Wien, S. 414–459, Wien 1957.
–, (1960): Hangformung und Asymmetrie der Bergrücken in den Alpen und im Taurus. Zeitschr. Geomorph. Sonderband 1, S. 211–236, 1960.
Spuler, B. (1979): Betrachtungen zur Lage des Islams in der heutigen Türkei. In: Grothusen (Hrsg.), Die Türkei in Europa, S. 107–117, Göttingen 1979.
Stewig, R. (1964): Byzanz-Konstantinopel-Istanbul. Ein Beitrag zum Weltstadtproblem. Schr. Geogr. Inst. Univ. Kiel, Bd. 22, H. 2, 1964.
–, (1968): Kartographische Beiträge zur Darstellung der Kulturlandschaftsentwicklung in Westanatolien. Istanbul Matbaa Sanat Enstitüsü 1968.
–, (1969): Nordwestanatolien. Geogr. Zeitschr. 57, S. 268–285, 1969.
–, (1970): Bursa, Nordwestanatolien. Strukturwandel einer orientalischen Stadt unter dem Einfluß der Industrialisierung. Schr. Geogr. Inst. Kiel, Bd. 32, 1970.
–, (1972): Die Industrialisierung der Türkei. Die Erde 103, H. 1, S. 21–47, 1972.
Sür, O. (1964): Pasinler Ovası ve Çevresinin Jeomorfoloji. Ankara Üniv. D. T. C. Fak. Yay. Nr. 154, Ankara 1964.
–, (1966): Nevşehir ve Ürgüp Çevresinin Jeomorfoloji Araştırmaları. Coğr. Araşt. Derg. Nr. 1, S. 179–199, Ankara 1966.
Sykes, P. M. (1908): The Kurdish Tribes of the Ottoman Empire. Journ. Anthrop. Inst. Vol. 38, NS 11, London 1908.
Taeschner, F. (1926): Die Verkehrslage und das Wegenetz Anatoliens im Wandel der Zeiten. Peterm. Mitt. 72, S. 202–206, 1926.

Tarkan, T. (1973): Rize-Hopa Yöresi Coğrafî Etüdü. Atatürk Üniv. Yay. Nr. 145, Erzurum 1973.
–, (1973): Türkiye'de Çay Ziraatı ve Endüstrisi. Atatürk Üniv. Yay. Nr. 195. Erzurum 1973.
Tolun-Denker, B. (1970): Balıkesir Ovasında Yerleşme ve Iktisadi Faaliyetler. Istanbul Üniv. Ed. Fak. Yay. Nr. 1530, Coğr. Enst. Yay. Nr. 195. Erzurum 1970.
Trak, S. (1943): Giresun, Ordu ve Ardülkesinde Beşeri Coğrafya Araştırmaları, Ankara Üniv. D. T. C. Yay. Coğr. Serisi Nr. 1, S. 145–155, Ankara 1943.
Tschihatscheff, P. v. (1860): Reisen in Kleinasien. Peterm. Mitt. 1960, S. 313–217.
–, (1867): Reisen in Kleinasien und Armenien. Peterm. Mitt. Erg. H. Bd. 4, Nr. 20, 1867.
Tümertekin, E. (1955): Indexes of Aridity in Turkey during the Period of 1930–1951. Rev. Inst. Géogr. Istanbul Nr. 2, S. 97–111, Istanbul 1955.
–, (1965): Türkiyedeki Şehirlerin Fonksionel Sınıflanderilması (A Functional Classification of Cities in Turkey). Istanbul Üniv. Ed. Fak. Coğr. Enst. Yay. Nr. 43, Istanbul 1965.
–, (1968): Türkiyede Iç Göçler (Internal Migrations in Turkey). Istanbul Üniv. Yay. Nr. 1371, Coğr. Enst. Yay. Nr. 54, Istanbul 1968.
Tümertekin, E.,u. H. Cöntürk (1956): Study of Droughts in Turkey by Statistical Methods. Rev. Inst. Géogr. Istanbul Nr. 3, S. 47–61, Istanbul 1956.
Tunçdilek, N. (1959): Eine Übersicht über die Geschichte der Siedlungsgeographie im Gebiet von Eskişehir. Rev. Inst. Géogr. Istanbul Nr. 5, S. 123–137, Istanbul 1959.
–, (1960): Karapınar Yöresinin Zirai Ekonomisine dair Bazı Notlar. Istanbul Üniv. Coğr. Enst. Derg. Cilt 6, Nr. 11, Istanbul 1960.
–, (1967): Türkiye Iskân Coğrafyası. Istanbul Üniv. Ed. Fak. Yay. Nr. 1283, Coğr. Enst. Yay. Nr. 49, Istanbul 1967.
Türkiye Petrolleri A. O. (Hrsg.) 1973: 50 Yıl ve Türkiye Petrolleri. A. O. Türk. Petrolleri A. O. Yay. Ankara 1973.
Uslu, S. (1960): Untersuchungen zum anthropogenen Charakter der Zentralanatolischen Steppe. Gießener Abh. z. Agrar- u. Wirtschaftsforsch. d. europ. Ostens. Bd. 12, Gießen 1960.
Walter, H. (1956): Das Problem der Zentralanatolischen Steppe. Die Naturwissenschaften Jg. 43, S. 97–102, 1956.
–, (1956): Vegetationsgliederung Anatoliens. Flora, allgem. botan. Zeitg. 1943, H. 1, S. 295–326, Jena 1956.
Weickmann, L. (sen.) (1922): Luftdruck und Winde im östlichen Mittelmeergebiet. München 1922.
Weickmann, L. (jun.) (1952): Auswirkungen sommerlicher Kaltlufttropfen als Beitrag zur Niederschlagsverteilung des Marmaragebietes. Ber. d. Dt. Wetterdienstes i.d. US-Zone, Nr. 38, S. 93–95, Bad Kissingen 1952.
–, (1960): Häufigkeitsverteilung und Zugbahnen von Depressionen im Mittleren Osten. Meteor. Rundsch. 13, H. 2, S. 33–38, 1960.
Wenzel, H. (1932): Sultan Dagh und Akschehir Ova. Eine landeskundliche Untersuchung in Inneranatolien. Schr. Geogr. Inst. Univ. Kiel, Bd. 1, H. 1, Kiel 1932.
–, (1935): Forschungen in Inneranatolien I, Aufbau und Formen der Lykaonischen Steppe. Schr. Geogr. Inst. Univ. Kiel, Bd. 5, H. 1, Kiel 1935.
–, (1937): Forschungen in Inneranatolien II, Die Steppe als Lebensraum. Schr. Geogr. Inst. Univ. Kiel, Bd. 7, H. 3, Kiel 1937.
–, (1942): Die Türkei. Ein landeskundlicher Überblick. Zeitschr. f. Erdkde. 10, H. 2, S. 408–423, 1942.
Winkler, F. (1961): Die Wirtschaft von Zonguldak, Türkei. Wiener Geogr. Schr. 12–13, 1961.
–, (1965): Grundlagen und Entwicklung der Teewirtschaft im türkischen Schwarzmeergebiet. Mitt. Österr. Geogr. Ges. Bd. 105, H. 3, S. 368–382, 1965.
Winz, H. (1939): Zur Kulturgeographie des Vanseegebietes (Osttürkei). Zeitschr. Ges. Erdkde. Berlin 1939, S. 184–201.
Wirth, E. (1968): Strukturwandlungen und Entwicklungstendenzen der orientalischen Stadt. Erdkde. Bd. 22, S. 101–128, 1968.

—, (1974/75): Zum Problem des Bazars (suq, çarşı). Der Islam. Bd. 51, H. 2, S. 203–260, 1974; Bd. 52, H. 1, S. 6–46, 1975.

Wojtkowiak, G. (1971): Die Zitruskulturen in der küstennahen Agrarlandschaft der Türkei. Mitt. Geogr. Ges. Hamburg, Bd. 58, 1971.

Yalçinlar, I. (1944): Istanbul Boğazı batısında Jeomorfolojik Araştırmalar. (Recherches morphologiques a l'ouest du Bosphore). Türk. Coğr. Derg. Nr. 5–6, S. 131–136, Ankara 1944.

—, (1954): Sur les régions volcaniques de la Turquie. Rev. Inst. Géogr. Istanbul Nr. 1, S. 181–182, Istanbul 1954.

—, (1959): Terraces marines quaternaires dans la région côtière de Samsun (N de la Turquie). Rev. Inst. Géogr. Istanbul, Nr. 5, S. 146–154, Istanbul 1959.

—, (1970): Batı Anadolu'nun Strüktür ve Rölief Şekilleri üzerine Müşahedeler. Istanbul Üniv. Coğr. Enst. Derg. Cilt 9, H. 17, Istanbul 1970.

Zech, W. u. N. Cepel (1977): Anatolien, ein bodengeographischer Streifzug. Mitt. Geogr. Ges. München, Bd. 62, S. 155–166, München 1977.

Zengin, Y. (1957): The Mode of Distribution of Chrome-Ores in Peridotites in Turkey. Bull. Min. Res. Expl. Inst. Foreign Ed. 49, S. 84–92, Ankara 1957.

Zotschew, T. D. (1979): Die Türkei und die Europäische Gemeinschaft. In: Grothusen (Hrsg.): Die Türkei in Europa, S. 199–227, Göttingen 1979.

Nachtrag:

Erol, O. (1983): Die naturräumliche Gliederung der Türkei. Beihefte z. Tübinger Atlas d. Vorderen Orients, Reihe A, Nr. 13. Wiesbaden 1983. 245 S., 32 Diagramme, Tabellen u. Übersichtskarten 1 : 9 Mio.

STATISTIKEN

Baş Bakanlık Devlet Istatistık Enstitüsü:
Türkıye Istatistik Yıllığı. Istanbul, später Ankara, erscheint seit 1928.
Başbakanlık Devlet Istatistik Enstitüsü: Aylık Istatistik Bülteni (Monthly Bulletin of Statistics, Ankara seit 1952).
–, 23 Ekim 1960 Genel Nüfus Sayimi, Türkiye Nüfusu (Census of Population 23 October 1960, Population of Turkey). Yay. Nr. 452, Ankara 1963.
–, Sanayi ve Işyerleri Sayımı: Imalat Sanayii (1964). (Census of Manufacturing Industries and Business. Establishment: Manufacturing, 1964). Yay. Nr. 547, Ankara 1968.
–, Genel Nüfus Sayımı. Idari Bölümüş 26.10.1975. (Census of Population by Administrative Devision). Yay. Nr. 813, Ankara 1977.

KARTENWERKE

Duran, F. S.: Büyük Atlas, Yeni Bası, Wien o. J. (1966?).
Harita Genel Müdürlüğü, Ankara 1936: Türkiye 1 : 800 000, 8 Blätter, Ankara 1936.
–, (1930–1950): Türkiye 1 : 200 000, 124 Blätter, Ankara 1977.
–, (1977): Yeni Türkiye Atlası, Ankara 1977.
–, (1977): Türkiye, Fiziki 1 : 1 000 000, 3 Blätter, Ankara 1977.
Maden Tetkik ve Arama Enstitüsü, Ankara (Hrsg.) 1961ff: Türkiye Jeoloji Haritası 1 : 500 000 (18 Blätter mit Erläuterungsbänden) Ankara 1961–1965.
Tanoğlu, A. u. Erinç, S. u. Tümertekin, E. 1961: Türkiye Atlası, Atlas of Turkey. Istanbul Üniv., Ed. Fak. Yay. Nr. 903, Istanbul 1961.
Ziraat Vekâleti 1956: Türkiye Umumi Toprak Haritası (General Soil Map of Turkey) 1 : 800 000, prepared by Harvey Oakes and Ziya Arıkök, Ankara 1956.
Erol, O. 1982: Türkiye Jeomorfoloji Haritası 1 : 2 000 000, Geomorphological Map of Turkey, MTA. Ankara 1982.

REGISTER

Abdachung, ehemalige 139, 203, 204
Abdüselam Dağ 100
Abchasen 217
Abendland 211
Abflußlosigkeit, abflußlose Becken
 10, 99, 101, 104, 105, 108, 110, 113,
 159, 184
Abhängigkeit, politisch 165
Abtragungsrelief, Abtragungsverebnung
 29, 32, 134–138, 140, 142, 162, 177
Acantholimon 47, 49
Acheul Faustkeile 50
Acı Göl, See, Becken 173, 175, 179, 180
Acıpayam, Acıpayam Becken 180, 186
Adana, Ebene 55, 67, 69, 77, 97, 99, 116,
 150, 154, 186, 194
Adana, Prov. 195, 217
Adana, Stadt 12, 13, 16, 60, 61, 62, 71,
 81, 82, 83, 89, 91, 93, 94, 96, 103, 191,
 192, **194**, 195, 216
Adapazarı, Ebene 68, 127
Adapazarı, Prov. 127
Adapazarı, Stadt 32, 77, 79, 81, 89, 91,
 127
Adilcevaz 159, 160
Adıyaman-Kâhta Becken 207, 208
Adıyaman, Stadt 82, 208, 212
Adıyaman, Prov. 79, 205, 206, 211, 212
Adrianopel 122
Aeneolithikum, aeneolithisch (Steinkupferzeit) 51, 53
Afghanistan 25
Afyon Karahisar, Prov. 97, **176**, 178
Afyon Karahisar, Stadt 57, 70, 96, 97,
 174, **176**
Ägäischer Raum 163, 164, 165
Ägäisinseln 217
Ägäis Küsten Anatoliens 5, 12, 16, 24, 37,
 38, 53, 69, 117, 118, 120, 163, 165,
 170, 179
Ägäische Abdachung der Westanatolischen
 Gebirgsschwelle 173, 175
Ağıl 63
Ağın 157
Ağlasun Becken 184
Ağrı, Prov. 79, 160, 161, 216

Agrumen 45, 76, 185, 194
Ağva, Fischereihafen 126
Ahlat 159, 160
Akar Çay, Fluß von Afyon Karahisar
 176
Akçaabat 147
Akçadağ 156, 157
Akçakale bei Urfa 67
Akçura, T. 221
Ak Dağ von Isparta 183
Akdağmadeni 10, 105, 107, 115
Akdağmadeni Gebirge 105, 107, 109, 115
Akhisar 81, 162, 167, 168, 169, 173, 176
Akhisar-Denizli, Grabenflucht 162, 166,
 167, 169, 173, 175
Akra (Aşağı Misori) 205
Aksaray 76, 105, 110, 111, 112
Akşehir 10, 97, 110, **113**, 116
Akşehir Gölü, See 113
Akseki 86, 187, 188
Akseki-Gebiet des Mitteltaurus 186
Aksu, Fluß östl. von Antalya 46, 180, 183,
 186
Aksu, Fluß bei Maraş 199, 211
Aksu Talsohle bei Antalya 193
Aktamar im Vansee 160
Akyazı 127
Alaca 106
Alaca Hüyük 102, 105
Alacahan, südöstl. Kangal 155
Aladağ von Çamardı 190
Aladağ Taurus 116
Alagöz, Becken 29
Alagöz, Cemal XI, 108, 221
Alagöz, Vulkanberg 31, 154
Alanya, Hafenstadt, Kurort 188, **193**
Alanya, unterirdische Werft, selçukisch 193
Alaplı, Tertiärhügelland 131, 133
Alaşehir 169, 175
Alikayası 199
Alkim, U.B. 184, 221
Akbaba Dağ 154
Akçakoca Gebirge 131
Akpazar 158
Aksoy, S. 221
Albanische Muttersprache 217

Aleksandrupolis 121
Alemdağı 126
Alexanderreich 53
Aliağa bei Iskenderun, Erdölraffinerie 95, 198
Aliağa bei Izmir 87
Ali Bey Dere Tal 123
Alibey Talsperre, nördl. Istanbul 71
Alişar Hüyük 52, 98, 102
Allahüekber Rücken 153
Alluvialebenen untergetauchter Talmündungen 123
Allwetterstraßen 82, 94
Almendörfer 56
Almenregion 16, 77
Almus 142
Almwirtschaft 69
Alp Arslan 55
Alpen 38
Alpenveilchen 198
Alpine Region, feuchte, trockene 22, 49, 147
Alpinismus, Tourismus, Wintersport 128
Altchristliche Konfessionen 211
Alte Welt, Großlebensräume der 217, 218
Altkristallin 29, 107, 119, 120, 135, 159, 162, 166, 188
Altpaläolithikum 192
Altquartär 29
Altwasser 17
Alttertiär, Alttertiärschichten 27, 28, 100, 107, 110, 120, 122, 126, 136, 139, 140, 150, 157, 159, 160, 178, 180, 181, 183, 184, 195, 197, 200, 204, 207
Alucra 149
Aluminiumgewinnung 86
Amanos, Gebirge 11, 62, 85, 194, 195, 196, 197–198, 199, 206, 211
Amanos Tunnel 198
Amanos, Zertalung 198
Amaseia 53
Amasra, Badeort, alte Bauwerke, Hafen 134
Amasya Gebirge 133, 142
Amasya, Prov. 70, 86, 143, 144
Amasya, Stadt 32, 33, 53, 94, 133, 142, 143
Amik Gölü, See, Ebene 77, 198, 212
Anadolu 5
Anamas Dağ 187
Anamas-Geyik-Gebirgszone 187, 188

Anamur 116, 188, 193, 195, 215
Anatoliden, anatolid 12, 27, 28, 98
Anatolien, Name 4, 5
Anatolien, das geographische 4, 5, 6–9, 13, 17–25, 31–40, 47–55, 69–71, 86, 102, 118, 119
Anatolien, Verkehrslage 218
Anatolien, Wandel der kulturgeschichtlichen Bedeutung 219, 220
Anatolische Bahn 99, 102
Anbau, düngerloser 51
Anbau, mediterraner 166, 169, 170, 193
Anbaugebiete 141, 143, 157, 160, 166, 172, 174, 211
Anbauland einer Bauernfamilie 68, 158
Anbauverbesserung 213
Anbauverhältnisse, allgemeine 50, 63, 68, 69, 105, 152
Anderssprachige, gleichrechtliche Förderung 217
Andesitmassen 140, 151, 155, 158, 177
Andesittuff 100
Andırın 156, 199
Angoraziegen 15, 75
Ankara, Altstadt, Burg 101, 102
Ankara-Fluß 71, 100, 101, 103
Ankara-Gebirgsstränge 99–101
Ankara, Hauptstadt und Hauptstadt-Einrichtungen 40, 101–103
Ankara, Höhenunterschiede, Relief, geologischer Untergrund 100, 101
Ankara, kulturelle Einrichtungen 101, 102
Ankara, Neustadt, neuere Stadtviertel 100, 101, 103
Ankara, Niederschlagsgunst 103
Ankara, Prov. 114, 115
Ankara, Stadt 6, 29, 40, 53, 54, 57, 59–61, 76, 81–83, 89, 93, 94, 98, 99, **100–104**, 105, 125, 127, 133, 215
Ankara, Stadtrandgebiete, Gecekondu Siedlungen 103
Ankara, Verkehrsverhältnisse 93, 102, 103, 138
Ankara, Versorgung von 104, 144
Ankara, Wirtschaftsleben 102, 103, 104
Ankyra 53, 54
Ansiriya, Cebel, Gebirge 198, 211, 212
Antakya, Stadt 81, 196, **198, 199,** 211
Antalya Ebene, Travertinplatte 180, 192
Antalya, Golf von 11, 53, 180, 185, 193
Antalya, Hafenbucht 192, 193
Antalya, Prov. 68, 71, 185, 195

Antalya, Stadt 13, 68–70, 81, 96, 103, 185, 186, **193**
Antezedenz, antezedent 30–32, 100, 148, 155, 198–201, 204, 210
Antezedenz, aufgegebene 202
Antiklinalen, Antiklinalstrukturen 189, 197, 199
Antiklinalketten 150, 197, 204
Antiklinalzone 159
Antimonerz 86
Antiochia 198
Äpfel, Apfelkultur 70, 99, 106, 127, 151, 157, 176, 192
Apolyont See 128
Appartementbauten 83
Aprikosen 104, 109
Aquädukt 123
Arabien 25
Arabische Muttersprache 217
Araç 143
Araç Furche 136
Araklı bei Trabzon 91, 147
Aralık, Prov. Kars 76, 161
Arapkır 155
Ararat 5, 31, 154
Aras Fluß, Tal 13, 33, 150, 154, 159, 161, 203
Araxes 150
Arbeiterwohnstätten 17
Arbeitsgerät 78
Arbeitskräfte, gewerbliche 84
Arbeitskräfte, überzählige auf dem Lande 66
Arbeitslosigkeit, ländliche 66, 83, 213
Arbeitslosigkeit, gewerbliche, Arbeitsuchende 84, 91, 92
Arbeitstage, untertage, übertage 85
Arbeitstiere 74, 75, 114
Arbeitsunfähige 84
Archäologie 24
Ardahan 49, 153, 154
Ardel, A. 221
Ardeşen 145, 147
Arguwan 156
Arıkök, Z. 203
Armenküche 57
Armenquartiere 83
Armenier von Istanbul 217
Armenierstaat des Mittelalters 195
Armenische Baureste 154
Armenische Untergrundverbände 217
Arni, P. 5, 27, 28, 221
Arsin bei Trabzon 147
Arslanköy, NW von Mersin 188, 189, 191

Artemisiasteppe 48, 112
Artemistempel v. Sardes 169
Artvin (Çoruh), Prov. 70, 80, 117, 149
Artvin, Stadt 57, 148
Artvin, Burgruine 148
Arz ar Rum 153
Aşağı Dağ 155
Asbest 87
Aschen, vulkanisch, Aschenkegel 153, 175, 183
Asi, Fluß (Orontes) 198, 212
Asia Minor 5
Asien 118, 129
Aşkale 152, 153
Asmalı Dağ 142
Asphaltit 88
Assimilierungspolitik 79
Assu 5
Assyrisches Reich, assyrische Zeit 98, 109
Astragalus 47, 49
Ataş bei Mersin, Erdölraffinerie 87, 95, 192, 194
Atatürk, Mustafa Kemal 4, 6, 60, 101
Atatürkdenkmal 83
Attaleia 193
Auberginen 106
Aufschüttungsboden, Aufschüttungsebene, -fläche, -gebiet 29, 32, 111, 166, 169, 170, 181, 186, 198
Aufwölbungen 13, 28, 120, 153, 156, 158, 174, 189, 210, 211
Aufwölbung, nachmiozäne 189
Außenhandel 91
Äußerer Osttaurus
  siehe: Osttaurus, Äußerer
Ausmärkerbesitz 66, 67, 78
Ausräumung, geologisch 29
Austausch, wirtschaftlich 114, 165
Autobusbahnhof 82
Autobusverkehr 81, 82, 133
Automobilverkehr 94
Autonomiebestrebungen, kurdische 216, 217
Avlan Gölü, See 181, 182
Ayaş 99
Ayaş Kette 99, 200
Aydın Gebirge 167, 168, 169, 170
Aydın, Prov. 178, 179
Aydın, Stadt 87, 167, 170
Aydos Dağ (im Taurus) 190
Aylık Istatistik Bültenleri 60, 84, 87
Ayvalık, Hafenort 69, 178
Azdavay 131

Azerbaycan azerbaycanisch 7, 9, 13, 19−21, 161
Azorenhoch 36, 37

Babadağ Gebirge 172
Babaeski 122
Babatorum 212
Bachränder 114
Badeanlagen 16
Badeorte 123, 124, 128
Badland Formen, Badlands 108, 167
Bafra, Stadt 30, 69, 81, 141
Bağdad Bahn 93
Bağırpaşa Dağ bei Pülümür 152
Bahçe, Ort 198
Bahçe Paß 197
Bakır Çay, Fluß und Graben 163, 165, 166, 177, 179
Bakırköy 91
Bâlâ 76, 100
Bâlâ Kette 100
BalabanDere, Tal 100, 101
Balat Ebene 171
Balıkesir Hügelland 177, 178
Balıkesir, Prov. 65, 129, 130, 178
Balıkesir, Stadt 76, 81, 93, 130, 163, 177, 178
Balkan Gebirgszone 8, 119
Balkan Halbinsel, balkanisch 7, 8, 19, 21, 24, 25, 39, 44, 64, 117, 118, 119, 164, 165
Balkanische Hinterlandschaften 164
Balkankriege 122
Balya 166, 177
Bananen 69, 193
Banaz-Fluß-Schlucht 175
Bandırma 87, 93, 96
Banken 83
Banse, Ewald 5
Bargeldeinnahmen der Dorfbevölkerung 75
Barla Dağ 183, 186
Barterlen 45
Bartın 68, 81, 134
Bartın-Cide Gebirge 131, 134
Bartsch, G. 5, 221
Barza Becken 180
Baş Bakanlık, Devlet Istatistik Enstitüsü 230
Basalt, Basaltdecke 31, 150−153, 157−159, 175, 207, 210
Basalt Hochland 154
Basaltkuppen 208
Basaltquader als Baumaterial 110, 209
Baset Dağ 202

Baş Kale, Baş Kale Becken 202, 203
Baskil Bergland 157
Basor Dere, Quertal von Bitlis 202, 203, 206
Bates, D. G. 221
Batmann, Prov. Siirt 87, 91
Batman, Erdölindustrie 210
Batman Fluß 203, 212
Batum 148
Baudenkmäler, alte 143
Bauernbevölkerung der Türkei 50, 55, 65, 66
Bauerndörfer, große 198
Bauernfamilie, bäuerliche Kleinfamilie 73
Bauholz 101
Bauholz für Ankara 135
Baumaterial 51, 64
Baumarmut 208
Baumerika 17, 44
Bäume, Baumreste 51, 57
Baumgärten, Baumkultur 15, 181, 185
Baumkultur, mediterran 181
Baumwacholderwald 47, 48, 173, 174, 176, 182, 188, 199
Baumwolle, Baumwollkulturen, Baumwollanbaugebiete 16, 69, 76, 77, 95, 167, 170, 185, 194, 198
Baumwollindustrie, Baumwollfabriken 91, 176, 194
Baustoffe, leichtere 65
Bautypen, tektonisch 107
Bauxit Lagerstätten 86
Bayat Becken 106, 107
Bayburt Ebene 151
Bayburt, Stadt 81, 146, 148, 149, 150, 151, 153
Baygur 203
Bayındır 169
Bayramiç 178
Bayramiç-Çan Furche 178
Bazar, überdachter 109
Bazin, M. 221
van Bebber, W. J. 38, 39
Becken, Beckenlandschaften 13, 14, 17, 28, 49, 55, 63, 67, 68, 77, 128, 130−133, 135, 136, 156, 159
Becker, F. 221
Bediz, Danyal XI, 221
Beeley, BW. 221
Bekçi 78
Belcik 107
Belediye Gebiete, Weichbild, städtisches 215
Belediye Reisi (Bürgermeister) 58
Belen Paß 62, 197, 198

Belgrader Wald 123
Benedict, P. 221
Beobachtungsstationen, meteorologische 35
Bergama 86, 163, 165, 166, 167, 179
Bergama Graben 167
Bergbauerndörfer 56
Bergbau, Bergbaubetriebe 85, 87, 89
Bergbauprodukte 92
Bergland 207
Bergmannssiedlungen 85
Bergnomadismus, Bergnomaden 55, 56
Beritkette 156
Bertatal 149
Bertiz, Bertiz Längstal 199
Besiedlung, Besiedlungsdichte 23, 42, 141, 201
Besiedlung, geringe 203, 205
Besiedlung, gute 207
Besiedlung, prähistorisch 52
Besitz von ganzen Dörfern 67, 68
Besitzgrößen 66
Beşkonak 188
Beşparmak Gebirge 172
Besteuerung 56
Bestrahlung 42
Betrachtung, landeskundliche 164
Betrachtung, landschaftskundliche 164
Beutezüge 54
Bevölkerung, arbeitsfähige 84
Bevölkerung, heutige 59
Bevölkerung, ländliche 60
Bevölkerung, protomediterrane 52
Bevölkerung, Verdrängung von 114
Bevölkerung, vortürkische 59
Bevölkerungsanteil, einstiger griechischer 24
Bevölkerungsdichte 23, 61
Bevölkerungsdichte, ländliche 60
Bevölkerungsdichte, kupferzeitlich 52
Bevölkerungsschwergewicht 23
Bevölkerungsvermehrung, Bevölkerungsverdichtung 61, 67, 78, 143, 213
Bevölkerungsverteilung 60
Bewaldung 155, 207
Bewässerung, künstliche 20, 68, 70, 71, 72, 76, 97, 101, 113, 127, 175, 185
Bewässerung, wassersparende 214
Bewässerungsanbau 16, 99, 156, 160, 169, 203, 205
Bewässerungsfeldbau 108, 112, 122
Bewässerungsgärten 106, 109, 111, 112, 169, 198, 208
Bewässerungsgräben 16
Bewässerungsoasen 20

Bewohner, prähistorische 184
Bey 57
Bey Dağları, Elmalı Bey Dağlari 180
Beypazarı 10, 98
Beyşehir 112, 116, 187
Beyşehir See 187
Beytişebap 202, 203
Bezirksort (Bucak, ehemals Nahiye) 214
Biçki Dere, Bach 127
Bienenkästen 18, 148
Bienenkorbhäuser der Südost-Türkei 18, 209
Biga-Gebirge 165, 178
Biga-Bursa-Furchenzone 177
Biga, Stadt 33, 81, 128, 165
Bigadiç 173, 176
Bilecik, Prov. 120
Bilecik, Stadt 5, 139
Bilgin, T. 226
Bimstuffe, vulkanisch 183
Bingöl Dağ 158
Bingöl, Prov. 71, 79, 83, 117, 160, 161, 205, 212, 216
Bingöl, Stadt 158, 161
Binnenlandschaften Anatoliens 44
Binnenhochland 7, 10, 22, 23, 97, 162, 165, 199
Binnenverkehr 80
Birand, A. 221
Birecik, Stadt und Euphratfähre 82, 208, 209
Birnen 70, 151, 157
Bischofssitz 54
Bişhabur am Tigris 204
Bismil 210
Bistümer, christliche 58
Bithynische Halbinsel 7, 53, 119
Bitlis Fluß 159, 196, 204
Bitlis Masse, geologisch 196, 201, 202
Bitlis, Prov. 79, 86, 117, 160, 161, 205, 206, 212, 216
Bitlis, Stadt 82, 196, 202, 203
Bitlis Taurus 87, 159, 196, 197, **201–203**, 206
Bitlis Taurus, westlicher, östlicher 202
Bittel, K. 221
Blech von Benzinkanistern 83
Bleierzlagerstätte 178
Blei-Zinkerze 86
Blockhausbauten, Blockbauweise 54, 56, 63, 147
Blumenthal, M. M. 221
Bobek, H. 221

Bodenauswaschung 51
Bodenbearbeitung mit geliehenem Gerät 74
Bodenbesitzrecht, osmanisches 65
Bodenbesitz, siehe auch Landbesitz, Grundbesitz 65
Bodenbesitz von Landfluchtpersonen 67
Bodenbesitzzerstückelung 213
Bodenfräsen 74
Bodenschätze 85
Bodenzerstörung 33
Bodrum, Bodrum Halbinsel 172
Boğazkale 105, 106
Boğazköy 53, 98, 102, 105
Bogazliyan 52, 106
Bohnen 45, 68, 76, 106, 141, 146, 184
Bolkar Taurus 116, 190, 191
Bollwerk von Istanbul 122
Bolu, Badeort 139
Bolu Becken 138, 143
Bolu Gebirge 131
Bolu , Stadt 32, 33, 101, 132, 140, 143
Bolu, Prov. 86, 143
Bolu-Kargı Furche 132, 136, 137, 138, 139, 143
Bolu Paß 131, 135
Bolvadin 97, 113, 117, 162, 180
Boncuk Kette 179, **181**
Bor 54, 111, 112, 116
Bora, Bora Winde 39, 199
Boratäler 199
Borazit 87
Borçka 148
Bornova bei Izmir, Universität 171
Bornmüllertannen 46, 47, 147
Bosnische Muttersprache 217
Bosporus 7, 8, 118, 122–126, 129
Bosporus, Europabrücke 125
Bosporus, Fischreichtum, Durchzugsgebiet von Fischarten 125
Bosporus, Siedlungen und Verkehr 125
Bosporus-Wasseraustausch, Oberflächenstrom, Tiefenstrom 125
Botan Çay, Fluß, Tal 46, 197, 202, 204, 206, 207
Botan-Längsfurche 202, 203
Bouguer - Schweranomalie 30, 31
Boyabat 131, 136, 144
Bozburun, Kap 8
Bozcaada Insel 120
Boz Dağ bei Izmir 167
Boz Dağ bei Trabzon 146
Bozdoğan, Bozdoğan-Senke 172

Bozkır 112, 116, 187, 188
Bracheflächen 68, 70, 76, 114, 122
Brandungswirkung, Brandungskliff 192
Braunkohlenproduktion 86, 88, 178
Braunkohleversorgung 86
Breitspurbahn, russische 93
Brennholz, Brennholzentnahme 75, 86, 88, 120, 174
Brennmaterial 64
Brennstoffe, mineralische 88, 92
Bretterverschalung 63
Brinkmann, R. XII, 27–30, 156, 200, 222
Bronzezeit, bronzezeitlich 51, 52
Broughton, T. R. S. 54
Bruch, tektonisch, Bruchlinie 29, 32, 110, 113, 126, 198
Bruchrand, tektonisch 105, 136, 156, 162
Bruchschollen 113, 156, 172
Bruchstörungen 120, 182
Bruchstufen 177, 188
Bruchvergitterung 162
Brücke, natürliche 108
Brückenbau 90
Bucak, Städtchen 182
Bucak Becken 180, 183, 184
Bucak als Verwaltungsinstanz 214
Buchen, orientalische, Ostbuchen, Ostbuchenwald 46, 120, 145, 148
Buchen-Mischlaubwälder 145, 146, 147
Büffelkühe 75
Bulgarische Muttersprache 217
Buntmetallvorkommen - Lagerstätten 85, 86, 107
Buntmetall - Schmelzen 85
Bünyan 109
Burdigal 28, 30, 152
Burdigal Kalke 188
Burdur Becken, Burdur See 184
Burdur, Prov. 68, 185, 186
Burdur, Stadt 77, 81, 184
Burg, selçukische 112
Burgberg von Ankara 100
Burgen, Burgorte, Burganlage, Burgsiedlungen 15, 52, 54, 176
Bursa, Stadt 33, 46, 60, 70, 76, 81–83, 89, 96, 103, 127, **128**, 129, 162, 173, 216
Bursa, Heilbad 128
Bursa, Prov. 67, 129, 130, 178
Busch, Buschwald, Buschwaldreste 17, 19, 106, 137, 187

Buschwerk, mäßig winterhartes 178
Butzer, K. W. 222
Büyük Atlas 165
Büyük Çekmece 121
Büyük Çekmece Bucht 123
Büyükdere, Hafen 123
Büyük Eğri Dağ bei Mut 188
Büyük Menderes, Graben, Fluß, Großer Mäander 93, 167, 170, 171, 172, 175
Büyük Menderes, Antezedenz 175
Büyükkale 169
Buzbel Ketten 115, 150
Byzanz, Byzantinisches Reich 54, 55, 124, 211
Byzantiner, byzantinisch 5, 54
Byzanz, Wasserversorgung 123

Caesar 143
Caesarea 54, 98, 109
Çaga Gölü Becken u. Bach, Antezedenz 138
Cahen, C. 58, 222
Çakırgöl Dağ 146
Çakıt-Fluß, Çakıt-Schlucht 93, 190–192, Çakıt-Tal, Eisenbahn 192
Çakmak-Aşağı-Gebirge 150, 152, 155
Çal 175
Çamardı 116, 190
Çamardı Taurus 190, 191, 192
Çamardı Vortaurus 190
Çameli 186
Çameli Becken 180
Çam Dağ, Prov. Adapazarı 85, 133, 134
Camlıbel Gebirge 107
Çamlıbel Paß 94, 142
Çan 178
Çanakkale, Prov. 71, 86, 129, 130, 178
Çandarlı 167
Çangal Dağ 137
Canik Gebirge 132, 140, 144
Canik Gebirge, Plateauformen 141
Çankırı, Prov. 114, 115, 143
Çankırı, Stadt 10, 29, 53, 140, 144
Çardak 173, 175
Çarşaf 80
Çarşaf-Karakuş Kette 187
Çarşamba bei Samsun 77, 81, 141
Çarşamba Suyu, Bach bei Cumra 112, 187
Çarşı (Geschäftsviertel) 57, 103
Çatak, Prov. Van 197, 201, 202, 206
Çataksu, Fluß von Saimbeyli 191
Çatalca 122, 129
Çatal Hüyük 50, 51, 52, 98, 102

Çatalağzı 85
Çay bei Akşehir 113, 173, 179
Çayağzı 30
Çayeli bei Rize 91
Çayıralanı 105
Çayırhan 98
Çekerek Irmak, Fluß 33, 138, 142
Çekerek 142
Çelikhan 200
Cennet Cehennem Obruğu 189, 193
Cepel, N. 229
Cerablus 208
Çerkeş 139
Çeşme, Ort, Cesme Halbinsel 171
Ceyhan Delta 195
Ceyhan, Durchbruchstal 156, 196, 197, 199
Ceyhan, Fluß 13, 46, 71, 154, 156, 194, 204
Ceyhan, Stadt 194, 195
Chaput, E. 222
Chemikalien 92
Chios, Insel 166
Christen, Christentum, Christianisierung 54, 58
Christiansen-Weniger, F. 222, 223
Chromerze 86, 180, 185, 194, 206
Çiçekdağı 76
Cide 130, 135
Çiftehan 191
Çifteler, Prov. Eskişehir 76, 117
Cihanbeyli 29
Cihanbeyli, Platte von 113, 116
Çıldır Gölü, See 154
Cilo Dağ 197, 202
Çimen Dağ 150
Çinar 67
Çine, Çine Senke 172
Çıtakoğlu, N. XI, 199
Civitas 54
Çivril 175
Cizre 67, 211, 212
Clematis 44, 46
Çokak 199
Çölaşan, U. E. 35, 222
Colemanit 87
Cöntürk, H. 228
Çoraközü 99
Çorlu 122, 129
Çoruh, Bootsverkehr 148
Çoruh, Durchbruch 145, 148
Çoruh, Fluß 11, 46, 47, 71, 148, 149, 151, 153
Çoruh, Prov. 161
Çorum, Becken 106

Çorum, Fluß 106
Çorum, Prov. 70, 106, 114, 115
Çorum, Stadt 81, 94, 106, 133, 142, 144
Çubuk, 10, 102
Çubuk Talung, Becken 100, 102
Çubuk-Talsperren 101
Cudi-Çukurca Kette 197, 204, 212
Çukurca 205
Çukurova 62, 67, 81, 186, 192, **194**, 195
Çumra 112, 116
Çüngüş 31, 196

Dach 63
Dachbalken 70
Dachmaterial, industrielles 64
Daday. Becken 136, 137
Dağlica (Oramar) 203
Dalaman-Aufschüttungsebene 185
Dalaman, Gebiet 69, 91
Dalaman, Fluß 71, 179
Dalaman-Talsperren 185
Dalaman Taurus 179, **180**
Dam 63
Danişment 55
Dardanellen 8, 118, 122
Dardanellen-Höhenzüge 178
Darende 156
Darkot, B. 222
Datça Graben 184
Dauersiedlungen 20, 56
Davis, P. H. 222
Deckenbau, tektonisch 179
Deckenergüsse, vulkanisch 31
Dedeağaç 121
Dehük (Aşağı Misori) 205
Deliktaş 31
Deliktaş Rücken 107
Deltaebene, Çukurova 194
Deltaebene, obere, untere, von Yeşil- und
  Kızıl Irmak 141
Demirci 175
Demirkazık 190
Demirköprü 120
Demirköprü Talsperre 175
Denizli Becken 162, 172, 173, 175, 179
Denizli, Prov. 178, 185, 186
Denizli, Stadt 175, 176
Derik 211
Dersim 157
Deutsche Bank 93
Deveci Dağları 132
Develi, Develi-Becken 10, 109, 190, 191
Devlet Istatistik Yıllığı (Statist. Jahrbuch) 60

Devlet Istatistik Enstitüsü (Statist. Staats-
  Institut) XII
Devrek, Durchbruchstal 135
Devrek Irmak, Fluß 131, 133, 134, 138
Devrekâni Becken 136, 137
Devrekâni, Durchbruchstal 135
Devrekâni, Fluß 131
Devrez, Fluß 139
Dialekte, Kurdische 80
Dichtesiedlungsgebiet 176, 192
Dichtestufen der Bevölkerungsverteilung 61
Dicle (Tigris), Durchbruchstal 211
Dicle (Tigris), Flachland 204
Dicle (Tigris), Fluß 54. 71, 201, 204, 206,
  207, 210
Digor 154
Dikili, Hafenort 178
Dil Tarih Coğrafya Fakültesi XI, 6
Dimitrovgrad 119
Dinar 162, 173, 175, 179, 180
Dinar-Çardak-Senkungsfeld 175
Disteln 48
Divriği 85
Diyarbakır Becken 204, 207, **210, 211**,
  212
Diyarbakır, Prov. 79, 87, 205, 206, 211,
  212, 216, 217
Diyarbakır, Stadt 6, 57, 60, 62, 67, 82,
  93, 96, **210, 211**
Doğanhisar 113
Doğanşehir 157, 200
Doğu Bayazıt 82, 161
Doğusu Dağları 201
Dolinen 111, 113, 134, 181, 182, 187, 189
Domuz Dağ bei Korkuteli 181
Dönmez, Y. 222
Dorfabstände 111
Dorfbefrager 59
Dorfbefragung 65, 66, 67, 72, 80, 84
Dorfbewohner, landlose 78
Dorfgemeinschaft 77, 78
Dorfinstitute 213
Dorfschreiber, Standesbeamter 77
Dorfsiedlungen 111
Dorfstatistik 59
Dorfverwaltung 56
Dorfwächter 78
Dörren von Trockenfrüchten 64
Dorsalzone der Westanatolischen Gebirgs-
  schwelle 173
Dörtyol 62, 195, 198
Drahovi Gebirge 159
Dreissensia 111, 184

Dulkadır 55
Dumanlı Dağ 181
Dumlupınar 174
Dünger, chemischer, künstlicher 72, 73, 78
Dünger, nicht verwendet 72, 73
Dünger, Gebrauch von 72
Düngemaschinen 74
Dungfladen 64, 73, 86
Dunstschwaden 17
Durağan 132, 136, 137
Duran, F. S. 165, 230
Durchbruchstäler, antezedente 29–32, 43, 100, 107, 132, 135, 142, 159, 191
Durchbruchstal, epigenetische, Schluchtstrecken, epigenetische 29–32, 100, 110, 135
Durchgängigkeit von Relief 162, 166, 172
Düzce, Becken, Düzce, Ebene 68, 127, 132, 134
Düzce-Bartin-Tiefenzone 143

Eber Gölü, See 113
Eberhard, W. 66, 222
Edelkastanien 46
Edessa 209
Edirne, Einflußbereich 129
Edirne, Prov. 121, 129
Edirne, Stadt 120, **122**
Edremit 163, 178
Edremit, Graben 177, 178
Edremit, Golf von 69, 85, 165, 166
Echinophoren 48
Efez (Ephesus) 170
Efeu 44
Eflâni 136, 143
Ege-Bruchschollenland 185, 186
Ege Gebiet 12, 40, 76, 77, 81, 82, 117, 162, 163, 165, 166–173
Ege-Marmara Gebirge 165, 166, 177, 178
Eggen 74
Eğil (Piran) 196
Eğri Bel (Paß) 145, 149
Eğridir Becken 184
Eğridir und Hoyran See 12, 180, 183, 186
Eğridir See - Kovada See, Furche 184, 186
Eğrigöz Dağ 174, 175
Eichen 51, 98
Eichen, immergrüne 45, 46, 166, 173, 174, 178
Eichen, sommergrüne 46, 47, 48, 173, 178
Eichenbuschreste 209
Eichen-Hainbuchenbuschwald 105, 120 121, 176

Eichengestrüpp 121
Eichenmischwälder 17, 49, 105, 184, 187, 201
Eichenmischwald, mäßig winterharter 173
Eichenschwellenholz 121
Eichenwald 121
Eigenmontage 92
Eigenproduktion, industrielle 92
Eingemeindung 215
Eigentümer des Bodens 65
Einbruchsdolinen 189
Einheiten, orographische 1
Einheitlichkeit, völkische 119
Einkornweizen 140
Einnahmequelle stadtnaher Dörfer 75
Einsturzdoline 111
Einwalmung, tektonisch 30, 205
Einwanderer, türkische 24, 55, 59
Einwohnerzahl großer Dörfer 63
Einzelberge, vulkanische 10
Einzelfakultäten 60
Einzelhöfe 62, 63, 141, 145, 146, 157, 182
Einzelvulkane 154
Eisenbahnbau 121
Eisenbahn, Baupolitik 94
Eisenbahnnetz 93
Eisenbahn, Reparaturwerk 99
Eisenbahn-Umwege 94, 133
Eisenbahnverbindungen 85
Eisenbahnwesen 24, 92–94
Eisenerzproduktion 85
Eisenerzvorkommen 85, 134
Eisenhüttenindustrie 85, 134
Elazığ Becken 157
Elazığ Bergland 157, 158
Elazığ, Prov. 79, 158, 160, 205, 206, 212, 216
Elazığ, Stadt 18, 62, 77, 81, 85, 89, 91, 96, 157, **158**, 206
Elbistan Becken 199
Elbistan 86, 156
Elektrizitätsgewinnung 175
Elektroenergie 72, 185
Elektrokraftwerke 89
Eleşkirt Becken 159
Elmacık Gebirge 131, 135
Elmadağ Gebirge 100, 104
Elmadağı, Stadt 62
Elmalı 179
Elmalı Bey Kette 180, 181, 182
Elmalı Dere, nördl. Kiği 152
Elmalı Polje 181

Elmalı-Korkuteli Furche 181
Elmalı Taurus 179, 180, **181−183**, 186, 19
Emir Dağ, Berg 162, 173, 176
Emirdağı (Aziziye) Ort 97, 98, 99, 117
Emir Gölü, See 101
Emir-Türkmen Gebirge 53, 98, 99, 113, 11′ 173, 176
Emire 57
Emmer 52
Energiegewinnung 71
Energieimport 88
Energieversorgung 85, 87, 88
Enez 121
Engizek Kette 199, 200
Ententemächte 24
Entvölkerung 54
Entwaldung 148
Entwässerungsgräben 141
Entwicklung, landwirtschaftliche 73
Entwicklung, künftige 213
Entwicklungsmöglichkeiten 26
Eozän 155
Eozänflysch 136, 137, 140, 181
Eozänkalk 196, 197, 199, 201, 202, 207, 209, 211
Ephesus 171
Epigenese, epigenetische Schlucht, epigenetisches Durchbruchstal 102
Erbaa 33, 143, 152
Erbgewohnheiten 213
Erbsitte, islamische 66
Erbteil von Töchtern 67
Erbteilung 58
Erciş 82, 159, 160
Erciyas-Karacadağ − Vulkanberg Zone 105, 109, 110
Erciyas, Vulkanberg 105, 108, 109, 112, 116
Erdbeben 32, 33, 64, 126, 128, 132, 138
Erdbebenlinien 30
Erdbebenzerstörung 63
Erdek, Halbinsel 8
Erdemli 190, 194
Erdölbedarf 87
Erdölimport 87, 95, 214
Erdölproduktion 87, 88
Erdölraffinerie 87, 91, 126
Erdölvorkommen 87, 88, 210
Erdteilgrenze 129
Ereğli bei Konya 97, 112, 190, 215
Ereğli, Prov. Zonuldak 85, 91, 131, 134, 143
Erenler Dağ 187
Ergani 82, 196, 201

Ergani Madeni 86
Ergani Taurus 86, 196, **201**, 206
Ergänzungsbauten 64
Ergene Becken, geologisch 121
Ergene, Fluß 120, 129
Ergene-Hayrabolu-Riedelland 120, 121, 122
Ergußdecken, basaltisch 207
Ergußgesteine, vulkanische 13
Erholungsort 184
Erica arborea 44
Ericek 138
Erinç, S. 222, 230
Erlen-Buchen Mischwald 17
Ermenak 116, 117, 189, 215
Ermenak Taurus 189
Erntemaschinen 74
Erol, O. XI, 1, 27−29, 138, 222, 224, 229, 230
Ertragsfähigkeit des Landes, Aussicht auf Besserung 220
Eruh 197, 204, 205
Eruh Ketten 204
Eruptions Krater 140
Erwerbsberuf 84
Eryngien 48
Erze 95
Erzincan Becken 150, 152
Erzincan, Prov. 79, 160, 216
Erzincan, Stadt 30, 33, 77, 82, 96, 132
Erzurum, Allgemeine Bedeutung 153, 161
Erzurum Grabenzone 152, 153
Erzurum, Militärischer Sperriegel 153
Erzurum, Prov. 73, 79, 160, 161
Erzurum, Stadt 32, 33, 38, 40, 60, 62, 77, 81, 83, 89, 91, 93, 96, 148, 151, **153**
Esel 15, 74, 75, 104, 124
Esenboğa bei Ankara 95
Esenkoca Çay, Tal - Ebene 185
Eski Malatya 157
Eskipazar, Prov. Çankırı 115, 143
Eskişehir, Prov. 114, 115, 117
Eskişehir, Stadt 10, 40, 60, 77, 81, 87, 89, 91, 93, 97, 99, 216
Etesien 36
Ethnographie, ethnographisch 119
Etimesgut 101
Eulenspiegel 113
Euphrat Durchbruchtal im Malatya Taurus 200
Euphrat (Fırat), Fluß 13, 28, 30−33, 45, 46, 53, 54, 62, 71, 77, 108, 150, 151, 158, 160, 204, 207, 208, 212
Europa 118, 129, 218
Exporthafen 82

Exporthandel 92
Extremwerte, meteorologisch 35

Fabrikanlagen 17
Facharbeiter-Ausbildung 214
Fachkenntnisse von Gastarbeitern 214
Fachschulen 60
Fachwerkbauten 16, 17, 54, 63, 146
Fachwerkhäuser mit Holzverschalung 124, 136, 141
Fagus orientalis 46, 120, 147
Fährschiffverkehr 122
Fallwinde 39, 199
Faltengebirge 189
Faltungsstrukturen 6, 7, 13, 19, 27, 28, 31, 32, 98–100, 105, 107, 110, 120, 128, 135–142, 145, 148, 150, 151, 154, 155, 156, 157, 159, 160, 162, 163, 166, 177, 179, 186, 187, 189, 196
Farne 17
Fatsa, Hafen 81, 141
Faustregel für den Feuchtigkeitsgrad 35
Feigenkultur 16, 45, 69, 76, 77, 128, 167, 170, 171, 192
Felahiye 105, 109
Felder 16
Feldkultur 111, 120
Felis spelaeus 50
Felsengräber, lykische 185
Felsengräber pontischer Könige 143
Felsrelief von Zanapa 112
Fenster des Haremlik 58
Fernhandel, neolithischer 53
Fernverkehr Istanbul-Anatolien 125
Fertigfabrikate 92
Festgestein 114
Festungen, byzantinische 54, 146
Festung, selçukische 193
Festungsmauern 109
Fethiye, Badeort 185
Fethiye, Hafenort 69, 81, 86, 179, 180, 185
Fette, tierische, pflanzliche 92
Fettpflanzen 54
Fettschwanzschafe 15
Feuchtigkeitsindex 35, 40
Feuchtigkeitszustand eines Monats 35, 36
Feuchtjahre 41
Feuchtwälder 21
Feuchtwälder, kältempfindliche 44
Feuchtwälder, mäßig winterharte 45
Feuchtwälder, winterharte 46, 47
Fevzipaşa 93, 198

Filyos, Fluß 71, 130, 131, 134, 135
Filyos-Durchbruchstal 131
Finike, Ebene und Ort 69, 81, 185
Fırat (Euphrat) 31, 72, 157
Fischereihafen 120
Flachdach 15, 64, 114
Flachdachbauten aus Lava und Tuffen 110
Flächenbrände 50
Flächenberechnung 60
Flächengröße der Türkei 4
Flächenmuster 15
Flachhöhenrelief 145, 146, 147, 148, 157, 169, 174
Flachlandgebiete 68
Flachrelief 163, 203
Flachs 70
Flachwasser, brakisch 31
Flechten 46
Fleischversorgung 109
Flexurrand 162
Flüge, Zahl der 95, 96
Fluggäste 96
Fluggesellschaften, ausländische 95, 96
Flußaufschüttung 100
Flußniederungen 10, 98, 162
Flußtal, ertrunkenes 122, 123
Flußterrassen 70, 99, 122, 146, 162, 168, 169, 170, 206, 208, 211
Flysch 107, 157
Flyschbergland 201
Foca, Hafen 171
Föhn 37, 39
Franz, E. 222
Frauen 84
Frauen, nichtmuslimische 58
Freskobemalung 108
Frey, U. 5
Frischmilch 104
Frödin, J. 222
Fruchtebene 127
Fruchthaine 193
Frühantike 24, 165
Frühgemüse 69, 77, 192, 193, 194
Frühgeschichte 50
Frühgeschichtliche Städte 56
Frühhethitische Siedlungsplätze 106
Frühjahrsmaximum des Niederschlags 40
Frühjahrsregen 48
Frühneolithikum 52
Furche von Biga und Bursa 69, 130
Furchenzone 128, 132
Fürstengeschlechter, türkische 55, 131, 132

Fußflächen von Gebirgen 104
Fusulinenkalk 100
Futterleguminosen 76
Futterpflanzen 68, 70, 114

Galater 53, 98
Galatisches Andesitgebiet 140
Gangra 53
Gänseherden 122, 141
Garage 57
Garbrecht, G. 223
Garnison 121, 122, 126
Garten, Gartenbau, Gartenkultur 57, 70, 113, 114, 140, 184
Gartenbau, bewässerter 15, 168, 203
Gartenbau, mediterraner 181
Gartenbaulandschaft 170
Garzan, Prov. Siirt, südöstl. v. Kozluk 87, 210
Garzan, Fluß 203, 206
Gassner, G. 103, 223
Gastarbeiter, türkische, Gastarbeiterproblem 66, 84
Gaststätten 16
Gazi 54, 55
Gaziantep Plateau 198, 199, 207
Gaziantep, Prov. 79, 211, 212
Gaziantep, Stadt 6, 18, 57, 62, 82, 89, 91, 93, 96, **208**, 211, 216
Gaziemir bei Izmir 171
Gazi Orman Çiftlik 101
Gazipaşa 117, 186, 193, 195
Gebirge, Gebirgskörper, Gebirgsrelief 28, 76, 77, 104, 118, 130
Gebirge als Regenfänger im Trockenbereich 218
Gebirgsflucht 14, 28
Gebirgsinseln 170
Gebirgsklima 35, 40
Gebirksküste, zertalte 185
Gebirgssaum 76, 114
Gebirgssiedlungen 64
Gebirgsstöcke 181
Gebirgsstränge, Gebirgszüge 98, 99
Gebirgsstraßen 94
Gebirgsumrahmung Zentralanatoliens 114
Geburtenüberschuß in der östlichen Türkei 216
Gebze 126
Gecekondu, Wohnstätten 83
Gediz-Ebene 70
Gediz, Fluß 71, 170, 171, 175

Gediz, Deltaschwemmkegel 169
Gedizgraben 77, 93, 167, 168, 179
Gediz, Stadt und Paß 174
Gefüge, geographisches 1, 3, 23, 119, 213
Gegengestade von Meeren 164
Gehölzreste 86
Geier 15
Gelendost 187
Geldpacht 67, 78, 120
Gelegra 99
Gemeindevorsteher 77
Gemlik, Golf von 33, 69, 127
Gemüse, Gemüsebau, Gemüsegärten 17, 45, 46, 54, 68–70, 106, 112, 120, 123, 128, 141, 143, 151–154, 159, 167, 174, 176, 185, 200, 210
Gemüsebau, bewässert 188
Gemüseanbau, mediterraner 192
Gemüse, subtropische 205
Genç 158
Geographie, angewandte 3
Geologische Landesanstalt 102
Geologische Karte der Türkei 1 : 500 000 202
Geosynklinale, Geosynklinalschichten 27
Gercüş 211
Gerede 33, 132, 138, 139, 140
Germencik 170
Gerste 15, 23, 56, 68, 69, 70, 76, 147, 153, 176, 181
Gerste, zweizeilige 52, 154
Gerze 77
Gesamtanbaufläche 68
Gesamtbevölkerung 84
Gesamthebung Anatoliens, pliozäne 134, 135, 137, 177
Geschäftspaläste von Pera 124
Geschichtsschreibung, türkische 102
Gespinstpflanzen 54
Gestaltung, Gestaltungsversuche von Landgebieten durch den Menschen 1, 2, 3
Gesundheitsbeamter 78
Getreideanbau, unbewässert 48, 53, 54, 68, 70, 76, 99, 104, 105, 112, 120, 128, 136, 143, 152, 154, 159, 169, 174, 176, 181, 183, 188, 192, 198, 203, 208
Getreidebau, bewässert 154
Getreideimporte 78
Getreideprodukte 92
Getreidestoppeln 114
Getreide Trockenfelder 209
Gevaş 160

Gewächshäuser 69, 193
Gewerbe 106
Gewitterregen 40
Geyve 129
Geyik Dağ, nördl. Gündoğmuş 187
Gipsmergel 72, 87, 107, 108
Gipsschichten, neogene 31, 100, 107
Gipsschichten, oligozäne 191
Giresun Gebirge 145
Giresun, Prov. 149
Giresun, Stadt 28, 91, **145**, 146
Glatthänge 199
Glaubensheere, arabisch-islamische, Glaubenskämpfer, islamische 54, 55
Glaubersalz 87
Gleichgültigkeit, religiöse 58
Gleichsinniges Gefälle, nicht vorhandenes 138
Gliederung von Land 3
Gliederung, naturräumliche 59, 114
Gletscher, eiszeitliche 17, 158
Gletscher, gegenwärtige 202
Gödene, Gödene Furche 182, 186
Gökçen 169
Gökdere bei Palu 158, 201
Gök Irmak Delta von Silifke 193
Gök Irmak, Fluß, Mittelanatolien 131, 136, 137, 144
Göksu, Fluß von Feke 116, 195
Göksu, Fluß von Silifke 46, 71, 189
Göksun 156
Gölbaşı, Prov. Adıyaman 157
Gölcük, Werfthafen 126
Gölcükkrater bei Isparta 183
Gold 86
Goldener Halbmond 211
Goldenes Horn, Hafen 123, 124
Göle 82, 153, 154
Gölhisar Becken 180
Göksun-Elbistan Zwischengebirge 156
Gölmarmara 167
Gönen 128, 165
Gönen, Fluß 166
Gönen Gebirge 166, 178
Gördes 175
Gördes Hochland 175, 177
Gordion 98, 99
Görece Kette 180, **182**
Görece Taurus 193
Görele 147
Göreme 108
Göynük Dere, Tal bei Genç 158

Graben, Gräben, tektonisch 8, 29, 32, 163, 165, 166
Gräben des Egegebietes 69
Grabenebenen des Egegebietes 62
Grabenebene von Ergenezsu und Aksu, Prov. Maraş 199
Grabenlandschaft Westanatoliens 45
Grabensenken 162, 166, 172, 174
Gradnetzlage der Türkei 4
Granatäpfel 176, 192
Granit, Granitintrusion 98, 104, 110, 128, 145, 151
Gras, Gräser- und Krautwuchs 15, 48
Grassteppe 113
Gräzisierung 54, 58
Grenzen, geographisch 164
Grenze zwischen Europa und Asien 118
Griechen von Istanbul 217
Griechenland 163, 165
Griechische Kolonisation, griechische Kolonien 53
Griechisches Reich 24
Grobblech 86
Grobschotter 107
Groß-Ankara 62
Größenmaßstab der Betrachtung 164
Groß-Europa, Südosteck 218
Großfalten, großfaltenartig 30, 135
Großgesellschaften der Vegetation 42
Großgrundbesitz, Großgrundbesitzer 65, 66, 67, 68
Großgrundbesitz, Reste 213
Groß Izmir, Siedlungskomplex 171
Großreiche 53
Großstädte, wirkliche, ihre Probleme 216
Grundbesitzrecht 58
Grundbucheintragung der Stammesführer 66
Grundgebirgsplatte, arabische 207
Grundherrliche Organisation, Grundherren 79, 80
Grundschulen 60
Grünlandwirtschaft 127
Güldah, N. 123, 223
Gülek, Ort, Straße 192
Gülek Bogäzı, Gülek Schlucht, Gülek Tal 190, 192
Gülnar 116
Gümüşane, Provinz 70, 149
Gümüşane, Stadt 146, 151
Gündoğmuş 187
Güray, R. 223
Gürgün Irmak, Fluß 191

Gurken 106
Gürpinar 201
Gürsoy, Cevat XI, 145, 223
Gürün 115, 156
Gürün, Fluß 116
Güteraustausch mit den arabischen Ländern 219
Güteraustausch mit der Sowjetunion 219
Güvercinli Çiftlik 100, 101
Güzelsu, Bach am Van-See 159

Hahnenfußgewächse 48
Habur, westlicher (Euphrat Nebenfluß) 211
Habur, östlicher, Tigris Nebenfluß 204, 212
Hacıbaba bei Konya 113
Hacin Dağ 190
Häcksel 64
Hadım 112, 116, 117, 187, 188, 215
Hadrian, Kaiser 123
Hadrianstor, Antalya 193
Hafer 70
Hafik 108
Hagia Sofia 124
Hainbuchen 46
Hakenpflüge, hölzerne 15, 73
Hâkim 57
Hakkâri, Prov. 73, 79, 80, 83, 117, 205, 206, 212, 216
Hakkâri, Stadt 203
Hakkâri-Cilo-Taurus 197, 202, 203
Halbfertigprodukte, Eisen 86
Halbnomadismus 56, 198
Halbpacht, Halbpachtbauern 65, 67, 78, 120
Halbwüsten 22, 45, 212
Halikarnassos 172
Halys, Fluß 104
Hammer, H. v. 223
Han 57, 111, 112
Hanak 154
Handelsflotte 95
Handelskolonie, assyrisch 109
Handelswege, alte 93
Handwerkerviertel 57
Hanf 76, 176
Hanggletscher, eiszeitliche 199
Hangverflachungen 145, 146, 148, 152
Haravil Dağ 202
Haremlik 63, 64, 124
Harinket Becken 158
Harita Genel Müdürlüğü 230

Harita Umum Müdürlüğü XII
Harmelstaude 48
Harran, Harran Ebene 18, 209
Harşıt Fluß, Harşıt Tal 71, 145, 146, 149
Hartlaubgewächse 45
Hartova 146
Hartweizen 76, 101, 103, 106, 110, 114, 140, 151, 181, 210
Hasandağ, Vulkanberg 108, 112, 116
Hasankale 152
Haselnüsse, Haselkulturen 17, 45, 76, 77, 92, 141, 145, 146
Hassa im Hatay Graben 67
Hatay 62, 76, 197
Hatay Graben, Grabensohle 33, 67, 68, 93, 157, 198, 199, 206, 207, 211, 212
Hatay, Prov. 211, 217
Hatıp, Fluß 102
Hattusa 53, 98, 105
Hatunsaray bei Konya 113
Haufendörfer 63
Hauptbürgermeister 57
Hauptmann, H. 224
Hauptmarktorte 80
Hauptmoschee 57
Hauptplatz in Städten 83
Hauptstörungslinie, tektonisch 138
Hauptverkehrsader 139
Hauptwasserscheide zwischen Schwarzmeer und Persergolf 31
Hauptwasserscheide zwischen Zentralanatolien und Mittelmeer 191
Hausbrandkohle 86
Häuser auf Stelzen 141
Hausformen 62, 63
Haushalte, ländliche, städtische 74
Havran Çay, Fluß 177
Havza 133
Haydarpaşa 93
Haymana 102, 113
Haymana, Hochland 104, 115
Hayrabolu 120, 121, 122
Hayrabolu, Bach 120, 122
Hazar Gölü, See 196, 200, 201, 206
Hazro, Hazro Schwelle 210
Hebamme 78
Hebungen, neogene 147, 152, 163, 167, 170, 201, 204
Hebungsgebiete 28, 29, 30, 32
Hedera helix, colchica 44
Heeresdienst 79
Hektarerträge 67, 78
Hellenismus, hellenistische Zeit 54

Hendek 127, 134
Herabwirtschaftung 42, 48
Herakol Dağ 197, 204
Herden 56
Hereke 126
Hermos 167
Herrenschicht 58
Herrensitz, frühgeschichtliche 57
Herrschaftsgaue, kleine 52
Herrschaftsstrukturen, überkommene 216
Hethiter, hethitisch 112
Hethiterreich 53, 98, 105, 112
Heu, Heugewinnung, Heuhandel 18, 148, 153
Heu als Brennstoff 88
Hezil Çay, Fluß, Prov. Siirt 204
Hierapolis 175
Hilvan 68
Hınıs 82, 153, 159, 161
Hinterland 164, 165
Hinterlandverbindungen 171
Hınzır Dağ, Gebirge 107, 110
Hippodrom 124
Hippopotamus 50
Hirfanlı Talsperre 71
Hirsch 51, 106
Hirse 210
Hirten 56, 78
Hisarli Dağ 121
Hizan (Karasu) 203, 206
Hochdruckgebiet, thermisch 38
Hochflächen 144
Hochgebirgsbezirke 116
Hochkulturen, altorientalische 217
Hochland 10, 13, 23, 31, 37, 38, 42, 55, 97, 175
Hochland von Kars 49, 77
Hochlandklima 40
Hochscholle 139, 170, 171
Hochschulen, Hochschulorte 60
Hochwaldbestände 63
Hochwasser 24
Hochwasserschutz 185
Hochweiden 55, 56, 112, 155, 206
Hoch-Zap Gebirge 196, 197, **201, 202, 203**
Höhenburg griechischer Kolonien 53, 57
Höhengrenze der kälteempfindlichen Gewächse 69
Höhenmärkte im Gebirge 136
Höhenstationen, meteorologische 35
Höhenwachstum von Siedlungsplätzen 51
Höhere Schulen 60
Höhfeld, V. 223

Höhlen- u. Halbhöhlenbauten 64
Höhlenkirchen, frühchristlich,
  Höhlenklöster, frühchristlich 108
Hohlformen, geschlossene 111
Hohlziegeldächer 16, 17
Holz, Holznutzung 16, 134, 136, 193
Holzbalken 51
Holzbauten 53, 63
Holzkohle, Holzkohlenmeiler 120, 136
Holzmeister, Clemens 103
Holzschindeln 64
Holzwirtschaft 140, 181
Homa-Akadağ 174
Homo alpinus 52
Homo neanderthalensis 50
Hopa 77
Hospital 57
Horasan 32, 33, 82, 152, 161
Horizontalverschiebung, tektonisch 32
Horoz Dağ 191
Horste, tektonisch, Horstgebirge 29, 162, 166, 172
Hoşap Güzelsu, Fluß 202
Hottes, K. H. 221
Hügelland 104, 166, 186
Hülsenfrüchte 54, 178, 200
Humboldt, Alexander von 118
Hungersnöte 78
Hütte 63
Hütteroth, W.-D. XII, 1, 32, 34, 36, 40, 42, 52, 54, 55, 56, 57, 60, 62, 63, 67, 70, 71, 72, 77, 78, 79, 88, 89, 101, 124, 223
Hüyük 15, 51, 52, 57
Hydroelektrizität 88

Içel (Mersin), Prov. 116, 194, 195
Ida Gebirge 163, 165, 178
Idris Dağ 100
Iğdır 32, 33, 56, 154, 161
Iğneada 120
Ikizce 104
Ikizdere 147
Il (Provinz) 214
Ilçe, Dichtekartogramm der Bevölkerungsverteilung 61
Ilçe Hauptorte 56, 67, 68, 80, 81, 83, 203, 214
Ilex aquifolium 44
Ilgaz 132, 139
Ilgaz Gebirge 136, 137, 138, 144
Ilgın 113, 116
Ilkbahar, Frühling 41
Ilk Okul (Grundschule) 60

Iller-Bankası 223
Ilkin, S. 223
Iluh 210
Imadiye (Aşağı Misori) 205
Imam 78
Imar Iskân Bakanlığı 223
Imhof, E. C. XII
Imkerei 148
Importhafen 82
Importhandel 92
Imralı 8, 97, 108
Imroz Insel (Imbros) 120, 178
Inanç, E. 223
Inandık, H. 221, 223
Inalçık, H. 223
Ince Su, Bach 101
Inescu bei Kayseri 109
Indien 24, 218
Industrie, Industrieentwicklung 127, 157
Industrie, Beschäftigte 89
Industriebetriebe, Zahl 89
Industrieentwicklung, erwünschte 214
Industrien, verschiedene Arten von
  89–92, 109, 110, 124, 126, 128, 134,
  139, 170
Industrieort 134
Industrie, Standorte 91
Industriestadt 128
Industriestraße Istanbul-Izmit 126
Inegöl 129, 173
Innenhof, Innenhofbauten 57
Inneranatolien 10, 24, 109, 164
Innerasien 38
Inner-Ostanatolien 7, 28, 30, 31, 37, 38,
  40, 42, 47–49, 51, 62, 64, 66–68, 72,
  73, 77, 81, 82, 105, 107, 115, 145, 146,
  148, 149–161
Innerer Osttaurus
  siehe: Osttaurus, Innerer
Innertropische Tiefdruckzone (ITC) 34
Inönü 98, 173
Inselbergrücken 122, 126
Intensivkulturen 147
Interglazial, Riß-, Würm-, Eem- 50
Intrusiva, basische 156, 159, 181, 196,
  197, 201, 207
Intrusiva, granitische, saure 157, 165, 177,
  178
Ionenaustauschkapazität 33
Ipraz bei Izmit 87, 95
Ipsala 121
Irak, Staatsgrenze 72, 197, 203, 217

Iran 19, 20, 25, 34, 36, 93, 204, 206,
  217, 218
Iraniden 12
Iş ve Işci Bulma Kurumu 84
Isfendiyar 55
Isfendiyar Gebirge 131, 132, 135, 136,
  137, 140, 143, 144
Iskenderun, Golf von 11, 12, 19, 39, 53,
  76, 87, 194, 195, 196
Iskenderun, Stadt 62, 81, 91, 95, 197, **198**
Iskilip 140
Islam, Islamisierung, Zweigkonfessionen des
  Islam 58, 80
Isparta, Prov. 185
Isparta, Stadt 180, **183, 184**, 186
Isparta Taurus 180, **183, 184**
Ispir 148, 153
Ispiriz-Mengene Gebirge 202
Israel 214
Issos, Schlachtfeld 195
Istanbul, Stadt 8, 9, 16, 44, 45, 60, 61, 62,
  80, 81, 82, 83, 89, 91, 95, 97, 99, 102,
  103, 113, 120, **122–126**, 127, 128, 129,
  130, 215
Istanbul-Altstadt 124
Istanbul, ausländische Vertretungen 125
Istanbul-Bakırköy 124
Istanbul-Beyoğlu 124
Istanbul-Bosporusufer 125
Istanbul, Fischversorgung 125
Istanbul-Galata 124
Istanbul-Gecekonden Siedlungen 125
Istanbul, Geschäftsviertel 124
Istanbul, Hafenverhältnisse 126
Istanbul, Halbinsel von **122–126**
Istanbul-Haydarpaşa 125
Istanbul, Klima 125
Istanbul-Pera 124
Istanbul, Prov. 129
Istanbul, Stadtorganismus 118
Istanbul, Sultansschloß 124
Istanbul, Tälerrelief 122
Istanbul-Üsküdar 125
Istanbul-Vorortsiedlungen 124
Istanbul, Villenvororte 125
Istanbul-Yeşilköy 124
Istatistik Yıllığı XII, 40, 63, 65
Istranca Gebirge 29, 120, 129
Istranca Gesteine, alte 122
Ivrindi 177
Izbırak, Reşat XII, 76, 91, 223
Izmir-Bucht 169, 171

Izmir-Halbinsel 166
Izmir Hinterland 168
Izmir, Karşıyaka 171
Izmir, Prov. 178, 179
Izmir, Stadt 60, 61, 62, 69, 81, 82, 83, 89, 91, 93, 95, 96, 103, 168, 170, 171, 184, 215
Izmir, Stadt und Hafen 171
Izmir, Vororte 171
Izmit, Golf 9, 32, 53, 126, 127, 129
Izmit, Kriegshafen 126
Izmit, Stadt 5, 53, 81, 89, 91, 95, 119, **126**, 128
Iznik, See 32, 69, 127
Iznik, Stadt 32, 57, **128**

Jahrbücher des Statistischen Staatsinstituts 60
Jahresgang der Bestrahlung 43
Jahreszeiten der Klimaelemente 43
Jahresgang, meteorologisch 35
Jahresniederschläge 40
Jahreszeiten 35
Janitscharen 58
Jäschke, G. 223
Jungtertiär, Jungtertiärablagerungen siehe: Neogen
Jungtertiär, marines 211
Juniperus excelsa u. foetidissima 47
Jurakalke 100, 134, 135, 155
Justinian, Kaiser 58, 123

Kaçkar Gruppe, Hochgebirge 147
Kadı Köy, Talsperre 71
Kadınhan 76, 113, 116
Kadirli 81, 191, 194
Kafescioğlu, R. 223
Kaffeegenuß 147
Kâğıt Hane Tal 123
Kağızman 152
Kağızman Gebirge 152
Kâhta 82, 207, 208
Kahraman Maraş siehe: Maraş
Kaikos 165
Kalan, Stadt 157
Kale, Hafen am Mittelmeer 185
Kale, Längsfurche von, bei Tavas 172, 179, 186
Kalikadnos 189
Kalke, mesozoische 184, 187
Kalkan, Hafenort 181, **185**
Kalkhochgebirge 179
Kalke, kristalline 157

Kalke, paläozoische 113, 154, 187
Kalksinterschüsseln, weiße 175
Kalksinterterrasse 192
Kaltlufteinbrüche im Winter 17, 21, 39, 69
Kaltzeiten, pleistozäne 111, 123
Kaman 106
Kamele 15
Kandıra 126
Kangal 13, 31, 97, 108, 110
Kansu, Ş. A. 223
Kaolinit, kaolinitisch 29
Kapalı Çarşı 57
Kaplandede Dağ 127, 133
Kappadokien 105
Kar, Kare, Karsee 145, 146, 148, 152, 182, 199, 202, 204
Kare pleistozäner Hanggletscher 137
Kara Dağ 152
Karababa Talsperre 72
Karabiga Halbinsel 127
Karaboğa Berge 158
Karaboran, H. H. 224
Karabük 85, 135, 136, 137, **143**
Karacabey 67, 128
Karaca Dağ, Basaltkuppel, Osttaurus Vorland 207, 209, 210, 211, 212
Karacadağ, Gebirge, Prov. Konya 105, 109
Karacasu, Karacasu Senke 172
Karaçoban 159
Karadağ südl. Dikili 167
Karagöl bei Elmalı, Bachschwinde 181
Karagöl Dağ, südl. Erzurum 152
Karahisar 166
Karain Höhle 50, 192
Karakaya Marmorberge 159
Karakoçan 82, 158
Karaköse Becken 159, 161
Karaköse (Ağrı), Stadt 82, 150, 152, 155, 159
Karamağara 107
Karaman, Prov. 195
Karaman, Stadt 10, 57, 67, 97, 116, **117**, 190, 215
Karamanoğlu, Fürstengeschlecht 117
Karası Gebirgsland 12, 71, 81, 120, 130, 163, 165, 166, **176–178**, 179
Karasu, Fluß (Oberer Euphrat) 30, 33, 150, 160
Karasu-Aras Furche, Karasu-Aras Zone 33, 151, 152, 153
Karataş, Ort südl. Adana 67
Karataş Gipfel 145
Karatepe, Hethiterstadt, Reste 195

Karawanen Rastort 113
Karawansaray 111
Karayazı 159, 161
Karayolları Genel Müdürlüğü 224
Karbonschichten, produktive 134
Karçal Dağ 145, 148, 149
Kargı 33, 115, 132, 133, 139, 142, 143
Karien 172
Karıncalı Dağ 172
Karkamış 208
Karlık Dağ 200
Karnık, U. 224
Karpat, K. H. 224
Karpatenbecken 22
Kars Fluß 153
Kars, Hochland von 70, 149, 150, 151, 152, 153, 154, 161
Kars, Prov. 79, 160, 161
Kars, Stadt 6, 13, 31, 38, 42, 48, 81, 154
Karst, Karstgebiet 18
Karsthochgebirge 187
Karsthohlformen 212
Karstformen, Karstkarren 108, 134
Karstpoljen 181, 182, 187
Karstquellen 192
Karstwasserspiegel 209
Karstschwinden 181
Kartal, Ort bei Istanbul 8, 129
Kartal Gebirge bei Hadim 187
Karten der Türkei XII
Kartenwerke 230
Kartoffeln 56, 70, 106, 151, 152, 153, 154, 157, 176
Karyağdıdağ 100
Kaş, Hafen 182, 185, 186
Käse 75
Kaspisee 21, 38, 39
Kasrık (Kırkgeçit), Längstalung 201
Kastamonubecken 136, 137
Kastamonu, Prov. 143
Kastamonu, Stadt 55, 77, 81, 115, 131, 133, 143, 144
Katakekaumene 175
Katran Dağ bei Bucak 182
Kaukasische (lasische, georgische) Muttersprache 217
Kaukasusgestade 18
Kaukasusländer 25
Kayan, J. 224
Kaymakcı 169
Kayseri, Prov. 114, 116
Kayseri, Stadt 10, 54, 57, 60, 64, 77, 81, 82, 89, 91, 93, 94, 96, 98, 109, 110, 112, 133, 216
Kaystros 167, 169
Kaza 214
Kaz Dağ, Gebirge 163, 165, 178
Kazova bei Korkuteli 181
Kazova bei Tokat 143
Keban Talsperre 71, 158
Kelimweberei 112
Kelkit 151
Kelkit, Fluß, Tal 11, 32, 71, 115, 132, 133, 142, 149, 150, 151, 152
Kelkit-Erzincan Störung, Kelkit-Erzincan Furche 132, 133, 144
Kelkit-Oltu Gebirgszone 150, 154
Kemah 150
Kemaliye 30, 158
Kemaliye, Euphrat Durchbruch 155, 160
Kemalpaşa bei Izmir 168
Kemalpaşa Dağ bei Izmir 168
Kemer am Antalya Golf 182, 185
Kemer bei Fethiye 181
Kemer Dağ (Boncuk Kette) 181
Kemer Talsperre, Prov. Aydın 172
Kepsut 162, 173, 176
Keramik und Fayence Gewerbe 128, 176
Keramikscherben 51, 52
Kerason 145
Kerkuk, Irak 87
Kerme Golf 12, 172, 179, 185
Kernobst 76, 104, 112
Kerpiç, Bauweise 90
Keşan Fluß 120
Keşiş Dağ 152, 204
Kesen Dere, Tal bei Hizan 203, 204
Keskin 29, 102
Kestel Polje 181
Ketin, I. 224
Kettengebirge, kettengebirgsartig 13, 31, 99, 115, 128, 138, 156, 187, 189
Kettengebirgsgürtel, Eurasiatischer 6, 7, 19–21, 32, 98, 204, 218
Kettengebirgsgürtel, Eurasiatischer, Verbreiterungsbereich des 6, 7, 10, 118
Kettengebirsgürtel, Eurasiatischer, Verengungsbereich des 6
Kıbrıscık 140
Kichererbsen 106
Kiefernwald 16, 45, 158
Kiefern, silvestris 148
Kiesstraßen 15
Kiği 158

Kilikische Ebene - Çukurova 195
Kilikische Pforte 192
Kilimli 85, 134
Kınık 167
Kirato bei Kotur 203
Kiraz 169, 170
Kırca 203
Kırçayı 30
Kirchen, einstige 154
Kireç, nw. von Göksun 156
Kırıkkale 94
Kırkağaç 166, 167
Kırkgeçit Çay, Fluß bei Antalya 180
Kırkgeçit Dere, Tal bei Pozantı 191
Kırkgeçit-Vortaurus 191
Kırklareli, Prov. 129
Kırklareli, Stadt 120
Kirmir, Fluß 101
Kirschen 176
Kirschlorbeer 44
Kırşehir, Prov. 106, 116
Kırşehir, Stadt 40, 71, 81, 100, 104, 106
Kirsten, E. 224
Kısır Dağ 154
Kışla 56
Kissling, H. J. 224
Kıyıköy 120, 122
Kızıl Ağaç 158
Kızılcahamam 101
Kızıl Dağ 151
Kızıl Dere, Tal bei Ordu 140
Kızıl Irmak, älterer Talverlauf 46, 137
Kızıl Irmak Delta 69, 141, 144
Kızıl Irmak, Durchbruchstal, antezedentes 98, 115, 130, 132, 135, 137
Kızıl Irmak, Fluß 29–31, 53, 71, 72, 97, 99, 104, 106, 108, 115, 116, 132, 140, 142
Kızıloğlan 137
Kız Kalesi bei Akkum Limanı 193
Kızlar Sivrisi 181
Klaer, W. 224
Kleinarmenien 55
Kleinasien 5, 9, 10
Kleindörfer 63
Kleiner Mäander
  siehe: Küçük Menderes
Kleinfamilien, Gesamtzahl 74
Kleinfamilie, Kopfzahl als wirtschaftende Einheit 65
Kleinfamilien, Zahl der bäuerlichen 65, 66, 67, 74
Kleinfürsten 54

Kleinherrschaften 52
Kleinstädte 61
Kleinviehhaltung, Kleinviehzucht 69, 75, 76, 99, 112, 114, 120, 122, 127, 134, 140, 153, 157, 169, 188, 203, 210
Kleinviehtränken 182
Kleinviehzüchter, nomadische 55
Kleinweiler 62, 141, 157, 182
Kleis, W. 224
Kliffe, des einstigen Konya-Sees 111
Kliffküste 17, 121, 124
Klima 34
Klimagebiet 114
Klimagunst des Van-Sees 159
Klima, maritimes 22
Klima, wintermildes 21, 22
Klöster, islamische 112
Knidos, Ruinen 184
Knieholzzone 49
Knoblauch 70, 76, 114
Kocaafşar Dere, Bach 177
Koca Çay (von Esen) Längsfurche 181
Koca Dağ (Boncuk Kette) 181
Koca Dağ bei Tefenni 181
Koca Irmak, von Bartın 134
Kocaeli, Halbinsel 7, 21, 54, 70, 119, **126**, 129
Kocaeli, Prov. 129
Kocaeli, Südküste 126
Koçkıran Gebirge 202
Kohleverschiffung 134
Köksal, A. 224
Kökten, J. K. 50, 192, 224
Koksproduktion 86
Kolluvialbodendecke 34
Kom 63
Kommandosprache, türkische 58
Kommagene, Landschaft 157
Königskerzen 48
Konkurrenz der Seewege 218
Konstantinopel 55
Konstantinopel, Eroberung von 122
Konsumgüterindustrie 84, 85, 89, 90
Konya Becken 48, 111, 112, 116
Konya, Prov. 114, 116, 215
Konya-See, ehemaliger 111
Konya, Stadt 10, 40, 50, 51, 55, 57, 76, 77, 81, 82, 91, 93, 96, 97, 98, 111, **112**, 117, 216
Konzessionär, Gesellschaften, ausländische 93
Kop Dağ 150
Köprü Irmak, Fluß von Beşkonak 188

Köprüköy 100
Korbblütler 48
Korkuteli 81, 181, 182
Köroğlu Gebirge 77, 98, 106, 107, 115, 132, **139, 140,** 143
Köroğlu Tepe 139, 140
Koru Dağ 121
Korund 87
Korykische Grotten 189
Koşay, H. Z. 224
Köse Dağ 151
Kotum Wasserscheide am Van-See 159
Kotur 93, 203
Kotur, Fluß 203
Kovada See 183
Kovanskale 146
Köy Envanter Etüdleri 59
Köy Işleri Bakanlığı 59, 224
Köy Kâtibi 77
Koyceğiz 180
Köyceğiz-Ebene 184
Koyulhisar 32, 115, 142, 152
Kozan (Sis) 81, 154, 156, 194
Kozlu 85, 134
Kraft, J. C. 224
Kraftfahrzeuge verschiedener Art 58, 94
Krater 175
Kraterboden, Kratersee 183
Kraton 27
Krause, K. 224
Kräuter 33
Kräuter, aromatische 45, 48
Krebs, Norbert 24
Kreideflysch 134, 135, 140
Kreidekalke 155, 168, 187, 191, 197, 199, 203, 207
Kreidemergel 207
Kreideschichten 139, 156, 196, 200, 201, 202, 207, 211
Kreideschichten, vulkanische 145, 148, 160, 167
Kreis (Ilçe, ehemals Kaza) 214
Kreisstädte 56
Krim 18
Kristalline Schiefer 136, 137, 142, 177
Krogmann, W. M. 52
Kroisos von Lydien 169
Krokus 48
Kroner, G. 224
Krüger, K. 224
Krustenbewegungen 13
Küçük Çekmece, Bucht 123

Küçük Menderes, Fluß, Graben, Kleiner Mäander 167, 168, 169, 171, 179
Kula, Stadt 175
Kulp Çay, Fluß 202, 203
Kultorte 56
Kulturabfall 15
Kulturentwicklung, Frühzeit der 219
Kulturgemeinschaft, türkische 217
Kulturgeographie, kulturgeographisch 1, 2, 14, 50, 54, 59, 60
Kulturhügel 15
Kulturlandschaft, Beseitigung von 114
Kulturlandschaft, mediterrane 54, 112
Kulturlandschaft Zentralanatoliens 114
Kulturpark 83
Kulturschicht, islamisch-türkisch 58
Kulu 110
Kumluca, Ort u. Ebene 185
Kümmerzone des Waldes 16
Kupferbergbau, Maden 201
Kupfererze 53, 86, 206
Kupfergegenstände 53
Kupferzeit 52, 112
Kuppelgewölbe 57
Kura, Fluß 153, 154
Kurdenaufstände 79
Kurdische Muttersprache, türkische Statistik der 78, 157, 160, 216
Kurdische Zwangssiedler, einstige 104
Küre 86
Küredağ 100
Kurna, Bach 184
Kurşunlu 138, 139, 140
Kurtalan 93
Kuşadası 171
Küste, Westanatoliens 45
Küstenberge 170
Küstenebene 188
Küstengebirge, Mittel-Nordanatolien, Osthälfte 140, 141
Küstengebirge, Mittel-Nordanatolien, Westhälfte 133, 134
Küstengebirgszone von Mittel-Nordanatolien 135
Küstenhochgebirge von Nordostanatolien 149
Küstenklima, mediterranes 198
Küstenschiffahrt, türkische 193
Küstenstädte, kleine 62
Küstenstraße 133
Küstentaurus von Alanya-Silifke 188

Küstenterrassen, Küstenverebnung 17, 146, 147
Kütahya-Afyon Karahisar, Furchenzone 173, 174, 176
Kütahya, Prov. 86, 178, 179
Kütahya, Stadt 5, 81, 93, 130, 174, 176
Kuyucak 170

Laba Dağ 172
Ladengeschäfte 83
Ladenstraße 57
Lâdik 133, 142, 144
Lahan 158
Landarbeit von Bergleuten 85
Landarbeiter 65, 78
Landarbeiter, landlose 66
Landbesitz, bäuerlicher, kleiner, mittelgroßer, großer 66, 77, 120
Landbrücke, Balkanisch-Anatolische, Ostthrakische, voranatolische 7, 8, 21, 118, 119, 122–126
Landeinheiten 3
Landeplatz griechischer Kolonien 53
Länderkunde, geographische, ihre Aufgaben 1, 2, 3
Landerwerb 67
Landeskunde, geographische, individualisierende 42, 164
Landfluchtbewegung 61, 83
Landgestalten, geographische 1, 2, 3, 4, 5, 23, 24, 213
Landnahme von Stammesverbänden 66
Landschädigung durch Fehlbewirtschaftung 220
Landschaftskunde 164
Landschwellen 14, 122, 126
Landverbindung, Anatoline-Balkanhalbinsel 164
Landverbindungen Europa-Monsunasien 218
Landwirtschaft, mediterrane 167, 185
Landwirtschaftliche Hochschule, Ankara 213
Landwirtschaftsausrüstung, Produktion von 214
Landwirtschaftsbank 83
Landwirtschaftsbeamter 78
Landwirtschaftserträge 40
Landwirtschaftsgebiete 35, 92, 163, 168
Landwirtschaftsgeräte 73, 74, 78
Landwirtschaftsschulung 213, 214
Längsstörung, nordanatolische 152

Längstäler, Längstalungen, Längstalfluchten 13, 17, 31, 32, 100, 130, 142, 151, 179, 200–204
Lapseki 120
Lastkraftwagen, Lastkraftwagenverkehr 15, 57, 65, 81, 82, 148
Laubbuschwald 211
Laubhütten, Sommerfrische 192
Laubmischwald 46, 147, 198
Laubwald, artenreicher 126, 134
Laurus nobilis 44
Lausanne, Friedensvertrag 217
Lava 64, 183
Lavaströme 175
Lavastrom des Bitlis Tales 159
Lavastrom des Nemurt Dağ 202
Lebensbereich, Lebensräume des Menschen 23, 164
Lebensspielraum des Waldes 47
Lebensverhältnisse der türkischen Dörfer 59
Lebensweise, seßhafte 50
Lebling, C. 224
Leguminosen 68
Lehmann-Haupt, C. F. 224
Lehm, hochplastisch 51
Lehmdecke, Dach 51
Lehmziegel, luftgetrocknet 51, 64
Lehmziegelbauten, -häuser 15, 54, 114
Lehrer 7, 78
Lehrkräfte, Zahlen 60
Lein 76
Lembke, H. 224
Leninakan 93
Leninakan-Urumiye, Abfall von 7, 9, 13, 31, 149, 150, 154, 160, 161, 196, 204
Lesbos Insel 166
Lettner, W. 224
Leuchs, Kurt 5, 28
Leuthold, R. XII
Lianen 44
Lichtbedürfnis der Vegetation 43
Liegendgesteine des Miozänkalkes, nichtkalkige 189
Linden 46
Lippenblütler 48
Lise (Oberschule) 60
Lockersiedlungen 62
Löffler, E. 224
Lokalfürsten 52
Lorbeer 44
Louis, H. 28, 29, 35, 42, 49, 61, 118, 174, 184, 224, 225

Luftaustausch, Sturmstärke 199
Luftfracht 96
Luftströmungen, Zirkulation, atmosphärische 35, 36
Lufttemperatur 35
Luftverkehr 95
Luftverschmutzung 86
Lüleburgaz 76, 77, 122
Lüttig, G. 225
Lydisch-Karische Masse, geologisch 166
Lykien, antike Reste 185

Mäander, Großer, Fluß, Graben 69, 71, 77, 167, 170, 171
Mäander, Kleiner, Fluß, Graben 77, 167, 169, 171
Machie 16, 45
Machtinteressen, westeuropäische 102
Maden Suyu, Fluß 201
Maden Tetkik ve Arama Enstitüsüs (MTA) XII, 230
Madra-Balya Gebirge 166, 177, 179
Madra Dağ 163, 177
Madranbaba Dağ 172
Mağara im Plateautaurus 189
Mağara, nördl. Saimbeyli 155, 195
Mağara-Taurus 189, 190
Magna Mater Heiligtum 168
Magnesia 168
Mahalle 57
Mahmudiye 76, 99
Mähwiesen 70, 122, 153
Mais, Maiskultur 17, 45, 76, 141, 145, 146, 148
Makedonien 163
Malatya Becken 156, 157, 200
Malatya Bey Dağ 200
Malatya, Prov. 70, 160, 205, 206
Malatya, Stadt 18, 30, 33, 62, 76, 77, 81, 89, 91, 93, 96, 108, 115, 156, 157, 196, 200
Malatya-Taurus 196, **200,** 205, 206, 208, 212
Malazgirt 55, 112, 161
Manavgat 13, 81, 186, 188, 193, 195
Manavgat-Serik, Küstenebene 193
Mandarinengärten, unbewässert 69, 76
Mandeln, Mandelbaum 70, 104, 192
Manganerze 86
Manisa Dağ 168
Manisa, Prov. 70, 86, 178, 179
Manisa, Stadt 81, 93, 167, 168
Mansur, F. 221

Manyas 128, 177
Manyas See 128, 177
Maraş (Kahraman Maraş), Prov. 79, 196, 205, 211
Maraş (Kahraman Maraş), Stadt 55, 81, 196, 199, 211
Maraş Kette 199, 200
Maraş Taurus 196, **199,** 200, 205
Mardin, Prov. 79, 80, 211, 212, 216
Mardin Schwelle 87, 207, 210, **211**
Mardin, Stadt 18, 62, 82, 93, 207
Marktbesuch, Zeitbedarf 81
Marktbeziehungen der Dörfer 59, 80
Markteinzugsbereiche 80
Marktgewächse 69
Marktorte 15, 82
Marktproduktion, landwirtschaftliche 69, 70, 112, 141
Marktviertel in Städten 57
Marktzentren, Marktbeziehungen der Dörfer 80–82, Karte 3
Marmara Becken, Abfluß des 123
Marmara Ereğlisi 9, 129
Marmara Gebiet 53, 69
Marmara Graben 8, 9, 132
Marmara Inseln 8, 127, 130
Marmara Küsten 69, 76
Marmara Meer 7, 17, 27, 32, 33, 38, 39, 77, 93, 118, 121, 124, 127, 129, 130, 163
Marmaris, Hafenort 184
de Martonne, Em. 40
Massengüter, Transport 95
Mastodon 101
Matten, feuchte 49
Maulbeerbaum 16, 46, 69, 128
Maultiere 75
Mayer, R. 225
Mechaniker 78
Mededsiz Dağ 190
Meder Reich 53
Mediterran Klima 118, 123, 162
Mediterrane Kulturgewächse 76
Medresse 57, 58, 108, 112
Meerengen 5, 9, 53
Meerengen, Beherrschung der 219
Meeresbuchten 170
Meeresflächen 164
Meeresmuscheln 53
Meeresspiegel 28
Meeresspiegel, interglazialer 127, 141, 192
Meerschaum 87
Meesters, T. de 225
Megri Dağ 135

Mehmet II., Sultan 147
Mehrscharpflug 15
Mekkapilger, wirtschaftliche Bedeutung 219
Melendizdağ, Gebirge 105, 112, 116
Mellaart, J. 52, 225
Melonen 70, 76, 114, 176
Menderes, Büyük
siehe: Mäander, Großer, Fluß, Graben
Menderes, Küçük, Fluß
siehe: Mäander, Kleiner, Fluß, Graben 171
Menderes Masse, geologisch 86, 87, 166, 167, 172
Menemen 169, 171
Mengen 135
Menschen, armenoide 52
Menschen, langschädelige, kurzschädelige 52
Menschen, Anwesenheit des 50
Menteşe 172
Meram 111
Mergel 111, 189, 194, 207
Meriç, Ort 121
Meriç- (Marica-) Becken 119
Meriç Delta 121
Meriç, Ebene, untere 121, 129
Meriç- (Marica-), Fluß 119, 120, 121, 122
Mersin (Içel), Prov. 116
Mersin, Stadt 62, 81, 91, 95, 190, 192, **194**, 195, 198, 215
Merz, A. 225
Merzifon, Gebirge 133
Merzifon, Stadt 133, 142
Mescit Dağ 151
Mesolithikum 50
Mesopotamien 14, 19, 22, 38, 45, 197
Mesopotamien, Flachland 197
Mesozoikum, Mesozoische Gesteine, Mesozoische Schichten 98, 100, 104, 105, 120, 126, 135, 140, 142, 150, 157, 162, 163, 167, 172, 177, 179, 187, 188, 190, 196, 197, 204
Messerli, B. 225
Mesudiye 132
Metamorphite, Altkristallin 201, 203
Metamorphite, paläozoische 98, 105, 107, 128, 151, 156, 158, 162, 163, 178, 187, 190, 196, 199, 200, 203
Meteoroloji İşleri Genel Müdürlüğü 35
Mevlevi Orden 112
Mezraa 63
Midas Grab 176
Midiye 122
Midyat Kalk 211

Midyat, Stadt 18, 82, **211**
Mietwohnungen 83
Migeod, H. G. 225
Mihalıççık 99
Mikrolithen 184
Milas 81, 173, 185
Milas, Senke von 172
Milcan Dağ 199
Milchgabe der Milchtiere 74
Milchkühe 74
Milchprodukte 75
Milchschafe 75
Milchtiere 74, 75, 114
Milchverarbeitungsmaschinen 74
Milchwirtschaft 104, 126
Milchziegen 75
Milet 170, 171
Millet 78
Minderheit, kurdische 78
Minoritätenfrage 216
Miozän, Miozänschichten 28, 30–32, 107, 120, 134, 135, 138, 152, 153, 156, 159, 198, 207, 209
Miozän, Marines 156, 158, 199, 200, 204
Miozänkalke 30, 188, 190, 194, 198
Miozänmergel 189, 194
Mischlaubwald 106, 141, 148
Mischlaubwaldreste 157
Mißernten 23
Misis Dağ 195
Misori, Aşağı, Yukarı 197, 204, 205, 211
Misori Ketten, obere, untere 197, 204, 211
Mispeln 192
Mitchell, W. A. 225
Mithridates 143
Mittel-Aras-Becken 7, 31–33, 150, 152, 153, 154, 161
Mittelbreiten 34
Mitteleuropa 38
Mittelmeer, Mittelmeergebiet 5, 10, 19–22, 34–38, 52, 85, 164, 199
Mittelmeerhäfen Altsyriens 211
Mittelmeerküste Anatoliens 16, 36–38, 41, 45, 56, 69, 76, 77
Mittelmesopotamien 206, 208, 212
Mittel-Murat Hochland 158, 161
Mittel-Nordanatolien 10, 29, 34, 40, 53, 66, 70, 72, 77, 81, **130–144**, 151
Mittelnordanatolische Gebirge 10, 29
Mittelschulen 60
Mittelsibirien 38
Mittel-Südanatolien 12, 13, 66, 68, 70, 71, 72, 73, 81, **186–195**

Mitteltaurus 10, 13, 29, 30, 86, 109, 111, 113, 116, 117, 183, 185, **186–192**, 194, 199
Mitteltaurus Küstensaum **192–195**
Mitteltaurus östlicher, Siedlungsmöglichkeiten 191
Mitteltaurus Täler 195
Mitteltaurus, westlicher, Siedlungsfelder 188
Mitteltaurus, östlicher, Vorbergland 191, 194
Mitteltemperatur 35
Moğan Gölü, See 101
Mohnkulturen 70, 112, 143, 157
Möller, L. 225
Monatsmittel des Niederschlags 35
Mongolei 38
Mongolen 55, 112
Mongolid 59
Monsum Windsystem 34
Monatsberichte 60
Monatsmittel der Temperatur 35, 36
Morava-Vardar-Furche 24
Moscheen 112
Mudanya Fährhafen 128
Mudanyakette 33, 127, 130
Mudurnu Suyu, Fluß 127
Muğla, Prov. 178, 185
Muğla, Stadt 81, 172, 173, 185
Muhacir 63, 64, 217
Mühlenbesitzer 78
Muhtar 57, 77
Müküs, östlicher Bitlis Taurus, Ort und Fluß 203, 206
Muldenstruktur 187
Müller-Wiener, W. 225
Münbiç (Syrien) 208
Munro, J. M. 225
Munzur, Fluß 157
Munzurkette 30, 150, 204
Munzur-Mercan-Gebirge 155, 161
Murat Dağ 174, 175
Murat, Fluß 13, 31, 33, 53, 71, 157, 158, 161, 201
Muratbaşı Dağ 31, 159
Murathüyüğü bei Gaziantep 207
Muratlı bei Borçka 148
Murgul, Kupfererzlagerstätte 86, 148
Mürted Ova 100, 101
Muş Becken 159, 161
Muş, Prov. 79, 160, 161, 205, 206, 216
Muş, Stadt 33, 76, 81, 158, 161, 196, **203**
Muslimische Untergruppen 78
Mustafa Kemal Paşa 108, 128, 162, 173
Musul (Mosul), Stadt 197, 205

Mustergüter, landwirtschaftliche 76
Mut 116, 117
Muttersprache, arabisch 80
Muttersprache, armenisch 80
Muttersprache, georgisch-lasisch 80
Muttersprache, kurdische, auch deren Zahl 78, 79
Muttersprache, Zählung 79
Myrthe 44

Nacar Dağ 198
Nachmiozäne Zeit 199
Nachtfröste 48
Nachtertiäres Absinken 169
Nadelwälder 134
Nahiye 214
Nahrungsmittelerzeugung 213
Namensgut, türkisches, vortürkisches 1
Namrun 191
Narlı 206
Nasredin Hoca 113
Nationalbewußtsein, kurdisches 78, 79
Nationalkongreß, türkischer 108
Naturalsteuer 65
Naturdünger 72, 73
Naturgeographie, naturgeographisch 1, 2, 14
Naturlandschaft 50
Naturräumliche Einheiten der Türkei 59
Naturschutzgebiet 48
Nazilli 170
Nelken 48
Nemurt Dağ 159
Neogen, Neogenschichten 28–31, 87, 98–104, 107, 108, 110, 122, 128, 135–139, 142, 150, 152, 155, 157, 162, 163, 167, 170, 172, 174, 177, 178, 180, 183, 184, 186, 199, 201, 203, 212
Neogen, Marines 211
Neogenbecken 107, 203
Neogenkalke 113
Neogenplatte, zerrachelt 209
Neogentafel 99, 104, 105, 110, 113, 210
Neolithikum 50, 51, 52, 98
Nestmann, L. 225
Neubauviertel 58
Neue Welt, Bedeutung der 217
Neukolonisation 141
Neusiedlungen 63, 64
Nevşehir, Prov. 114
Nevşehir, Stadt 64, 108, 109, 116
Nevşehir-Ürgüp Hochland **108, 109**, 116
Nicaea, Nikaea 112, 128

Nichterwerbsberuf 84
Nickelvorkommen 86
Niederschlagserhöhung 207
Niederschläge, Niederschlagsverhältnisse 35, 37, 51
Niederschlagsminderung 212
Niederschlagsreichtum 198
Niederschlagsschwankungen 40
Niederschlagshöhe 35
Niederungssee 128
Niğde, Prov. 114, 116
Niğde, Stadt 10, 111, 112, 190
Nikomedia 53, 126, 128
Niksar 32, 33, 133, 142, 143, 152
Nizip 18, 82, 208
Nomaden 25, 56
Nordanatolien 53, 63
Nordanatolische Randgebirge, Westausläufer 7, 8, 10, 13, 29, 32, 34, 37, 43, 49, 53, 56, 63, 67, 98, 105, 107, 119, 127, 129, 140, 178
Norddaday Gebirge 137
Nordküste Anatoliens
  siehe: Schwarzmeerküste Anatoliens
Nordmannstannen 46
Nordostanatolien 11, 13, 55, 62, 66, 70, 72, 81, 87, 145–149
Nordostanatolisches Küstenhochgebirge 11, 13, 28, 37, 47, 49, 77, 132, 141, 145
Norduz Fluß 202
Nordwesten der Türkei 11, 39, 62, 66, 67, 70, 72, 81, 82, 117–129, 163
Nordwinde, sommerliche 37
Nowack, E. 225
Nüfus sayımı 79
Nuruhak, Ort 199
Nuruhak Kette 199
Nußarten 46
Nußbäume 205
Nußkulturen 68
Nutzen geographischer Landeskunde 3
Nutzflächen, landwirtschaftliche 65
Nutzgärten 17
Nutzholzwirtschaft 69
Nutzung, landwirtschaftliche 76
Nutzung durch eigene Arbeit 65
Nutzungssicherung durch Stiftung 65

Oakes, H. 230
Oba 63, 149
Obergeschoß 63
Ober Kızıl Irmak Becken 107

Obermesopotamien 206, 212
Ober Murat Hochland 47, 158, 159
Oberschicht der Unterworfenen 58
Ober-Sakarya und Poruk Becken 98, 162
Ober Zamantı Becken 107
Obruk, Ort 112
Obruk Platte 111, 116
Obsidian 53
Obst, Obstgarten, Obstkultur 17, 49, 68, 69, 70, 112, 120, 121, 123, 127, 128, 140, 141, 143, 148, 152, 154, 156, 157, 159, 169, 174, 176, 183, 188
Obstbaumhaine 170, 184, 203
Ochsengespann 15
Ödemiş 169
Odessa 18
Oettinger, B. 225
Of 76, 77
Offiziersberuf 79
Öğretmen, J. 225
Oğuzeli 68
Oğuzen, oğuzisch 55
Okklusion 38
Olba 189
Oleander 16
Oligomiozän 72, 107
Oligozänmergel 207
Oligozänschichten 121
Oliven, Olivengärten, Olivenhaine 16, 17, 45, 53, 68, 69, 76, 128, 167, 171, 178, 198, 199, 208
Oltu-Ak Dağ 151
Oltu-Fluß 71, 151, 161
Oltu, Stadt 153
Olur 161
Ömerli Talsperre 71
Ophiolithe 27, 28, 98, 106, 135, 150, 151, 180, 182, 183, 186, 190, 200
Ophiolithzone, nordanatolische 150
Oramar 203
Orangengärten, bewässerte 69, 192, 195, 198
Orangen, bittere 167
Ordu, Prov. 143
Ordu, Stadt 13, 17, 62, 76, 77, 115, 132, 140, 141, 144, 145
Orhan Dağ 133
Orhangazi 67
Orient 52
Orientfichte 46
Orman Bakanlığı, Milli Parklar Dairesi 226
Orontes, Fluß 198, 212
Orta im mittleren Köroğlu-Gebirge 140
Ortakoy südöstlich Çorum 142

Orta Mektep 60
Ortszeit der Türkei 4
Osman, Fürstengeschlecht, osmanische Sultane 55
Osmancık 140, 142
Osmanisches Reich 24, 26, 56, 63, 93, 94, 102, 119, 217
Osmaniye, Stadt 195
Ostafrika 38
Ostanatolien 7
Ostasien 218
v.d. Osten, H. H. 52, 226
Osteuropa 38
Ostkirche, ostkirchlich 58
Osttaurus, Äußerer **11**, 13, 18, 19, 28, 31, 38, 45, 54, 70, 73, 81, 87, 97, 149, 155, 157, 158, 159, 161, 197, 200, 202, **203−205**, 206, 208, 210, 211, 212
Osttaurus, Äußerer, Klimaeinfluß des 212
Osttaurus, Innerer 11, 13, 28, 30, 107, 110, 116, 150, 154, 155, 159, 191, 195
Osttaurus-Vorland 14, 22, 37, 39, 40, 62, 64, 68, 71, 72, 73, 77, 82, 205, **206−212**
Osttaurus-Zwischenzone 150−160
Ostthrakien 9, 29, 32, 49, 118
Ostthrakien-Marmara Bereich 11, 117, 127−129
Ostwinkel von Zentralanatolien 107, 108, 110
Otluk Dağ 150
Otten, H. 226
Ovacık, Prov. Çankırı 115, 143
Ova Göl, Restsee 181
Özalp, Ort 13, 160
Özalp Hochland 160, 161
Özcörekçi, H. 226
Özelçi 30, 31

Pächter 78
Pädagogische Akademien 60
Paklar, S. 226
Palandöken Dağ 152, 153
Paläolithikum 50
Paläozän 211
Paläozän Mergel 207
Paläozoikum, Paläozoische Gesteine, -schichten 122, 126, 133, 134, 135, 155, 156, 157, 162, 163, 167, 172, 177, 187, 188, 190, 196, 197, 204
Palu, am Muratfluß 82, 158, 196
Pamukkale, Thermen, Kalksinter 175
Pandermit 87
Paphlagonien 53

Paschinger, H. 226
Pasinler (Hasankale) 152, 153
Passat 34
Pastırma 109
Patnos 159
Payas am Iskenderun Golf 87, 195
Pazar bei Rize 145, 147
Pazarcık, Prov. Maraş 157, 205, 211
Peçenek 140
Pediment 32
Peganum harmala 48
Penck, W. 226
Pergamon 165
Permokarbonkalk 155, 191
Permschichten 177
Perser Reich 53
Persischer Golf 31, 36, 38, 211
Persische Königsstraße 24
Pervari 197, 202, 203, 204
Petrol Chemie 91
Pfade der Frühzeit 50
Pfannenstiel, M. 127, 226
Pferch 63
Pferde 15, 16, 75, 153
Pflanzenkleid, natürliches 35
Pflaumeichen 46
Pflaumen 176
Pflug, Pflüge 73, 74
Philippson, Alfred 5, 163, 166, 167, 226
Phokäa 171
Phosphat 87
Phosphaterde von Hüyüks 51
Phrygana 16
Phrygerreich 53, 98, 112
Phrygische Kulturreste 176
Picea orientalis 46
Pınarbaşı 10, 108, 109, 110, 116
Pınarca Çay, Fluß 159
Pinus brutia Wälder 16, 45, 46, 166, 182, 185
Pinus nigra 47
Pinus pinea 45
Pinus silvestri 46, 47, 48, 173, 178
Piri Fluß 157, 158, 161
Pistazien 18, 45, 208
Planck, U. 226
Planhol, X., de 226
Plateauflächen 108
Plateau Gebirge 188
Plateau Taurus 117, **187−189**, 190
Plattenland 120
Pleistozän 167
Pliozän, Pliozänschichten 29, 31, 32, 108, 134, 138, 140, 153, 184, 208

Pliozänkalke 111
Plovdiv Becken 8
Plutonit 29
Pluvialzeiten 111
Polatlı 76, 102
Polis 53, 54
Politische Geographie 23
Polsterpflanzen 49
Pomaken 217
Pons, W. XII
Pontiden 12, 27, 28
Pontischer Staat 24
Pontus 53
Porsuk Çay, Fluß 71, 98, 176
Posof 154, 161
Pozantı 191
Prachtbauten, frühosmanische 128
Prähistorie, prähistorische 24, 64
Preisschwankungen 92
Prinzeninseln 8, 129
Profileisen 86
Provinz (Il, ehemals Vilayet) 214
Provinzgebiete sehr großer Verschiedenheit 215
Provinzgrenze 129
Provinzhauptstädte 56, 80, 81
Provinzverwaltung 116
Prunus laurocerasus 44
Prusa 128
Pumpen 74
Pütürge 200
Pyramindenpappeln 64, 70, 101, 106, 114

Quader, gemauert 64
Quartär, Quartärschichten 29, 32, 138, 142, 167, 171, 180, 200, 212
Quartär Alluvionen 188
Quecksilbererz 86
Quellenarmut 113
Querbruch, Querstörung, tektonisch 100
Quercus cerris 46
Quereinwalmung des Äußeren Osttaurus 200, 201
Querstörung, tektonisch 200
Quertal 31
Quitten 70, 106, 210
Quotientbildung 35, 36

Räderpflüge 73
Radiokarbondatierung 184
Raman Dağ 87, 210
Ramazanoğlu Gebiet 55
Ramsay, W. M. 226

Randbereiche 213
Randgebirge;
  siehe: Nordanatolische Randgebirge, Südanatolische Randgebirge 114
Randgebirgszone, nördliche von Mittelnordanatolien 130, 131
Randgebirgszone, südlich von Mittel-Nordanatolien 130
Randketten des Ergani Taurus 201
Randterrassen der Ebene von Adapazarı, des Sapanca Sees 127
Rauch, beißender 64
Raumgliederung, vorosmanische 24
Reben, Rebenkultur 17, 69, 76, 99, 103, 106, 109, 114, 148, 167, 183, 210, 211
Rebgärten 45, 68, 69
Recepli 189
Recht, islamisches 83
Refahiye 33, 132, 150, 151, 152
Regenfeldbau 21, 23, 68, 212
Regengüsse 17
Regierungsgebäude 57, 83
Regierungsviertel 57
Reh 51, 106
Reisbau, nasser 16, 45, 70, 101, 121, 139, 148
Reisfelder, unbewässert 69
Reisiglage auf Dach 51
Reiterheer 109
Reiternomaden 114
Rekrutierung 58
Reliefeinheit 114
Reliefgestaltung 27–29, 32
Religionszugehörigkeit 78
Reliktfauna von Meeresfischen 127
Reşadiye bei Suşehri 152
Reşadiye Halbinsel, Südwestanatolien 12, 184
Restsee 184
Revandiz 203, 205
Rhododendron 17, 44, 46, 49, 147
Rhododendron flavum 46
Rhododendrum ponticum 46, 120
Rhodopen Gebirge 8, 119, 120
Richter, G. 83
Richartsen, W. 226
Riedel, Riedelflächen 107, 120, 121, 210
Rikli, M. 226
Rinder, Rinderzucht 16, 17, 54, 69, 70, 75, 77, 109, 128, 139, 147, 151, 153, 154, 157, 158, 166
Rinderweide 169, 170
Ritter, G. 61, 226

Rize, Prov. 80, 149
Rize, Stadt 17, 28, 45, 62, 69, 81, 89, 91, 145, 147
Rodung von Wald, Rodungsflächen, -gebiete 50, 51, 120, 126, 136, 137, 149, 174
Rodungsflecken 141
Rodungshöfe 147
Roggen 70, 106
Roheisenproduktion 86
Rohhumus 44, 46
Rohstoff der Industrie 85
Romanus Diogenes, Kaiser 55
Römer, römisch 25, 54
Römerreich, Römerzeit 54
Rosettenwuchs 49
Rosinen 16
Rostow 18
Rother, L. 226
Roux, J. P. 226
Rubar i Revandiz, Fluß 205
Rubar i Zene, Fluß 204, 205
Rückenformen von Gebirgen 153, 155, 160, 177, 198, 207
Rückseite einer Zyklone 39
Rückwanderer 63
Rückwanderer, muslimische 217
Rudolph, W. 226
Ruinen, antike, frühchristliche, mittelalterlich 16, 193, 194
Ruinen, hellenistische 189
Rummel, F. v. 227
Rumpfflächenrelief 8, 28, 32, 137
Rumpfplatte, Rumpfplattenland 122, 123, 126
Rumpfschollen 156
Rum-Selçukisches Reich 112
Rundumverteidigung 52
Russische Besetzung 154
Russisches Reich 102

Saatgut 78
Sabun Suyu, Bach 207
Sacir Suyu, Bach 208
Sackgassen 58, 83
Safranbolu 136, 137, 143
Sağlık Memuru 78
Şahin, C. 227
Saimbeyli, Ort 195
Saimbeyli Taurus 154, 155
Sakar-Istranca Gebirge 119, 120, 122
Sakarya, Fluß 7, 9, 17, 29–31, 46, 53, 68, 71, 99, 119, 122, 127, 130, 135
Sakarya-Bosporus 127

Sakarya, Durchbruchstal 98, 119
Sakarya (= Adapazarı), Prov. 129
Sakarkaya, Paß 177
Sakral- und Klosterbauten, altchristliche 64
Şakşak Dağları 200
Salihli, Stadt 167, 169
Salihli Gebirge 167, 168, 169
Salomon-Calvi, W. 5, 33, 128, 227
Salzführende Schichten am Tuz Gölü 110
Salzgehalt und Salzgewinnung am Tuz Gölü 110
Samandağı 196
Sammler und Jäger 50
Sämaschinen 74
Samovar 154
Samsun, Prov. 143
Samsun, Stadt 69, 81, 82, 83, 85, 93, 94, 96, 133, 140, 141, 144
Samsun Gebirge bei Söke 170
Sandıklı Gebirge 174
Sandıklı, Ort 174
Sandras Dağ 180
Sandstrand 124
Sanftrelief 157, 182
Sapanca-See, Sapanca-See-Furche 9, 32, 127, 132
Saphane Dağ 174
Saraçoğlu, H. 227
Saray bei Istanbul 122
Saraydüzü 137
Sarayköy 170
Sarayönü 76
Sardes, Burgberg 169
Şargan Çay, Fluß 159
Sarıbeyoğlu, M. 227
Sarıgöl Fluß 168
Sarıkamış 82, 154
SarıkKamış, Bach 154
Sarıoğlan 108
Sarıseki bei Iskenderun, Eisenhüttenwerk 85, 95, 198
Sarız 116, 155
Sarız, Neogenbecken 195
Şarkî-Karaağaç 187
Saros, Golf von 8, 32, 121
Sart 169
Saruhan, Fürsten 167
Saruhan, Hügelland 77, 168, 179
Saruhanlı, Ort 167
Satteldach 64
Sauerkirschen 176
Savaş Tepe 177
Şavşat 149, 150, 151

Sebaste 54, 108
Seben 140
Şebinkarahisar 145, 149
Scirocco 39
Sedimente 29
Seeboden, einstiger 111
Seevölker-Wanderung 53
Seeschiffahrtsbedingungen der Antike 172
Seespiegelschwankungen 183
Seeverbindungen an der Taurus-Küste 186
Seeverkehr 95
Seeverkehrsmöglichkeiten 118
Seferihisar 171
Seidenmanufaktur 128
Seidenraupen, Seidenraupenzucht 46, 69, 128, 129
Seki Becken 181
Selamlık 58, 63, 64
Selçuk 171
Selçuken 24, 153
Selçuken Reich 55, 98
Selçuken-Sultane 55
Selçukenzeit 57
Selen, Hamit Sadi 116
Seleukaia 193
Selim, Ort 153
Selimiye-Ebene 127
Selimiye Moschee 122
Selimova Gebirge 169
Şemdinan Suyu, Fluß, Prov. Hakkâri 204, 206
Şemdinli, Ort 206
Şen, E. 227
Senirkent Becken 184
Şenkaya 150, 151, 153
Senkung, tektonisch 29, 32, 157
Senkung, neogene 140
Senkungsfeld, -gebiete 28, 29, 32, 109, 110, 113, 117, 128, 140, 156, 159, 170, 171, 209, 212
Senkungsfurche, grabenartig 139, 142
Sentek Dağ 199
Şerafeddin Dağ 158, 159
Şerefiye 132, 142
Şerefli Koçhisar 102, 104, 105, 110, 115
Serik 188, 193
Serpentin 107, 110, 150, 151, 152, 160, 179, 180, 183, 191, 198
Serpentinzone, nördliche 86
Sesam, Ölfrucht 208
Seßhaftigkeit 56
Seydişehir 86, 112, 116
Seyhan, Fluß, Übergang 71, 194

Seyhantalsperre 194
Seyitgazi 98, 99, 117, 173
Şeytan Dağ 152
Seyitömer 86
Shaw, S. J. 227
Sichel zur Ernte 147
Sickerwasserquellen am Kraterrand 183
Siedlungen, Siedlungsgeographie, siedlungsgeographisch 50
Siedlungen, ländliche 62–82
Siedlungen mit Schachbrettplan 63
Siedlungsarmut 181
Siedlungsausbau 56
Siedlungsbegünstigung 207
Siedlungsfelder 178, 181, 200, 210
Siedlungsgebiet, bevorzugtes 139, 158, 166
Siedlungskolonien 53
Siedlungsnetz 111
Siedlungsplätze, auch ehemalige 48, 51
Siedlungsräume 23, 206
Siedlungsschwerpunkte 19
Siedlungsstreuung, kontinuierliche 218
Siedlungsverdichtung 170
Sife Gölü, See 105
Siirt, Prov. 79, 80, 87, 205, 206, 211, 212, 216
Siirt, Stadt 82, 197, 202, **203**, 206, 207
Silberbergbau 146
Şile, Badeort 67, 126, 129
Silifke, Stadt 13, 69, 71, 81, 116, 117, 186, 188, 189, 193, 195, 215
Silivri 129
Silopi 212
Silvan 82, 210
Silvestriskiefern 46, 47, 48, 173, 178
Simav Akdağ 174
Simav-Graben 175
Simav-Susurluk Fluß 177
Sinan bei Pütürge 200
Sincan bei Afyon Karahisar 174
Sındırgı 173, 176
Sinköy bei Kulp 202
Sinner, P. 227
Sinop, Halbinel 69
Sinop, Stadt 30, 135, 136, **144**
Sinop, Prov. 143
Sipikör Dağ 28, 152
Sipylos 168
Şırnak 204, 205
Şırvan Fluß 206
Sisam Insel (Samos) 170
Sıvas, Prov. 73, 79, 85, 114, 115, 144
Sıvas, Stadt 10, 13, 31, 54, 76, 81, 93, 94, 96, 107, **108**, 133, 142

Siverek 82, 209
Sivrihisar, Stadt 99
Sivrihisar Gebirge 80, 86, 98, 99
Skelettboden 33
Smilax 44
Smyrna 170
Sofiabecken 8
Soğanlı Çay, Durchbruchstal, Antezendenz 137, 138
Söğüt Gölü Becken 181
Söke 69
Solaklı bei Of 147
Soldaten 84
Solhan 158
Solifluktion, kaltzeitliche 204
Soma 86, 166
Sommerdörfer im Gebirge 136
Sommerdürre 41, 42
Sommerhäuser, Sommerfrische 192
Sommersiedlung 56
Sommertemperatur 37
Sommerweiden, Sommerweidewirtschaft 49, 136, 147, 149
Sommerwitterung 36, 37
Sommerwohnstätten 63
Sonbahar, Herbst 41
Sonnenblumenfelder 17, 70, 77, 121
Sonnenstand 34
Sonnseitlage 16
Sorgun 106, 142
Soysal, M. 227
Sözer, N. 227
Späteinwanderer, turkmenische 59
Spät- bis nachneogene Vertikalbewegungen des Äußeren Osttaurus 204
Spätneolithische Siedlung bei Hacılar 184
Späth, H. J. 227
Spekulantentum 215
Spezialkulturen 68
Sphagnum Moor 49, 153
Spiegelhöhe des pleistozänen Mittelmeeres 123
Spiegelhöhe des pleistozänen Schwarzmeer-Sees 123
Spireen 16
Sporaden Inseln 8
Sporaden-Marmara Graben 8
Sprachzugehörigkeit, türkische 212
Spreitzer, H. 227
Springbrunnen 57
Sprinkleranlagen 74
Sprühflugzeuge 74
Spuler, B. 227

Sredna Gora - Srnena Gora 8
Subsistenzwirtschaft, dörfliche 134, 191
Subtropen, subtropisch 4, 19–21, 34, 36, 40, 41, 43, 49, 76, 214
Südabdachung, neogene von Anatolien 204
Südanatolische Randgebirge 7, 10, 12, 34, 196, 197, 204, 205
Süddaday Gebirge 137
Süd-Europa 21
Südiran 34, 36, 38
Südiranische Randgebirge 205
Südküste Anatoliens
 siehe: Mittelmeerküste Anatoliens
Südmarmara Gebiet 72, 118, 127–129, 177
Südmarmaraketten 7, 8, 163, 166, 177
Südosten der Türkei 66, 67, 68, 72
Südost-Asien 21
Südrußland 18
Südwestanatolien 12, 33, 66, 68, 70, 72, 179–186
Suezkanal 218
Suflion 121
Suğla See 187
Sularya Rücken 177
Süleymaniye Camii 124
Sultan Ahmet Camii 124
Sultane, osmanische 128, 144
Sultane, selçukische 111
Sultane, türkische 65, 123
Sultan Dağ (Taurus) 187
Sultandağı, Ort 113
Sultanhisar 170
Sultanspalast 112
Sultaninen - Weintrauben 77, 168, 171
Sultan Han 111
Suluova 70, 142
Sündiken Gebirge 98
Sungurlu 105, 106
Sünnice-Megri Gebirge 131, 135
Superphosphat 86
Suphan Dağ 159
Suphan-Hacıhalil Rücken 153
Sür, O. 227
Sürmene 69
Suruç 82, 209
Suşehri 33, 132, 150, 151, 152
Susurluk 163, 173, 176, 177
Sütçüler 188
Svilengrad 119
Sykes, P. M. 227
Synklinalfurche 100

Syrien 18, 19, 39, 72, 198
Syrischer Graben, großer 33, 211
Syrische Platte, geologisch 212

Schafe, Schafherden 17, 52, 54, 69, 75, 76, 77, 106, 114, 139, 141, 147, 151, 154, 155, 158, 160, 166, 176, 209
Schafweide, hochwertige 33, 110, 111, 112, 156
Schafzucht 159
Scheitelregion der Westanatolischen Gebirgsschwelle 174
Scheunen für Seidenraupen 129
Schichtkämme 98, 139, 210
Schichtmulde 207
Schichtrippen 169
Schichtstufen 156, 207, 208, 211
Schichtstufe der Miozänkalke 190
Schichttafel 10, 15, 107, 156, 207, 208
Schichtwechsel, monatlich, von Arbeitern 85
Schiefer und Sandsteine, paläozoische 122, 133
Schiffe 95
Schiffsreisende 95
Schilf als Brennstoff 88
Schindeln 16
Schindeldach 136, 141, 147
Schlachthöfe 108
Schlackenkegel, vulkanisch 183
Schlafplatz, sommerlicher 64
Schmalspurbahnen 93
Schmetterlingsblütler 48
Schmirgel, Schmirgelvorkommen 87, 180, 185
Schneeflecken 17
Schneider 89
Schollengebirgsland 12, 162
Schotter 29, 99
Schotterterrassen
  siehe: Flußterrassen
Schreiner Handwerk 89
Schuhmacher 89
Schule, Schüler und Studierende, Zahlen 83, 84
Schulgebäude der Dörfer 65
Schulkinder, erfroren 199
Schultheis, E. 221
Schulung, landwirtschaftliche 76
Schutt 16
Schuttwülste durch Solifluktion 182
Schwarck, A. 227

Schwarzkiefer, Schwarzkiefernwald 47, 48, 98, 101, 105, 106, 107, 135, 137, 140, 145, 154, 173, 174, 176, 178, 188
Schwarzes Meer 5, 10, 18, 31, 36, 38, 122
Schwarzmeerbecken, Abfluß des 123
Schwarzmeerküste Anatoliens 11, 17, 18, 30, 36, 38, 40, 41, 44, 45, 46, 53, 54, 56, 68, 69, 76, 77, 82, 115, 123, 124, 127, 143, 217
Schwarzmeerküste Nordostanatoliens 45, 144, 147, 148
Schwefel 86, 87
Schwefelsäure 86
Schweine 54
Schweizer, G. 227
Schwelle, im Bosporus, in der Dardanellenstraße 123
Schwemmkegel, Schwemmfächer 15, 23, 70, 111, 112, 127, 162, 168, 169, 183–185
Schwergewichtsraum 25
Schwerpunktverlagerungen der Lebensbereiche 220
Schwerspat 87
Schwierigkeiten, wirtschaftliche 213

Staaten der E.G. 66
Staatsangehöriger 78
Staatsbürger kurdischer Muttersprache 216, 217
Staatsbürger nichttürkischer Muttersprache 78
Staatsgrenze, griechische, bulgarische 122
Staatsgrenze, türkisch-bulgarische 120
Staatsverwaltung der neuen Türkei 216
Staatsvolk 78
Stachelpolsterpflanzen 47
Stadt, Städte 15, 56, 57, 60
Städte, neue 58
Städte, Zahl 61
Stadtentwicklung, Aufgaben der 215
Stadtentwicklung, neuere 82
Stadtentwicklung, planvolle 215
Stadtferne des Taurusgebirges 186
Stadtgrenzen 215
Stadt-Land-Beziehungen 59
Stadtmauer, allgemein 57, 112
Stadtmauer von Istanbul, Genuesische, Theodosianische 124
Stadtorganismen 215
Stadtrat, gewählter 58
Stadtteile, neue 83
Stadtviertel 57
Stahlproduktion 85, 134

Stammesverbände 80
Stampflehm 51
Stapelplatz für Heu 64
Stara Zagora Becken 8
Statistiken 230
Statistisches Jahrbuch XII, 40, 63, 65, 68, 71, 73–75, 79, 84, 85, 89, 90, 91, 94
Staubfahne 15
Stauden 45, 48
Stechpalme 44
Stechwinde 44, 46
Steigungsregen 36
Steigungsstrecken der Eisenbahn 94
Steilrelief 145, 146, 147, 148
Steinbauten, vulkanisch 54, 64
Steinfundament 64
Steinkohlenbergbau, Steinkohlenvorkommen 85, 134
Steinkohlenförderung 85
Steinmauern der Gärten 112
Steinobst 76, 112
Steinsarkophage, lykische 185
Stelzen von Häusern 17, 63, 64
Steppe, Steppenland 10, 22, 33, 42, 45, 47, 48, 49, 76, 77, 174, 176, 215, 220
Steppenklima, semihumid 104
Steuererhebungsrechte, Verkauf von 65
Steuerfähigkeit 58
Stewig, R. 227
Sticheisenbahnen 93
Stieglitz, Mechthild XII
Stieleichen 120
Stiftungen, geistliche 65
Stipa 48
Störche 17, 121
Störungslinie, tektonisch 32, 33, 132, 157, 196
Strahlungswetter 38, 39
Stranddünen 123
Strandwälle 111
Straßenbaumaschinen 94
Straßenhändler 124
Straßenkilometer-Entfernungen zur Provinzhauptstadt 215
Straßennetz 24, 90, 94
Straßennetz in Städten 83
Straßenneubau 94
Stromerzeugung 86
Stromverbundsystem 88

Tabak, Tabakwaren 92, 143, 171
Tabakkulturen 69, 76, 77, 95, 141, 147, 170

Taeschner, F. 227
Tagebau von Eisenerz 85
Tahtalı Dağ, Gebirge, Tahtalı Taurus 110, 155
Taksim Platz, Istanbul-Beyoğlu 123
Talausgänge 199
Talgletscher, eiszeitliche 155
Talsperren 71
Talstrecken, untergetauchte 123
Talterrassen 107
Taltorso im Bitlis Taurus 202
Talverengungen 206
Talwasserscheiden 138, 139
Talzug, einstiger 121
Tamdere 149
Tannin-Tannin Kette 197, 203, 204
Tanoğlu, A. 230
Tanzimatzeit 56
Tarım Memuru 78
Tarsus Çay, Fluß 192, 194
Tarsus, Stadt 54, 81, **194**
Taşköprü 131, 136
Taşova 133, 142
Tatos Gebirge 145, 147
Tatvan am Van See 93, 159, 160
Tauriden 12, 27, 28
Taurus, Taurussystem 7, 11, 13, 28, 43, 46, 47, 49, 55, 56, 62, 63, 69, 70, 82, 93, 97, 105, 112, 113, 116, 186, 197, 202
Taurus Abdachung 116
Taurus Paßfurchen 39
Taurusstrukturen 98
Taurusvorzone von Sütçüler-Manavgat 188
Tavas, Tavas-Ebene, Tavas-Becken 172, 179, 186
Tavşan Adası, Insel 120
Tecer Çay, Fluß 97
Tee, Teepflanzung 17, 45, 69, 76, 77, 147, 148
Teeblätterverarbeitung 91
Teegenuß, Tee-Export 147
Tefenni Becken 180
Tekirdağ, Prov. 129
Tekirdağ, Stadt 9, **121**
Tekir Graben 190, 191, 192
Tekir Paß, Tekir Yayla 192
Tekman 153, 159, 161
Tektek Bergland 209
Tektogenese 27, 28, 29, 30–32, 100
Tel 15
Temperaturabnahme mit der Höhe 43
Temperaturgefälle, überadiabatisch 39
Temperaturgliederung der Vegetation 43

Teppichknüpferei 112, 175
Tercan 152, 160
Terme Çay Delta 144
Terminmärkte 56
Terrassen, marine 127
Territorialherren 56
Tersakan Bach 133
Tertiär, Tertiärgesteine, Tertiärschichten 27, 28, 119, 124, 129, 154, 156, 167, 179, 204
Tertiär Bergland 195
Tertiärflysch 150, 190
Tertiärhügelland 120, 129, 133, 163, 195
Tertiärmergel 207, 208
Tertiärkalke 207, 208
Tertiärtafelland 208
Textilfasern 92
Tezek (Dungfladen) 73, 86, 88
Theodosius II., Kaiser 124
Thermalschwimmbad 175
Thermen, heiße Quellen 139
Thoriumerz 86
Thrakien 39, 40, 55, 70, 77
Tiefdruckwirbel, wandernde 34, 38
Tierhaltung 74, 75, 76, 151
Tigris 54, 71, 197
Tigristal, Tigrisdurchbruch 210
Timur Lenk 55
Timur Lenk, Hügel von Ankara 100
Tire 169
Tirebolu, Hafen 146
Tmolos Schutt 167, 168, 170
Tohma Çay, Durchbruchstal 155, 156
Tohma Çay, Fluß 108, 115
Tokat Gebirgszug 107, 132, 142
Tokat, Prov. 143, 144
Tokat, Stadt 33, **132**
Toklu Dağ 156, 199
Tolun-Denker, B. 228
Tomaten 106, 114
Tonminerale 33
Tonnage 95
Top Kapı Saray 124
Toprakkale (Erdburg) 195
Torbalı 169
Torton 31
Tortum, Fluß 161
Tortum, Gebirge 151
Tortum, Ort 151
Tortum See u. Wasserfall 151
Torul 146
Tosya 33, 132, 139
Trabzon, Prov. 149

Trabzon, Stadt 17, 28, 45, 60, 62, 69, 96, 103, 146, **147**
Trabzon-Rize Gebirge 145, 146, 147, 148
Trachytkegel 176
Tragtierkarawane 57
Trak, S. 228
Traktoren 15, 73
Transgression, marine 28, 30, 32
Trapezunt, Reich 55
Traubeneichen 120
Travertin 192, 194
Treibstoff-Tanklastwagen 192
Trias 210
Trink- und Nutzwasser 183, 184
Trinkwasserbrunnen 57
Triticum dicoccum 52
Troas 163
Trockenbereiche, Trockengebiete 25, 218, 220
Trockenfrüchte 92, 95
Trockengebiete, arabische 212
Trockenheit, Dürre, sommerliche 20, 24, 36, 48
Trockenjahre 40, 41
Trockenlandwirtschaft, Trockenfeldbau 71, 110, 212, 214
Trockentäler 23, 111, 212
Trockenwälder, mäßig feuchte 45
Trockenwälder, Trockengehölze 21
Trockenwälder, kälteempfindliche 44, 45
Trockenwälder, mäßig winterharte 45, 46
Trockenwälder, winterharte 46, 47, 48, 51
Trockenwüsten, Vollwüsten 22
Trockenzeit, sommerliche 36
Troja 120
Tscherkessen 217
Tschihatscheff, P. v. 228
Tuff, vulkanischer 64, 108, 109, 175
Tuffdecken, vulkanische 105
Tuffhochland von Nevşehir-Ürgüp 108
Tuffplatten, vulkanische 109
Tufftürme 108
Tulpen 48
Tümertekin, E. 40, 221, 228, 230
Tunca Becken 8
Tunca, Fluß 119, 120, 122
Tunçbilek 86
Tunçdilek, N. 228
Tunceli (früher Dersim) **157**, 158
Tunceli, Prov. 73, 79, 83, 160, 161, 216
Tunnel Bau 90
Turan 218
Turgutlu 167, 168

Turhal Gebirge 133, 142
Turhal, Industrieort 77, 133
Turkan, T. 227
Türkei, Bedingungen des Güteraustausches mit Europa 219
Türkei, Fernverkehrslage und politische Stärke 218
Türkei, Staat, Staatsgrenzen 4–6, 9, 14, 15, 18–20, 23, 27, 34–36, 40–43, 49, 50, 54–59, 62–77, 80–92, 164, 197, 206, 208, 212–220
Türkei, Weltlage 217–220
Türkeli 131, 135
Türken 5, 25, 58
Türkisch lernen 79
Türkisierung 58
Türkiye Iklimi 35
Türkiye Istatistik Yıllığı 230
Türkiye Petrolleri A. O. 228
Turkmenen 112
Türkmen-Emir Gebirge
siehe: Emir-Turkmen Gebirge
Türkoğlu 205, 211
Tuspa 160
Tutak 159
Tuz Gölü, Tuz Gölü Becken 23, 27, 105, 110, 111, 113, 115, 116
Tuzla Gölü bei Sarıoğlan 108
Tuzluca 33, 152
Tyana 54
Typisierung, typisierende Vereinfachung 164

Überfaltung, Überschiebung 202, 203
Übergangsjahreszeiten 41
Überschwemmungsbereich, Überschwemmungsaue 141, 169
Übersichtskärtchen der Reiserouten XI, XIII
Uferlinien des Van-Sees, alte 159
Uhrturm 57
Ula 179
Ulubabadağ 200
Ulu Dağ 46, 128, 162
Ulukışla 98, 116, 190, 191
Ulus Meydanı 102
Umfließen sich hebender Gebirgsstränge 138
Umlandbereich, ländlicher 54
Umschiffung Afrikas 218
Umwandlung von Landschaftsformen 50
Umwandlung des Vegetationskleides 50
Unbeschäftigte 84
Ungläubige 58

Unterbau des Köroğlu Gebirges 140
Untergeschoß 63
Unterholz, halbmediterranes 126
Unterrichtswesen 60
Untermiozänkalk, marin 187, 188
Untermiozänschichten, sandig-mergelige 188
Unterworfene 58
Ünye, Stadt 69
Uran 86
Urartu Reich 53, 160
Urfa Platte 207, 208, 209, 212
Urfa, Prov. 79, 80. 211, 212, 216, 217
Urfa, Senkungsfeld 209
Urfa, Stadt, einstige und heutige Bedeutung 62, 82, **209**
Ürgüp 108, 109
Urla 171
Ursus spelaeus 50
Urumiye See, Urmia See 160, 202, 204
Uşak Hochland 175
Uşak, Prov. 178, 179
Uşak, Stadt **175**, 179
Uslu, S. 49, 228
Uşnu, Ort und Pässe 204
Uvalas 181
Uzuncaburç 189
Uzunköprü 121
Uzunyayla 108, 110

Vaccimien 49
Vakıf 65
Valens, Kaiser 123
Valoneeneichen 178
Van, Prov. 65, 79, 160, 161, 205, 206, 212, 216
Van See, Van See Becken 18, 33, 53, 158, **159**, 160, 161, 196, 202, 203
Van, Stadt 6, 13, 76, 82, 96, **160**
Varto 159
Vavuk Dağ 146
Vegetationsentfaltung 41, 42
Vegetationsgebiet 114
Vegetationsgesellschaft, alpine 44
Vegetationsgesellschaft, feuchte, mäßigfeuchte, trockene 44
Vegetationsgesellschaft, kälteempfindliche 43, 128
Vegetationsgesellschaft, winterharte, mäßig winterharte 43
Vegetationsgliederung, klimageographisch 42, 43, 46
Vegetationskarten 42

Vegetationskleid, potentielles, natürliches 42, 43
Vegetationskleid, ursprüngliches 166
Vegetationskleid, Zerstörung 166
Vegetationsperiode, Länge der 45, 47, 48
Vegetationsreste 42
Veranda 63
Veräußerung von Grundbesitz 58
Verbiegungen, wellenartige, tektonisch 177
Verdichtung von Siedlungen, nachträgliche 63
Verdunstung 35, 49
Vergletscherung, eiszeitliche 109, 149, 152, 182, 183, 204
Verhältnis von Niederschlagsmenge und Lufttemperatur 35
Verhältnisse, kulturgeographische, naturgeographische 164
Verhüttungsindustrie 85
Verkehrsknoten von Eskişehir 99
Verkehrsentwicklung 213
Verkehrsmittel 24
Verkehrsmittel, öffentliche 216
Verkehrswege in Mittelnordanatolien 132, 133
Verkehrsverbund am Bosporus 118
Verkehrswesen 23, 92, 97
Verläßlichkeit von Statistik 59
Verlegung von Flüssen 30
Verleihung ganzer Dörfer 65
Vermessung von Grundstücken 58
Verpachtung 67
Versuchsanstalten, landwirtschaftliche 76
Verteilung und Lage der Verwaltungszentren 214, 215
Vertikalbewegungen, jungtertiäre 198
Verwaltungsbehörden, republikanische 79
Verwaltungsgliederung, Änderungsvorschläge 117, 129, 149, 160, 214–216
Verwaltungsgliederung, Zukunftsaufgaben 214, 215, 216
Verwaltungsgliederung, Äußerer Osttaurus, Hoch Zap-Gebirge, Zagros-Bereich 205, 206
Verwaltungsgliederung, Inner-Ostanatolien 160, 161
Verwaltungsgliederung, Mittel-Nordanatolien 143, 144
Verwaltungsgliederung, Mittel-Südanatolien 195
Verwaltungsgliederung, Nordostanatolien 149

Verwaltungsgliederung, Nordwesten der Türkei 129, 130
Verwaltungsgliederung, Osttaurus-Vorland 211, 212
Verwaltungsgliederung, Westanatolien 178, 179
Verwaltungsgliederung, Zentralanatolien 114–117
Verwaltungskompetenz, örtliche 215
Verwaltungsprovinz von Kronprinzen 144
Verwaltungszentren 56
Verwinkelung von Straßen 58
Verwitterungsdecke 29, 34
Verzirköprü 33, 132, 144
Viehmist als Brennstoff (Tezek) 73, 86, 88
Viehtriebwege 112
Viehwirtschaft 34, 74, 104, 127, 128, 157, 166
Viehwirtschaftsgebiet 209
Viehzüchterbevölkerung 50, 158
Viehzuchtgüter 76
Viertelsvorstand 57
Vilayet 214
Viranşehir bei Mersin, Ruinen 194
Viranşehir bei Urfa, Ort und Ebene 209
Vitis, vinifera, silvestris 44
Volksernährung 75
Volkszählungen 60, 79
Voranatolien 7, 8, 118, 119
Vorderseite einer Zyklone 38, 39
Vorgeschichte 50, 52
Vorhügelzüge des Äußeren Osttaurus 212
Vorland Anatoliens 212
Vortaurus von Konya-Yunak 113
Vortürkische Städte 56
Vulkan, Vulkanberge 10, 31, 108
Vulkanberge, pleistozäne 159
Vulkanberg Zone 109
Vulkanite 134, 163, 177, 178, 187, 190
Vulkanite, Alttertiär 142
Vulkanite, neogen 110, 140, 149, 151, 153, 163, 165, 167
Vulkanite, pleistozäne 162
Vulkantätigkeit, junge 109

Wacholder 49, 116
Waffenträger 58, 78
Wagen, vierrädriger 58
Wagengleise, antike 110
Wald, Waldland, Wälder 10, 16, 21, 22, 42, 52, 69, 75, 128, 136
Wälder, winterharte 173
Waldgrenze, obere, natürliche 43, 46, 47, 49, 56, 137, 147

Waldgrenze, untere natürliche 47, 48, 105
Waldland 162, 173
Waldlosigkeit 51
Waldreichtum 139, 180, 181
Waldreste, Waldschädigung, Waldzerstörung
  12, 17, 21, 42, 98, 150, 155, 173, 174,
  178, 201
Waldrodung 16, 34, 53
Waldweide 51, 136
Walmdach, Halbwalm-, Vollwalmdach 64,
  141
Walnuß, Walnüsse 16, 193
Walter, H. 228
Wanderzyklonen 37, 38, 40, 41
Wärmedämmung der Lehmmauern 64
Wärmegewitter 40, 42
Warmluftüberflutung 39
Wasserbüffel 16, 69, 141, 166
Wasserdampfgehalt der Luft 35
Wasserfäden 16
Wasserfläche, seichte 110
Wasserkraftwerke 88, 151
Wasserläufe 141
Wasserreichtum 152
Wasserscheide von Bağ bei Reşadiye
  am Van-See 202
Wasserscheide von Baradis am Burdursee
  184
Wasserscheide der Bitlis-Taurus-Flüsse 202,
  204
Wasserscheide der Halbinsel von Istanbul
  123
Wasserscheide in Kocaeli 126, 127
Wasserscheide Ostanatoliens in der Kelkit-
  Oltu-Zone 204
Wasserstellen 51, 111
Wasserstraße des Bosporus 122
Wasserversorgung 83, 211
Wegeland, zentrales 23
Wegenetz 50
Wegsamkeit 23
Wehrtürme 57
Weickmann, L. jun. 38, 39, 228
Weickmann, L. sen. 38, 228
Weideflächen 48, 55, 74, 108, 113, 120
Weidekräuter, aromatische 114
Weidewirtschaft 33, 111, 160
Weiler 17, 63, 145, 146
Weinbaugebiet 169
Weinreben 44, 46, 184
Weinrebe, Genzentrum 103
Weiss, W. XII

Weizen, Weizenfelder 15, 17, 23, 68, 69,
  70, 185
Weizenimporte 67
Wellungen der Erdkruste des Reliefs 202,
  206, 207, 208
Weltmeerspiegel, glazialeustatische Erniedri-
  gung 123
Wenzel, H. 5, 228
Westanatolien 7, 29, 33, 34, 36, 43, 46, 52,
  53, 54, 66, 67, 69, 70, 71, 72, 81, 120,
  162–179, 185
Westanatolische Gebirgsschwelle 7, 11, 12,
  46, 81, 86, 97, 98, 113, 117, 127, 161,
  163, 165, 166, 168, **173–176**, 179, 180
Westtaurus 11, 27, 81, 86, 117, 163, 172,
  179–185
Westtaurus Küstensaum **184–185**
Westthrakien 119
Westwinde, Westwindgürtel 34, 36, 40
Wettbewerb von Landräumen 164
Wetterschutzhafen 120
Wildbirnen 106
Wildobstbäume 16, 47, 48, 51
Wildschwein 51
Wildwasser 15, 23
Wilhelm, Friedrich XII
Windhose 15
Windsysteme 34
Winkeleisen 86
Winterdörfer 55
Winterkälte 38, 128
Winterniederschläge, Winterregen 19, 40
Winterweiden 55, 56
Winterwitterung 37–41
Winkler, E. 228
Winz, H. 228
Wirth, E. 228, 229
Wirtschaft, bäuerliche 62–77
Wirtschaft, gewerbliche 83
Wirtschaftsentwicklung der Südost-Türkei
  210
Wirtschaftsertrag 74
Wirtschaftsfähigkeit 58
Wirtschaftsgeographie, wirtschaftsgeo-
  graphisch 24
Wirtschaftstechnik, alte 105
Witterung 35, 36
Wochenmärkte 80
Wohnplätze 62
Wohlstandsbesitz von Städtern 67
Wohnhäuser neurer Städte 83
Wohnstätten, feste 50, 51

Wohnungswechsel 56
Wohnviertel 57
Wojtkowiak, G. 229
Wölbungsgebirge 13, 28, 120, 156, 158
Wolfsmilcharten 48
Wolkendecke 49
Wollefärben 175
Wüsten 23, 25, 93, 111
Wüstensteppe 45
Wüstungsforschung 2

Xenophon 146

Yahyalı 116, 190
Yalçınlar, J. 229
Yalnızçam Rücken 49, 153
Yalova, Erholungsort 8, 127, 130
Yalova-Kette 119, 127, 129, 130
Yalvaç 187
Yama Dağ 155
Yarımca 85, 126
Yatağan 172, 185
Yayla 56, 63, 145, 147, 149
Yaylabauern 56, 136
Yayla Dağ 18
Yazılı Kaya 176
Yenice am Filyos Çay 135
Yeniçeri 58
Yenikoy (Döşmealtı) bei Antalya 192
Yeni Türkiye Atlası XII, 33, 71, 88, 101, 180
Yerköy 106
Yeşil Irmak Delta 141, 144
Yeşil Irmak, Fluß 29, 30, 31, 33, 71, 105, 133, 140, 142
Yeşil-Irmak-Gebirgsfächer 106, 107, 115, 132, 133, 142, 143, 144, 150
Yeşilköy bei Istanbul 96
Yeşilova Becken 183
Yiğitoğlu, A. 121
Yılan Kale (Schlangenburg) 195
Yıldızeli 107
Yoğurt 75
Yozgat, Prov. 73, 114, 115, 144
Yozgat, Stadt 53, 105, **106**
Yozgat-Kırşehir-Hochland 104, 105, 106, 109, 110, 115, 116
Yüksekova-Becken 177, 202
Yüksek Ziraat Enstitüsüs (Landwirtschaftliche Hochschule) 101
Yumru Dağ 179
Yumru Kette 180, 181

Yunt Dağ 167
Yusufeli 149

Zagros Bereich Anatoliens 197, **203–205**, 211, 212
Zagrosketten, innere, äußere 31, 197, 203, 204, 205
Zaho am östl. Habur Fluß 205
Zamantı, Fluß 108, 116
Zanapa, Ort und hethitisches Relief 112, 191
Zanapa Vortaurus 191
Zap, Großer, Durchbruchstal 197, 202, 203
Zap, Großer, Fluß 46, 71, 197, 201, 202, 203, 204, 205
Zara 108, 142
Zebar (Aşağı Misori) 205
Zech, W. 229
Zeder, Zedernwald 47, 192
Zela 143
Zelt 63
Zementproduktion 90
Zengin, Y. 229
Zentralanatolien **10**, 47–82, 93, **97–117**, 132, 133, 139, 144, 162, 165, 173, 187, 192, 195, 214, 215
Zentralanatolische Abdachung der Westanatolischen Gebirgsschwelle 174
Zentralbereich des Kettengebirgsgürtels 6
Zentralgebiete des Westgeschehens 217
Zentrallandschaft, Zentralraum 25, 213
Zentralort 54
Zersetzungsboden, tiefgrundig 146
Zerrachelung 34
Zerrüttungszone, tektonisch 30
Zerschluchtung 189
Zersplitterung, völkisch 119
Zersplitterung des Bodenbesitzes 67
Zeytindağ 167
Zickzackverlauf von Flüssen 29–31
Ziegel, gebrannte 64
Ziegeldach 141
Ziegen, Ziegenhaltung, Ziegenherden 16, 17, 52, 54, 69, 70, 75–77, 106, 114, 141, 147, 158, 160, 166, 174, 178, 180, 183, 189, 191, 200, 203
Zielsetzung beim Eisenbahnbau, verteidigungspolitische 94
Zierpflanzen 128
Zigana Paß 62, 146, 149
Zikaden 16
Zile 33, 143

Zından Dağ Paß 131, 135
Ziraat Bankası 83
Ziraat Vekâleti 230
Zirkulation, atmosphärische 35, 43
Zitadelle 108
Zitrusfrüchte 194
Zıvarık 110
Zonguldak Gebirge 131, 134
Zonguldak, Prov. 85, 143
Zonguldak, Stadt 68, 85, 89, 91, 93, 115, 133, **134**, 143
Zotschew, T. D. 229
Zugänglichkeit der Nordwest-Türkei vom Marmara-Meer her 130
Zugänglichkeit von Stadtgrundstücken 58
Zuchtverbesserung von Tieren 76
Zuckerfabriken 77, 112, 175
Zuckerrohr 69
Zuckerrübenanbau 70, 77, 99, 112, 143, 174, 176

Zufahrtsweg 83
Zugbahnen der Tiefdruckwirbel 38
Zugtiere, ein Paar 74, 78
Zugvieh, geliehenes 74
Zukunftsaufgaben, gesellschaftliche, wirtschaftliche 213, 214
Zusammengehörigkeit, verwaltungsmäßig 114
Zusammenhänge, strukturelle 145
Zusammenhang, wirtschaftlich 114
Zwergbesitz 66
Zwergparzellen in Gebirgen 74
Zwergsträucher 49
Zwiebelgewächse 48, 70, 76, 106, 114
Zwischenfrüchte 68
Zwischengebirgsland 27, 98
Zwischengebirgszone von Mittelnordanatolien 130, 131, 132, 135, 136
Zypressen 16

Fortsetzung von 2. Umschlagseite

32 **Arno Semmel**, Hrsg.: **Neue Ergebnisse der Karstforschung in den Tropen und im Mittelmeerraum.** Vorträge des Frankfurter Karstsymposiums. Zusammengestellt von Karl-Heinz Pfeffer. 1973. XX, 156 S. m. 35 Abb. u. 63 Bildern, kt. DM 36,– ISBN 3-515-00538-2

33 **Emil Meynen**, Hrsg.: **Geographie heute – Einheit und Vielfalt.** Ernst Plewe zu seinem 65. Geburtstag von Freunden und Schülern gewidmet. Hrsg. unter Mitarbeit von Egon Riffel. 1973. X, 425 S. m. 39 Abb., 26 Bildern u. 14 Ktn., kt. DM 58,– ISBN 3-515-00539-0

34 **Jürgen Dahlke: Der Weizengürtel in Südwestaustralien.** Anbau und Siedlung an der Trockengrenze. 1973. XII, 275 S., 67 Abb., 4 Faltktn., kt. DM 62,– ISBN 3-515-00540-4

35 **Helmut Jusatz**, Hrsg.: **Fortschritte der geomedizinischen Forschung.** Beiträge zur Geoökologie der Infektionskrankheiten. Vorträge d. Geomedizin. Symposiums auf Schloß Reisensburg v. 8.–12. Okt. 1972. Hrsg. i. A. d. Heidelberger Akad. d. Wiss. 1974. VIII, 164 S. m. 47 Abb., 8 Bildern u. 2 Falttaf., kt. DM 42,– ISBN 3-515-01797-6

36 **Werner Rutz**, Hrsg.: **Ostafrika** – Themen zur wirtschaftlichen Entwicklung am Beginn der Siebziger Jahre. Festschrift Ernst Weigt. 1974. VIII, 176 S. m. 17 Ktn., 7 Bildern u. 1 Abb., kt. DM 48,– ISBN 3-515-01796-8

37 **Wolfgang Brücher: Die Industrie im Limousin.** Ihre Entwicklung und Förderung in einem Problemgebiet Zentralfrankreichs. 1974. VI, 45 S. m. 10 Abb. u. 1 Faltkt., kt. DM 14,– ISBN 3-515-01853-0

38 **Bernd Andreae: Die Farmwirtschaft an den agronomischen Trockengrenzen.** Über den Wettbewerb ökologischer Varianten in der ökonomischen Evolution. Betriebs- und standortsökonomische Studien in der Farmzone des südlichen Afrika und der westlichen USA. 1974. X, 69 S. m. 14 Schaubildern u. 24 Übersichten, kt. DM 18,– ISBN 3-515-01821-2

39 **Hans-Wilhelm Windhorst: Studien zur Waldwirtschaftsgeographie.** Das Ertragspotential der Wälder der Erde. Wald- und Forstwirtschaft in Afrika. Ein forstgeographischer Überblick. 1974. VIII, 75 S. m. 10 Abb., 8 Ktn., 41 Tab., kt. DM 22,– ISBN 3-515-02044-6

40 **Hilgard O'Reilly Sternberg: The Amazon River of Brazil.** 1975. XII, 74 S. m. 32 Abb. u. 2 Tab., kt. DM 18,– ISBN 3-515-02075-6

41 **Utz Ingo Küpper/Eike W. Schamp**, Hrsg.: **Der Wirtschaftsraum.** Beiträge zu Methode und Anwendung eines geographischen Forschungsansatzes. Festschrift für Erich Otremba zu seinem 65. Geburtstag. Konzipiert und besorgt in Zusammenarbeit mit E. Gabriel, E. Gläßer, U. auf der Heide, M. Keßler, E. Riffel, G. Theisen-Hunsdiecker u. R. Wolf. 1975. VI, 294 S. m. 10 Abb., 15 Ktn., kt. DM 36,– ISBN 3-515-02156-6

42 **Wilhelm Lauer**, Hrsg.: **Landflucht und Verstädterung in Chile.** Exodu rural y urbanizacion en Chile. Mit Beiträgen von Jürgen Bähr, Winfried Golte und Wilhelm Lauer. 1976. XVIII, 149 S., 13 Taf. m. 25 Fotos, 41 Figuren, 3 Faltktn., kt. DM 48,– ISBN 3-515-02159-0

43 **Helmut J. Jusatz**, Hrsg.: **Methoden und Modelle der geomedizinischen Forschung.** Vorträge des Zweiten Geomedizin. Symposiums auf Schloß Reisensburg vom 20.–24. Okt. 1974. Herausgeben i. A. d. Heidelberger Akad. d. Wiss. 1976. X, 174 S. m. 7 Abb., 2 Diagr., 20 Tab., 24 Ktn., Summaries, 6 Taf. m. 6 Bildern, kt. DM 44,– ISBN 3-515-02308-9

44 **Fritz Dörrenhaus: Villa und Villegiatura in der Toskana.** Eine italienische Institution und ihre gesellschaftsgeographische Bedeutung. Mit einer einleitenden Schilderung „Toskanische Landschaft" von Herbert Lehmann. 1976. X, 153 S. m. 5 Ktn., 1 Abb., 1 Schema (Beilage), 8 Taf. m. 24 Fotos, 14 Zeichnungen von Gino Canessa, Florenz, u. 2 Stichen, kt. DM 40,– ISBN 3-515-02400-X

45 **Hans Karl Barth: Probleme der Wasserversorgung in Saudi-Arabien.** 1976. VI, 33 S. m. 3 Abb., 4 Tab., 4 Faltktn., 1 Kt., kt. DM 18,– ISBN 3-515-02401-8

46 **Hans Becker/Volker Höhfeld/Horst Kopp: Kaffee aus Arabien.** Der Bedeutungswandel eines Weltwirtschaftsgutes und seine siedlungsgeographische Konsequenz an der Trockengrenze der Ökumene. 1979. VIII, 78 S. m. 6 Abb., 6 Taf. m. 12 Fotos, 2 Faltktn., kt. DM 19,– ISBN 3-515-02881-1

47 **Hermann Lautensach: Madeira, Ischia und Taormina.** Inselstudien. 1977. XII, 57 S. m. 16 Abb., 5 Ktn., kt. DM 24,– ISBN 3-515-02564-2

48 **Felix Monheim: 20 Jahre Indianerkolonisation in Ostbolivien.** 1977. VI, 99 S., 14 Ktn., 17 Tab., kt. DM 28,– ISBN 3-515-02563-4

49 **Wilhelm Müller-Wille: Stadt und Umland im südlichen Sowjet-Mittelasien.** 1978. VI, 48 S. m. 20 Abb. u. 7 Tab., kt. DM 18,– ISBN 3-515-02762-9

50 **Ernst Plewe**, Hrsg.: **Die Carl Ritter-Bibliothek.** Nachdruck der Ausg. Leipzig, Weigel, 1861: „Verzeichnis der Bibliothek und Kartensammlung des Professors, Ritters etc. etc. Doktor Carl Ritter in Berlin." 1978. XXVI, 565 S., Frontispiz, kt. DM 38,– ISBN 3-515-02854-4

51 **Helmut J. Jusatz**, Hrsg.: **Geomedizin in Forschung und Lehre.** Beiträge zur Geoökologie des Menschen. Vorträge des Dritten Geomedizin. Symposiums auf Schloß Reisensburg vom 16.–20. Oktober 1977. Hrsg. i. A. d. Heidelberger Akad. d. Wiss. 1979. XV, 122 S. m. 15 Abb. u. 14 Tab., 1 Faltkt., Summaries, kt. DM 28,– ISBN 3-515-02801-3

52 **Werner Kreuer: Ankole.** Bevölkerung – Siedlung – Wirtschaft eines Entwicklungsraumes in Uganda. 1979. XI, 106 S. m. 11 Abb., 1 Luftbild auf Falttaf., 8 Ktn., 18 Tab., kt. DM 27,– ISBN 3-515-03063-8

53 **Klaus Fehn**, Hrsg.: **Siedlungsgenese und Kulturlandschaftsentwicklung in Mitteleuropa.** Gesammelte Beiträge von Martin Born. Hrsg. im Auftr. d. Zentralausschusses f. Deutsche Landeskunde. 1980. XL, 528 S. m. 17 Abb., 39 Ktn., kt. DM 68,– ISBN 3-515-03306-8

54 **Ulrich Schweinfurth/Ernst Schmidt-Kraeplin/Hans Jürgen von Lengerke/Heidrun Schweinfurth-Marby/Thomas Gläser/Heinz Bechert: Forschungen auf Ceylon II.** 1981. VI, 216 S. m. 72 Abb., kt. DM 48,– ISBN 3-515-03372-6

Fortsetzung auf 4. Umschlagseite